深度对话

金华作家

李英
徐敢
主编

团结出版社
UNITY PRESS

图书在版编目（CIP）数据

深度对话金华作家 / 李英，徐敢主编. -- 北京：
团结出版社，2022.10
ISBN 978-7-5126-9607-5

Ⅰ．①深… Ⅱ．①李…②徐… Ⅲ．①作家-访问记
-中国-现代 Ⅳ．①K825.6

中国版本图书馆 CIP 数据核字（2022）第 165767 号

出　　版：团结出版社
　　　　　（北京市东城区东皇城根南街 84 号　邮编：100006）
电　　话：（010）65228880　65244790
网　　址：www.tjpress.com
E － mail：65244790@163.com
出版策划：力扬文化
经　　销：全国新华书店
印　　刷：成都兴怡包装装潢有限公司

开　　本：170mm×240mm　1/16
印　　张：29.5
字　　数：460 千字
版　　次：2022 年 10 月第 1 版
印　　次：2023 年 1 月第 1 次印刷

书　　号：ISBN 978-7-5126-9607-5
定　　价：98.00 元

《深度对话金华作家》编委会成员

（排序不分先后）

金华文学薪火相传

——序《深度对话金华作家》

吉狄马加

浙江金华是诗人艾青的故乡，也是诗歌的故乡。我曾经多次到访过金华，金华给我留下了深刻隽永的印象。金华是一座历史悠久、文风鼎盛、名人荟萃的古城，骆宾王、宋濂、李渔、吴晗、冯雪峰、艾青……这一个个闻名遐迩的文学巨匠，如同一颗颗镶嵌在中国文学星空中的璀璨明珠，光彩夺目，熠熠生辉，展现出了金华文学在中国文学中的独特地位与魅力。新时期以来，金华作家不忘初心、赓续前贤，不断谱写新的文学篇章，金华文学事业呈现出团结奋进、昂扬向上的可喜局面。近年来，金华作家队伍不断扩大，在小说、散文、诗歌、儿童文学、报告文学、网络文学等领域均有不俗表现，一大批作家、诗人屡获全国各类奖项，充分展示了金华作家的创作实力和强劲势头，"文学婺军"影响力进一步扩大。

《深度对话金华作家》正是金华作家回报时代的一份答卷，它聚焦金华地区百名作家的心路历程，展示了金华作家的新风采，反映了"文学婺军"的新成果。策划一个区域的实力作家访谈录，这在全国地市级作协中属于首创，一方面是对作家创作的梳理和肯定，一方面是对区域作家队伍的集中整体推荐，很有借鉴意义。《深度对话金华作家》收录了金华地区 100 篇有一定影响力与发展潜力的作家访谈录，详细生动地记录了入选作家的文学历程、创作心得、人生感悟以及相应的文学成绩等诸多精彩内容。每一篇都精心设问，纵向溯源，横向探因，分析作家创作成因，探寻文学创作之美，既有宽度，又有厚度，体现了金华作家的感悟和思考，是金华作家集体智慧的结晶。

在这之前，我曾读过舒晋瑜的《深度对话茅奖作家》《深度对话鲁奖作家》，访谈精准，切中要害，是当代文坛深度的体现。及至这次看到李英、徐敢主编的《深度对话金华作家》，更让我颇多惊喜，虽然这只是一个地区作家访谈，但我认为，恰恰是这种区域性的作家群体的集体反思和总结，通过对基层作家的创新力和创造力的充分肯定，更能为广大作家朋友带来有益的启迪。

文学是薪火相传的事业，文学事业繁荣发展离不开实力雄厚的作家队伍。面对全国文学界千帆竞发、百舸争流的生动局面，我们需要通过文学队伍的打造，助力精品力作，尤其是基层作家更需要增强文学自信。金华作家协会在这方面做了有益的探索和尝试，他们向基层作家倾斜，近年来首创"金华作家驻村制度"，探索和丰富作家深入生活的长效机制，为广大作家深入生活、潜心创作搭建平台，为作家面向社会开展文学服务提供载体。我为他们的创新努力点赞，为《深度对话金华作家》的出版表示祝贺。

是为序。

二○二二年九月

内 容 提 要

  《深度对话金华作家》聚焦百名金华作家，通过访谈形式，记录了入选的金华作家的创作历程和文学成就，展示了文学婺军风采，反映了金华文坛新成果。

  《深度对话金华作家》，是全体文学婺军的集结号，是金华文学婺军献给新时代的一份答卷，实录一个区域百名作家的心路历程——对文学的热爱、认识，阅读与写作的经验积累以及文人风骨，这在全国地市属于首创，这也是编撰本书的要义之一。

  《深度对话金华作家》由金华市作家协会和义乌市文联古今文学研究院联合打造，倾情推出，唯愿对文学事业的繁荣发展贡献绵薄之力。

目录 CONTENTS

蒋风：一个人，一辈子就做一件事，做好一件事

访谈对象：蒋风，浙江师范大学原校长、教授，国际儿童文学"格林奖"评委。他是中国儿童文学理论研究领域的开创者、奠基人，在儿童文学理论、创作、教学上创造了多个第一：中国儿童文学理论"走出去"的第一人，我国第一批从事儿童文学教学和研究的拓荒者，首位国际格林奖华人得主；他创建了全国第一个儿童文学研究室；他捐出国际格林奖的全部奖金设立国内第一个面向全国儿童文学理论工作者的奖项。他藏书多达两万多册，却坚持将个人藏书大部分捐给图书馆、文学馆、青少年宫、民工子弟学校……

在海内外享有崇高学术声誉的蒋风，1925 年 10 月出生，已是 96 岁的高龄却仍笔耕不辍，工作激情不减，凭借的是对儿童文学的热爱及责任和担当。

访谈人：桑洛，浙江省作家协会会员、中国散文学会会员、金华作家协会市直分会副主席兼秘书长。

问：蒋老师好，好久没见！看到你身体、精神状态都很好，真开心！你现在一天日常的时间是怎么安排的？

答：我自离休之后，三十多年来一直保持着上班的习惯，只不过，现在是从客厅到书房。（蒋老师指了指书籍堆积如山的房间）除了出门，我每天就在书房上班，阅读、写作、编报纸等等。

问：以前很多人采访你，都是以你儿童文学理论的成就为重点，我想今天请你以写作的角度来谈谈，你是怎样走上写作这条路的？

答：1925年10月21日，我出生在金华市婺城区文明巷21号，1942年，中学毕业后先流浪到福建建阳县，并考上了暨南大学中文系，但因家里无力承担学费，于次年改考以同盟会元老陈英士名字命名的且为公费的国立英士大学，因抗战先后随校辗转于丽水、温州、金华就学。我的母亲出生在书香之家，外公是个举人，她从小给我们以唐诗宋词的教育。春天，她会教我们读《春晓》，夏天教我们读《悯农》，秋天读李商隐的诗……可以说，我们家一年四季每天都在读诗，母亲从小就为我播下了文学的种子。

问：那你这文学的种子是什么时候开始萌芽的？你正式发表作品是在什么时候？

答：1943年，我讽刺汉奸的儿童文学处女作《落水的鸭子》在台州的《青年日报》上发表了。那时候，我借落水鸭子的狼狈来讽刺汉奸，社会影响极大。但是正式发表铅字要更早一些，在我上小学四年级的时候，参加上海的《儿童杂志》举办的全国儿童作文比赛，我的作文《北山游记》得了第10名。

问：哇，你的儿童文学作品这么早就开始发表啦。那在这么多文学题材中，选择儿童文学作为毕生的追求，源于什么原因？

答：儿童文学是最有希望的事业。1947年，我从《申报》上看到一篇报道称：3个小学生看了一本荒唐的连环画，便结伴出家到四川峨眉山修仙学道，最后相继跳崖自杀身亡。这一惨剧重重震撼了我的心，我深感儿童文学对塑造儿童健全的人格和心灵是多么重要，当时心里就想，我应该写一点东西让少年儿童们看，让他们从中受到好的影响。除此，在金中附小就读的时候，还遇上了一对夫妻恩师——徐德春和夫人斯紫辉，他们的教育和引导对我的一生至关重要，我选择了通过儿童文学的创作和传播来影响更多的人。这两方面就是我走上儿童文学创作之路的重要原因。

问：你的原名叫蒋寿康，请问你"蒋风"这个笔名是怎么来的呢？

答：随着自己儿童文学作品发表的数量不断增加，就给自己起了个笔名"蒋风"，我希望自己每创作完一个作品，都好像一阵风吹过，接下去从头再来。这个笔名一直沿用至今，倒是我的真名"蒋寿康"却让人慢慢忘记掉了。（笑）

问：蒋老师，你的人生经历相当曲折而又传奇，可以简单说说吗？

答：其实，我的人生也相当简单。如果在简单中找出点不简单，那就是用6年读完12年的基础教育，13岁当过老师，做过地下党工作，做过《申报》记者……

问：自1943年以来你撰写并出版了40多本儿童文学研究著作，这么多专著，你自己最满意的是哪本书？

答：我的确是出版了很多很多书，所谓的著作等身。在我自己的心目中，有一本书很有意义。那是2003年，我给金华青少年宫的孩子们讲儿童诗，我每天认真的备课、做笔记、教学，最后我将这些课稿编成了一本书：《蒋风爷爷教你学写诗》。

问：为什么你觉得这本书的意义较大呢？

答：因为我给那么多孩子播下了诗的种子、美的种子，儿童文学的种子。

问：蒋老师，你现在正在写的是什么书？

答：我现在在修订的有一本工具书——《世界儿童文学事典》，100多人一起工作，300多万字；有一本《蒋爷爷儿童文学散文选》，30万字，100多篇文章；计划在今年出版。

问：蒋老师好棒，你真是我们学习的榜样！关于阅读，你喜欢读什么书？哪本书在你一生中影响最大？

答：我读书很杂，基本上有益的书都会看一点。在我小时候，高尔基的《童年》《在人间》《我的大学》这几本书对我影响很深。

问：如果请你给现在的年轻人开个阅读书单，你推荐的书目是哪些？

答：我从来不开阅读书单。读书，要有目标。没有目标的阅读，很多时候是浪费时间。现在很多浙师大儿童文学研究生都会到我这里来上第一课，我和他们说三个选择的方向：一是有趣，二是有用（符合自己的人生目标），三是要有生命力。

问：嗯，我明白了。那对于一些年轻的文学写作者，你有什么建议吗？

答：多读世界名著。要真正喜欢阅读，汲取营养。还有，要有明确的目标，一辈子很长又很短，要选择好一件事，做好一件事就够了，比如我一生在做的儿童文学事业。

问：最后问你一个问题，这是一个很多人要我代问的问题——请问蒋老师的长寿秘诀是什么。

答：我自己认为，长寿秘诀一是在于先天的基因，二是在于后天的心态，而认识我的人都觉得，还有一个秘诀，就是"永葆童心"。从事儿童文学研究的人，会不自觉地把自己变成一个"孩子"，骨子里带着一种童真童趣。这些都是我觉得长寿的秘诀吧。

问：谢谢蒋老师接受采访。祝你身体健康，一切顺利！

答：不客气。

访谈感言：

一个人，一辈子就做一件事，做好一件事。蒋老师喜欢把自己的希望、理想、心愿统称为"梦"。他的"儿童文学梦"，一做就是一辈子，影响了世界上那么多的人。有的人还没老，可他的心已经老了；有的人年事已高，但却有一颗不老的童心。采访中这位年逾九旬的老作家脸上始终流露着儿童般欢快的微笑，话语里有时还带着儿童般的天真，而滋润着他那颗不老童心的是他为之奋斗了一生的儿童文学。

吴德皎：记录磐安风景第一人

访谈对象：吴德皎，1932年7月生，浙江磐安人，浙江省作家协会会员。著有《红旗深处（上中下）》《湖山诗草》《湖山诗稿》《湖山诗咏》《湖山文稿》《磐安风景览胜》《高姥山的传说》《竹溪梦》《东篱菊影》《文化奇观》《读诗赏景及其他》《吴从何处来》等。

访谈人：许梦熊，原名许中华，浙江省作家协会会员，入选浙江省第六批新荷计划人才库。

问：吴老师，可否简单介绍一下你的生平？

答：我写过一部自传《红旗深处》，上、中、下三卷，近百万字。上卷讲述建国初期我投笔从戎以及在稳定和建设国家过程中的人生故事，定格了建国初期部队生活的许多历史镜头；中卷则是我在"文革"十年中历经的磨难，可以看作"民间版"文革传奇；下卷是改革开放后，我参加工作过程中的所历所见所闻。全书的语言以朴素自然为主，对话和描写充满了泥土气息，算是我笔耕三十年的一个结晶。简要地说，我年轻时参军入伍，在部队任文化教员，1955 年转业后任中小学语文教师。1986 年，我成为金华市首届中学语文教学研究会会员，第二年，我被聘为中学一级教师。1990 年，我退休以后，磐安县文化局聘请我编写《磐安县文化志》，在这个过程中，与人合作编写了《磐安县革命（进步）文化史料汇编》。

问：都说你是磐安的活化石，更是记录磐安风景第一人，可否谈谈你在这方面的工作？

答：从磐安建县到 20 世纪 90 年代初，坊间一直流传着一句"磐安无风景"，不仅仅外地人说磐安无风景，甚至连磐安百姓也不知道自己就住在风景里。1990 年 8 月退休后，磐安县文化局聘请我编写《磐安县文化志》，并执笔"风景名胜"一章。当时，磐安的旅游开发还没有启动，大家并没有觉得身边的美景所蕴藏的价值。在收集历史文化资料的过程中，我接触到许多不为人知的磐安风景名胜。磐安并不像人们原先想象的那样荒凉，磐安的自然景观相当丰富，而且历史人文积淀也十分丰厚。

1991 年夏，我决定到深山中去寻访不为人知的磐安风景，作实地考察和记录。整整一年的时间，我几乎踏遍了磐安的每个角落。当时交通不便，公路只通到乡镇，到景区就只能徒步，一天走 20 多公里路是常事。白天跋山涉水，晚上就宿在乡镇的旅店或者农民家里写考察笔记，常常是累得百骨酸疼。上了年纪，天天在外面跑吃不消，所以，我给自己订了计划，用一周的时间走，然后用一周的时间整理材料。这样，一年时间里，与我一起去寻访的人由老同志换成小青年，又由小青年换成老同志，自始至终，就我一个人坚持了下来，走完了整个磐安。

问：可否讲讲你寻访磐安山水时的人和事？

答：让我记忆深刻的是，当时，祖祖辈辈生活在大山里的磐安人并没有在意自己身边的美景，花溪、夹溪、高姥山、百杖潭……在他们眼中都与平常的山水无异，"开发旅游"更是他们无法想象的。花溪曾有一棵巨大的紫藤王，我去寻访时，曾对当地的一位村干部说："你这里是风水宝地啊，这棵紫藤王绝对是个宝贝，你们砍些毛竹做成篱笆，把它围起来保护好，将来这里开发成旅游区，会有很多人来看的。"那位村干部看着我，笑着说："这棵树算什么宝贝啊，来玩的都是小孩子啊！"后来，这棵紫藤王枯死了。

在行走磐安的一年时间里，我也遇到过一个把家乡山水当作风景的人，那是一位普通的教师，住在百杖潭附近，当我到百杖潭考察的时候，他热情地陪同，还拉着我的手说："你会写文章，要多写写百杖潭啊，这是个好地方，要多介绍介绍。"可惜，在百杖潭景区进行开发的前两年，那位教师过世了。

问：磐安的旅游开发离不开你的建言，可否说说当时你都提了哪些意见？

答：1994年，《磐安报》恢复以后，我写的关于磐安旅游的《磐安风景考察记》在报纸上连载了38期，反响很不错。一直到1998年，磐安县委、县政府终于将开发旅游提上议事日程，花溪、夹溪已在开发之中。2000年，县委、县政府通过报纸向全县征集磐安发展的好点子，我参加了这次征集活动，并为高二发展旅游提出自己的建议。后来，我还给县委书记和县长写了一封信，我在信中写道，高二山（高姥山）完全可以开发建设成集旅游、疗养、休闲和体育集训为一体的度假区，这里的天然景点有狮狲岩、娘娘庙、林间草坪、红军洞、木鱼岩、仙水泉等。此处视野开阔，山楂遍地，可以因势利导，就地取材。到时，整个高姥山将成为集旅游、度假、体训为一体的人间仙境，不仅成为磐安的一颗明珠，而且很可能成为全省、全国的样板。除了这封信，我还附上两张手绘图，一张是开发高姥山设想草图，一张是高二乡大湖山村周围地理地貌及其生态平面图。

问：磐安风景现在已经广为人知，你的介绍、推广可谓功不可没，可否具体说说你写的这些书？

答：到1992年夏，我已经写下了10多万字的《磐安风景考察记》，既有景区的介绍，也有民间传说、历史典故等，其中部分内容有幸在《磐安报》上连载，有读者说："我在磐安土生土长，却根本不知道故乡如此美丽……"后来，部分内容载入了《磐安县文化志》和磐安本地的乡土教材。为了把家乡的美景介绍给世人，2001年起，我又动手对书稿作了全面修改，并三次上高姥山，第五次上大盘山，增补了一些图片和文字内容。2002年，根据考察记录精编而成的《磐安风景览胜》由浙江摄影出版社正式出版。这是对磐安风景第一次系统地梳理和记录，当时的县委书记刘树枝为这本书题词"发展旅游事业　造福磐安人民"。2006年，磐安县举办第一届药交会，这本书还作为礼品送给与会嘉宾，得到大家的称赞。从1998年开始，磐安开始开发旅游业，我当初的梦想也一一变成现实，更无须"拨云寻古道"了。

2005年，我已经74岁了，才开始练习电脑打字。因为年纪大了，拿笔的时候手会发抖，敲敲键盘还可以。就这样，我的《高姥山的传说》《文化奇观》等都是我学会电脑打字以后搜集、选编的作品集。同时，我还利用电脑，开始了文学作品整理和文学创作，先后完成了《湖山诗稿》《湖山诗咏》《湖山文稿》等，其中《吴从何处来》是我的第11本书，深入挖掘了盘峰乡高姥山村大湖山自然村的历史文化及吴氏渊源，有机融合宗谱与村志的撰写方法，是继《高姥山的传说》之后，我为高姥山历史文化传承和发展新添的一份史料。

到现在为止，我已经出版或印行各类文集16部18册，其中帮助外地老年朋友完成自传作品2部，分别是卢焕君传奇《似梦非梦》和吴相鸿自传《银丝飘飘话沧桑》。

问：吴老师，听说你是八十多岁时加入省作家协会的，这种精神值得我们学习。请你说说最近都有哪些写作计划？

答：说来有意思，我84岁才正式加入了浙江省作家协会，这也算圆了我的作家梦。学会电脑打字以后，一有想法就会打开电脑，一个人静静地坐在电脑前，一写就是一个上午，我也不勉强自己，思路不清晰的时候不写，平均起来，一天写2000字左右。除了诗歌、文化知识、教学杂论外，我还写起了小说，比如20万字的《竹溪梦》。目前，我手头已完成文稿却尚未出版的作品还有3部。

访谈感言：

吴德皎先生是磐安的活化石，是记录磐安风景第一人，他踏遍了磐安的山山水水，用自己的足迹和文字让祖祖辈辈生活在大山里的磐安人深知，美景就在自己身边！其实，吴德皎本人就是当地一道最美的风景。

张本高：我就是那个西西弗斯

访谈对象：张本高，1935 年 10 月生，浙江磐安人，浙江省作家协会会员、中国散文学会会员。创作体裁涉及诗歌、散文、文论、纪实文学等，有作品入选《中华当代散文大观》《中国散文家代表作集》等各类选集 20 余种，著有散文集《在水一方》《仰望星空》，文学论著《江南才子叶蓁及其诗文》，乡土文化研究论著《婺州南孔探源》《磐安佳村：龙灯的故乡》等。

访谈人：李宝山，浙江磐安人，《磐安非遗大观》主编。

问：你经历丰富，视野广阔，认知独到，可说可写的东西实在多，但又不可能都说都写，请问你出书时在选题上有什么原则？

答：没有什么原则。选题原则和选题计划是出版社和省作家协会的事。如果说作家个人有什么选题原则的话，那应在决定写什么的时候，那是一个复杂的问题，有的是他积累了好多素材，一定要写出来，有的是奉命而为，有的是为赶潮流，有的是为评职称等等。而我是个自由写作者，不存在这些情况。

问：你为磐安本土人文的挖掘做出了贡献，你觉得磐安哪些人文值得挖掘？

答：人文不是斗争手段，不是条条框框，更不是什么条例和规则，它是一种柔和的、浸润人心的软实力。《易·贲》有这样的句子："文明以止，人文也。观乎天文，以察时变，观乎人文，以化成天下。"没有人文的世界，就会与动物的世界一样。

我们常为现在的一些社会现象而感叹，比如一个人在大街上跌倒，旁人竟若无其事地走过；一个女生爬上四层楼跳楼，下面的一些看客会冷言冷语或嘲笑；碰瓷竟成了一些人挣钱的手段，电讯诈骗、直播诈骗竟成了某些人的职业；"两面人"竟成了某些官员的写照……问题到底出在哪里？我以为这也是一种人文的缺失，一种文化的报应。有一个时期我们只把文化当成一种宣传工具，当作政治机器的一个部件，而不是直指人心，以文化人。尔后又是经济挂帅，虽讲文化其实是文化搭台、经济唱戏。我们的文化太功利了，许多人的心理是不健康的、邪性的，有些人开口就骂政府、骂社会，却不知反思自己为社会做了些什么，不明白公民社会的原则是"我为人人，人人为我""我与人善，人待我仁"。我以为人文的复兴应该是中华复兴的一个重要方面。

正是基于这样的认识，我对人文这一块，对哲学、宗教、人情风俗和乡村文化比较关注，也愿意做点什么。至于说"为磐安的人文挖掘做出了贡献"还谈不上，只不过是对磐安的过去多知道一点，有一点优势，也有些责任感而已。

对磐安的人文资源，不能仅仅着眼于历史上的几个名人像王霆、王象之等等，更要关注当地的风俗，关注当地居民的性格特征、信仰、礼仪以至他们的家国情怀，你想磐安历史上的那些有点名气的人物中多数都是爱国爱民的忠臣义士，而无有卖国求荣之奸贼，这是为什么？难道不值得沉思吗，其他具体的如许逊文化、高姥山文化、一些家族的孝义文化、中医药文化等等都值得探讨研究，只是这需要一些热心之士。

问：你年轻时曾写过诗歌，你觉得哪些人适合写诗？哪些题材适合入诗？在文学作品中，散文的门槛最低，但能传之久远的散文并不多，你认为优秀的散文应该具备那些条件？

答：我年轻时真的写过一些诗。因为在小学时读过唐诗，中学时又读了艾青的《向太阳》《火把》《旷野》等诗篇。在时光的雨露下，诗的种子也就在年轻的心灵中发芽生长了。虽然也有人将我的诗抄在笔记本上，在一些朗诵会上有人朗诵过我的诗篇，甚至几十年后还有人向我问起某篇诗是否还有剩稿。其实我并没有写出什么好诗来，读诗使人灵秀，诗对我只是一种爱好而已。

1985 年以后，中国的诗风大变，诗离人民群众越来越远，读诗的人大抵上也就是写诗的那些人，故而我也不再写诗了，有话要说，就改由散文来说吧。

散文比诗歌容易写，但要达到像《滕王阁序》《出师表》等名篇那样的高度，那就得有胸襟、借时势、仗才情。现在的散文丰富多彩，有写历史或国家的大事件的大散文，也有写点乡情、亲情或花草虫鱼的小散文等等。写大散文有一定的难度，要有纵横开阖、掌控大题材的能力，要有广阔的知识面和相当的阅历，否则往往会吃力不讨好。写点小散文较为简单，但也要有点能发现生活中的美，并把它转化为艺术美的能力。

现在磐安也有一些写散文的高手，好作品不少，这令人欣喜，只是总的感觉还是清丽纤细者为多，豪迈大气者少，有待日后提升。

问：你出版了不少作品集，你最满意的是哪一本？

答：没有满意的。只有《仰望星空》的"闲说尘事"当中的一些篇章，给了我一些安慰。因为我听到了一些真心实意的反馈，有教师，有普通干部，有普通群众，他们或当面说，或电话中说。他们说："你在作品中说的也正是我们想说的，我们往往只有想法，说不出来，而你给说出来了。我们没有心情去读那些辞藻华丽、描写细腻的散文或诗歌，你的作品却道出了我们的心声，我们喜欢这样的作品。"这里有个问题，就是对于文学和艺术，群众的看法与专业作家的看法往往是不一样的。群众喜欢看的戏专家往往不认可，专家推荐的群众又不一定喜欢。文学作品也有这种情况，一位散文作家常写农民田间的劳作，用的什么工具，怎样个做法，写得挺细，我们农村出身的读者对此毫无兴趣，但这种写法却会得到专家的青睐。

问：对历史，对现实，你有自己独到的解读方式。你一路走来，似乎从没有跟富贵沾边，但你从不沮丧，总是那么神定气闲。你与世无争，总是那样随和平易，但你的作品中却充满着一股激情。请问你是怎样看待自己的人生的？

答：人生是个谜，有悟性者能早些看到谜底，没有悟性者常是至死不悟。曾记否？李白曾高吟过"屈平离骚悬日月，楚王台榭空山丘"。你是否注意到过：历史上的那些天才往往是有些狂的，总会有棍子向他们打去，打得早的还有出头之日，打得迟的往往就打死了。

历史是公允的，吕雉遭赤眉军掘墓毁尸，慈禧也遭孙殿英的部队掘墓毁尸，武则天的墓前竖着一块高高大大的无字碑，至今还安然无恙。

抚今追昔，我也常有百感交集之时。以权力任意害人的陷害者离世久矣，离世时的小树都已长成参天大树了，而被陷害者却依然还在这儿。

中国人都强调人生要有理想，有目标，否则就是糊涂虫。我从一个贫苦的农家之子步入人生，一路走来，既无辉煌理想，也无远大目标。我以为人生苦短，区区几十年而已，人生最真实的目标就是死亡，一生下来就向这个目标前行。这太无奈了，因此我总想着把"向死而生"改变为"向善而生"，要用自由和美丽把这个过程填满。

问：有人认为读书人会写书未必会做事，其实作文跟做人做事一个道理，你能谈谈你不写书时是怎么做事的吗？

答：我很笨拙，也很辛劳。我对许多事情都不会，甚至不会玩乐，不会享受，连打麻将、斗地主、吹牛皮、胡闹、做看客等等都不会。我不写作时就读点书，哲学、历史、天文、地理都读，在阅读中得到些许快乐。

人要生存，当然要做事。事有非做不可者，有不可做者，也有可做可不做者。人们做事的方式和风格也各各不同，有的高调地做，喧嚷着做，先声夺人；有的会利用别人，会找门路，走捷径；有的却只埋头苦干，一步一个脚印，对这些我们很难评说，从某种角度看，"读书人不会做事"也是客观存在的。

我很笨拙，在做某事之前，得失利弊的衡量不会太多，往往只凭"心愿"，有些事情别人往往难于理解，因为都是为了别人，对自己并无什么利害关系，只是觉得我应该做，是做这事的最适合的人。不管别人的事自己的事只要是感兴趣的事，心甘情愿的事，我都会默默地坚忍不拔地做下去，而且平生总觉得有事要做，有事可做，总觉得一日一时一刻，皆可惜之光阴，半贫半苦半愁，正是人生的极妙境界。

希腊神话中有个西西弗斯，与众神斗失败了，他痛，却也快乐，他把石头推上山去，到了山顶再任其滚下来，然后再推回山顶。真的累了他就在山下稍事歇息，坐在石头上看看身边的花草和高天的流云，听听野鸟的啼鸣和山风的低吟，伸展伸展手脚，再把石头推上山……

我常想，我就是那个西西弗斯。

访谈感言：

从没有体验过官位，从没有享受过富贵，甚至也没上过大学，一声张老师饱含了乡亲们的尊重和文学青年的敬意。对历史上的人，对现实中的事，你有着自己独到的认知，从不喧哗，从不沮丧，多年来，你习惯了以自己独特的风格为人处事行文。你把更多的时间用在了为人作嫁衣上，如对叶蓁其人其诗文的整理，你以自己的积累和责任心成就了《江南才子叶蓁及其诗文》，也算为叶蓁短暂的一生做了一个较为圆满的总结。许多事，你不做，别人得花几倍、几十倍的时间，甚至花更多的时间也做不成。

你是我的朋友，也是我的先生。祝先生身心康泰，佳作连连！

杨达寿：在求是园里成长

访谈对象：杨达寿，义乌佛堂人，浙江大学教授。1964年浙大毕业并留校任教，曾任浙大校友总会常务副秘书长（法人代表）、校友联络办公室主任等职。中国作家协会、中国写作学会和中国诗歌学会会员，中国科普作家协会第五届理事；1988年起任浙江省科普作家协会副秘书长；1993年至2016年任浙江省科普作家协会常务理事兼科学文艺委员会主任等。至今已主编和创作文学传记、报告文学及科普作品等共55部，其中著8部个人诗集及3部诗文集，获"中国科普作家协会暨浙江省科普作家协会突出贡献奖"等荣誉称号。

访谈人：徐忠友，中国报告文学学会、中国散文学会、中国纪实文学研究会会员。

问：读到义乌《枣林》内你写的《我为文园甘当退锋郎》一文，我想你是理工科教授，怎么会爱上故乡的文学园地？请你谈谈故乡与你文学创作的因缘好吗？

答：我爱故乡，亦爱故乡的每一块文学园地。从我 14 岁再次放下牧牛鞭，去金华求学算起，至今离开故乡已 70 年了，但从未忘记劬育我的故乡厚土……我做梦是故乡，写作之笔自然更多地描绘故乡！

机缘总是垂青心向故乡的游子。那是 1981 年春的一天，我收到故乡《枣林》报创刊号，自此我与《枣林》报结下不解之缘。从第三期《枣林》报刊登我的《致学生》一诗起，常有我的诗文变成铅字。读着这些诗文，兴奋与激动之情至今难消……

1985 年，我收到义乌广播电视局朱中宝的《可爱的义乌》一书，如获至宝，更激起我为故乡奋笔的热情。后来，陆续收到骆祥发、骆斌、沈肖宝、骆有云、王春平、王贤根、张希盛、王曙光、吴优赛等文友叙写故乡人与事的书及故乡的报刊，为我给故乡栽花种草提供了史料的养分。

自 1984 年 10 月谢高华书记来杭州召开义乌籍在杭人士会议后，我回故乡的机会多了起来：先和同校 9 位老师一起组成专家组，去义乌帮扶工矿企业改革与发展；助力朱丹溪陵园筹资与无赏索名字墨宝等。本人还被义乌市古今文学研究院、义乌三中《北斗》文学社聘为顾问，为故乡《义乌方志》《枣林》《双林》《苏溪亭》和义乌商报等报刊写过诗文。

问：据浙江日报报道，1959 年夏，办学才 6 年的金华二中一举荣获浙江省高考第一名，你的班主任"以肥水不流外人田"为由，动员优秀生报考浙江大学，你被浙大最老牌的机械工程学系录取，周游在机械图纸、机械设备中，后来你怎么会走上文学与科普创作之路的？

答：在初高中学习阶段，物理、化学、数学等基础课有实验或兴趣小组，我努力参与学得较好，而语文课没有兴趣小组，我就争取当运动会小记者，为黑板报、广播台多写稿，当黑板报、油印小报编辑来锻炼自己，因此，我养成写诗文出手较快的习惯。

在大学里，功课负担重，但有空就会抄抄名句与名诗；下厂实习，下乡劳动，就写点小诗，有时也会记点日记，为浙江大学报写点"豆腐干"，积极创造练笔的机会。

科学的春天来了，我如梦初醒，奋起创作时兴的科学诗，并于 1980 年参加浙江省科普作家协会，后又加入中国科普作家协会。1982 年 10 月，我读到苏步青院士发表在《人民日报》上《理工科学生也要有文史知识》一文，心中感触很深，这也是当年全国高校教学改革（新设大学语文等课）的重要缘由。不久，在著名科普作家叶永烈著的《科学家诗词选》一书中，我又读到苏步青院士的新古体诗词及"愿你文理兼优"的题词，更唤醒我对文学的兴趣，并决心走"文理兼优"之路，常以数学家和诗人的苏步青教授来勉励自己。因机关坐班无法带学生下厂，我放弃机床设计专业课教学，改行自学写作理论知识，编写科技写作讲义，并于1984年春开出科技写作课。1985年暑假，我远赴昆明参加为期两周多的全国第一期科技写作教师研讨班，来提高自己科技写作课的教学水平，后来我所写的几部高校科技写作教材都得了奖，其中苏步青教授百忙中为我主编的《现代实用科技写作》教材作了序言，该书荣获1985年浙江省首届优秀教材二等奖。在长达20余年浙江省科普作家协会常务理事、科学文艺创作委员会主任任上，我为培养文学和科普新人不遗余力。除参加十余个学会学习与交流和外出讲学外，还给《科普作家报》《科普小作家报》等当顾问或指导。2018年5月，义乌电视台为我摄制并播放了三集纪录片《从放牛郎到文理双优教授》，确是我几十年走"文理兼优"之路的诠释。

问：我看到在北京冬奥会开幕之际，你在网上发表了《北京双奥城颂》《奥运情浓》两首新古体诗，不仅诗意浓，而且语言优美，请你谈谈你诗歌创作的情况。

答：说到我写诗这事，是大诗人艾青给了我诗的种子。我进入金华二中读初中时，班主任常要我为学校班级活动和黑板报写点小诗，有时还给我讲些艾青的故事，使我慢慢爱上了诗歌。进入浙大后，我的诗慢慢从笔记本走上《浙江大学报》等报刊。非常荣幸的是1986年4月22日，我去北京参加原国家教委举办的13所高校关于引进国外教材工作会议，住在机械工业部老招待所。会后，在招待所服务员、义乌老乡刘望荣带领下，来到她家的邻居艾青家。经过一个多小时的交谈，艾老得知我喜爱诗歌，语重心长地说："只要在生活中注意观察与提炼，相信你会写出更多更好的诗来！"

1986年7月26日，我借参加吉林全国首届科学诗人代表大会之便，回程时经北京再次拜访艾青，并请他为我的《美走向心灵深处》诗集题签书名，还趁艾老精神好又题了备用的《生命颂》诗集名。最后，我还与艾老在寓所合影，以作珍贵的纪念！

1988年1月，江苏科学技术出版社出版了我的第一部诗集《美走向心灵深处》，印数高达6000册，并很快销售一空；1988年北京科学技术出版社出版了我和吴林抒合编的《中国科学诗人作品选》,由著名科学诗人高士其先生作序、著名文学家萧军先生题签书名,内收叶永烈等全国51位知名科学诗人的科学诗精品。1992年,我的第二部诗集《星星草》封面由著名书法家沙孟海题签。1994年我出版了第三部诗集《星星雨》,由艾青题签书名墨宝。1999年我的第四部《星星河》诗集出版,由著名书法家姜东舒题签书名。2009年我著的《文军长征颂》由书法家张浚生题签书名。

问:你除了写诗,后来又成了报告文学的"多栖作家",这一文学基因的转变,据说跟著名的报告文学大家徐迟有着密切的关系,请你介绍一下这方面的情况好吗?

答:1978年春节,我读到徐迟的报告文学《哥德巴赫猜想》,第一次感受到报告文学的巨大力量!学习报告文学写作的种子便播入我的心田。1989年金秋,我去湖北宜昌参加全国科技写作研究会第三届年会,聆听了时为湖北省作家协会名誉主席的浙江老乡徐迟先生的学术报告。会议之余,我采访了徐老,从中受到诸多的启示。徐老告诉我,他的报告文学创作紧随国家整个现当代报告文学的发展历程。他还对我说:"科普创作无现成的技法,只不过创作的作品比工艺品多一点灵气,多一点感受罢了。科普作品是科技工作者的灵魂,是左右手,应该有勇气写好它。"在徐老报告文学创作精神的感召与影响下,我逐渐地从诗歌创作为主转为写报告文学和文学传记为主。1990年初起,我在校友联络和编研校史中,接触到许多著名的校友,为我采写报告文学贮备了人物资源。自1991年初起,我写了第一篇报告文学《难忘的"保护神"——记骨科专家李天助教授》,至今30余年未间断,独著和主笔报告文学集5部、主编报告文学集3部,独著文学传记3部、二人合著1部,被写人物达200余人次。此外,我还写了一些单篇报告文学。由我主笔和主编的《浙大的校长们》《浙大的大师们》《浙大的学子们》3本中国百年名校人物丛书,2008年被浙江省科普作家协会评为优秀作品,并获得中国科普作家协会提名奖。我著的《竺可桢》获得2014年度华东优秀图书一等奖、浙江省政府颁发的树人出版奖,2015年又被浙江省科普作家协会评为特等奖;《施雅风》获得浙江省科普作家协会银奖等。

问:你在教务处或浙大校友总会工作很忙,请你谈谈如何利用好时间,处理好行政、教学、文学与科普创作及学会工作的关系。

答:竺可桢校长说:"浙大的精神,可以用'诚''勤'两字来表示。"我在教务处或校友总会工作时人少事多,又参加十多个学术性社团,如何处理好行政工作、教学工作、文学与科普创作及学会工作,确是业余写作者的一个大课题。经过摸索我总算找到了工作与写作的平衡点——利用好别人不重视的零碎时间，我称它为"时间的零头布"。

查看我的"忆往录"中的"踪迹录"可知，我出差很多。如何利用好出差途中的"时间零头布"很重要。比如说，我坐火车硬席卧铺，多选少干扰的上铺，可利用别人闲聊的时间记日记、写诗文，目的地到了，我的日记记好了，诗文也写好了。有时去买车票排长队，我会借机构思诗文，特别是新古体诗短，可掏出随身携带的小本子写下来。有时睡觉了，想到了好点子或好诗句，我会坐起拿出床头小抽屉内的本子记一通。这些不起眼的"时间零头布"捉住了，往往能抵上坐在案前冥想的数小时或小半天。

回忆过往，我除较少看电视、电影外，不与他人电话长谈，600多号微信，有选择看，报纸杂志几十种，利用饭前饭后有针对性地看。另外，就是向假期索取时间了。如1993年冬，我受校领导委托写《科学家竺可桢的故事》一书，以备翌年2月纪念竺可桢先生逝世20周年之用，时间十分紧迫。这年的寒假，我安排妻子带两个小孩回老家，而后日夜兼程地撰写，每天只烧一次饭菜；每天都写到午夜后，除夕夜放弃看春晚写至凌晨，甚至连大姐重病也没时间去探望，直到交稿，大姐已离我而去，留下深深的遗憾。后来我又利用去儿子家省亲的空余时间写了《竺可桢》。

我在浙大校友总会工作10余年间，为采访联络校友跑遍了全国除西藏外的所有省区。1994年，我借去乌鲁木齐开会之便，去马兰基地采访，后经20余年断断续续自费采访，写了18位著名校友及高速摄影机课题组的业绩，即将出版《启尔求真——核研试浙大人》一书。

访谈感言：

杨达寿在浙江大学学的是机械制造专业，周游在机械设计图纸、阿拉伯数字和机械制造设备中；大学毕业后，因成绩优异留校当了个"教书匠"，教过机械制造工艺和机床设计专业课，后来又兼职教科技写作等课。他能实现从"理工男""教书匠"到著名科普与文学作家的"三级跳"，成为浙大理工教师中加入中国作家协会和中国科普作家协会的唯一双栖会员，这成功的背后，靠的是他自儿时对文学的爱好，后来又受苏步青、艾青、徐迟等大家的影响，特别是心中对科普文学和浙江大学无比热爱的情结，长期用"诚"与"勤"相结合的求是精神指导自己的科普文学创作，才获得今天著作等身的累累硕果。

贾献文：唱响主旋律 传递正能量

访谈对象：贾献文，男，1941 年出生于浙江省义乌市佛堂镇稽亭塘村。中国作家协会会员、江西省电影电视家协会会员。曾任《中师语文版》社长。业余时间钟情于文学创作，计出版长篇小说 10 部、散文集 11 部、长篇叙事诗 5 部，新古体诗集 2 部，故事集 1 部，电影电视剧本 24 部。

访谈人：周帆，江西省著名文艺评论家、自由撰稿人。

问：你什么时候爱上文学创作的？

答：我的文学之旅起步于故乡义乌。义乌大成中学念初中时，语文老师几次将我的作文作为范文在班里宣读，这是对我的莫大鼓励，因而我对写作文特别用心，所写的作文都得90分以上的高分。初二时，语文教师黄继善，他见我作文写得不错，就特地叫我到他住处了解我写作文的情况，他先是表扬我作文写得好，接着鼓励我向报刊投稿，这是我第一次听到写好的文章可以向报纸刊物投稿一事，感到十分新鲜。黄老师还送了我一沓稿纸，他说他是经常向报纸刊物投稿的，他说我若写出好文章可抄写在稿纸上向报纸刊物投稿。黄继善老师虽只教我一个学期的语文课，但让我了解到了投稿是怎么一回事，让我开了眼界。当时我觉得自己文章尚未达到投稿那个火候，不敢向报刊投稿。心想我可以在大成中学由学生会主办的黑板报上一试身手，这样，黑板报就成了我写文章的试验田，每期都有我的小文章在黑板报上刊出，而且心里还萌生今后当记者、作家的梦想。到了义乌中学上高中，大概学校知道我会写文章，一入校，就安排我进校广播站当编辑。我正襟危坐在校广播站里，用笔蘸着红墨水修改同学们的来稿，将改好的稿子交给播音员广播。后来，我当了班干部，太忙了，就辞去了广播站编辑一职，但学校的黑板报上，仍经常刊出我写的小文章。在读高中时，由于热爱文学，基本对自己作了定位，今后要当一名记者，要当一位作家。在高中学习期间，我的一则通讯报道第一次变成铅字，刊登在《金华大众》上。

问：当年高考体验不合格，回农村当了社员，你在繁忙劳动之余，是怎样利用时间写作的？

答：体检时由于血压偏高，没能参加当年高考。由于当时中小学教师奇缺，县教育局就将高考落榜生和体检不合格不能参加高考的高中毕业生安排到中小学当代课老师。我被分配到"大跃进"时创办起来的义乌水电学校当代课老师。当时的义乌水电学校很受初中毕业生的青睐，招了一批初中毕业生中的佼佼者。因我的梦想是上大学，我教了一个学期的课就辞去了代课教师，回农村当社员，准备高考。

在农村期间，我一边参加大田里劳动，晚上和农闲时进行文学创作。当年在农村的创作，主要是写民歌体的自由诗。大概我当社员有切身感受，写出来的诗作较接地气，因此投寄出去的诗作屡屡被刊发。当时我投稿的主要报纸是金华地委机关报《金华大众》。

在农村几年，我创作了一千多首诗。还学着记者模样，与好友王春深到吴店采访八大队抗日斗争故事，采访回来后，写了几十个抗日斗争小故事，有的还刊发在省级刊物《俱乐部》上。由于采访八大队抗日斗争故事取得成功，我想写一部长篇小说歌颂义乌人民抗日斗争故事，书名为《桥头堡》，激情上来，一口气写了近10万字，但总因写作实力不够，写了10万字后再也写不下去了。30年后，我才写出了义乌人民抗日斗争长篇小说《皇甫台门》，完成了30年前的夙愿。

问：你大学毕业后，分配在省教育行政部门工作，你工作之余是怎样进行文学创作的？你创作的题材重点放在哪里？

答：这个问题经常有人问我，他们觉得我日常行政工作很忙，何以能写出那么多作品？其实要回答这个问题很简单，我平时无甚爱好，空闲下来写写文章，正如鲁迅所说，时间像海绵里的水，去挤必能挤出时间。曾有记者采访我，写过一篇《时间启示录》的文章。我除了出差在外，在家时，晚上看完《新闻联播》我就进书房兼卧室的房间写作，一般晚上7点半到9点半写作两个小时，星期日（当时星期六不休息），我可利用6个小时时间进行创作，家里生活之事都由妻子操劳。这样算下来，可利用的业余创作时间还真不少。

我创作的题材是多方面的，因我不是专业作家，无须专攻某种文学门类，因而我的文章体裁有小说、散文、诗歌、电影电视剧本等。而我创作的侧重点，一是放在江西红土地上的革命题材，二是描写故乡义乌的题材。红土地上的题材，长篇叙事诗就有《红云传》《红军泉》《竹钉阵》，长篇小说就有《兵暴》《刘和珍》《雾满龙冈》《横扫千军》《铁血悲歌》5部。描写故乡义乌的长篇小说有《皇甫台门》《炼狱》2部，散文集有《苦涩的土地》《家园厚土》2部。

问：你退休后创作精力旺盛，你是怎样做到这一点的？

答：有人说"退休！退休！万事休！"对我来说是迎来了一个创作的"黄金期"。我从繁忙的行政岗位上解脱出来，全身心投入我热爱的文学创作中去。前15年，我完成了反"围剿"三部曲中的《横扫千军》《铁血悲歌》2部长篇小说的创作，写出了义乌人民抗日斗争的长篇小说《皇甫台门》和反映义乌三年困难时期（1960年—1962年）的长篇小说《炼狱》，出版了5部散文集。

后面几年，我与义乌文友徐敢一起发起新古体诗创作的倡议。近10年来，我共创作了2000多首新古体诗，出版了两本新古体诗集《高唱低吟》和《长箫短笛》。

问：你最满意的作品是哪几部？

答：我创作的作品力求唱响主旋律，传递正能量。我所写下的小说、散文、诗歌、电影电视剧本中都贯穿着爱国主义教育和革命传统教育这两条红线。

我写的长篇小说中，对反"围剿"三部曲《雾满龙冈》《横扫千军》《铁血悲歌》倾注了极大热情和精力，自认为写的是成功的。开国上将萧克批阅了我写的《雾满龙冈》后给予了极高评价，还亲自为《雾满龙冈》题写书名。我满腔热情创作的长篇小说《刘和珍》，出版后好评如潮。我采用民歌和古典诗歌相结合的方法创作的长篇叙事诗《红云传》，由中国妇女出版社出版发行。

问：你已年高德劭，今后还有什么打算？

答：我虽年过八十，但精力还很充沛，思维还很活跃，我将与文友徐敢一道，将义乌打造成新古体诗的创作高地，今后的日子里，决心要创作出不愧于这伟大时代的精品力作。

访谈感言：

采访中，我被贾献文的精神向往和人格魅力深深感动，被他孜孜以求的教育与文学高点所折服。他利用业余时间创作了多部各门类的文学专著，每一部作品都是积极向上的正能量之作、豪迈高昂的主旋律之作，尤其是他创作的反映中央苏区斗争的三部曲《雾满龙冈》《横扫千军》《铁血悲歌》，其容量之大尤其令人感叹，称他为多产的红色作家实至名归。

骆正葵：文学相伴，人生邂逅美丽

访谈对象：骆正葵。笔名凡扬，浙江省义乌市东乡人，大学文化。先后在《东海》《俱乐部》《寓言》《散文百家》《散文选刊》等杂志，以及报纸上发表作品百余篇。已在文汇等出版社出版《稻草人》《漫步塘溪街》《故乡的塘》《晴窗随笔选》等散文专著；编著有《江河万古流·咏骆宾王诗词选》。作品入编图书有《中国散文大系》《中国百年散文家力作选》等十五部。系中国散文学会会员、中国解放区文学研究会会员、浙江省作家协会会员、中国散文网特约作家。

访谈人：吴龙宝，浙江省作家协会会员。

问：骆老师好！我想就散文创作的有关问题，向你采访，不知可否？

答：别客气，不仅可以，而且欢迎。我们都是文学园地的耕耘者，心灵相通，本该相互交流。

问：一个人成为作家，跨入"文坛"，都有各自不同途径，或顺利或曲折。请问你是怎样走上"文坛"的，其间受过哪些人的影响？

答：许多作家起初的文学梦，都来自学校，我也如此。记得在廿三里读初中时。遇到一位姓黄的语文教师，十分重视引导学生课外阅读。我自小喜欢读书写作，高小得过全校"作文比赛"第一名。作文课我从不马虎，认真对待。老师大概发现我这棵"苗子"，作文评讲，总是评我的作文。这一引导，我的阅读写作兴趣就更浓厚了。

课外一有空就钻到阅览室、图书馆，《萌芽》《儿童文学》《人民文学》都是我经常翻阅的刊物。看得多了，作文更得心应手，还不知天高地厚地开始投稿，虽大多是"肉馒头打狗，有去无回"，有次一篇题为《公社饲养员》的作文，竟在《俱乐部》杂志上发表，因此深受鼓舞。这是我在报刊上发的第一篇文章，记得还收到三十元稿费呢！

参加工作后，当了中学语文教师，要辅导学生作文，就探索如何写散文，如何提高学生写作水平，向义乌籍上海作家王西彦先生请教，他当时任上海作家协会主席，工作很忙，他把《王西彦中短篇小说》《王西彦散文集》寄给我看。他说，"下水方知水深浅"，在布置学生写作前，老师写篇范文（下水作文），悟出作文甘苦，这样辅导才有的放矢，能起到事半功倍效果。我照他的话，坚持数年，的确水涨船高，我与学生的写作水平都得到长足的提高。

义乌是个文学气氛浓厚的地方，是作家成长的热土。当时我周围有许多可以推心置腹，亦师亦友的朋友。如文联主席张金龙，徐金福，还有在北京的义乌籍著名作家海飞、王贤根，我每出一本书，都会热情鼓励，写序写书评推介。

如今忆及，非常感谢师友的帮助和前辈作家的培植。

问：读书对作家来说，至关重要，请问你平常是怎样读书的，有何感受和体会？

答：读书是人们认识生活、把握世界的窗口。古人说，"读万卷书，行万里路"。天下第一大好事，还是读书。多读书，能满足和弥补生活经历的不足，读书对作家来说，尤为重要。

十年动乱时期，破四旧，将我有限的藏书，一破殆尽。供销社有个售书的柜，我常去看，老是空荡荡，活像个"神龛"。"书荒啊书荒！"有日，看到柜台一角，有个职工埋头在看一本书。据说他是县里下放的右派，无人敢接近他。我不管三七二十一，像饿汉扑向面包，凑上去悄悄问："能借我一阅吗？"他眼睛朝我一瞥，是个老师，爽朗地答应了。原来是本《契诃夫小说选》，是我心仪已久的好书。怕被别人发现，就用块浴巾包裹着带回家。

我非常痛惜，那十年读书光阴的虚度。作家"腹笥"不丰，终是"遗憾"。写起文章来，难免捉襟见肘，宛若小家碧玉，缺少广阔胸襟和气度。其实，提笔就是一场考试，作品都是作家才识的体现。

对我来说，目下的当务之急就是"补课"，补上"短腿"。好在我已成了书的万元户（万册）。书架上的书林林总总，连客厅卧室也多有"游兵散勇"。有闲时在书房，检阅图书方阵，那《四库全书》，赫然显目，可视为一宝。这本翻翻，那本瞧瞧，如行走山阴道上，饱览无限风光。静下心来拥坐书城，手捧一册，"神游"如神仙。《唐宋八大家精华》选为体己（枕边书），睡前看几页，伴你进梦乡，醒后看几页，可提神醒脑。心有诗书气自华。你爱书，书必不负你……

问：听说你出的书，一出版就销售一空，有的已在社会上引起较大反响，选为"学生必读"书目。

答：读者是作家的"上帝"，自己的书受到读者欢迎，是作家的心愿。可我当初，并没这种想法。前面已提到，当时我在中学当语文教师，为提高学生作文水平，在老作家王西彦先生的指导下，每布置作文前，自己必作"下水作文"。日积月累，这类文章已数量可观。有次，在县文联供职的文友徐金福来访，见到后提议集为一书出版。"下水作文"一词，当时许多人还没听说，集书出版更是"全国首创"。

书由黄河出版社出版，海飞先生作序。书出时，正值义乌市场兴起，带动图书市场繁荣。《稻草人》也有幸随"书商"漂流到浙北嘉兴。有年暑假，嘉兴市教育局向下属县市下文，开展"读名著写作文"征文活动，并公布"阅读书目"，《稻草人》赫然位列其中。有人上网发现，"下载"给我看。我当时一愣，《稻草人》也如人，属无名之辈，怎可列"名家"之林呢？后泰然自若地想，事物总是"适者存"，兴许是教师写的"下水"之文，更适合中学生阅读，作文时易于借鉴之故吧！网上透露，"征文"活动颇具成效，连年继续。那以后，广东、广西、江苏的一些学校，也先后将此书列入"学生阅读"书目，推荐给中小学生看。

问：在众多文学体裁中，你为什么独选散文这一"门类"，坚持创作多年，出过多部散文专集，请谈点经验与体会好吗？

答：我还在"门外"，谈不上经验，仅有感受而已，一个作家偏爱某一文学样式，在特定领域坚持创作。其原因如爱情，很难说得清楚。仁者乐山，智者乐水，兴许与其生活阅历，性格秉性均有关系。散文取材广泛，是文学轻骑兵，能迅速敏捷反映现实生活。

读一篇好散文，如与智者推心置腹，心灵得到净化。我说散文是谈心的艺术。散文讲究真情实感，精髓在"真"与"情"两字。散文确是"老实人"的体裁。不过"实"应有分寸，比方你心里有怨屈，向人哭诉，开始过路人感新奇，会驻足听，若没完没了，听者必厌而逃走。散文抒情也应掌握"度"，切不可"滥"情，说得太透，反使人有浅显之感。

"大散文"主张"拓广题材，扩大视野"。现在散文愈写愈长，动辄几千言，以至万言，洋洋洒洒，视篇幅长为"大散文"，全是"误解"。

鲁迅说"取材要严，挖掘要深"。散文要讲"精粹"。我国传统散文大多篇幅不长，《岳阳楼记》不过几百字，外国散文名篇亦然。散文与诗有相通之处，以少胜多，尺水兴波，忌单调平板，有节奏、有韵味。

此可作"散文观"，虽不能至，心向往之。

访谈感言：

结束采访，霞霓满天，掩卷而感慨。多少个春去秋来，多少个月落日出。骆正葵老师，志存高远。始终坚守一方"文学园地"，紧握手中"生花"妙笔，讴歌新时代，颂扬"真善美"。默默耕耘，播种春色。那份勤勉，那份坚毅，那份胸怀，感动上苍，渲染秋光，奉送硕果。敬仰！敬仰！

洪铁城：我一生的创作主题是『宜人』两字

访谈对象：洪铁城，中国婺派建筑学说创立者，他业余在《人民日报》《光明日报》《解放日报》《北京日报》《天津日报》《新民晚报》《南方周末》《上海文学》《星河》《星星》《诗探索》《诗江南》等报刊发表诗文百余篇，出版文学著作4本，10多次荣获国家级省级大奖。

访谈人：桑洛，浙江省作家协会会员，中国散文学会会员。金华作家协会市直分会副主席兼秘书长。

问：洪老师，你是很有名气的规划设计师，出过几十本书，不知为什么还搞文学创作？

答：我是建筑师，有点小名气，除了东阳还应邀给嘉兴、富阳、杭州、余杭、苍南、武义、永康、义乌、金华及黑龙江的集贤，江西的婺源、德兴、铅山、南昌、万年、上饶、鄱阳等地做过设计，几乎所有项目都获好评。但我有自知之明，知道搞小项目不可能搞出什么大名堂，而在小地方不可能有大项目。于是1985年10月得知全国繁荣建筑创作座谈会搞征文比赛就投稿了，题为《建筑美的探索》，12900多字，随笔体，是出差时用三个晚上写成的，想不到一炮打响。著名教授白佐民当任征文比赛评委，会议上碰到我，他透露："数百篇参赛论文只有20多篇入选，你是最顺利通过的。"文学界朋友评价也高。张抗抗写信称赞："这简直不是一篇学术论文和发言稿，而是一篇文理并茂的优美散文。非常生动，吸引人，道理深入浅出，语言流畅自然。例子恰到好处。作者的个性、感情也十分鲜明突出。动情处炽烈如火，愤恼时直言不讳。论述'建筑美'的文章自身应该如此谐调又独特。"

问：你哪年开始写诗？

答：学写诗是30多岁才开始的。我从小偏爱画画，读初中时就被东阳县委看中叫去画宣传画。长诗《快舞起我们的龙灯》写于1980年，心中期望我们富起来、文化快快兴盛起来。我特别喜欢艾青的诗，还有白居易、雪莱的诗，还有几千年前古罗马哲学家卢克莱修用诗歌句式写的《物性论》。因为看得懂，不朦胧，激昂慷慨，"诗言志"，所以有意无意中学了他们的风格。

问：一种风格形成是否很难改变？

答：是的，我都爱到骨子里去了。例如散文诗《问诗人》《赠诗人》，是用艾青《诗论》手法写的。写我对当时诗歌创作状况的所思所想，发表于文学月刊《东海》1987、1988年间，后来被编进浙江文学评论集。我认为诗人与作家，应该是一个有脑袋的人。包括写于1991年的《建筑师们职责和修养》和《我们心中的环境艺术》，也是诗体艺术评论。还有写于90年代中后期的《新世纪如是说》及《东阳江》《八面山》《写在新世纪大门完全开启前夕》（此稿曾获全国大奖）及十年前后"步艾青《大堰河，我的保姆》原玉"写的《大叶荷，我的姥姥》等等长诗。

问：据说你的长诗《新世纪如是说》，1500行，著名评论家、诗人沈泽宜先生曾高度赞赏。

答：不好意思。万分可惜的是沈泽宜先生我没见过面，甚至连电话也没通过。但他在《2000年浙江文坛》一书的《站在世纪航班上的眺望》文中对我作了高度评价：

这是一首融诗情、哲理和社会性关怀于一体的大气磅礴、豪气逼人的长诗，如果仅仅认为它激情洋溢、慷慨放歌那将是肤浅的，实际上这十章诗如同一座辉煌的大厦，是精心设计、精心构筑、充满忧患意识和人文理想的艺术宏构。

问：据说艾青诗歌权威评论家骆寒超称你为"艾青的传人"，还写了"从某种意义上说，铁城不是模仿，而是在幅度更大且多学科交错的思维活动中，对艾青作这样那样的超越！""超越"两字厉害！

答：我距艾青十万八千里，十辈子也无法"超越"。骆寒超教授这样写是鼓励我。为我诗文集《责任与忧虑》写的"序"上他有如下文字：

从创作艺术看，这部书为文坛提供了一种边缘类新文体，也就是说：像《新世纪如是说》这样的作品，能做到诗与建筑的结合，抒情与哲理的结合，科技与美学的结合，无疑是文体探索中的创造性成果，一项不可多得的贡献。值得指出：铁城这场文体的创造性探求是采用艾青所主张的散文美语言形式对文本作高密度的意象化表现才获得成功的，这只要细读一下《新世纪如是说》《建筑师的职责和修养》《我和你的"住宅梦"》《赠诗人》等作，就会联想到艾青的《诗论》和《光的赞歌》那种写法。从某种意义上说，铁城不是模仿，而是在幅度更大且多学科交错的思维活动中，对艾青作这样那样的超越！

看来，在金华这片红土地上，已出现真正意义上的艾青的传人。

问：据说你还是中国婺派建筑学说创立者？

答：很荣幸，因为作为一派"学说创立者"，极少见。我研究婺派建筑四十多年，纠正了我们金华人有史以来认为自己老房子是"徽派建筑"的错误，为此写了不少文章。近年连续出版了《中国婺派建筑》《中国婺派建筑·磐安卷》《中国婺派建筑·兰溪卷》专著。国家住建部聘我任《建筑》杂志编委时，冠衔"中国婺派建筑学说创立者"。其实我研究婺派建筑，不仅仅研究物理性的空间、形式、结构，同时还研究可居、可耕、可诗、可画的宜人性特质的存在。我的长诗《爱的漫箭》《肃雍堂》《东水西流》，短诗《回故里》及小散文《新版山居图》《梧桐村记》《久违了的山居图》《寻找曾经的风景》等，都是围绕宜人性这个主题创作的。

20 世纪 80 年代后期，我在《人民日报》大地副刊连发了《白亮的污染》《先有环境，后有艺术》等小文章，前文提出白色装饰与玻璃幕墙建筑太多，其反光、反射将成为一种新的污染，结果被十多家报刊转载；后文建议先把环境脏、乱、差治理好，再搞雕塑小品之类美化，结果引起争鸣。21 世纪前十年间，我的长篇随笔文《读吴良镛教授》《多元并存，共生共荣》《景观设计学的诞生》及《"四线"控制论》等先后发表，获得较好评价。

问：据说散文权威评论家周维强先生对你的散文作了较高评价？

答：周老师的评语语写在《浙江文坛》2000 卷上：

洪铁城老当益壮，年近八十依然笔耕不辍。发表在《光明日报》上的《可居，可耕，可易，可诗，可画》和发表在《南方周末》上的《听金华大岭村娓娓道来》，主题都是寻找人居环境的范例，文长而质高，可圈可点。洪铁城是有成就的建筑设计师，写这个题材的散文作品，可说是本色当行。洪铁城的文字，令我想起老杜的句子"庾信文章老更成，凌云健笔意纵横"。

问：洪老师，经常听李英主席说起你写了长诗《和平与战争》，一万行，不得了的长。不知出版没有？

答：万行长诗《和平与战争》（后更名《豁口》）分六章，分土地篇、草木篇、城市篇、农村篇、环境篇与如是说篇。曾用小标题：一个母亲一个妈；何可一日无此君；在某一部分社会；你我的家园故乡；谁在塑造这世界；新世纪如是说。其中第五、第一章写于 2000 年，分别获过大奖。但因工作忙停停写写。直到 2014 年 6 月 5 日出差山东诸城，骆寒超教授打电话来，重新点燃我的写作激情，回来后用不长时间完成，打印成册向他请教。骆教授阅后又为我写"序"。有言：

…………

这部抒唱生命生态必须和谐共处的长篇抒情诗，题材之广泛、组合之体系化在当今诗坛是具有超常美学意义的。可以说诗人洪铁城为我们提供了一部生态抒情的百科全书。

《豁口》还值得我们珍视它的综合抒情性。这样的抒情，才使广阔的题材得以充分起用，宏大的主题得以超常展开，而整个文本也因此能具有抒情的智慧化、智慧的情绪化的诗美品格。

此长诗曾获中国大众文学百花奖，但尚未结集正式出版。原因一是从 2014 年骆教授在"序"中提到一些不足作没完没了的修改花去五六年时间，二是作品中有较多让编辑们为难的地方。

问：据说你还写过戏，写过歌词，连续几次得过省里大奖，还被省文联、省剧协保送到中央戏剧学院进修？

答：那是 1995、1996 年在东阳文化局工作时的事情，要抓剧团嘛，与老编剧合写了《繁花楼》《青青杨柳》两个戏曲剧本，想不到拿奖了，变苗子了，还成为省剧协创委会委员。老掉牙的事，咱们不浪费时间说它了。

问：很多人说洪老师还是活动家，搞过好多次有较大影响的大活动。

答：搞过几次活动，不能称为活动家。一是建筑与文学座谈会，1993 年在南昌，2002 年在杭州，2019 年在磐安，我与张抗抗、叶廷芳几人联手策办，2016 年在黄山，由俞孔坚、金磊等操心，两个领域的著名人物参加了。建筑界的院士、大师、博导、总师我说出名字大家不认识，文学界的张抗抗、叶廷芳、邵燕祥、谢大光、舒婷、赵丽宏、公刘、马识途、韩小蕙、蓝翎、叶楠、林沂澜、刘元举、陈丹晨、何西来等，大家一听就知道知名度有多大。二是 2016、2017 年在金华市作家协会、东阳市作家协会、东阳市总工会及《星河》诗刊支持下，我与陈金彪、炎子、晓春、二胡、益林、永清等人搞的两届"中国好诗歌"研讨会、朗诵会，有一定的影响，被人称为名牌活动。"东阳新诗盟"应运而生，十多名青年诗人作品冲出东阳，冲进《诗刊》《星河》《诗探索》《江南》《诗江南》《浙江诗人》等等大刊、名刊。三是全国建筑评论会，这与文学基本上没关系，不哆嗦了。

访谈感言：

洪铁城曾说："活得好一些，美一些，争取为社会多做一些有益的事情。"他一直是这样做的。

想要走得远的人，目标坚定，有自己优良的品质和良好的习惯，默默前行，不去管太多的是非非。

"虽千万人，吾往矣！"

先生给我们的是高大的背影，在仰望的同时，我也从他身上的一些细节上，体会到了生活与生命的更多真谛，从而受益一生。

徐敢：一位在文学路上敢为人先的种树人

访谈对象： 徐敢，原名徐金福，1944 年生，浙江省义乌市佛堂镇人。他从小爱好阅读和写作，自 20 世纪 80 年代初正式涉足义乌文坛，迄今已在《东海》《芒种》《新华文摘》《儿童文学》《中外童话故事》《文学报》《人民公安报》《浙江作家报》等 70 余家报刊发表作品；已出版长篇小说《白天鹅灰天鹅》、小说集《徐敢小说选》、散文集《去去游记》、报告文学集《辉耀历史的星座》、文论集《我与文学》等专著 11 部，主编文学著作 20 余部。系中国作家协会会员，中国散文学会会员，中国报告文学学会会员，义乌市古今文学研究院创始人、理事长、首任院长。

访谈人： 胡友大，浙江省作家协会会员。著有长篇小说《孝德感乌》，长篇报告文学《致富金蛋》等。

问：徐老师，首先，感谢你对我的信任，接受我的采访。

答：不客气。主要是因为你至今仍妥善地保存着好多年前我写给你的二封退稿信这件事深深地感动了我。

问：我是在你和李邦林老师担任《枣林》文学创作函授中心辅导老师时认识你的，还知道你曾先后担任过《枣林》编委，《枣林文艺报》副主编，义乌市作家协会秘书长、副主席，除此，你还有其他文学组织工作的经历吗？

答：有呀！1983年10月6日，我发起成立了义乌、金华地区首个乡镇文学社——塔山文学社。由乡长金杨成任社长，我任副社长，成员有朱有土、丁丰罡、陈志平、丁宝霖、贾春明等15人。金鉴才先生曾欣然题赠墨宝，方竟成、王曙光均莅临祝贺。文学社成立后，大家勤奋写作，仅年余时间就在《浙江日报》《三月》《枣林》等报刊发表作品30余篇，还油印社刊《青春诗会》，并在所在地举办五四、六一、国庆等节庆诗会和文艺表演。很荣幸，相关报道还载入了由中央文献出版社出版的《义乌之第一》第一卷。

问：噢！难怪你会自称"种树人"，能说说你曾培养扶持过多少文学新人吗？

答：你能算一个吗？！写作主要靠自己。我不过是为新人的成长搭建文学平台、营造文学氛围、帮助修改和推荐作品而已。几十年了，实在难以统计我帮过多少人了。记得义乌市古今文学研究院曾搞过"千人文学培养工程"，徐敢文学工作室也办过两期写作培训班，在义乌中小学开设过不少文学讲座，据此推算，听过我的课得到过一些启发的青少年至少也有几千人吧！

问：现在还有跟你联系的学生吗？

答：多数都失联了，曾辅导过、帮助过，并在文学界、新闻界、学界有所作为，至今仍保持联系并引以为自豪的文友、学友有丁丰罡、叶月飞、陈志平、王边、张琳琳、宗一佳、丁治元等10余人。

问：（很好奇）你就是凭这个加入省作家协会和中国作家协会的吗？

答：也许是也许这只是一方面，我想我主要是靠作品、靠文学成果跨入这高门槛的。入会申请表上填写的创作门类是小说、诗歌、散文。除出版专著外，也曾刊出为数不少的单篇作品：小说、散文、纪实文学和诗歌。省刊《东海》曾刊出我的小说处女作《田水哗哗》；声名并不显赫、但层级不低的《神州》曾刊出我的中篇小说《总统套房里的战争》；《巴彦淖尔报》曾连载我的中篇小说《邹北方的生命奇迹》；《文学报》曾大篇幅刊出我的纪实作品《冯志来：披荆斩棘的理论家和探路人》；小小说曾多次入选《微型小说选刊》。觉得写散文比较难，除《新华文摘》选载过我的散文《中国妇女运动的先驱——陈望道》，林非先生、刘忠先生分别在《文艺报》《文学报》撰文推介过我的散文集《去去游记》，照片上过《华文作家》封面，当过该刊二年签约作家外，再无小亮点可言。最为遗憾的是散文没上过《散文》，诗歌没上过《诗刊》，任何文学作品都没上过《人民文学》，成了我的一个梦。

问：贾献文老师劝你不要把这看得太重，能谈谈你对文学的认识吗？

答：我信奉洪治纲先生的金句："文学是照亮灵魂的一盏明灯。"文学是人学，是作家对宇宙、地球、大自然、地球人独一份的认识和反映，作家不过是以文学为载体与其深情对话罢了。若论小说写作，短篇小说一般写感觉，中篇小说一般写故事，长篇小说一般写人物的命运。无论何种体裁，"艺术和文学——有一种狂暴的喧嚣，但我们并不完全受它控制。我们仍能思考、辨别和感受……要进入现代读者缭乱的心胸比较困难，不过作家有可能穿透噪音，直达宁静地带。"（美国·索尔·贝娄）宁静方能将迷茫、困惑、浮躁等一扫而空，"把文艺创造贯穿到民族复兴的历史上，写在人民奋斗的征程中"，这是文学工作者的责任和使命。作为中国作家自应成为构建人类命运共同体的率先觉醒者和践行者。我特喜欢小说家鬼子对我的评价："痛快做人，大胆文章"，回望来路，果真如此。

问：都说故乡是情感的源头和精神的籍贯，徐老师，你对"乡愁文学"怎么看？

答：作家一辈子都在有意无意地写他的故乡和童年，无论成名作家或未名作家概莫能外。千年古镇——佛堂镇是我的诞生地，有人曾以嘲讽的语态说我怎么不写写它，一气之下，思绪就像被他扯开的一个大线球，尽管扯就是了，怎么也止不住，洋洋洒洒写了一万三千字的散文《佛堂，我用一生爱你》，在《香港文艺报》刊出。故乡是童年的摇篮，乡愁的源头，如人的骨肉须臾不能分离，所以我并不认可对文学作某种划分，本质上，所有的文学都是乡愁文学。

问：文学浙军正在崛起，婺军正在崛起，义乌作家方阵该如何与其接轨？义乌作家如何才能写出让读者较为满意的作品？

答：第一个问题不该由我来谈，我也不敢谈。第二个问题我可以谈谈我的想法。噢，我想起你的一段话来了，你说"新时代的文学作品如果不关注民族和国家的现实和未来的话，就很难创作出打动人心的作品。"这是对的，我们要始终坚持"以人民为中心的创作导向"，常抱"人民是文学工作者的根，人民是文学工作者的魂"之心，这是方向，方向对了，便就只剩下路径了。文学创作是极具私密性、个人化的创造性劳作。我曾尝试将"路径"归纳为九个词语：做梦、热爱、阅读、观察、体悟、思考、耕耘、深入、坚持。九九归一，生活是文学创作永不枯竭潺潺流淌的山泉，常喝常甜，胜似琼浆玉液。

问：能说说你的"琼浆玉液"吗？

答：好像很多，又好像都不算，除了上面提及的几个作品，自己满意的作品不多，只有《登上中共党史的四位金华人》《跨越海洋》二篇。一是《金华日报》给了大版面，二是花了大力气才写成的，所以格外看重。专著方面比较偏爱长篇报告文学《柔情铁汉丁履生》，它以时间为经，故事为纬串起一条讴歌人民警察的红线。该长篇是由献文师友出题作序，自己在较短时间内完成的，得了三万元稿费不说，居然还与茅奖得主熊召政的长篇小说《张居正》同时登上北京图书网的推介排行榜。该网该次共推荐作品 11 部，熊排第二，我排第八。

问：徐老师，你干了这么多，付出这么多，也得到这么多，你还有什么心愿吗？

答：有，有心愿，也有心事。我的孙女徐已扬是"万亩地上一棵苗"，希望日后她能牢记家训，传承"崇文尚学，向上向善"的家风，始终与文学不离不弃，写出比她爷爷更为动人的篇章。其二，至 2023 年 3 月 30 日，古今文学研究院成立十周年时，我将牵头成立换届领导小组组织第三次换届，并借机卸下法人代表、理事长这重担。期待新班子能明方向、带好队、理好财，我想，群团组织只要做到这三点，基本就不会出乱子，而且还能将义乌市文学研究事业发扬光大。

问：最后还有一个问题，你能评价一下自己吗？

答：一个普通人，一个特立独行的多产作家，半山腰的登山者。我会永远记住王干先生的题词："山高人为峰，人高文为峰。"

访谈感言：

徐敢老师是一位在文学路上敢为人先的种树人。他常被身边的文友戏称为"老顽童"。就是这样一位土得掉"渣"的文学前辈，却在自己的文学领域做出了不菲的成绩。有文友曾评价他的个性："坚韧如钢，柔情似水"，他的确是个经得住风浪爱心满满的作家。也有人不理解，甚至背后叫他"倔老头"，但他依然我行我素，将写作当成生活的一部分，执着地摸索和打磨，不断地尝试和创新，为文学而生，累并快乐着！

朱吉荣：楼高百尺乐攀登

访谈对象：朱吉荣，笔名芙生、凯泽，生于浙江义乌佛堂东朱村。系中国作家协会、中国报告文学学会、中国传记文学学会、中国散文学会、中国人物传记学会、中国书画家协会会员，香港报告文学学会常务理事。

访谈人：陈国友，浙江省作家协会会员，金华市作家协会常务副秘书长，金华南山诗社社长。

问：朱吉荣老师，你是一位年长的知名作家，能否谈谈你从什么时候开始文学创作？

答：我的文学创作源自一支金笔。1962 年，我参军驻守福建连江前线。当时我的父亲被评为省级劳模，到杭州参加颁奖大会，受到了时任省长周建人的接见。在这次颁奖大会上，父亲除了获得劳模的证书外，还获得了省长亲自授予的"英雄"牌金笔一支。在杭州，父亲就将这支金笔寄给了我，并嘱咐我"拿好一支笔，握好一杆枪"，勉励我写出反映部队火热生活的精彩文章。于是我开始拿着父亲赠送给我的金笔学习创作。为了提高文学素养，我经常奔波于营地到连江往返六十里的公路上，目的是到连江的新华书店购买一些书籍。这些书籍连同我从金华带去的《毛泽东选集》1—4 卷，成了我最早接触文学和政论学的书籍。当年 7 月，我的一首小诗在《前线报》上发表，引起了上级的重视，也得到了《解放军报》记者的采访，从此激发了我的文学兴趣，树立了我的创作自信，走上了持笔作文的道路，我下哨所，走基层，进连队，挖掘素材，体验生活，采写新闻稿件，撰写通讯报道，文章相继在《解放军报》《福建日报》《前线报》等报刊发表，被誉为军营中的"土记者"。

问：朱老师，你多年从事全国政治思想工作，又创作了这么多的作品，还六次出席北京人民大会堂接受颁奖，受到中央领导同志的亲切接见。那么在六十年的创作中觉得最有意义最值得回忆的事是哪一件？

答：最有意义最值得回忆的当是认识了我的恩师张蔚萍先生。2002 年，我参加了全国政工论文大奖赛荣获二等奖。当时我正在浙江省《政工师》编辑部工作，能够获此殊荣也是很开心的，因为这届全国性的比赛一等奖有 3 人，二等奖也只有 5 人。我参加这次比赛而获奖的论文得到了中央党校张蔚萍教授的关注。张教授在征求我的意见后将我先借用到全国育人用人科学专业委员会，任《中国政工年鉴》编辑部常务副主编，专职从事中国政治思想工作年鉴的采访编辑工作。

还有文化部原常务副部长高占祥也给我留下了美好的回忆。2002 年 2 月 29 日，我第一次走进高占祥的家中，提出采访的请求。神采奕奕满面春风的他欣然接受我的采访，并赠我以书籍，教我以书法，这种平易近人，光明磊落，物我两忘的崇高形象至今难忘，还有高夫人的热情款待也使我万分感动。之后我阅读了大量与他相关的书籍，被他广闻博览、锲而不舍的精神所感染，于是我对他持续了 12 年的跟踪采访，最后写成了 12 章共计 45 万字的《高占祥漫记》。

问：到目前为止你创作了《赵荫华人生历程》《张蔚萍心路历程》《旋涡中搏击》《红色经典》《沧桑心雨》《沧桑心语》等报告文学著作，你认为哪一部让你最为满意？

答：在张蔚萍恩师的引荐下，我先后走进了高占祥和赵荫华的生活，从中感受到他们身上无数的宝贵经验和闪光思想，我决意用写实的手法将他们的光辉人生展示给世人。还有张蔚萍教授，是中共中央党校的博士生导师，享受政府特殊津贴的对国家有突出贡献专家，对我的成长和进步给予了无私的帮助，我要用感恩之心书写恩师的大爱之举。接着还将许多平时创作的报告文学汇集成《沧桑心雨》《沧桑人生》等。所著的作品可以说是够多了，甚至还登上《人民日报》《人民政协报》《中国交通报》《浙江日报》《陕西日报》《时代报告·中国报告文学》等中国重量级的报刊，但是从满意来说还不能说，我还要继续写作，向大家学习。现在我正着手《迟浩田传》《孙子兵法与家教百法》《孙子兵法与养生百法》的写作，还计划出版《朱吉荣文集十二卷》。

问：你已七十有余，依然保持着旺盛的创作激情，是否有什么妙诀？

答：在中国的文学队伍中，70 岁并不是高龄作家，80 岁以上的作家比比皆是，90 岁以上的作家也有不少，如获得国际格林奖的浙师大老校长蒋风先生，九十多岁了还笔耕不辍，甚至还有百岁以上仍在创作的作家，如杨绛先生在 100 岁时还发表了《坐在人生边上》，103 岁还出版《洗澡之后》。因此我认为 70 岁以上的作家首先不要把自己当成老人，应当把这一时期看作创作的最佳时期，因为这个时期是人生阅历最丰富的时候，也是思想沉淀最成熟的时候。还有，人到了这个年纪，该忙的事情都已经忙好了，也有足够的时间做自己喜欢的事情。对于我的创作激情，我没有特别的妙诀，除了对前面所讲的阅历、思想和时间有充分的认识之外，还有几点与大家分享：第一，人要有志，志是人的动力，有志向的人一早起来就会有精气神，充满了活力，有旺盛的精力。第二，家要和睦，有了一个和睦的家庭，就能保持良好的写作心情，就能拥有一个美好的创作环境。第三，多看范文，自古以来，我国的文学名著浩如烟海，这是我们作家的宝库，我经常学习前人对景物和心理的描写，以期学到一鳞半爪，而前人的文章往往激动人心，促使我更加努力，更重要的是经常深入生活，勤奋好学，这是我创作激情的最大源泉。

现在，我虽然七十多岁了，在文学创作上也取得了一些成绩，但与真正的大作家相比，距离还很大，因此我还要继续努力，还将在中国文学这座神圣的高峰上继续攀登。

问：你的孙子朱泽昂从小经常参加文学比赛，在全国冰心文学大赛中，他的《我爱我家》《我的爷爷》荣获金奖，是否深受你的影响？

答：我对文学创作的不断追求对于孙子的影响，那是肯定的。虽然孙子身上遗传了我的文学基因，但与我的言传身教还是分不开的。我每次出书，都会与他分享快乐，并在书上写上勉励的句子，如"书山有路勤为径，学海无涯苦作舟"等，让他感受事有所成的喜悦。2009 年，我在创作《中华历届奥运冠军姓名写真曲》时，发现 9 岁的孙子拥有超强的记忆力，于是我有意培养，引导他阅读古今经典名篇，指导他从身边的人物和小事练笔。十年下来，孙子在我的悉心指导下收获满满，多次取得全国文学大赛的荣誉。在他每次获得荣誉的时候，我都会及时给以祝贺，并鼓励他再接再厉，去争取更大的胜利。去年，21 岁的孙子也高兴地加入了金华市作家协会。

问：你对金华的年轻作家有什么期盼？

答：简单总结起来，就是四句话：吾之所向，一往无前，越挫越奋，再接再厉。

访谈感言：

对朱吉荣的访谈，可以说是一次内心的拷问。我比他小了二十岁，常以老夫自居，缺乏激情，不求上进。而他虽年近八十，却是意气风发，斗志昂扬。在他的身上总有一股永不服老永不言败的军人气质，这种气质也正是当今社会最需要的优秀品质，我深深地被这种精神所感动。在访谈过程中，朱老师经常念及他的恩师张蔚萍，以及许许多多曾经帮助过他的老师和朋友，他的言语充满了感恩之情。感恩，本是我们的传统美德，但随着时代的发展，感恩渐渐淡去，在他身上我又一次看到了感恩的魅力。心怀斗志，可以青春永不老；心存感恩，可以朋友遍天下。

何英豪：多才多艺的文化达人

访谈对象：何英豪，1947 年出生。他从小爱好阅读和写作，自 20 世纪 90 年代初正式涉足文坛，迄今已在《祖国文学》《北京诗苑》《上海诗苑》《北上广文学》《浙江作家报》《金华日报》等 20 多家报刊发表作品；已出版长篇小说《仙灵滩的阴影》、诗集《温馨的家》、散文集《风光这里独好》、戏剧《锦上添花》等专著 10 余部。系中国戏剧文学学会会员、浙江省作家协会会员。

访谈人：王志坚，《金华日报》记者。

问：你是什么时候迷上文学创作的？

答：我读小学的时候，就迷上写作了，老师经常拿我的作文在班上当"范文"读，同学们都很羡慕我。我很早就是浙江省作家协会会员了，学校毕业后虽然一直在乡镇工作，但从没荒废写作这一爱好。到目前为止，我除了在各种报纸杂志发表数千篇文章外，还出版了10余部专著。

问：你对自己哪一部作品最满意？

答：虽然自小喜爱文学，而且几十年笔耕不辍，但迄今还没有写出一部让自己非常满意的作品。再说，作品写得好不好，要读者来评价，我说了不算。

问：有人说"处女作"是最深刻的，你认可吗？

答：这点，我完全认可。在90年代初，我从何里乡调到黄山乡政府工作，一待六年。去黄山上班要走7.5公里的山路，且须翻越一座大山。翻山越岭1.5个小时才能到达目的地，挺辛苦的。

夏天，山上柴火丛生，行走时，上有蜘蛛网挡道、下有露水湿鞋，只能一手执棒网，一手撵水珠而行。冬天，北风呼叫，雪花飞舞，独自行走，孤寂难耐。心里常常萌芽起诗句来，年复一年，越写越多，到2000年，我把诗稿整理成诗集《温馨的家》由作家出版社出版。这是我的第一部诗集。

后来，我到上溪镇政府工作，视野也开阔了。2002年，我的第一部长篇小说《仙灵滩的阴影》问世（中国文联出版社出版），得到了义乌市纪委、文联、作家协会相关负责人的好评。

2003年，我围绕"义商该向何去处"这个课题，写了第二部长篇小说《又是个春天》（中国文联出版社出版）。2004年出版了《风筝飘飘》，2007年出版《春梦无痕等系列诗集》（作家出版社出版）。20年代初，我接连出版了四部长篇小说。

问：除了创作长篇小说，据说你还喜欢写散文和诗歌？

答：是的。我写的不少散文曾在全国各种刊物上发表，如《乡村老人》在《中国散文网》发表，《玉米棒》在《上海文苑》发表，《村务公开不妨来个台前解戏》在《乡镇论坛》发表，并被《改革与发展》丛书收录。后来，我整理出版了《阳光下的花朵》《风光这里独好》等几部散文集。

我还出版了两部诗集。2009年，《草尖上的诗》由华夏出版社出版。其中，还有多篇诗歌曾在全国文学大赛中获奖。比如我写的《农家乐》荣获

"野草杯"第二届全国文学大赛三等奖,新古体诗荣获"善爱杯"全国新古体诗大赛最佳创作奖。

问:你还从小喜爱婺剧,曾创作多部有影响力的大型戏剧?

答:对的。我不仅从小喜欢写作,也从小喜爱婺剧,14 岁那年,我就结集了村里的几个伙伴,在家门口演戏。虽然是小孩子玩的游戏,却也像模像样。剧目有《桃园三结义》《借云破曹》《牛头山》《文武八仙》等,节目全是我自编自导,所有道具也是自己制作。胡须用蓝黑线做,刀用木板屑做,剑用篾青做,鞘用向日葵杆做,爸爸的钩刀鞘拿来当鼓板敲。

大家还正儿八经地排练,戏排好了就趁月夜在村门堂里演出。老人们看了都说演得不错,看看挺有意思的。演戏能得到大人们的赞扬,我就更来劲了,后来我把自己组建的"戏班"命名为何界剧团,人员从七八个发展到三十多个。

后来,何斯路村成立了农村俱乐部,学过司鼓的我专门为俱乐部编排了《春耕曲》《聘金》等节目,还根据村工作队的旨意编过婺剧《不忘阶级苦》10 场戏。不过,我真正走上剧本创作之路是在 20 世纪 90 年代。1993 年,电视剧《神医朱丹溪》到上溪黄山八面厅拍摄,在镇里工作的我负责接待工作。在与剧组人员,特别是编剧宋连圭、导演秦燕频繁接触以后,我学到了很多创作知识。在宋连圭的指导下,我从加强对青少年真、善、美的道德教育出发,写出了剧本《阳光下的花朵》。此后,我的剧本创作便一发而不可收。

自我感觉写得还不错的大型戏剧就有 6 本,其中 2006 年写的《锦上添花》《连娘对》曾在《婺星》上发表,得到了省戏剧家协会副会长吕建华等多位专家的好评。《双喜临门》曾在《中国剧本》上发表,该剧后来由义乌市婺剧传承中心演出,演出总场次超过 100 场,深受观众喜爱。

问:你退休后开始尝试写古装剧,据说第一个作品就大获成功?

答:没错。退休后,我更是把主要精力都花在了戏剧的创作上。我创作的古装剧处女作《龙凤劫》,荣获首届全国戏剧文化奖·剧本奖,被收入国内权威杂志《中国剧本》(2012 年首期),并由义乌市婺剧团搬上舞台演出。我创作的第二个古装剧《双玉环》还获得了第八届全国戏剧文化奖·铜奖。

近年来，何斯路村文化事业发展很快，我精心创作的现代剧《柴屋圣火》好评如潮，其中"信仰的味道是甜的选场"由义乌市婺剧艺术团巡回宣传演出，深受广大群众喜爱。我还自编自演小品助力乡村文化建设，《女杰王月英》歌颂万里长城上的义乌兵，《何斯路了不起》《喝酒》等赞美良好的乡村民风和新农村建设成就，深受群众好评。

问：除了写剧本，你还编了很多村歌，都是自己写词作曲？

答：是的，近些年我还编了很多村歌，自己写歌词、填歌谱。我写的好多首村歌在义乌市村歌大赛中获得了大奖，如赤岸镇莱山村村歌《亮丽古莱山》、城西街道益公山村村歌《梦中家园》、上溪镇下楼村村歌《幸福万万年》等。

对一个自小喜欢写文章写诗歌、喜欢音乐的人来说，编村歌还真不是什么难事，一首村歌几天内就可以完成。能尽自己所长帮各村写村歌，也是一件挺让自己开心的事。

说到歌曲，我还获得过一摞摞的"国字号"获奖证书呢！2012年7月，我创作的《我是义乌人》获得由中国音乐家协会举办的第十届"祖国之春·中华民族民间歌曲演创高端选粹"的"中国民歌精品金奖"。评委认为，这首歌最大的妙处就是极具地方特色，歌词里写到的"鸡毛换糖"不仅仅是义乌精神的生动体现，也是民族的、世界的。

问：听说你不仅为义乌10多个美丽乡村写过村歌，还应邀为义乌多个政府部门创作歌曲？

答：没错。在义乌全力创建生态城时，我创作了《我爱绿色》《绣地球》之歌；为弘扬义乌精神创作的《我为义乌而骄傲》《我是义乌人》，由歌手吴俊演唱，在义乌电视台《同年哥》栏目播出，后来这首歌曲还被中国音乐家协会主编的《世界之春》收录，并荣获中国民歌创作精品"金奖"；歌曲《为了明天》是为义乌市综合行政执法局创作的，《为了梦想》是为义博会组委会创作的，在义博会上演唱后，又由义乌电视台《同年哥》栏目播出；歌曲《小桥流水人家》《下次还想来》被收录在义乌市文化局出版的《改革号角》刊物中。

我创作的歌曲《伟大的中国》还得到了中央台办的好评。我还出版过歌曲集《梨园欢歌》。为支持抗疫写的《在家待着好》《春来了》《不能没有你》

等歌曲，还有为庆祝中国共产党成立一百周年创作的《镰刀斧头我爱你》之歌，均深受群众喜欢，获得了较好的社会反响。

访谈感言：

多才多艺的文化达人。

有人说，农民作家不好当。何英豪却几十年如一日，利用工作之余、农忙闲暇创作了大量脍炙人口的好作品，无论是小说、散文、诗歌，还是作词谱曲，他的作品都特别接地气、能打动人，这着实不简单。

特别是退休回到农村后，他还连续多年主动承担村里"村晚"总导演的重任，义务为乡村文艺汇演创作歌曲。村民们说，如今，何斯路村文化娱乐广场隔三岔五要举办各种形式的文艺活动，依然少不了"总导演"何英豪的身影，他不仅会写小说、写剧本、写歌谱曲，还会拉二胡、拉京胡、拉板胡、敲锣鼓、吹笛子、编排节目等，是文艺战线的多面手。

"其实，这些都是我骨子里喜欢的东西，我会一直做下去。"在何英豪看来，是民间艺术的深厚土壤滋养了他艺术创作的灵感，他觉得有义务和责任为民间艺术的传承和发展奉献自己的力量。

王贤根：我们是大地上生长的庄稼

访谈对象：王贤根，浙江义乌人，毕业于解放军艺术学院文学系、北京师范大学研究生院文学创作专业。1994年4月加入中国作家协会，曾任两届中国报告文学学会理事和中国散文学会理事，著有长篇报告文学《援越抗美实录》《千古长城义乌兵》、散文集《用自己的头站起来》《又是烟雨迷蒙时》等十余部，获漂母杯散文奖、冰心散文奖、长城散文金砖奖。

访谈人：魏淑文，笔名舒文，中国散文学会会员，北京市作家协会会员。

问：王老师的多部著作我都拜读过，作为一位有一定影响力的作家，他有一段刻骨铭心的童年经历，而童年生活，又往往成为作家创作的不竭源泉与动力。你有没有这种感受和体验？

答：感谢你受金华市作家协会和义乌市古今文学研究院的委托采访我。承蒙故乡朋友的抬爱，游子应扑向故乡的怀抱，与那里的文朋好友相聚，为繁荣文学艺术说说心里话。

我的家乡，在钱塘江、富春江的东面，山多的浙东与浙北平原水网地带的居民，千百年来形成的性格、气质是有较大差别的。"刚山柔水"四个字，很能表达那里人们的气质特性。

会稽山南麓皱褶里有个小小的山村，被高高的山岭裹挟，一条弯弯曲曲的小路沿着溪水通向山外。山里是个独立的世界。小时候，生活在这个小山村的我们不知道山外的世界。

问：在山里的世界，你所接触和感受的一定是与山外的人们不一样。你生活的那个时代，山村生活清苦吗？很多城里长大的人，想听听你小山村的童年情趣。

答：我们老家那边的山，由于雨量充沛，植被长势茂盛，树木、毛竹成片、成林。从山体上冲刷下来的沙泥，积在溪滩旁，山民们就在溪畔用鹅卵石垒堤筑坝造田。沙土地是贫瘠的，经过多年的农家肥、草木炭改良，比起平原地带的良田，差得还是蛮远的。

那个时候，我不晓得这块土地是贫瘠的，但我晓得我们的生活有滋有味。春天，小孩结伴上山采兰花，挖竹笋，逮竹鸡；夏日，与小伙伴一道到溪潭里游泳，逮回的小鱼晚餐就可上桌，也打水仗，打得浑身湿乎乎的，家人不训斥。秋天，我们上山采葡萄、藤梨，多少年以后在城里买到猕猴桃，才晓得这猕猴桃就是山里的藤梨培植的。那时候，我们一帮小孩傍晚冲上山坡，就可采到草莓，比后来在城里买的个小，可味道纯，鲜美。山乡的生活是很有趣的，我们坐在家门口纳凉，听到蝉声悠悠的，还有各种飞鸟的叫声，偶尔还会看到对面山梁上走过来一只麂，它那黄色的皮毛在绿色的山野上显得格外的亮眼。冬天大雪翻飞，雪积厚了，我们就跟大人上山赶野兽。野兽在积雪里跑不快，我们跟随大人还有狗，抄小道上山，从山上分散开来形成一排的阵势往下赶，在大人小孩的吆喝声和狗的狂叫声中，野兽零零落落地往下逃窜，野兽大多前腿短后腿长，在积雪中逃着逃着有的就跌倒在雪上往下滑，这时狗最勇敢迅猛，很快冲过去咬住啦！村里的壮汉们带上我们这波小孩，一次进山可以逮回几十只野兽、飞禽，大的野猪、麂，小的有山鸡、野兔，还有后来称为保护动物的穿山甲等，像野猪、麂这些大点的野兽，用绳子拴住牵回。这可是我们孩儿寒冬里的特色活动。

问：想不到你小时有这么丰富的生活。我十分喜欢你孩时记忆的那些散文，纯朴，清新，有着浓郁的生活气息，有着地域文化的魅力，又蕴含生活与生命的某些哲思与感悟。可我思量，你们那个相对闭塞的山村，对你以后走上文学之路会是怎样的影响？

答：还真说不上有怎样的影响，但山村的生活和山民们的一些习俗对我的影响特别深，譬如村里的大人都喜爱写毛笔字，也让我们这些小孩没上学时就练执笔，模仿着写。开始是教我们在地上用小柴棒学字，尔后是用笋壳在平整的石头上练，待写到纸上时，字大体成形了。上小学一年级时，同学们都会用毛笔书写，大家用铅笔做作业，我是上五年级时才有支钢笔的。初中三年级时全校毛笔字比赛，我的楷书张贴在校板报的最前面，可我觉得比我父亲的字差得很远，父亲说他只读过三年书。

我父亲说，字是人的长衫。我想他说的是穿衣，里面破旧没关系，外套要像样一点。后来看了家谱才知晓，义乌凤林王氏后裔出过状元，出过几名进士。明时祖上有位堂兄弟冒死赴京，深夜潜入刑场收拾方孝孺遗骸，后又收集编印方孝孺唯一的一部作品集。这事，《明史》上有记载。方孝孺案株连十族，在我国的历史上也是最为残酷、悲壮的一幕。就在那时，祖上这波兄弟姐妹为避牵连祸害，大都暂时离开义乌城，到僻远的地方落脚。我们的祖上就在那时辗转几地后到会稽山南麓的一个山坞结茅落户，从此，茫茫的山野多了一个小小的自然村落。村风中从小习字的习俗，是不是原本书香门第残存的一点印记呢？我说不上来。可就写字这一点，为我在小学、初中就读增添了一份自信，作文也常常贴在教室的墙壁上。

我是山地上的一棵苗，身上是山地输送上来的营养。

问：王老师长期在军营生活，创作了众多的军事题材作品，军旅生涯是你文学创作丰富的生活源泉，这与儿时成长的那方土地，构成了你作品丰厚的两个部分，不少评论家说到这一点，我也有同感。乘这机会，你能否介绍一下军旅生活与军事文学创作的紧密关联？

答：你问的这个关联，我想应该是指我本身。我是 1968 年初从金华一中应征入伍，部队在杭州湾北侧构作防御工程。有天晚饭后，班长与我面对滔滔的杭州湾波涛，说起我们老部队 1965 年奔赴援越抗美战场，现已转战到援老抗美战场的事。在抗美战场上的战友常与我们通信，虽然保密，但透露了许多可歌可泣的悲壮、惨烈的战斗故事。他又说，你是高中生，将来是不是可以将老部队援越抗美的事写成书，让我们这些老战友看看，也留个纪念。我当时是默默的倾听，看着班长有所激动的面色，安慰性地微微点头。二十一年后，当我军艺即将毕业，又采访了许多当年参加援越抗美的将士后，急就了长篇报告文学《援越抗美实录》。书出版了第一个想到的是我的老班长。可是，老班长在一次施工中因坑道塌方炸伤导致双目失明，我有股悲情涌上心头，寄书随信说请让你的女儿读给你听听，你的战士永远记着老班长的嘱托。

问：你是生活和文学的有心人，老班长的一番嘱托二十年后付之行动，并且一炮打响，在海内外引起强烈的反响。后来你出版了几部军事题材的作品，这当中定有深切的感受与体验，能否与我们分享？

答：《援越抗美实录》出版后，有十多家报刊连载选载，喜悦与忧愁也相伴而生。有人告状，有人审查，最终虽无大碍，但当时确实影响了我业余创作的情绪，原已计划写的后两部作品，由此搁浅。这说明我的心态并不淡定。待心态复为平和，我创作出版了《雷神》《西线之战》《西部之光》等一百多万字的报告文学。报告文学、散文的落款上往往注有"白云乡"三个字，这是我心态静净的标记，又是内心的某种独白。几位朋友、读者询问"何处白云乡"，我笑笑，没正面回答。

人们常说军队是个大熔炉。对我来说，军旅是片丰盈的天地。我这棵山地的小苗，移植到军营，火热的营地，艰难的历练，让这棵小苗仿佛粗壮了许多。我感觉，军营中成长的人们，意志与毅力宛如淬火过的钢材，促成了军旅作家创作的连绵不断与丰厚。

问：你是以撰写长篇报告文学见长的，除了军事题材外，还写了一些地方题材的报告文学，在我的记忆里，有长篇《火红的高阳》《远泉绿色之梦》，尤其是《千古长城义乌兵》，影响更为广泛。中国作家杂志是以《千年守望》为题刊发的，就我个人而言，这个题目更富意蕴。你的感觉怎样？

答：报告文学的题材非常广泛，过去有人说这是文学的轻骑兵。不论何种比喻，新兴的报告文学已经成为中国当代文学不可或缺的成员，也是文学大家庭中一位年轻力壮、出类拔萃的后生。我的《千年守望》选准题材后几度南下浙江，又几次只身沿长城脚下的古村落采访，从中掏挖深藏四百多年前戚家军东南抗倭和北上戍边的故事，和他们家乡及后裔守护祖上的荣耀与护卫长城的生动事迹。素材充分了，写起来比较得心应手。中国作家杂志副主编萧立军仅看一眼目录就表态说，这个题材，我们要啦，马上先发十万字，第二个月就见刊了。我钦佩他的敏锐眼光和雷厉风行的作风。人民文学出版社出书时，考虑到发行，书名定为《千古长城义乌兵》。除社会上发行外，义乌方将此列为家乡的丛书，加印两千册。从人文社的出版效益角度想，改名有他的道理。你说的是，原来的题目含蓄一些，读者看了会有所联想。

问：前几年我曾参加你的散文集《又是烟雨迷蒙时》的研讨会，有多位全国著名的作家、评论家发言，他们对你的作品给予高度的评价。你的散文涉及的面是广泛的，但就我个人感觉，你写乡情亲情的那两辑最为拨动我的心弦。

答：感谢你和各位老师、文友的抬举，那次研讨会很热烈，整整开了一个下午，对于作品的得失，有了更为明晰的解读和剖析，让我受益匪浅。

不少读者，包括我的老师和众多的朋友，对于我书写亲情乡情的文字，给予了很多的鼓励，这也许与我对那方土地和亲人的情感有关。我说过，我是那方山地上长出的苗，庄稼回馈大地的是什么？毫无疑问，是果实。我说不上硕果累累，但我虔诚地跪拜大地。我的血脉中流淌着家乡山地的精魂。作品是对大地的回馈，也是对生活的回馈。

问：你下步的创作计划是什么？

答：故乡情结与军旅情结糅合在一起，造就了我的性格秉性，也造就了我的文学。从宏观上审视，我还是浅显的。大地深厚，生活多彩，而我倾吐的仅仅是其中极少极为细微的一部分，远没实现心中的理想。现在退休在家，除做点家务，大多时间用在读书写作上。由于疫情，减缓了我的几部作品的出版，估计年底，或明年初会陆续地与读者见面。近期，写了几组散文后，会想想另两部长篇报告文学的内容。时下微信中有句话我很喜欢："慢慢地写，好好地活。"

访谈感言：

人生相逢许是缘分。我与王贤根老师第一回见面是在北京海淀区作家协会的一次换届选举上，我们都受聘作为主席团成员商讨分工和下步要开展的工作。王贤根老师的沉稳、谦逊以及创作上的成就，让我刮目相视。从此，我们的见面和交流就逐渐增多，在文学上几乎是无话不谈，他的坦诚、灼见对我们较为年轻的作家是很大的激励和帮助。这次访谈，是个概貌。他在报告文学、散文创作上的许多感悟，与他相处久了，我们自会感觉如山泉那样缓缓流淌，四时温馨，恒久不竭。

朱颂阳：心中有大爱，执笔写人间

访谈对象：朱颂阳，1950 年生，浙江磐安人，浙江省作家协会会员。著有《剑啸江南》《朱姓迁流史》等。

访谈人：范泽木，浙江省作家协会会员。

问：尊敬的朱老师你好，听说你在 20 世纪 80 年代创办过一本名为《春山》的杂志。春山是一个充满希望的词，恐怕也包含着你对磐安文坛的期许。能介绍一下当时办刊的经历吗？

答：那大概是 1987 年的事情，我在县文化馆担任文学创作干部，当时县里还没有文联、作家协会等组织，我想我担任文学创作干部，总得做点什么。于是，在 1987 年的三四月间，我们开了文学创作会，到下半年九月，又开了作品加工会，给来稿提出一些修改意见。后来，每年春天的文学合作会和每年秋天的作品加工会成了常规活动。

当时，磐安的文学爱好者几乎都参加了活动，并且给杂志来稿。我们根据每个人的特长，给他们分派了写作任务，有人写诗歌，有人写小说，也有人写散文。当时，兄弟县市有一些作者已经出了一些成绩，我县的文学创作者结合自己的创作特长和风格，对标兄弟县市，向较高的目标迈进。

问：我在上学的时候就听说你的《朱姓迁流史》，写这样一本学术性的著作，在搜集资料上肯定花了不少心思，你是出于怎样的动机去写这本书的？在搜集资料过程中又有怎样的经历？

答：1997 年，我 47 岁，自认为迎来了最适合创作的年纪，我曾经给自己定下目标，要创作 300 万字，再如果不写点东西等正式退休后，恐怕要力不从心。甘蔗只有一头甜。那年，我果断办理了内部退休手续，离开县城，住进已寂无人声，略显阴森的原地主庄园的厢房，开始进入我的创作生活。

接着就是写什么的问题。我姓朱，朱氏的来历令人疑窦丛生，是一笔糊涂账。许多姓氏大都有这种情况。朱氏从哪里来？是我关心的问题。我就着手搜集资料，搞清楚了很多问题。当时手头已经有一些资料，我陷入了纠结，是写浙江朱氏还是全国朱氏。写浙江朱氏当然容易得多，我不用全国各地跑，但我思考再二，还是决定写全国朱氏。

如你所说，搜集资料是一个复杂、庞大的工程。当时，我的内退打折后的月薪是 570 元，根本无法解决"在路上"的问题，于是我定了几个点，优化了搜集资料的线路。杭州、上海、南京、北京、湖南、湖北、山东、山西、福建、温州、江西，这些地方的图书馆我都到过。每到一个图书馆，我就争分夺秒地查阅家谱、史料。我住着最便宜的旅馆，每天一早去等候图书馆开门，直到图书馆关门才离开。为了节约时间和经济成本，我带了面包、矿泉水充饥。那一年，我一直与时间打仗，遇到重要的资料就开始誊抄，实在抄不过来的资料就复印。那时候复印的价格不低，要 1.3 元一张，所以能手抄的我都手抄。在这个过程当中，我练就了高效、快速查阅资料的能力。收集好资料后，我开始筛选、剔选，因为有相当一部分资料是值得推敲和甄别的。到 98 年底，整整收集了近 20 斤资料，资料收集工作终于接近尾声。

问：这真是一个大工程，可以想象在资料搜集过程中花费的巨大心力。这本书出版后，肯定获得了一些好评吧？

答：1999 年我开始动笔，2000 年定稿。当时中国社会科学出版社的编辑惊讶道："居然有研究这方面的人。"当时民间刚恢复做家谱的风尚。这本书出版后，温州、临海、苏北、内蒙古等地的朱氏与我联系，请我给他们梳理朱氏源流，这说明我这本书的出版还是有一点用处的。

问：长篇小说《剑啸江南》是《朱氏迁流史》后的又一力作，关于这本书的创作，能否介绍一下？

答：当时县委县政府提出"生态立县，工业强县，旅居兴县"三大战略。磐安山水虽好，却无奇峰，我想武侠小说可能会增加人们对磐安山水的兴趣。

这本书以南明鲁监国时期为时代背景，以当时磐安境内的"白头军起义"这一事件作为主线，主副线交叉，以浙江尤其是浙中为地域范围，虚拟武林人士云集江南，融入马士英、阮大铖等奸贼形象进行创作，注重于人物性格的刻画，历时五年最终完成。

创作之初，我就决定将浙中地区尤其是家乡磐安的山水名胜"包装"进小说里。在书里，所写到的有杭州、萧山、绍兴、新昌、缙云仙都、金华、永康方岩、江山、天台、括苍山等地的风土人情。义军败后进入磐安，描写了在安文昌文塔、花台酒楼、安福寺、明智寺、玉山古茶场、城里山、鞍顶山、尖山镇、花溪等地的龙争虎斗，同时对磐安的山水进行了细致地描绘。最后，英雄豪杰在大盘山区全部殉难。

到磐安旅游的话，可以根据小说里的描写按图索骥，找到那个场景。譬如小说里，武功最高的世外高人就隐居在花溪景区里。金华的读者也可以看到很熟悉的情节，比如，小说中的江南武林盟主司徒函辉，就住在金华城里，以前的梅花门附近。还有一个叫柳若烟的女子，也是住在金华城里的。在小说里，我还设计了很多武功招式名称，区别于金庸、梁羽生和古龙等人的常见招式，如"万里轻舟""九天飞霜""凌空仙人抓""大音希声（即传说中的'传音入密'）""云雾尺法"十三式等。

书中既有对鲁王朱以海领导下的南明军事统领无能腐败的深刻揭露，亦有对武林侠客儿女情长、英雄气短的细腻刻画。最终，义军与清军在大盘山的战斗中全军覆没，留下了一个千古悲剧。这是当时历史的使然，时代的使然，作者是无法改变这一倾向的。

《剑啸江南》由红旗出版社出版后，引来了众多关注的目光，因为将浙江山水人文融入小说，呈现了一个别致的武侠江南，这部小说被称为"江南流"新武侠。卢敦基认为："用区域文化为背景来写大武侠的书并不多见，这或许可以成为武侠小说未来的发展方向。"

问：你被誉为"磐安古文第一人"，写了不少对联、记、赋、序，能不能介绍一下这方面的创作？

答：这其中以对联居多，除此有《江南药镇赋》《灵江源序》《曹娥江记》《瓯江源铭》等。我属于"文革"时期回乡知识青年，因理想的破灭，精神极为苦闷。当时喜古不喜今，于是一头扎进"故纸堆"寻找寄托，屈原的《离骚》、汉赋、骈文、唐诗宋词等读得比较多。我的古文基本功也是在那时打下的。

每写一个地方，都要求人到、眼到、心到，最后是画面到。有时候坐在那里，半天没有思路，于是回来继续酝酿，等鲜活的画面冒出来了，有些句子在心中燃烧了，灵感就来了。写《江南药镇赋》是相对比较顺利的，人到了那儿，就觉得思绪万千，不久，心中就有了初步的想法。

问：朱老师，对当下年轻的创作者，你想说点什么？

答：我自己比较遗憾的是因为十年前患了绝症，没能完成300万字的创作，连写了15万字的现代小说都只能放弃。我希望当下的年轻创作者多观察积累生活，多看些文学作品之外的"杂书"，如天文地理、花鸟虫草等书籍，以增强文学的厚度；多练笔，当作家要练好叙述和描写的基本功；摆好心态，多吸收名家的养分，不能只注重眼前的利益。有创作欲望的，抓紧创作，不要留下什么遗憾。

访谈感言：

甘蔗只有一头甜。为了心中热爱的文学梦，朱颂阳老师提早内退，甘守寂寞，开始了自己的创作生涯，哪怕身患绝症也不放弃，这样的人生定将了无遗憾！

周亚：言说了生命真相

访谈对象：周亚，女，诗人、作家、画家。出生浙江金华。中国作家协会会员、浙江省美术家协会会员。1986年开始发表作品。作品刊于《诗刊》《人民文学》《中华散文》《散文百家》等刊物。入选多种年选本。青少年诗歌、散文读本。诗歌译作英文、俄文。作品由中英文《文化交流》杂志介绍到国外。获第三届冰心散文奖、第十九届全国鲁藜诗歌奖（优秀诗集奖）、两次获《人民文学》诗赛二等奖、《诗刊》云磊杯三等奖等文学奖项。著有散文集《迷失荒园》（百花文艺出版社·2008）、诗集《天浴》（插图本·大众文艺出版社·2009）、诗集《理想者》（珍藏本·上海文艺出版社·2019）、中俄文诗集《周亚抒情诗选》（插图本·外文出版社·2021）。

访谈人：胡国洪，浙江省文学院（馆）办公室主任。

问：你一直在写散文，并且在坚持了多年之后出版了第一部散文集，而且获得了冰心散文奖。你何以对散文情有独钟？你自己最推崇的散文作家是谁？

答：《迷失荒园》是我的第一部散文集。我很珍惜，无论文字还是心灵轨迹。我是个很缓慢的人，对生活需要细细品琢。我也很喜欢黑金森的一句话：让多年的热情溶入一个词中，把半辈子的生活积蓄写在一个句子里。那是多么美妙的境界啊！

我最早发表的作品是诗篇。那时我试图创作小说，并在《江南》《东海》发表了《北京的初雪》等几个中短篇小说。我的散文写作、发表主要集中在2000年前后，有点回归的意味。因为我是个逻辑性很不强的人，思维散发，呈跳跃性，这对编故事会非常困惑，相反，写散文或许是相宜的。而且，我是个比较注重个体感觉、情绪的作者，有一种对话的冲动，很多时候，散文使我更像一个独语者。在散文里，我找到一种轻松自如发挥的余地。

回想一下，当代让我喜欢过的有冯骥才、张晓风的散文。有刘亮程的散文，没有既定格式，很新鲜。此外还有阿拉旦散文的感觉和语言。我喜欢在文字间找到那种很个人，又完全是人类共通的东西。这才是文学的。

问：你如何评价自己的这本散文集？迷失荒园，是心灵的一种写照吗？

答：《文学报》《作家报》上刊登的那段话恰到好处地为全书做了一个注脚："我们生活着，却无法对自己解释得更清楚；而在诗意的迷失里，发现了自己……"内容上它有着现实生活的影子与观照，却又不完全是生活的翻版，这是一种很深切的来自心灵的感受、情感的精华，它让我在林林总总的生活场和文字之间找到一条突围的途径，于是，整本书的主体倾向便由此确立。这也正是我对这本集子所认可的地方。

问：人们在谈到你的作品时，都会用两个字来形容，那就是"唯美"。阅读你的文字，感觉这个世界上的渣滓都被过滤了。你如何形成这样的文字？

答：我想这或许与个人的审美有关。的确，我是个较唯美的人。不过很长一段时间，我有点怕被人冠以唯美，好像那并非褒义词。但在已结束的奥运会开幕式上，那场华美的盛宴使我非常感动，而令我尤为感动的是它的唯美、浪漫，当这四个字从女主播的嘴里说出，我感觉到一种内心追求和向往的力量在缓缓上升、皈依……把岁月沉淀为背景，掏出金粒。这是一个表达方式和审美过程。也是我的散文观。

当然，我走到今天，仅仅唯美已远非我所追求的目标了。我喜欢这样一些词，深邃、宁静、真挚、单纯、热烈、微妙，以及由它们所包含的背景与意义。就像登山，走了一程，理应往更高更深处走去吧。

问：当下，说到文学，人们似乎都有一种轻视的态度。你如何看待文学在这个时代的存在？文学需要怎样坚守？

答：我信奉这句话，能够做自己喜欢的事就是世上最幸福的人。有次我在网上发现散文《迷失荒园》被列为江苏中考模拟试卷，一个 25 分的大题目。让我既惊讶又感动。想到那些学生要面对作品认真思索，唤起我一个作者的强烈责任感。同时我也相信，物质与精神两者缺一不可，生活在当下的物质时代，谁能说我们不需要精神、不需要文学的引导呢？生活感动了我们，正是文字将这种感动转化为永恒的力量。每次到书店，我看到仍有人在安静看书，那些文学书籍也在不停变换面孔。所以，我们要关心的不是这个时代文学的存在问题，而是期待好作品的出现，就像夜空闪现的星，只有真正的好作品，才有说服力，才会引起世人瞩目。

至于文学的坚守，只有两个字：虔诚。

问：除了散文，你也写过诗歌，并获得了人民文学的诗歌奖。你如何在散文与诗歌这两种不同文体间进行创作转换？对于自己的诗歌创作有什么期许？

答：人生有许多偶然性，诗歌于我即是一例。以前我也写过一些诗，但权作散文余，就像当初把散文作为小说余。可以说，是人民文学点燃了我血液里的火焰，一下子被推向诗歌高地。长江边的那场诗歌典礼，我不会忘记，深深的感激！

散文与诗歌的区分很微妙，又很清晰。对这两种完全不同的文体，我凭感觉来控制。诗歌是夜晚，散文是白昼。我的第一本诗集《天浴》，以倾向鲜明的"爱"为主题，表现情感、人生、世间万物，乃至植物的爱。并且，在诗歌意象、形式感上同样沿袭唯美的风格。

说到诗歌的期许，是否借以著名诗人雷抒雁老师序里的一段评价，他说：周亚的诗，多处显露出她完美主义的精神品质，她追求洁净，追求自由，以全身心接受自然对灵魂的洗涤与陶冶。我们看得出，这一本诗集，正是诗人经过一番心灵历练，亦即"天浴"之后的写作。明亮、深刻、清丽、无尘无垢，读后，确实也像经受了一次精神沐浴。

问：读你的诗集《理想者》，它唤醒了我沉睡已久的诗性，唤醒关于诗的艺术直觉，唤醒了世界在我内心的存在。这本诗集时间跨度2009至2018，作为珍藏本，可见是诗人自己极重视的。那么，它对你意味着什么？

答：我要让每一首诗都从白纸上站起，在黑夜里发出亮光……这是几年前某个晨间，我随兴所至写下的一段话。随后付出的代价是不由自主地沦陷其间，锤炼、修正、再锤炼，从技艺到观念。跟诗谈了一场旷日持久的恋爱。此外，也没有人能体味我在这一时期经受了怎样的身心跋涉，而诗怎样陪伴着我。不可否认，这是我从事写作以来倾注心力最多的一部作品，可视若生命。

我写的就是自己的风景，我目光里的风景。它们存在于我的感觉，情绪，记忆，审美，价值判断，对世界的看法。存在于我这颗心，乃至细胞。认识自己，看清自己生命存在的理由，明白美是高尚的，才能使我心神往之，向美而生，与美通灵。

问：诗人通过语言呈现存在。概言之，你的诗善用象征与整体意象，包括隐喻来表现自己的存在，言说自己与周围世界的关系，是否可以这样说，诗人独特的艺术手段使我们得到艺术与生命，情感与旨趣的双重滋养？

答：诚然，我更关心诗意表达。有人说，我的抒写可以不受限制，在时间里延续下去。这意味着什么？我更愿求证个体审美与表达方式不同。因为诗歌无疑是生存的给予，谁都无法漠视休戚相关的现时悲喜。只有适合自己个性气质的，才是对的方向。

我也试图在诗意间寻找温暖的色调。以此排列诗歌的次序，让轻盈、明亮的情感逐渐流向深沉艰涩。我选择以自我角色贯穿始终。呈现给读者的这部诗集就像一个完整的、有机组合的整体，一部多声部曲子。但，主体倾向是一致的。

问：《致鲁迅》和长诗《1911》值得格外关注。你用诗的语言带着我们重瞻历史，让我们能凝视人性中洁净、纯粹、丰富的灵魂，是浸透着人性光芒、抒写信仰的力作。你是怎么把握的？

答：鲁迅作为永恒的精神存在，我从读书起就极为推崇，我曾将鲁迅的教诲抄在本子上铭记。我写百草园的草提着自己的香，以化繁为简的通感的手法，写百年前辛亥革命废帝制的重大历史，从书香写起，每一个汉字都浸透爱和血泪、追寻和迷惘，身临其境般地将自我生命融入腥风血雨的大背景中，求得精准的把握，这是一个不断研习进入角色的过程。

问：深沉的哲思，是《理想者》珍宝似的奉献。这是难能可贵的，这样的诗人往往在贴近大地的铺叙时，会突然飞升起来，让审美者立于高空俯瞰芸芸万物，极大地提升审美者的精神世界。你自己如何看待？

答：谢谢肯定。这本诗集出来后，我确实得到许多诗人、评论家及诗友的称许。几乎每个拿到诗集的人都会很欣喜地告诉我感受。这让我很受鼓励，也很安慰。关于哲思，前面说到，或许是诗歌细节真实到抽象真实浓缩的启悟带来的新颖面目。我钦佩那些默默劳作的人，体验，感悟，思考，创造，至生命陨落。虽然在这一劳作中，除了付出还是付出。但内心里总有一个声音，予我勇气与明亮。心灵打开了，世界之门打开了。诗比我们更深入自身。

问：最后谈谈你在 2021 年由外文出版社出版的中俄双语诗集《周亚抒情诗选》。作为唯美主义与理想主义结合的典范，这本诗集的出版，是否意味你的诗歌创作迈出走向世界层面的一步？

答：感谢诗歌为我掀开新的一页，虽然此前也有翻译的英文诗走出去，但这次是出版社的渠道。更要感谢滋养我们成长的、祖国上下五千年的文化和文明，因为它烙印在我们的血脉里、母语里，当我写作的时候，文明和文化的给养，地域上的江南特色，就自然而然走进我的诗歌，与我的呼吸心跳融为一体。简言之，因为我的诗歌里有这一成分，才被作为对外宣传交流的一部作品。道路既已开通，希望自己能在这条路上走得更好、更远。

访谈感言：

2008 年，周亚的散文《禅意的树根》获第三届冰心散文奖。与此同时，周亚的首部散文集《迷失荒园》也由百花文艺出版社出版。《文学报》《作家报》分别刊登了书影和简介，并评价道："周亚的这部散文集以独特的心灵视角集中表述了穿越一个女性躯体内的深层情绪，引起读者对人性、命运、荒原感这一人类永恒话题的探索兴趣。我们生活着，却无法对自己解释得更清楚；而在诗意的迷失里，发现了自己……"

王晓明：创作是勤奋者毕生的事业

访谈对象：王晓明，毕业于浙江师范大学中文系，中国作家协会会员。曾经担任金华市文联主席，市文化局局长、党组书记，省文联委员，省作家协会委员等职。从事文艺创作四十年，创作涉猎广泛，至今已发表、出版各类文学作品约350万字。其中，著有短篇小说《西路军魂》、中篇小说《至死无悔》、长篇小说《国宝谜中谜》《漂泊的年华》等二十部书籍作品；《花嫁娘》等音乐作品二次获浙江省委宣传部"五个一工程"奖、文化部创作一等奖等，还有十余项作品被浙江省文化厅、文联授予一等奖等多项大奖。此外，他还创作或参与创作大型戏剧、影视剧多部，曾参与省、市约二百台文艺晚会策划并撰稿。他创作的短篇小说《西路军魂》入选《1992年短篇小说佳作集》，获"1994—1996年度省优秀文学作品奖"；他创作的中篇小说《至死无悔》获"1996—1998年度省优秀文学作品奖"；他的长篇叙事散文《阅读金华——婺州人文精神探寻》出版后即成为当地书店当月"全市最畅销书"。

访谈人：桑洛，浙江省作家协会会员，中国散文学会会员，浙江省金华作家协会市直分会副主席兼秘书长。

问：王老师，最近接触到你的作品，是歌词，我想到以前接触到你的是小说、散文等作品，你的作品跨度可真大啊！

答：近二十年来，我把很大精力放在歌词和舞台作品创作上，每年参与10台左右大型晚会的策划和撰稿，到目前为止已经参与了将近200台。2部作品获省委宣传部"五个一工程"奖，歌舞剧《仙山婺水金华人》在对外宣传金华文化上起到了很大的推动作用。

问：文艺创作这条路，你坚持了多久？

答：文艺创作我一直坚持了四十年。

问：你文艺创作的源起是什么时候，这个梦开始是什么时候？

答：兴趣是人生最大的动力。我从小擅长写作文，小学时就是全县范本，从此与文艺创作结下不解之缘。因父母都是军人出身，我高中毕业即从军，在部队担任电影放映员兼图书管理员，这些生活构成我最初创作的源泉，因此我创作的第一阶段以军旅（战争）题材中短篇小说为主。我的成名作就是在这个阶段诞生。1992年，我创作的短篇小说《西路军魂》入选《1992年短篇小说佳作集》，获"1994—1996年度省优秀文学作品奖"。1994年我参加了浙江省首届青年作家代表大会，并作典型发言。

问：可以介绍一下你作品创作的几个阶段吗？

答：我的文学创作，可以分为三个阶段：

第一阶段是80年代至90年代中期，以中短篇小说创作为主，军旅题材为主要写作领域。第二个阶段是90年代至2012年左右。这个阶段由于担任一定的领导职务，公务繁忙，主要以短篇或微型小说、散文为主。后期转向舞台和歌曲创作，撰写了大量的舞台节目和歌词作品。第三个阶段是2012年退居二线尤其退休之后。以长篇小说，报告文学，长篇人物传记等为主，当前尤其着眼于婺剧题材作品。

问：你自己最满意的作品是哪一部呢？

答：作品就像是自己的孩子，说满意都满意，说不满意，都有可以修改的地方。2012年，我在众人讨论基础上，花了一年多时间打造的长篇叙事散文《阅读金华——婺州人文精神探寻》出版，一经推出即成为书店当月"全市最畅销书"；另外我有关金华的一部散文集《文化的金华》也十分畅销，曾获"中华之魂"文艺大赛一等奖。还有一些写金华婺剧的书籍，我自己认为相当有意义。

问：我记得著名作家俞天白（上海《萌芽》杂志主编）说过，王晓明先生所著《阅读金华》一出版，我先睹为快。一口气读完之后，立即对它刮目相看，并有很多话想说。无疑，最想说的一句话是，这是我读到介绍地区书籍中最有质量的一本……让我在感受故乡之美、人文精神源远流长的同时，显示了作者取精用宏的史家风范，及其刻苦认真的治学态度。

答：是的，俞老师对我赞誉有加，非常感谢。还有王贤根老师也说过，以感性与理性交融的优美文字，对婺州人文精神深入地探寻，表述得如此的细腻、深刻、厚重，实在是一部值得称道的好作品。

问：大家都说你是写作的"快枪手"，你一年可以写多少字的作品？

答：退休后，我现在一般一年发表二十多万字的文学作品，另有部分歌词，舞台作品等。

问：王老师，听说你退休之后，还在金华地名研究会等处发挥余热，这和你的文艺创作有什么关系？

答：2018 年 11 月 19 日，金华市地名文化研究会成立，我荣幸当选为研究会会长，我认为，地名虽然只有寥寥几个字，但地名文化里隐藏着很多自然、地理的信息，人文、历史的知识和秘密，蕴含着前人的智慧，是我们将要着力发掘的历史人文宝库。接下来我会与会员们一起，争取为城市的建设做出更大的贡献。

问：你的作品中，有约十部是描写婺剧的，很多人都说，是你擦亮了婺剧文化这个"浙江文化印记"，想请问一下你为什么写了那么多婺剧的作品呢？

答：这个说法，是过奖了。金衢盆地的文明，就是从"上山文化"一片片翠绿的稻叶上生长出来的。这其中最朴素、最饱满、最具有旺盛生命力的那一株，当属婺剧。婺剧这个名称，一直要到新中国成立之后才正式叫响，姗姗来迟的名称后面，有着古老剧种非同寻常的发展历程。婺剧 500 多年的发展史，就是由无数默默耕耘的老艺人们书写的戏曲历史。婺剧作为"婺风遗韵"重要的非遗项目，不仅需要在舞台、唱腔、曲目等方面的传承，更需要有多体裁的形式去记录与发扬。我创作与工作的四十年，同时也是坚持婺剧研究推广的四十年。

问：可以介绍一下你关于婺剧的文学作品创作之路吗？

答：早在 2014 年，我就开始创作《郑兰香传奇》，通过采访，挖掘这位杰出的"婺剧皇后"与婺剧之间的感人故事，写下了《生命的戏剧："婺剧皇后"郑兰香传奇》。2016 年开始，我先后采访了"龙游花旦"徐汝英、著名旦角葛素云，以及戏曲世家朱云香一家人，婺苑三姐妹中的二姐"婺剧第一小生"周越桂等，通过传记体的文学形式，创作了《水袖翩跹舞春秋——"龙游花旦"徐汝英的艺术人生》《粉墨真情——婺剧世家之葛素云、严宗河纪事》《婺剧就是我们的家——朱云香和她的婺剧世家》《婺苑三姐妹》等书籍。后来，我又整理创作了一系列婺剧人物传记，如《"小和尚"的美丽人生——吴光煜婺剧丑角的艺术初探》，描写了深耕婺苑呕心沥血，用戏曲艺术给人带来欢笑的丑角——婺剧《僧尼会》中"小和尚"吴光煜的艺术人生；《母爱的舞台》写的是婺剧老旦的艺术掠影，分别写了婺剧老旦中知名的邵小春、郑丽芳、李月秋和徐丽君等，细致传神地刻画了一批优秀的婺剧老旦形象；《面对时代考卷——名家倪建甫的浙婺三十年》记录了一个 30 年浙婺人倪建甫的艺术历程；《红花绿叶总相宜》记载了婺剧名角苗嫩与刘智宏的艺术生涯；还有《芳菲满眼别样红》，则通过散文的文学体裁，用故事集的形式，讲述了有关婺剧的典故、历史、传奇、名角等等。

我：王老师你太赞了！你可以谈谈创作上的一些好经验，给一些年轻的写作爱好者分享一下吗？

答：文艺创作必须坚持不懈，光有天赋是不够的，在天赋的基础上，还要注意积累。以前我出门都会随身带上一个小本子，遇到有意思的瞬间可以记下来，到现在我还保持着这个习惯，随时将灵感记在手机备忘录里。我认为，从事文艺创作的人，名利心不能太强，清心寡欲对创作也有好处。

人生经历对创作起关键性作用，灵感大都来源于自己的生活，很多以前发生在我身边的事，以后都会以各种形式融入自己的小说和其他作品。

在创作上，我们不要重复身边人的老路，要刻意去追求新鲜感。同时要注重作品的普及性、故事性和可读性。

问：如果从自我批评的角度，王老师认为自己作品的优点是什么？不足之处在哪里？

答：多年来，大家对我作品的普遍评价是文笔优美、流畅，故事性强，但在人物性格的刻画上稍显薄弱。

问： 王老师太谦虚啦！在今后文艺的道路上你有什么计划？

答： 今后，我依旧会专注、执着，坚持文艺创作，争取出更多的艺术精品。

访谈感言：

王晓明，他是一个作家，一个学者，一个文人，他一直专注执着，用心创作，用文字为婺剧、为金华文化歌唱。约四十年来，他坚持不懈地进行文艺创作，著作等身，作品涉及面广，文体丰富，题材多元。他为人谦和，乐于助人，热心公益，谦冲和雅，长者之风，大家风范。特别是他对文艺的热爱，创作作品的深度等，让人尊敬，值得我们学习。

赵和平：人是小说的灵魂

访谈对象：赵和平，1955年出生，浙江东阳人，著有长篇小说《甜蜜季节》，小说集《本色》等。中篇小说《临时工》获《东海》杂志佳作奖，《村长杨串》获浙江省优秀作品奖。散文《桂花坡》发表于《上海文学》，入选中国传媒大学播音与艺术主持专业教程。1999年，被评为建国50周年浙江文坛50杰。2001年加入中国作家协会，曾任浙江省作家协会党组书记。

访谈人：李树。

问：赵老师你从什么时候开始对文学产生兴趣，如何走上文学创作道路的？有没有一个人或者是一本书或者是一件事对你走上文学创作道路有很大的影响？

答：我从年轻的时候就很喜欢看书，工作生活之余最大的爱好就是看书。开始时没有想过要自己创作，直到看了狄更斯的《远大前程》，其中的情节深深地吸引了我，我忽然觉得小说很有意思，于是我开始尝试写小说，自此之后，将写小说作为一种兴趣，把许多业余时间用在写小说上，写小说成了我的生活习惯。刚开始创作的时候自己也很忐忑，20世纪80年代的时候我第一次尝试着投稿，竟然就发表了，这令我对创作小说产生了更浓厚的兴趣。90年代初我的短篇小说《滚动的纸球》在《上海文学》作为重点短篇小说推介，一同刊发了著名作家茹志鹃老师的点评。后来，在《浙江日报》发表了小说《父亲》，当时《江南》杂志的汪浙成主编，还给小说作了题为《渐入佳境》的点评。随后，在《东海》杂志发表了我的两个中篇小说，时任浙江省文学院院长的盛子潮分别在小说后面作了点评……他们给我的点评、指导给予了我笔耕不辍的动力。还有，我一直觉得没有创作出令自己很满意的作品，总想不停地创作，争取写出一篇让自己满意的作品，这也是我创作的动力。

问：可以看出来你对自己有着很高的目标和要求。我读你的小说，感到小说情节设计精巧，那么你在进行小说创作时的灵感来源自哪里？会根据身边发生的事情进行创作吗？

答：写小说，不同作家有不同的路，有不同的创作方法。我的灵感来源其实很简单：首先是眼睛里要有"人"。这对一个作家来说很重要。身边形形色色的人，他们各有自己的长处，要尊重他们，眼睛里有他们，这样才能从他们身上学到东西。小说创作让我养成了观察人的习惯，我能够看到身边人身上的闪光点，看到他们长处，这对我的创作有很大的帮助。二是脑子里要有"人"。脑子里的"人"就是小说的主人公，这个"人"要有血有肉、要丰满，要在我们这个年代里有代表意义，要能够把他塑造成一个立体的"人"。我会根据自己脑子里想好的这个"人"开始写故事。三是心里要有"人"。我认为心里有"人"是写小说的一种责任和使命。一个小说创作者，如果心里有"人"，希望自己的作品给读者产生影响，那么作品所传达给读者的一定是正能量。我不能说我的小说给予了读者多大鼓舞，但会尽力让人有印象。很多年前，浙江省广播电台连续播了我的10多篇小说，现在我自己都已经忘记了，但有的听众还记得。所以说，我的小说创作灵感来源很简单，其实核心就是"人"。在我创作的道路上，熙熙攘攘都是"人"，熟悉的、不熟悉的"人"，男的、女的、老的、少的，这些"人"都是我的创作来源。

问：你总结的这三点让我受益匪浅，也让我看到了你在小说创作中的坚持。

答：年轻时，我把许多业余时间用在小说创作上。创作需要毅力、需要坚持，否则就会懈怠。可以说，小说创作和我有不解之缘，我后期的工作变动大多和小说创作有关系。1995年我调到省电影公司，当时，电影公司和电影厂合并，我在电影厂任常务副厂长，我的角色从搞创作转为抓创作。我开始找题材、找人写本子，找人拍电影。同年，拍了电影《信访办主任》。1996年获得了华表奖最佳编剧奖和优秀故事片奖。到省文化厅工作以后，我分管艺术创作。这期间我主要是抓戏曲创作，其中《公孙子都》获得了2005—2006年度全国十大精品剧目首奖。再后来，我调到省作家协会，我的工作中心还是抓创作，扶持年轻人，请了全国最顶尖的评论家为在《收获》和《人民文学》发表过作品的14位浙江青年作家，在中国作家协会网络平台进行一对一的点评；也为汪浙成、郑秉谦、福庚等老作家举办作品研讨会；后来，针对新兴的网络文学，牵头设立了"类型文学奖"；还组织了多次采风活动，让作家们走到生活、建设的第一线，贴近生活，寻找灵感……这些事，我把它当作自己的创作来做。我作为一个搞文学创作的人，在其位，关心他人，帮助他人，推动文学繁荣，我觉得特别有意义。当然，到了作家协会以后，我又开始了中断10多年的小说创作，陆续在《江南》《上海文学》《收获》《中国作家》等杂志发表了十多个中、短篇小说。

问：那你在小说创作过程中，或者说在小说情节设计上面最难的是什么？

答：我觉得最难的是要贴近生活，贴近实际，贴近"人"，要有"烟火气"。我写小说会设计悬念，但是悬念不是脱离实际，小说的情节设计要来源于生活，符合情理。疫情发生以来，我们能看到各种各样和疫情相关的新闻、故事，这让我受到了启发，于是我写了以"封楼"为题材的短篇小说《马铃薯对话》。如果小说创作脱离了生活实际，那读者不会喜欢看，也不能让他们与你产生共鸣。

访谈感言：

　　小说创作的核心就是"人"，人活了，作品才能真正的活色生香。接下来，作家就是需要不断地学习和坚持，永不懈怠，这是赵和平老师的至理名言。

徐进科：坚奉的信念　执意的追求

访谈对象：徐进科，故乡松阳，现居金华，出生于二十世纪中叶，曾用笔名徐迅、余禾、嵌崟、孟亚、黄河、余力、丁文等。浙江省作家协会会员、中国诗歌学会会员。

访谈人：汪炜，浙江省作家协会会员，义乌市文联古今文学研究院成员。

问：你何时爱上诗歌？是如何与诗歌结缘的？

答：我与诗的爱缘于少年。记得小学三年级的时候，班主任田老师在课堂上第一次给我们讲苏联作家高尔基的故事，我听得津津有味，后来就去买了高尔基的书。我读了高尔基，也爱上了高尔基。我为童年的高尔基感动，有时候，默默地想——像高尔基那样思人生，想我的人生。

从此，我与诗也结下了深厚的感情。每当我上山砍柴疲惫了身体的时候，我就又去读高尔基，从高尔基身上我吸取对于人生的力量。中学期间，一边用功读书，一边也勤奋写"诗"，从此"一发不可收"，屡有诗作刊登在学校的黑板报、墙报上，同学们对我"诗人"的戏称由此开始。

问：据说你后来成了一名干部，机关工作期间有什么创作经历，取得了什么成绩，发表了什么作品？

答：20世纪80年代初至中期，可以说我诗文创作的奠基期。

当时，诗歌倍受全社会特别是年轻人的尊崇，我对诗歌的爱也近乎如痴如醉。1981年初，从老家松阳一所初中奉调时为同一县的遂昌县教育局工作，在一次元旦晚上，我创作并在诗会上朗诵了组诗《青春的告别》，赢得全场长时间的热烈掌声，也从此开始在遂昌文学界崭露头角。

80年代中期，我在团遂昌县委工作，在创刊不久的《浙江青年报》发表《献给婚事新办的青年朋友》等诗作。这一时期，我以团县委分管宣传工作的优势，和一些志趣相同的诗友共同在当地举办中学生诗歌讲座，主编团县委的《含晖》文学刊物、组建"滴水"文学社，创办《天野》诗刊，牵头组织诗歌采风和诗友野炊活动，举办青年诗歌和书法大赛，召开诗歌创作座谈会，评点获奖诗作，也充分发挥各领域青年的积极作用，举办1984年度早春文艺晚会，连演二个晚上，受到普遍好评，自己也受到多方面的磨炼，不经意之中，我成了当地文学青年的领军人物。

问：你在何时对诗歌这种文学体裁有了深层次、本质性的认识，这些认识是在何种背景下产生的，基于这些认识又有了哪些独特的作品和经历？

答：1984年9月，我考入杭州大学中文系，在这里深造学习，比较系统地学习了文学理论和古今、中外的一些名著，丰富了学识，也大大扩宽了我的文学视野，在刻苦学习的基础上，极大地升华了我的诗歌理念和文学思想。

在紧张学习功课的同时，我也倾力于诗歌创作，成为全班第一个在校报和省级诗刊发表诗作的学生。我们是从"文革"过来特殊的一代，得益于改革开放，终于跨进了大学门槛，入学后我写下的诗作《迟到的大学生》《晚来的诗》《我们》《我依然年轻》《第五个季节》等具有鲜明时代印痕和心境的诗篇，给学校内年轻的大学生不小的震撼，在校内外引起较大影响。

问：据说你从基层回归，调任综合机关后工作十分繁忙，对诗歌创作有什么影响？你是如何兼顾和看待工作和文学的冲突的？

答：20 世纪 90 年代初期至 21 世纪最初的 10 多年，在长达近 30 年的时间里，我不仅经历了工作时空上的转换，更是经历了从满脑子的形象思维到以抽象思维为主的思维方式的转换，从自主的诗文创作到被动的命题公文起草的嬗变，这段相当长的年月中，两者难以兼顾，我诗文创作的热情淡化、沉寂乃至几乎"歇菜"。

因此，这一时期，特别是作为一个"新金华人"，全身心投入在工作之中，只能将诗文创作的执着深藏心底。公文丰产，经济研究成果丰硕，而诗文创作几乎成了空白，而当有重大事件叩击心扉，足以点燃心火，不吐不快的时候，才不顾身心疲惫，拿起笔来投入诗文创作，最为突出的事例是，2008 年 5 月 12 日，四川汶川大地震举国震惊，也极大震惊了深藏我心的诗情，按捺不住诗情的奔涌激荡，当夜，我拿起笔来一气呵成 48 行庄严凝重的诗篇——《灾难凝聚力量》，见报后当月即被浙江省作家协会编选的浙江诗人抗震救灾诗选《5.12 雕像》（浙江文艺出版社）收入，这篇诗作虽是这一"歇菜"时期我少有的诗作。

"歇菜"时期诗文创作提不出更多，但可能是鉴于先前我在诗歌创作上的"小有影响"，省里的举办的一些诗歌活动，仍每每邀请我参加。在著名诗人黄亚洲、毛建一、竟鹄等老师的热情鼓励下，经过他们的严格把审，2008 年 7 月，我的诗集《心路》三部曲《青春放歌》《第五个季节》《灿然开放于我的黑夜》，由作家出版社正式出版。著名诗人、时任浙江省作家协会主席黄亚洲亲笔写下题词："对生活的热爱和敏感，凝聚成了进科先生的浓郁的诗意。进科先生在精心酿制自己的生活之酒的时候，我们同时闻到了芳香。当然，我们的嗅觉也成为他的诗生活的一部分。"

问：退居二线后，你的文学创作已"歇菜"数十年了，为什么还能将你的文学事业推上新高度？内外因分别是什么？

答：2014 年 11 月，我退居二线。在金华市机关满负荷工作近 20 年，加上在遂昌工作 10 多年，"歇菜"近 30 年来深藏在我心底里的对于缪斯的深爱，重又奔涌激荡开来。第一时间向老朋友、报告文学作家，时任婺城区委宣传部副部长、《今日婺城》主编的李英先生报告，也联系上了久闻大名的资深编辑、著名作家和评论家王基高老师，向他们坦诚表露了"回归文苑，再续心路"的愿望，得到他们的真诚欢迎和赞许。

为推出我这个金华文苑上的"新人"，李英和王基高老师将我作为金华作家、诗人队伍中的重要一员，多次参与所组织的多主题的文学采风和文艺、书画活动，并在所主编的文学刊物，将我的作品作为重点作品刊发。两位老师的真诚支持，使我在退居二线、退休之后仍保持旺盛的诗文创作热情，许多时候，诗情仍像青年时代那样盎然勃发，使步入人生秋季的我，感觉进入了人生的"第二个春天"！

让我心怀敬意和谢意的，还有20多年前我来金华工作之初，同住一处同锅吃饭3年之久的洪铁城老师，虽然不同单位，却心有灵犀，彼此即成"忘年交"，无形之中给了我巨大的影响和砥砺前行的激励。著名大诗人大作家、我杭大的诗友、学长黄亚洲和活跃在省城诗坛、文坛的当年杭大诗友、文友，也盛邀我快来杭州"加盟"省城，采风、创作，交流，提高，为诗歌的兴盛、为文学的繁荣尽一份力，也圆自己青春时的梦。

我坚信，自退居二线至今，在我进入人生征途中的金秋时节，又迎来了文学创作新的春天。"回归文苑、再续心路，潜心创作、老有所乐"，成为我自此之后，坚奉的信念和执意的追求。

访谈感言：

文学能为一个时代的过往作注脚，也能为一个人的阅历作序章。徐进科老师的少年时代，在下乡的劳作中与诗歌结缘，青年时代在学习锻炼中奋笔疾书、中年时代在机关大院里忘我工作，退二线至今在诗海和文海里奔涌穿行，不可谓不丰富！一个真正的诗人、作家，心海只会暂时平静，但并不会永远沉寂，情感的浪花时时刻刻拍打着心壁，心灵时刻充满着好奇、感受着世界，思想之花不分季节，时时会在心田绽放，徐老师就是这样一名饱含才情的作家。

王文政：长征在冷板凳上

访谈对象： 王文政，1957 年出生于义乌，中文本科学历。曾经当过武义实验中学副校长、中共武义县委宣传部副部长，金华市文联委员、社科联理事，浙江师范大学江南文化研究中心特聘研究员等，现为中华孔子学会会员，浙江省作家协会会员，婺文化研究会理事，武义县文化研究工程指导委员会办公室副主任等。有《人生第四不朽》《汤恩伯年谱》等专著多种，编著有《吕祖谦与浙东明招文化》等多种。

访谈人： 老庙，俗名鄢子和，北回归线诗群成员，做小报 30 年文旅采编。

问：你是义乌人，1980年浙师大毕业分配武义工作直至退休，内心有不少感慨吧？

答：我是义乌人，也是在义乌的武义人。自从1977年有幸参加高考以来，45年来不断地学习，不断地自我改造。悟出一个道理：不要为了工作而工作，对我的每一个岗位新增一点文化含量，从而也许会增添一点工作与生活的乐趣与念想。这一道理越到后来就越明白。

问：在武义要举证一位知名乃至经典书生，文化圈人首先会想到你。前不久，武义报记者访谈你时，你回顾总结自己在武义的40多年历程，从教师成为公务员、从文青蜕变为学者，这转变肯定不是一天两天可以达成的。印象中你少年就喜欢文学和书法。让你从文青成为学者的契机是什么呢？

答：我够不上"学者"的称号。我是"土八路"（民兵）打游击。

2002年初，我受命挑县文联主席的担子。原本计划腾出一点时间去拜访、延请在外地的一流文化文艺乡贤，指导武义文艺工作。不料武义三大家（千家驹、潘絜兹、画家潘景友）一年之中先后逝世。痛惜"文化损失"之余，失望鞭策我思考，我该为他们做点什么？但我的饭碗不容许旁逸斜出，我该为受到"文化损失"的武义做点什么；我的陈旧梦是写作与书画，武义收留我的基础是因为我的中文专业，离家在外多年，如何不丢师长的脸，给期望中的亲友长脸，书画已经基本无望，也就只剩下写作了。我是学中文的，自始至终知道写什么才吃香，知道怎么写才吃香。但干过教育和宣传的我知道咋样才算真正香，咋样才会香起来。业余第一段的长征（写作《人生第四不朽》等，思考现实社会的精神、生活问题）那样，显然已经不合适。我想，香的不属于我，不香不臭的可能属于我。冷板凳积累的结果，我坐不成热板凳，那就给冷板凳焐热0.1度的温，也好。这样的想法，鞭策我开始地方文史的跋涉，婺文化非虚构的爬坡，先是"文化名人"的研习，比如研究"潘漠华""吕祖谦"。但因为客观条件的限制，"潘漠华"等研究深不下去了，于是"吕祖谦与明招文化"成为我业余第二段长征的索道，我抓着一个又一个索结，打成初稿。因为县政协文史委正好寻求文史研究课题，我与高济敖主任一提，他自"心有灵犀"，于是李德臻、钟明祥等县政协领导班子，一路绿灯放行。

直到我上司方宪文部长代表县委、县政府，开始主创主抓"武义文化工程"建设，倒逼我开始了第三段业余写作"长征"——名人年谱（编年体传记）系列。

问：在武义有人调侃，进不了你的年谱编写系列的就称不上武义文化名人。比如汤恩伯、千家驹、潘挈兹、叶一苇、潘漠华等都被你编纂成书了，你编书注重"述而不作"又讲究佐证出处，编一本书要用五至十年时间尽心投入，试举一例你是怎么编纂的？

答：摸着石头过河，无时限中等待"伊人"显露半脸，这是我读写的常态。

跟着材料走，做材料的仆人。写每一个年谱都是这样的，材料时隐时现，寻寻觅觅，读读摘摘，录录停停，或前或后，不是"四渡赤水"，胜似四渡赤水。材料多了，把我累了；材料没了，又愁得六神无主。

述而不作，是我写作编年体传记的铁律。像吕祖谦那样遵循孔子作风，"述而不作"，是指只叙述和阐明前人或传主的学说或事迹，自己不创作。把想法或观点涵泳在日常中，平淡中，传统中，老问题中，世俗中。

有时学习"春秋笔法"，不乱自注观点，即使不得不挑明一点观点，其观点必须是从史实（或者第一手的可靠文献）中提炼出来的，把观点牢牢捆绑在史实的十字架上。"相传孔子修《春秋》，一字含褒贬。后来称文章用笔曲折而意含褒贬的写作手法为春秋笔法。"让史实说话，谨慎地使用褒义词、贬义词或中性词，甚至多用中性词，来表达自己的思想观点或倾向。不铺张、不阐释，让读者自行判断。

那年《汤恩伯年谱》面世，有一位忘年交说："昨晚看书到后半夜。"心想，为了他，也值了！

问：你认为男人退休至少还有10年时间身体和学识处于黄金时段，你退休后甚至先后和同时在编多本文史著作，推进中你是如何穿越、错开和衔接的？

答：这是某专家的研究结论。我从熟知的名人、成功人士、身边的有贡献的企业家来观察，很有道理。我不属于上述这些人士。我只是不停地业余挥舞镰刀，稻谷总会不停地被收割。

我的方式很传统，做个"仿生"农人而已：无非蜜蜂采花，春燕衔泥、淤泥挖藕、檐下集雨，南海淘金；再就是稻田里养鱼、鱼池里摸螺找珍珠……

问：相对于文学创作或故事讲述，学术发掘和梳理比较枯燥干硬，支撑你几十年一路前行的内心动力和精神力量是什么？

答：谈不上高尚的追求与境界，只有大雁般的冬去春来的迁徙，冷板凳从这头坐到那头。

乡愁的诱惑与牵引——让我似乎有了一种"天时地利人和"的紧迫感，让我赶路，让我夜行！

先儒乡贤的引导与感召——让我似乎固执于一种关乎情怀的激情感，不能自认为是使命感。虽然我早就说过，金华人，自古以来使命感特强，而且人数特多。

先严先慈对文艺的远望，对我业余生活方式的放纵，至亲们对我固执的默许，都让我如履薄冰，不敢懈怠。

问：在你所有学术研究和成果述写中，明招山和吕祖谦是核心和灯塔。请问到目前为止，围绕明招山这座浙东学术名山和婺学灯塔，你已做了哪些研究和成果推送？接下去还将做哪些挖掘、提升和完善，扎实铿锵铺展出你梳理的浙东千里文化之路。

答：梳理浙东千里文化之路，勾连"百里宋韵丽泽、明招之路"，这是我非虚构写作的第二段"长征"——核心是吕祖谦与浙东明招文化的研究，从针孔里钻进去，看到了"北山三洞"，知道了越来越多的黑洞，比如湖北利川腾龙洞那般。我研习"吕东莱先生"，勾连"与丽泽""与明招""与师友、门人""与诗路""与浙东"等等婺文化的"莫高窟"。

我一点一点地还原明招文化的温润度、刚柔度、清晰度，一点一点地接近吕成公兄弟的真实，一点一点地感受着师友们对此的关爱，一点一点地渗透着我的夏天汗液，一点一点地成为冬天手脚冰凉的火笼。

我心想，明招山要从大俗而到大雅，再从大雅回到大俗，这是有关人都要合力争取的理想。就明招文化的"诠释与发挥"来说，我喜欢钱穆的诠释，不喜欢南怀瑾的发挥。——要通过诠释，还原明招常识背后被淹没的文史，被模糊的，被误读的，被稀释的，被遗忘的。

关于明招文化研究也好，关于"非虚构"写作也好，我将和大家一起，致力于两个方面的努力：

一、要致力于建构出有公信力的历史叙述、解释体系；从接触历史材料开始，在材料当中寻找问题，然后来建构论证。

二、努力减少网民对通俗读物与严肃文史的隔阂。

无论粉丝如何，"吕祖谦""明招"本来就"红"，值得"追"呵"追"！不以人的意志为转移！

访谈感言：

历史的厚重与文字的轻盈同时汇聚在王文政一身。因此，一位潜心研究历史文化的学者自带了一份神奇的历史。在访谈中，感受最多的是对历史的责任和文学的创新。

王基高：浸润书香，滋养心灵

访谈对象：王基高，笔名季高等，1958 年 1 月生。曾任《三月》常务副主编、《婺星》副主编、《当代农村文艺》编辑部主任，现为《金华文艺》文学编辑。中国散文学会会员、中国科普作家协会会员、浙江省作家协会会员、金华市科普作家协会名誉主席、金华市作家协会三届常务副主席兼秘书长。著有电视系列片《历史性的巨变》《话说八婺》；长篇报告文学《通海大道》《金华交通三十年》《春雨润华》；小说《火琵琶——金华火腿传奇》（与人合作）；散文集《雅苑笔记》《华英集》《孤帆一片》《东屏 12 章》；文艺评论《婺城当代美术评论集》。主编报告文学集《改革开放三十年》《金华作家文存》《婺州文丛》《八咏文丛》《播种者文丛》《月泉文丛》《华英文丛》《小老虎文丛》《文化中国·西湖文库》等。

访谈人：石海平，主任播音员，广电媒体从业三十年，采编、主持的作品曾多次获得浙江广播电视文艺奖和浙江新闻奖。

问：王基高老师，你给我的最有特色的符号是，一名编辑、一位作家、一个爱读书、会读书的人，一个与书打了一辈子交道的人。我曾经去过你的家里和工作室，走进屋里，闻到的是油墨香，看到的就是书，书香弥漫，给人印象深刻，想请你介绍一下编的书。

答：自上个世纪末至今，我编书、编刊、编报，历三十年。1999年，任金华市作家协会《金华作家文库》副主编，具体参与文库编辑工作，该文库由中国文联出版社正式出版，共四辑，近50本。这是我市首次大规模集中出版文学作品，影响深远。

2004年始，我独立主编《金华作家文存》（10册）、《婺州文丛》（15册）、《八咏文丛》（15册）、《播种者文丛》（5册）、《月泉文丛》（16册）、《华英文丛》（5册）、《小老虎文丛》（8册）、《文化中国·西湖文库》（10册）。

为配合编辑工作或受文友请托，我很认真地写过多篇书评和序言。如《从书城中走来的阳光女人——序杨艳〈我与图书馆：拾贝集〉》《序徐益丰〈西窗闲文〉》《文化让生活更美好——序金志馀〈文化金店〉》《序应兆铭〈无言歌〉》《喜欢张本高散文的理由——品味〈在水一方〉》《智者的心灵——张本高散文印象》《淳朴恬澹本色天然——序柏兰散文集〈山谷幽兰〉》《回望故乡——读傅暖昌长篇小说〈祥云〉》《呈现时代最精彩的记忆——读陶锡忠〈拓迹〉有感》《序舒启华〈人生苦旅〉》《让文学照亮人生——序楼向东〈红楼夜话〉》等。写序是个苦力活，花精力花神气，先得通读作者的原著，了解作者的创作意图，概括作者的创作特色，有的还须修正、修改原作，然后结合自己的理解和想法落笔成文。文学是个大家庭，需要相互鼓劲、相互促进、相互提携！

问：除了编书外，你担任了多本杂志的编辑工作，是吧？

答：是的。2001年，我担任《三月》常务副主编；2004年，我担任市文联《浙中人物·八婺群英》编辑部主任，具体负责组织这部报告文学集的编写工作，一年后，出色地完成了任务。从此，我一直参与了市文联主办的《当代农村文艺》《金华文艺》等文艺刊物的编辑校对工作，二十年来共出刊数十本。期间，我同时担任《婺星》副主编，具体负责杂志的编校运营工作。另外，我还担任了《金华工艺美术研究》等6家杂志的主编，共出刊数百本。

问：王老师编辑出版了许多书，大都是为他人服务、为他人作嫁衣，我想请你介绍一下自己作品的出版情况好吗？

答：好的。《雅苑笔记——王基高随笔》一书出版于 1998 年 12 月，搜罗其中的文章都是应《读书》《博览群书》《书缘》《记者文学》《文学大观》《文学港》《女子文学》《大众文艺》《良友》《四海——台湾海外华文文学》《人间》《炎黄春秋》《新文化报》《书刊导报》等报刊之约，在工作之余"挤"出来的。前辈徐家麟热情地为本书作了序，他写道："想到历史学家范文澜的一副对联：板凳要坐十年冷，文章不写半句空。正是巧得很，基高不仅经历过十年寒窗之苦，而且还真的当过十年教师，坐了两个十年的冷板凳，此联仿佛是特意为他写的。冷板凳其实不冷，被他用功读书的心坐热了，才有今天不空的文章，才有这本《雅苑笔记》问世。"徐老师在序中还有不少溢美之词，我权当作老师对我的鼓励。

我的第二本书《华英集》，列金华作家文库（第一辑），中国文联出版社 2000 年 1 月出版。"收进《华英集》一书中的，大都是朋友、文友邀约而写成的。这些曾经的文章，毕竟是曾经的思绪，曾经的眷恋，曾经的感受，而能把生活的感受留一点下来，作一次认真的回顾和前瞻，这是值得珍惜的，尤其是世纪之交、辞旧迎新的时刻。""写作是我的'业余爱好'，更是'闲情逸致'。也许写作，是我认识社会的一种途径，也是我珍视生活的一种方式。写人，写人生，其中，也就写了自己。"（《华英集》自序）书中部分所谓的电视专题片脚本，是我的"无意插柳"之作，记得早在 1995 年，我被金华电视台聘为特约撰稿人，一晃多年，笔耕不辍，许多文字在得到了他们的修改、补充、润饰、专业加工后，才得以像模像样地走上荧屏。

每隔一阵子，我也会捣鼓着出一本书，文友间送送，自娱自乐。长篇小说《火琵琶——金华火腿传奇》（与人合作）、散文集《孤帆一片》《东屏 12 章》、文艺评论集《婺城当代美术评论集》的出版，均得到了文化部门的肯定。由于在美术评论写作上取得了一定的成绩，我今年被金华市美术家协会吸收为会员，这是意外之喜，这也是我的一项"无意插柳"之作吧！

问：你写作如此勤奋，文学创作形式又较为全面，你能就此作个简要的介绍吗？

答：在各类文学体裁中，我更侧重诗和散文的创作，也许是性格使然。年轻时写了许多诗，更多的是爱情诗，《爱，从今天开始》《冬日的期待》等被编入《一个世纪的经典——中华首届世纪情书、短信大奖赛优秀作品选》。

中年时写过一些政治抒情诗，《小平，水一样亲切》被编入《邓小平诞辰100周年征文暨优秀作品集》。退休前后因迁居乡下，而乡下的生活对自己触动很大，有感于乡村生活的新奇、新鲜和新意，思如泉涌，写了一组又一组的乡村抒情诗：《归田园兮》《临溪而居》《桐溪，让我们与你为邻》以及树系列《父亲如树》《春天，我要去种一棵树》《我是一棵普通的树》等。

同时，为完成《东屏12章》系列散文的创作，我写了《东屏听水》《东屏春柳》《东屏茶香》《东屏竹韵》《东屏赏桂》《东屏"枫"情》《醉美桐溪》《上善若水》等充满乡愁乡趣乡音乡情的散文。

问：我的感觉是，几十年来，你晴耕雨读，乐在其中。不知你是怎么会走到文学创作这条路上来的？

答：就像是生命的呼唤。能走上文学这条路是幸运的！一件事的成因，有客观的影响，更有主观的原因。我们每个人的生命旅途上，都会遇到贵人相助。我的第一个"贵人"就是王尚文先生，他是我在金华一中读高中时的语文老师，这个老师学问深厚、口才了得，他很快就成了我人生的一个标杆，我当时就想，长大后我要成为一个你（最后的事实证明，这太难了）。他现在是浙师大教授、著名学者、"东方之子"。另外一个起因是我的家庭，我的父母都是知识分子、读书人，看书学习是家中的常态。我的哥哥王基一是浙师大教授、姐姐王小潞是浙大教授，我的爱人张华英平日里也注重阅读与写作，有意无意、有形无形，书香就是这样弥漫的，书香就是这样延续的。

问：这么多年与文字相伴，文学对你有哪些影响？

答：文学对自己的影响是无比深远的！文学给生活带来信心，文学赋予了"活着"的色彩和意义。因为文学，你与人不同、与众不同；因为文学，你的生活会充满朝气、富有灵气。因为创作的需要，我们会自觉不自觉地大量的阅读，作家的阅读不是消遣，作家的阅读与一般人的看书是不一样的，特别是思考层面的不一样。作家的阅读，该汲取什么，往往与自己的创作有关。我现在的阅读，一般都与当下的写作相关，比如写《卢梭札记》我已翻阅了近四百本有关介绍卢梭生平和著作的书籍。

问：王老师，下一步你还有什么打算？

答：毋庸讳言，因为多年的编书、编刊、编报工作，投入了大量的时间和精力，却耽搁了自己的文学创作。而一名真正的作家，最后需要靠自己的作品说话的。在接下来不会很长的岁月里，我已拟好了写作计划，准备每二三年推出一部书。大致书目如下：《李清照/在婺州的岁月里》《东屏乐章》《孤帆一片》《王基高当代婺城书画评论选》和《廿四节气散文集（暂名）》等。

问：听完了你关于今后的规划，很是敬佩你的坚持，相信你在文学之路上的跋涉，一定会给你、给你的读者带来更多的收获。

答：谢谢海平的采访。辛苦你了！

访谈感言：

今天我们通过云课堂认识了一个浸润在书香中编书、写书、读书的王基高老师。从他精彩的叙述中，对有关个人的成长、文学创作、生活甚至生命的思考的叙述中，我感受到了文学对他心灵的灌溉与滋养。谢谢王老师的讲解。祝王老师在今后的文学创作上"百尺竿头，更进一步"，祝王老师身体康健，生活幸福。

邹伟平：创作就像十月怀胎的艰苦付出

　　访谈对象：邹伟平，中国报告文学协会会员，浙江省作家协会会员，中华明招文化研究院秘书长，浙师大江南文化研究中心特聘研究员，乌托邦文学社文学顾问。出版了《俞源古村落》《汤恩伯传》等专著。

　　访谈人：朱文宝，金华市作家协会会员，武义县作家协会常务副秘书长。

问：邹主席，记得第一次认识你，是在 20 多年前的电视屏幕上。你那别致的发型和时髦的围巾，加上本真的出演，还有播音员极富磁性的旁白，当时，我是真的很敬慕、仰视、崇拜。至今记忆犹新。我觉得这篇散文，或者说电视散文，是你的生活和阅历感受的真实表露吧。时隔这么多年了，你能给我们谈谈这个电视小品的缘起和其中的故事内幕吗？

答：那还是 20 世纪 90 年代末的事情，那时候我在宣传部担任外宣办主任，因此与省市记者的交往比较多。有一次，浙江卫视经济频道的制片人过来准备拍一个电视村村通的公益广告片。我负责接待任务，要拍片子就要选择地点、环境以及其中的演员。当我配合他们一起把这些准备工作做得差不多以后，最后剩下电视小品里面的男主角，我提议是不是去婺剧团找一下。导演这时候却斩钉截铁地说：不用找了，就你自己上吧！

我说我从来没有当过演员，我怎么行？可是导演还是坚持让我上。于是我就这样毫无准备地被赶鸭子上架了。其实我是在备受煎熬中度过了那几天拍摄的。一直到拍摄完毕，我心里面还是七上八下，忐忑不安。心理压力很大，因为我怀疑如果制作以后效果不好怎么办？结果呢，电视小品播映以后效果非常不错，导演提前电话告知我第一天的播映时间，我就急不可待地打开电视守候着，当我看完以后才有如释重负的感觉。终于像完成了一次考试一样，对自己的表演能力打了一个比较满意的分数。

问：谢谢。谢谢你和我们分享了这么一段有趣的往事。可以说，你是武义文学界的前辈名家，在我印象中你和章瑞年老师合著的《汤恩伯传》影响很大。你是怎么会想到要写这样一个国民党将军的传奇故事的？这里面有什么值得一说的缘由吗？

答：我是在一个偶然的机遇里认识了宁波的赵培英先生。赵先生那一段时间里经常跑武义，准备在汤村汤恩伯故居搞一个展览。当他了解了我在报告文学方面有一定的能力以后，就问我说能不能够写一本关于汤恩伯的书。而且给了我一些关于汤恩伯的资料，当然，这些资料对于一生戎马倥偬的汤将军来说只是杯水车薪。后来他拿来了一份复印稿，他说是章瑞年老先生写的关于汤恩伯的"初稿"，问我有没有参考价值，他说他可以全权委托我来完成这部书的创作。我看了章老师的稿子，虽然整个故事框架已经有了，但是其中的内容还是非常单薄，历史资料也还是很欠缺的。要完成这样一部汤恩伯将军的传记，恐怕还是要从潜心收集资料开始。于是我就开始利用网络图书馆等当时可以利用的手段开始收集整理与汤恩伯有关的资料。经过大约半年左右的时间收集整理，当我着手准备开始写作的时候，朱连法老师的《民国上将汤恩伯》一书出版发行。我当时真的有放弃写作这本书的念头，但认真拜读了《民国上将汤恩伯》以后，经过认真思考，分析，觉得还是有重新写《汤恩伯传》的必要。

因为作者的视野不一样，他所占有的资料不一样，他的分析方法和逻辑思维不一样，因此，他们所呈现出来的汤恩伯应该也不会是一模一样的。另外，不同的作者，对于汤恩伯在一些关键问题特别是有争议的问题上，例如汤恩伯在台儿庄战役中的作用，汤恩伯是如何出卖恩师陈仪等等关键问题上肯定会有不同的思考和解读。这样一想，我就觉得还是有必要把这件事情做下去。当然，我要做的就是在资料的占有上应该更加翔实和丰富，人物的性格剖析应该更加丰满和到位。要不然就没有任何意义了。想明白以后，我就制定出相应的目标计划，全身心投入这样一部人物传记的创作之中了。

问：《汤恩伯传》可以说是你文学创作的一个高地，一个里程碑。你能跟我们谈谈要写活写好汤恩伯这个历史名人，你是从哪些方面挖掘和突破的？

答：大家知道，汤恩伯是一个民国时期非常重要的历史人物，因为是武义汤村人，所以他很早就引起了我的关注。也可以说《汤恩伯传》一书是到目前为止，还是一本比较全面客观地书写了汤恩伯这位民国上将叱咤风云的传奇人生的纪实专著。

问：目前，人们对于这位民国将领褒贬不一，议论也很多。作为武义人，你认为应该如何正确客观、公正公平地评价汤恩伯、品读《汤恩伯传》呢？

答：汤恩伯是民国时期一位叱咤风云的历史人物，他的一生充满着传奇，也一直有争议。纵观他的一生，我们可以清楚地看到他成长的过程，其实他是从部队的最基层一步一个脚印走出来的，他是完全依靠他的坚韧不拔的毅力和艰苦卓绝的军旅战功，赢得了蒋介石的欣赏和信任。值得一提的是，他在抗日战争时期有非常不俗的表现。

当然，后期的汤恩伯确实有点骄傲放纵，自恃跋扈，一度以中原王自居，从而直接导致了中原的溃败。我的整个创作过程其实也是一个寻找历史真实的过程。我想尽可能地让读者能够了解到的是一个比较客观和真实的民国时期的风云人物。

问：你还写过介绍古村落的书《走进俞源》，俞源是武义最早开放的历史文化名村之一，同题关注的写作者很多，你自己认为，你的《走进俞源》是如何从不同的角度挖掘和创作的？

答：2000年以后，我把主要精力集中在文学创作上，创作题材我选择的重点方向是地方文化和地方历史名人。因为工作关系，我接触了一些地方文化，从此也对此产生了比较浓厚的兴趣。

当我进入研究古村落这个领域以后，我发现了其中的一些问题。我感觉许多地方文化的宣传比较概念化，而且有许多所谓"锦上添花"的虚假成分。

俞源，是一个具有800多年历史的古村落，历史文化非常深厚。1997年开始旅游开发，对外开放。当时的宣传可谓势头强劲，宣称发现了一个按照天体星象设计的太极八卦村，从而吸引了全国各地许许多多的媒体采访报道。一瞬间，舆论报道哗然，大有铺天盖地之势。

面对这样的宣传，我没有人云亦云，我要静下心来，透过这些喧闹的宣传做一些非常冷静的思考。我问自己，这些宣传的东西到底有多少是历史的真实成分？俞源村的古文化到底是怎么样的？它真的是刘伯温亲手设计的吗？带着这些问题，我走进了俞源，对俞源进行了比较深入细致的考察，挖掘了这个古村落的传统文化资料，最后在占有一定史料的基础上，完成了《走进俞源》一书。

问：你的《汤恩伯》和《走进俞源》等专著，是你题材驾驭能力、历史人文积淀、历史审美的一个综合体现。我个人倒更喜欢细读你最早出版发行的《江南水彩》这部散文集，这部散文集中的散文可能是一些更贴近当下生活和时代的短篇文章。是这样的吗？

答：《江南水彩》是我的一个散文集子，里面收入了我早期写的一些散文，其中有一些是在各级报纸杂志上发表过的作品。现在回过头来看自己的这些文章，总是感觉有一些稚嫩和单薄。虽然当时的文笔比较细腻优美，得到了一些读者的认可和好评。但是我自己感觉无论从人文深度还是从历史文化积淀来说真的还是比较浅显的。

问：除了《江南水彩》《汤恩伯传》《走进俞源》这三本书，你还主编了哪些有影响的文学书籍？另外，你除了撰稿和编书以外，还准备出些其他作品吗？

答：我在武义文联工作先后达20年左右时间，我把原来县文联的《创作之友》内刊改成为《武川潮》。创办《武川潮》是我从事文艺工作以后的第一件大事情，当时我采取开放合作的办法，一度将印刷量增加到一万册左右。这些年来，我还编辑出版了《时代报告》和《熟水秋澄》两部作品专集。前者是武义作者描写武义企业家的报告文学作品集，后者是武义作家的文学作品专辑，它比较全面地收入了武义作家的文学作品。

另外，我对于家乡的诗人烈士潘漠华有着地缘上的亲近和骨子里的崇拜。由我主编的《潘漠华文集》得以在 2014 年由出版社出版发行，最近，《潘漠华纪念文集》也正在筹划出版之中。当然，到目前为止，我还没有放弃《潘漠华传》的撰写构想，至于能不能够最后成书，还要看我是否能够找到一个非常恰如其分的切入点。酝酿一本书的过程其实也和女人的分娩一样，没有十月怀胎的艰苦付出，哪里有一朝分娩的幸福和快乐呢！

问：邹老师的比喻真是有趣又形象。据我粗浅了解，你是个爱好广泛的文人，除了文学，摄影、书法等都有涉及。退休后仍在主持武义明招文化研究院工作，同时对诗歌、报告文学的创作比较投入，在诗歌和报告文学写作上有什么明确的规划吗？

答：退休以后我还兼任明招文化研究院秘书长，参与组织了三次比较大型的明招文化研讨活动，主编纸刊《明招文化》以及明招文化公众号每周一期的编辑推送。我感觉我的生活是紧张而充实的，能够在有生之年为地方文化做一点有益的事情，也是理所当然的事情，从精神角度来说，也可以不断地提升自己，激励自己，让生命变得更加有意义一些。

另外的业余时间我除了坚持练习书法以外，最近几年我还对于诗歌产生了浓厚的兴趣。当然，我的诗歌的形式和意向基本上还是比较传统的，我非常喜欢著名诗人艾青的诗歌。令人意外的是我的诗歌作品《大堰河》在金华市"八婺清风音乐会征文"中获得了二等奖，后来又在《江南》杂志《浙江作家专辑》上发表。这对于我来说真的有点意外，我压根儿就没有想到能够获奖并且在《江南》杂志上发表。也许是题材帮助了我，也许是著名诗人艾青的诗魂成就了我。不管怎么说，我还是感觉非常幸运，非常开心。

当然，这对于我来说无疑是一个好的起点，这对于我来说确实是一个意外的惊喜和鼓励。我会把自己看成诗歌领域的一个小学生，我一定会诚心诚意地努力学习。至于最后能够走到哪一个台阶，谁都不知道，我的想法是不要计较那么多，其实人生本来就没有什么结果，重视这个努力的过程就可以了。我以为踏踏实实、开开心心地走好每一步才是人生最为关键的事情。

当然，我还会继续关注和尝试报告文学的写作，去年我曾经写过一篇题为《一份坚守了七十年的生死恋情》的报告文学，虽然仅在一个自媒体公众号上推送，但是却收到了许多读者非常精彩而令人感动的鼓励和点评。我想，作为一个作家，还有什么能够比读者的理解欣赏和支持更加可贵的呢？

访谈感言：

用"谦谦君子"这个词语来形容邹老师，是因为他始终保持一颗平和乐观的心，有君子风度。邹老师今天能在文学、书法、摄影等领域有如此造诣，除了他本人的聪慧天赋外，他虚心好学、不耻下问的治学作风和刻苦努力，使他比别人更好地享受到了生命和生活赋予他的这一切。这才是值得我们学习和尊敬的。

李英：让我们的作品更有时代感

访谈对象：李英，浙江金华人，系中国作家协会会员、中国报告文学学会理事、中国散文学会会员、中国诗歌学会会员、中国电影文学学会会员、浙江省作家协会主席团成员、浙江省作家协会报告文学创委会副主任、金华市作家协会主席、浙江理工大学文化传播学院特聘教授。作品曾获中国报告文学奖、北京文学奖、徐迟报告文学奖、浙江省五个一工程奖、浙江省优秀文学奖等重要奖项。

访谈人：吴瑜涛，《金华日报》时政要闻记者。

问：李英先生自踏上文学的道路起，便笔耕不辍，长篇报告文学《孟祥斌，一个人感动一座城》《感动之城》《第三种权力》《忠诚是天》《让百姓做主》《大国治村》等诸多作品在文学界有较大影响。在这里想了解李英先生是如何与文学结缘的，简单谈一谈从早年到今日的文学历程。

答：徐敢老师主持的《古今文学研究》要开作家系列访谈栏目，作为金华历史和文学的记忆，这个创意很好。徐敢老师很早就约我访谈，被我婉言谢绝了；后来旧话重提再次约我访谈，我不忍再拒，否则有些愧对他的一片诚意。正是这样的原因，我和徐敢老师策划了《深度对话金华作家》，集中解读金华作家的成长基因和作品元素，这是一件很有意义的事。

从少年时代开始，我对文学有一种特殊的爱好，那时正是"文革"后期，我基本上生活在老家农村，我的大伯李鑫是村支书，每天都有《浙江日报》《浙江科技报》送来，我特别喜欢看《浙江日报》副刊上的文章，然后学着写广播稿，向金华县人民广播站投稿，经常被采用，当时的编辑吴思华还写信鼓励我。高中时的语文老师李光对我影响很大，一到暑假，我带着军用挎包去学校图书室找李光老师借书，把《艳阳天》《铁道游击队》《风雪之夜》等小说背回家，看完了又去换一批。

高中毕业的头两年，我当过油漆学徒，赤脚医生，我还参加了金华县文化馆的创作培训，记得和曲艺家章竹林在县招住同一个房间。那时候认识了文化馆的章伟文老师，他是我文学创作上的引路人。

我后来就去当兵了，训练之余写小说、散文，开始走上写作这条路。战友董庆九是邯郸人，他曾经是《邯郸日报》的优秀通讯员，我们一起交流探讨文学写作。我写了第一篇小说《见面》，在山西代县文化馆的《雁门关》发表，还是油印刊物，但仍然给我带来惊喜。

80年代，我当兵回来，两次参加高考名落孙山，因为文化基础实在太差。后来当过代课老师和文化站的干部，一边写作一边组织文学活动，还办过油印的文学刊物《青青草》。

和文学的结缘，首先是对文字的热爱，这和家庭、社会、环境，周边的人都会有很大关系，他们潜移默化地影响你。对文学的理解和追求，对文本的研究和探求那是以后的事。

问：《感动之城》曾经感动了无数读者，这是一部让人流泪的好作品，你能谈谈关于这部作品的创作情况吗？

答：过了这么多年，我一直坚守文学这条路，有几件事印象很深刻：写

《孟祥斌》的时候，我前后花了 2 个月时间，在这篇作品之前我写得比较杂，写完之后我更坚定了走报告文学之路；2017 年出版的《感动之城》花了 10 年时间收集、采写的，一共记录了 20 个故事，传播影响力大，读者反响强烈，大家的好评是对我走报告文学之路最大的肯定。

《留在生命深处爱的味道》出自作品《感动之城》，改题为《为了母亲的微笑》被翻译成英、日、西班牙等 6 国语言传到国外。我曾经在宣传和新闻部门工作多年，《感动之城》从不同的角度为金华的宣传提供了很好资源的人物故事，自然让人记忆深刻，另外，作为一个金华人，我感觉到，自己对此有责无旁贷的责任。所以，这部书，亦可以看成一个作家被自己的城市感动并以写作回报母城的案例。

问：李英先生先前创作的《第三种权力》通过真实的故事记录了武义后陈村建立全国第一个村务监督委员会的全过程，塑造了农村党支部书记、村监委会主任等基层干部的形象，是一部文学性和政论性兼具的作品，该作品也获得第七届徐迟报告文学奖。能否请你谈一谈这部作品的创作经历。

答：《第三种权力》获得了第七届徐迟报告文学奖，早期我和朱晓军老师合作的《让百姓作主》获得了第五届徐迟报告文学奖。两度获得徐迟报告文学奖，这是我文学道路上的一个路标。

在中国农村的改革发展过程中，我注意到了后陈村人在艰苦的抉择中，创新推动了乡村民主政治改革的进程，于是便有了《第三种权力》这样一部报告文学。

著名评论家李朝全这样评价："这部报告文学的意义已超出了文学范畴，它可能成为中国法治化进程的一份珍贵历史文献而得以留存。"

问：请你能以《大国治村》为例，谈谈报告文学创作选题的重要性。

答：《大国治村》于 2020 年 12 月由浙江文艺出版社出版，首印 1 万册。该书发表后，在报告文学界产生一定影响，入选 2022 年全国优秀报告文学年度推荐书目（全国 17 部），入围浙版传媒好书，春风阅读榜评选，长安党政干部阅读书目，浙江文艺出版社 2020 年度"十大好书"，入选第八届鲁迅文学奖参评作品。《大国治村》围绕"推进国家治理体系与治理能力现代化"这一主题，使读者感受到时代的潮流。因此，我认为，报告文学创作选题非常重要，我们应当把作品放在民族生存和发展的背景之下，放在中国改革开放的背景之下，让我们的作品更有时代感。

问：你曾在一篇文章中提到"讲好中国故事，报告文学要继续发挥'轻骑兵'作用"，你认为如今报告文学在中国文学界处于一个什么样的位置？

答：报告文学是时代的晴雨表和方向标。对时代变革和社会发展的感应与表现，报告文学是最为敏锐、直接和迅速的。在中国历史发展历程和发展道路上，始终都有报告文学的热情参与和助力。报告文学千枝竞秀，具有思想力量及其特有的艺术魅力，因此在当代文学中占据十分重要的位置，是其他文学体裁所不能替代的。

我会在报告文学的道路上一直走下去，希望为中国报告文学的发展添砖加瓦。2018年6月，全国报告文学理论研究会第十一届学术年会在金华北山召开，探讨报告文学如何走向新时代，这次会议是一次很有意义的会议。中国报告文学会常务副会长，著名评论家李炳银曾经说："中国近些年的报告文学创作方向明确，步伐坚定，成果丰硕。这其中也有金华作家的贡献。"我个人以为，报告文学是中国文学繁荣必不可少的，能为中国报告文学事业发展做一些事是很值得的。

波澜壮阔的时代发展，这个社会每天都在发生许许多多的变化，为报告文学作家提供了源源不断的创作题材和资源，报告文学作家大有可为，报告文学前景可期，生机无限。

问：作为金华市作家协会主席，李英先生能否简单谈一谈近年来金华地区的文学现状？对于金华地区的广大作者以及文学爱好者有何箴言？

答：金华地区的文学现状是不是可以说，队伍庞大，人才辈出，门类齐全，佳作不断，整体呈上升趋势。我们都说，要出人才，出作品。作品方面，我们每年编印金华作家年度选，全市数百位作家每年都在省级以上报刊发表大量文学作品，在浙江省优秀文学作品奖评奖中，金华有多部作品分别获奖。

"草木蔓发，春山可望"。2022年是第六届金华市作家协会的收官之年。我相信，金华作家一定会薪火相传；我相信，金华作家一定会有好的收成。

访谈感言：

在与李英的交流过程中，能体会到他对待文字的态度——严谨、求真，以及由衷的热爱，无论是阅读他的作品，或是与他对话，都能感受到他作品中的真实，这种真实为受众带来的更多思考。李英的作品之所以具有广泛影响力，不仅因为扎实的文字功底，也在于他宏阔的视野、敏锐的洞察力，以及让作品呼应时代发展的匠心——这些因素使得《大国治村》《感动之城》《第三种权力》等一系列作品具备特殊的艺术魅力。

徐益丰：我有文学为翼

访谈对象：徐益丰，笔名三余，1959年生，龙游人。浙师大研究生结业，高级政工师。中国报告文学学会会员，中国乡村人才库论证作家。浙江省作家协会会员，浙江省交通作家协会常务理事，金华市作家协会主席团成员、副秘书长。

曾出版西窗系列：杂谈集《西窗闲文》、散文集《西窗剪影》、报告文学集《西窗凝视》。并先后任21世纪江南作家文库·第三辑金华作家报告文学集《阳光灿烂的日子》副主编，《金东20丛书之一新城希望篇》主编。

从2010年起，侧重报告文学，创作了一批新时代下的报告文学作品，如报告文学三部曲《为了农民的微笑》《跳动的"血脉"》《"近平路"，幸福路》均载誉浙江交通文学艺术三届"梅花奖"，并在《浙江作家》《时代报告—中国报告文学》等发表。报告文学《带"梦"起航》《坚守与付出之美》《防线》《特殊的"口罩"》等曾由多家大型刊物转载。

采访人：陈爱，浙江省作家协会会员，自由撰稿人。

问：每个人的人生都有一些特别的机缘，它成就并指引你成为后来的样子，徐老师作为浙江交通文学的一个路标，是什么时候开始接触文学并点开这个"超链接"的？

答：由于历史的原因，初中毕业，就没有机会读书了，为了生计，就开始做小工，扫马路，代课等，1977 年大招工，终于有机会参加工作了。

1977 年 10 月来到了水电十二局乌溪江水电站，水电站建设正是上马时期，衢州小湖南山沟里，就是一个大工地。我从事工种钢筋工，学徒两年，上班跟着师傅学技术，学徒转正考等级，在业余生活不丰富的年代里，下班后，各自找生活，有打牌喝酒的，有闲聊的，有唱歌弹琴的。20 来岁的我能做什么呢，没什么爱好，有幸教了三年书，养成看书的习惯，订了小说月报、散文等杂志，也看过《钢铁是怎样炼成的》《飘》《围城》等小说，坦率地说了，那时候我根本不知道文学是何物，看书只是消遣。

一晃几年过去了，组织上看到我会写写，把我调到工会、党办从事宣传工作，我有机会接触文字，深知自己学历低，文化不高，就参加文化补习，上电大等来弥补，当时只局限于写写材料，新闻报道，偶尔写点小品文、小言论，随着从事文字工作久了，加上单位里有文学杂志，投点小文章，特别是 80 年代初，朋友圈内文学爱好者参加舒婷朦胧诗的大讨论，多多少少受点文学的熏陶。从此，我也朦朦胧胧了解点文学。

问：80 年代，那是一个文学的黄金时代，每个人的心里都满是星辰大海、诗和远方。那你又是怎样和交通结缘的，在交通与文学这两个维度间擦出奇妙火花的？

答：1986 年，28 岁的我由水电十二局调至浙江轮胎翻修厂当工人，后当秘书、办公室主任、厂长助理，1995 年借调金华市交通局任秘书，1998 年正式调入金华市公路管理处任秘书、科长等，后又任金华市交通运输局新闻中心主任。虽然 1986 年前也常为《水电工人报》投稿，但我的文字生命却是从此绽放，尤其是真正从文字的喜爱转入对文学的爱好，似乎只有在与交通的化学反应后才能旺炽爆发。

如今，36 年过去，我出版了"西窗系列"专著 4 部，100 多万字，涵盖散文、随笔、报告文学等。作品源于交通，又辉映交通，带有很强的文学艺术，很多人称赞我是交通行业里开出的绚烂的花朵。就像交通旅游导报原总编陶志为我《时间、时速、时空》一书序里所写的："徐益丰的笔端游走于金华交通的方方面面。他为交通建设鼓，为交通管理呼，为交通的文明建设讴歌，为交通的各项改革传递着有价值的信息……一句话，要了解近年来金华交通发展概况，不妨看看这本作品集。"

问：你的同乡诗人艾青说过，"为什么我的眼里常含泪水，因为我对这土地爱得深沉"，你的作品也一样，在交通、写交通、歌交通，充满了对行业，对身边人事的爱悦深情。能和我们聊聊你印象特别深刻的几个作品吗？

答：交通不仅是经济社会发展的命门和血脉，也是文化发展，尤其是现代文化交流的重要条件。交通者，谓社会的交易流通也，既是经济的物质的，也是文化精神的交流。

我记录了中国第一个真正意义上的春运，1996 年，那个市场经济风起云涌的年代，无数怀着梦想的人们离开家乡到沿海一带打工，这一年，刚刚开通的浙江春运三大口子之一的金华汽车西站，览尽当年客运的风光，报告文学《民工如潮滚滚来》正是对这一盛况的记录。我见证了金华高速公路"零的突破"，2002 年底"杭金衢""金丽温"两条高速公路相继开通，《"四小时交通圈"带来新的竞争和机遇》保存了我当时的见闻感触，客运和客车生产企业面临着空前机遇，但更触动我的是交通给百姓带来的喜悦，高速公路，这之前是想都不敢想的"天方夜谭"的事啊，我在水电十二局工作时，从金华到云和紧水滩要从天亮坐到天黑，现在高速大巴，一个多小时就到了。交通改变生活，也激发着我的创作灵感。如报告文学《"高速"新时代》，就是金华境内已有 7 条高速公路建成通车，4 条高速公路正在建设当中，4 条高速公路谋划之中，这样的大背景下，采用点面结合的手法进行创作的。

更让我深深震撼的是，农村公路建设从康庄工程到四好农村路，变化真是翻天覆地。我走在金华农村公路的角角落落，每天都是满满的感动。从泥巴路到机耕路，从机耕路到水泥路，从水泥路到沥青路，从沥青路到生态路，从"点上美"走向"全域美"，而且是公交村村通，提高农村群众品质出行的满意度。这期间我采写了一批"四好农村路"报告文学，如《农村公路，把农民引向小康》《康庄路在他们脚下延伸》《金华四好农村路成了幸福民生路》《磐安四好农村路牵引经济发展》《四好农村路让花经济绽放》《铸就共富新梦想》等作品，受到广泛好评。

问：听说你也曾有机会离开交通，获得更好的发展，是什么让你对这个行业一见倾心，矢志不渝？

答：都说爱有天意，我信。我一直相信自己和交通有缘。就连 14 岁时迫于生计到金华湖镇道班当道工的经历，也让我觉得是财富和启示。从 70 年代做养护工、教师、钢筋工到 80 年代重返交通公路部门，我调过不少岗位，但道工这段经历始终让我回味。并给我人生的成长道路许多帮助。人生之路，艰苦起步，我有一个信念，热爱工作，勤奋学习，这是美丽的。

而让我深切体会我与交通之不可分割的，是 1995 年企业改制，一度我处于待岗状态，记得有一家大型企业招聘办公室主任，笔试面试都通过了，已被催促我去报到。这时我心里前所未有的惶恐：去，还是不去？一边是热爱的事业和不确定的未来，一边是到看得见的机会和升职。三个不眠之夜后，还是交通的牵挂占了上风。那些一起工作过的同事，写过的文章，投注过的情感，我总觉得再不会有这么一个地方，可以让我这么施展拳脚。

我不是科班出身，文字功底不能和那些科班出身的人比，但我深知勤能补拙，不论做什么事，兴趣和勤奋是最主要的。

问：你不在江湖已久，但江湖还都是你的传说，我想你对浙江交通的贡献远不止于你上百万字的创作，更在于你引领了一地风尚培育了一批人才，能和我们分享一下这些故事吗？

答：2010 年后，我更倾心于交通文化的建设，除了新闻，写点散文，侧重在报告文学上的探索和创作。特别是在 2016 年加入浙江作家协会，后又参加中国报告文学学会后，更增强了信心，使我对文学产生浓厚的兴趣，也体会到文学无穷无尽的魅力。创作了一批更有分量的报告文学，如《为了农民的微笑》《带"梦"起航》《跳动的"血脉"》《坚守与付出之美》《"近平路"，幸福路》《国之大道——330 国道金华段变迁记》《"高速"新时代》《战"防"之歌——金华市交通运输系统抗击新冠肺炎疫情纪实》《特殊的防护"口罩"》《春日里的色彩》《离共富最近的路》等。

我们的时代、我们所有的人，都是交通的受惠者。每当坐在疾驰的汽车上，望着窗外扇面般旋转的大地，我就会想，这是在享用交通人的心血和辛劳。是交通人拓展了我们的人生，延展了我们的生命啊。一种感恩之情便浮上心头。

在个人创作的同时，我更希望自己能成为一个组织者。2012 年，浙江交通首届梅花奖揭晓，在全省 57 个奖项中，金华占了 8 个。让我悟出一个道理，一个行业必须有一种强劲的文化才能长久，但个人的力量毕竟有限，望能挖掘一批人来书写交通。2017年在全省率先成立浙江省交通作家协会金华分会，并开展"金华交通文化五大工程"活动：重点工程采风，交通书画摄影展，文学、书画、摄影作品、论文、报道"五优秀"评比。于是一大批交通文学人才，融入交通的方方面面，尽享这视觉和心灵的大餐。

问：如今你已退休三年，听说你还是笔耕不辍，并且目光一直流连在交通，今后你在创作上还有哪些打算？

答：是的，退休后，我仍在关注着金华交通的这些人、这些事。我的笔名"三余"，取自"冬者岁之余，夜者日之余，阴雨者时之余"。在闲暇时间，我最爱好的还是读和写，而这一切又不断给予我写作的营养。

中国作家李春雷说，讲好中国故事，是中国报告文学最当下的任务。说实话，中国不缺故事。那么，缺什么？缺少思想的筋骨，缺少文学的血肉，缺少真实性和文学性的完美统一。当下，报告文学创作不是缺少素材，而是缺少发现；不是缺少发现，而是缺少表现。发现了好题材，就要用文学的手法，真实、准确、形象、鲜活地表现出来。

退休不退手中笔，我一直在想的是，继续用文学的笔写好金华故事、金华的交通故事。

访谈感言：

10年多前，我在大学里攻读现代文学，一个无法回避的命题是"城与人"，10年多后，作为一个交通行业的记者，又一次让我深深感慨城与人、交通与人、交通与文学之契合的，是徐益丰。

提到金华，提到金华交通，我的脑海里第一时间就会闪过这个别致的名字和这个风趣的小个子男人，他用一颗火热的心和一支动情的笔，忠实记录了金华交通最生动的当代史。

今天，当我得以走近他倾听他，便又一次地由衷感叹：金华交通幸而有了徐益丰，徐益丰幸而有了金华交通。

许春夏：用诗意营造『另一个故乡』

访谈对象：许春夏，东阳市画水镇上国村人。1960年4月出生，1984年毕业于浙江师范大学。毕业后到东阳广播电视台工作，后调入浙江广电集团。曾任东阳市作家协会主席。作品曾在《人民日报》《光明日报》《星星》《联合报》等报刊上发表，主编"新湖畔诗选"丛书，著有诗集、散文集等五部。

访谈人：赵钰倩，浙江省作家协会会员，义乌市文联古今文学研究院副院长，《古今文学研究》编辑部主任。

问：你的诗歌当中总是能够看到你故乡的影子，为什么你如此重视你的故乡呢？你的故乡又给予你怎样的诗歌灵感？

答：我的创作可分为两个阶段。我 20 世纪 80 年代初在浙师大中文系读书时就开始发表作品，并组织了北山诗社，获得过学校《黄金时代》征文一等奖。毕业到东阳工作后，也得过《三月》杂志二等奖，任第四届市作家协会主席。我的诗作在《飞天》《当代诗人》《西湖》《浙江日报》等专业刊物发表，并在亚洲出版社出版了第一本诗集《爱心芬芳》。这阶段的作品，像《晚夕》《五月的乡路》《你的春天》《踏青》等都是以故乡农村为题材，既咏叹浙江中部农村日常可见的"柳丝""梅花""大樟树"等植物花树，也抒发了"工棚""押运工""建筑工人"等人文情怀。东阳籍著名诗人圣野赞扬我是"东阳江畔一颗闪耀的星星"。辽宁省作家协会主席、著名诗人阿红评论我说，我的诗"是从爱心生长的诗花"。我特别地把《踏青》一诗抄放在案头：从严冬包裹的深巷/款款而出/叶窗捎来馨香/擦拭双眼/到处是玉兰的流盼/绿色地毯铺过/消融了所有枯色/融水滴滴/湿润了干涸的旷野/一个暴躁的背影/溶于艳艳的桃云。

转眼到了 2016 年，已调到省城工作十几年的我有一次到桐庐采访时，一缕缕飘在舒家村上的炊烟唤醒了我饥饿的诗心：一只只开屏的孔雀/盘桓在舒家村图画之中/这童年最养眼的风景/清亮了我的眼睛/山峰树杪之巅/有炊烟的细腻真迹/溪涧泉水之源/有我的幻化成就/一颗永远抒情的心/今天读来更美、更暖、更真/门不一定开着/炊烟一定会涌出/草坡上的野草与昆虫与它相关/自助式的派对/透出的是刚健与婀娜/一呼一吸/山村妙手天成之奇葩/如果有呼唤/那一定是炊烟/让人倍感亲切/总是在无以托付的时候/炊烟里那双灵醒的眼睛啊/让我把老家望成最养生的方向。又是乡村生活打开了我的第二阶段创作的大门，尤其是《人民日报》刊登了这首诗，给了我重新审视乡村的高度。

不久，我在参观展览时看见了小时候穿着爬过山淌过溪的草鞋，不禁感慨万千，写下了诗作《我在阅读一双草鞋》：我在阅读一双草鞋/想象现在穿着它/排在长长的队伍中/过雪山之巅，草地之心/稻草的视野/穷，也能立传/其实，我已经看不见稻草/但确定它作为血脉存在/与军衣衣条缠绕/已成布鞋？不，还是草之鞋/布条缠绕/承传了几分天才的思想/成为教科书中的真知灼见/显现伟大的伏笔/布条缠绕/照例透出它的倔强/即使山重水复/生命也总会在陡峭的缝隙中奔腾。这首诗不仅登上《人民日报》，并且在中宣部、《人民日报》"纪念红军长征胜利八十周年"征文入围优胜作品。它们都是我农村生活经历产生的诗意表达，也奠定了我以后创作的基础。

问：你也是新湖畔诗群的一员，是什么让你想要"翻新"湖畔诗社呢？你觉得新湖畔诗群的诞生给现在的文坛带来了什么影响呢？

答：西子湖畔历来是诗人云集之地，其中中国第一个百年诗社"湖畔诗社"吹来的"蕙的风"，一直吹拂着诗人们的内心。2017 年，一个平常的周末，我与卢山、北鱼、李俊杰等人在"湖畔居"吹响了"向湖山致敬""湖山让我们成为诗人"的"新湖畔"诗群集结号。向湖山致敬，就是向我们热爱的山水致敬，向山水中的我们的故乡致敬！

到了今天，杭州新湖畔诗群已经编辑出版了诗本七卷，刊登了全国 866 位诗人、评论家（包括中国台湾、香港地区）还有欧美诗人的诗文，成了当今诗坛一支不可忽视的生力军。我们以"清醒、独立、锋锐、多元"为精神内核、团结了一批 80 后或 90 后青年诗人，为青年人的诗意生活找到现实蓝本。现在新湖畔诗选 12 个编委中，中国作家协会会员就有 6 人。

2020 年 10 月，浙江省委决定高水平建设诗路文化带，首先启动了"浙东唐诗之路"文化价值的挖掘。应省作家协会邀请，我三次全程参加了由 30 多位作家、诗人、摄影家等组成的文学采访活动，以饱满的创作姿态写下了 31 首诗作。它们有的被《江南诗》采用，有的被省作家协会编入采风作品集，有的编入《与己书》出版。我一走进李白、杜甫、王维等 450 多位诗人走过的唐诗之路，就马上穿越时空想起了故乡的山水，产生了为诗路文化增添一点个人努力的想法。

2021 年 5 月开始，我因机缘巧合参加了"一带一路"背景下的文化润疆工作。我不以单程需 20 个小时辗转为辛苦，三次赴疆来到原三五九旅重镇阿拉尔，与兵团一师政委、阿拉尔市委书记卢跃东一同在塔克拉玛干沙漠点燃建立中国诗歌高地的火把。我自己以南疆为故乡，写下了 29 首诗作。

问：你是如何把自己对故乡的深情转换为有血有肉的诗句的呢？

答：崇拜诗歌已成为我日常生活的一部分。写诗于我，不是孤独的写照，而是一种生活方式，一种言说的习惯，那些日常的生命体验，情感认知，人事交结，或者基于抚今追昔的想象复活与刻录，都在提炼之后，成为可感可触的诗境。诗歌无非是给予我一次回望故乡的机会，一条连接自我与故乡的路径，一双在湖畔低飞的翅膀，一种为苦难的过往提供验证和为了幸福来临而祈愿的真诚。

我肉体与故乡的距离不同，我的新抒写也一定有所不同，我着意于去建构另一种现实，融合非虚构特质与想象力及个人体验的新感觉。比如《新稻》：新稻的香味/以夏天的厚实向我扑来/得益于断过粮/我看上一眼/内心就被爱力灌满……

诗的有效性在于曾经的苦难衬底，"断过粮"的切身感受，会自动转化为今天面对新稻时的内在悸动。而苦难记忆的瞬间加持，不仅让"爱力"这个词成立，也加重了诗意"灌满"的分量。风吹稻浪，稻花香里说丰年，这舒展带来的舒坦，的确"真善美"！

延续这样的心意去书写诗的现实感知，就可理解我会写出《果乡》和《麦苗》等作品。对于我而言，故乡深情是不以岁月的磨难致使磨灭的，我追求"言之有物"，笃行的是"言而有信"，坚守的是"言出必果"。这是我超越现实描绘的意义所在。至少在我看来，这里有我赖以完善自我完成自己的依恋和获得彻悟的根源。

不难看出，麦子和土地构成的背景，是我心灵所依，让我的写作向度在从自然属性向社会属性的转换中，找到切实的支撑。

在我的诗作中，大量的情感都倾注于乡村，混杂着痛感、眷顾和意识渲染的回望，所作不是纯粹的写真，而是带着那个被诗意改造的"我"与现实碰撞而生成寂静的风俗画，一切人事景物的构成或构图弥漫着粗粝的审美气息。

问：你是如何定位自己的创作态度与判断的呢？

答：我从小生活在东阳农村，典型的浙中平原及山地生活在我的思想感情中烙下了不屈意志的印痕。这就不难理解我的故乡诗中，以细节描写和个人感知见胜，朴实平易中夹带着峻急的主观，语言常常表露出个人特点和地方表达习惯，有时说理，有时也不乏深沉的哲理和宗教色彩。将常见的普通物像承载的主体思考，通过意象转换和视角分化，遽然提升到宗教境界，抵达精神的原乡。

2017年，中国诗歌网与春风文艺出版社推出了100名诗人诗集，我的《上国呦鸣》入列。后来我又陆续出版了《柒罗树下》《用方言与麦子对话》两本集子。

这里必须提到的是，我故乡诗中以祖父为主题的诗作不少。

我对磐安县情有独钟，我的故乡诗包括乌石村、海螺山这些地方。我笔下的灵芝、茶场等诸多元素几组现身《人民日报》《光明日报》《中国作家》。从某种程度上说，我的人生和写作仿佛就是一个从大地上长出的灵芝，不断地吸收，生长和进化，融进了细胞深处，成为大地的灵魂。

事实上，我已因孜孜不倦的故乡写作而取得了一定的成功。2021 年，在《中华文学》龙岩盛典中，我的组诗《老窗》获得了一等奖。便以此诗作为结尾吧：我不抬头眺望/是我不能回避老窗/这静默的存在/山村没有清空/是没人能说清，为何不用/为抵御裂缝和暴晒/它丁凋在路上/它的整体胜利/是在一个个现代之窗中/看见炫耀里的悲悯/如此明亮/那里，最好的风景/是刚好看到/无数种方式的逃亡。

访谈感言：

歌吟故乡，一直为诗人所乐此不疲。在许春夏创作的六百多首诗中，以故乡为题材的诗不下三分之二，不仅贯穿了他一生的认知，而且通过他的努力营造出了"另一个故乡"。他用发自肺腑的语言承载着喜悦的情感，表达对故乡的向往与赞美，真挚中的生活印迹，有着强烈的入世感。在深度融入中开启精神自足的思考与关怀，在朴素的表达中抵达生命与生活的本真。写实与写意结合，真诚、笃定，画面很独特，语言有质感，构筑的诗意风景，映照了他的心路历程。

张笑蓉：诗歌是汉字的盛宴

访谈对象：笔名蓉儿，五月风。浙江浦江人，浦江县作家协会主席，中国诗歌学会会员，浙江省作家协会会员，金华市作家协会主席团成员；《中国小诗》网副站长、副主席，《中国小诗》《浦江文学》主编。出版个人诗集两部，有诗及小小说等文学作品千余首发表于《诗刊》《星星》等百余种诗刊及选本；诗作《荷韵》荣登《中国微型诗300 首》封面；在"我们与你在一起"大型诗歌公益活动2016 年度作品评选中荣获提名奖，2017 年获得上海市作家协会、文学报社、上海文化杂志社主办的第五届"禾泽都林杯"诗歌大赛二等奖，两次获 2018 年、2019 年"周庄杯"二等奖，获 2018 年当代潜人诗人奖等大小奖项百余次。

访谈人：赖杨刚，四川省作家协会会员。

问：蓉姐好，刚刚在网上看到你于 2022 年 3 月 25 日获得第八届墨西哥国际诗歌节优秀诗人奖；4 月又获得中国诗歌学会 2021 年度优秀会员；你创作了大量的诗歌作品，获奖无数，是否有父母在文学或者诗歌创作上的遗传呀？和你认识也好久了，还没听你说起过有关你的出生等情况，你能谈谈吗？

答：杨刚好，我父母是普通的职工，我 1960 年 5 月出生在金华市，当时父亲在金华市运输公司工作，母亲在当时的金华县人民医院工作，1962 年父亲响应国家号召从金华运输公司下放到了农村，当时我才 2 岁就和姐姐一起跟随父亲下放到了农村老家。我老家在浦江县白马镇永丰村天中寺自然村，自然村很小，只有几户人家。父亲下放后忙于务农，母亲则在金华工作，可以说从小和父母在一起的时间很少，我是由奶奶和外婆带着长大的。现在回想起来，如果说受家庭的影响，应该是在露天的明堂上，躺在竹席上，看着天上的星星，听外婆给我唱童谣，让我猜谜语，跟着小脚奶奶去听"新闻"（即浦江道情），也许这就是最初的诗歌启蒙吧。

那时文化娱乐很少，到上初中我才有机会接触在读高中的姐姐从白马中学图书馆借到文学书籍，可以每周借两本书，我和姐姐就轮流读借来的书，从中接受文学的熏陶。那时候，父母在身边时间不多，忙于生计，根本没有时间管我的爱好，读书期间因为我爱看课外书，读小说差点被我爸爸烧了我从学校借的书，当时我就说书是学校借的，烧了得你赔钱，爸爸也只好不烧。我看书的理由就是：学校老师都允许看，为什么爸爸你不让看呀。而我初中的班主任对我是关爱有加，看我这么喜欢读书，允许我在午休时间看书，我宁愿把睡课桌的机会让给同桌，睡凳子上，躲在课桌抽屉下看书，因为这样不至于影响其他同学午休。

上高中后我上的班是体育班，后又改为写作班。所谓写作班，就是比别的班多写作文，要写日记周记，加上作文课，比其他班级要多写好多作文。班主任是语文老师，还有专门为我们改作业的老师，如果改作业的老师这关通不过，就得重写，有时还得留校写作业，等完成作业再回家。我从来没被留校过，还常常得到老师的红圈圈，老师还会把我的作文当范文在班会上读，每每这时我会很高兴，觉得写作文是很享受的事。

问：我想知道，你是什么时候接触诗歌和创作诗歌的？写诗，给生活带来的影响？

答：最早接触诗歌应该是从课本上，读到唐诗宋词，毛泽东诗词等，后来是从报纸杂志上读诗。我现在还有保存着 80 年代初订的《诗刊》《星星》及国外著名诗人的诗集；我高中毕业后，就到县人民医院做了临时工。而医院的图书室有很多杂志，比如《收获》《当代》《十月》《诗刊》《萌芽》等，使我有机会阅读到更多的诗歌作品。那时就知道上海有位写诗的帅哥赵丽宏，2017 年我的《青春，在沉默寡言的古屋里复苏（组诗）》在第五届"禾泽都林杯"——"城市、建筑与文化"诗歌散文大赛中获得诗歌二等奖，颁奖典礼上，赵老师给我们获奖诗人颁奖，当时真的挺激动的，见到年轻时的偶像，当时情急之中就把获奖证书递过去，请赵丽宏老师给我签名。

说到写诗给我带来的影响，我确实有话要说，那是 1984 年上半年我们县文联组织部分业余作者去雁荡山、普陀山等地采风，共计需要 11 天时间，当时，我在浦江百货公司工作，要参加采风除了向单位请假外，还需把休息日累积起来，抵扣。那时是单休的，11 天需要 3 个月的休息日积攒起来才能抵消我的采风时间。而其他几位在行政单位工作的作者只要凭文联的文件就可以向单位请假，根本不用以休息日来抵扣。我当时想，国营单位和行政单位怎会有这样的区别呢，有些纳闷，就去问吴丽嫦大姐，她告诉我：要不你去报考行政单位，县里公检法司正在招干，你去试试吧。我想这倒是个机会，当公、检、法招干公告出来后，我选择报考检察院。经闯五关斩六将，终于于当年 12 月如愿以偿进了检察院。是爱好诗歌给我带来了命运的改变，可以说影响是很大的，也可以说是文学改变了我的人生轨迹。而 80 年代，我和诗友们一起办《遥岑》诗社，诗社给我贫乏的社会生活，带来了很多快乐。可以说诗歌娱人也娱己。

问：记得我们是在 2007 年在"中国微型诗论坛"上认识的，时间过得好快呀，那时我们微型诗写得挺多，你觉得微型诗的创作，在你诗歌创作中起到了什么作用？

答：是呀，时间真像一把杀猪刀，飞快，一晃十几年过去了。那时我们从"中国微型诗论坛"又到"中国小诗论坛"，那 4—5 年时间里写得最多的是微型诗和小诗。当时创作了上千首微型诗，那时不注意收集，以为发到《法律博客》和《中国微型诗论坛》就可以了，这些作品虽然不成熟，但也是创作成长过程。还好选了 365 首认为满意点的收到了《月泉微吟》微型诗集里，不然就没有了。微型诗要求在 3 行 30 字内，要求挺高，想创作一首好诗难度真大。我的微型诗《荷韵》被宋长江老师选编到《中国微型诗 300 首》

的封面上，对我是很大的鼓励，至今我还记得收到宋老师打来电话时的情景，当时正好排队领午餐，听到宋老师说：是蓉儿吗？你的《荷韵》我想编到《中国微型诗300首》封面上，你有没有意见？当时我真的很开心，马上说：没意见，很高兴能上封面。

我认为微型诗的创作，三行30字以内，事实上就是螺蛳壳里做道场，要求我们高度的去凝练文字。微型诗也需要起承转合，也需要诗的特征，在内容上要求精炼，所以必须作减法，也是我们说得最多的给诗"瘦身"，做到惜字如金，努力做到一字不多，一字不少。这让我在后来的创作中，养成了不多啰唆的习惯，每段都以创作微型诗的要求去创作，每每创作完后，还会对原作进行修改，给其瘦身，因此，我的作品大多短小精炼。

问：说起《荷韵》这首微型诗，可以给我们讲讲创作体会及其该诗的社会影响力？

答：《荷韵》创作于2008年夏天，去城郊和朋友吃饭，饭桌就设在荷叶甸甸的景色中，还时不时能听到蛙鸣声，很是喜欢，拍了不少照片。晚上到家坐在书桌前，还沉浸在荷池的美景中，眼前总出现荷花摇曳的镜头，就有了这首《荷韵》。我自己觉得一首诗的诞生，是有其必然的生活，生活是创作的源泉。生活中的一些感悟，不知不觉会在作品中体现，哪怕是没有当时撞出火花，也会在某一时刻忽然爆发出来，也许这就是灵感一闪吧。写诗也需要做一个生活的有心人，去发现美，体现美，创造美。

问：诗无达诂，好和坏不存在定量的标准，你认为一首好诗应是什么样的？

答：很多人会在欣赏诗歌时说，青菜萝卜各有所爱，诗没有最好，还要看各人的喜好。这话说起来确有其一定的道理，但我还是认为好诗还是有标准的。一要让人感觉美，诗意的美，美的诗意会让人感觉愉悦，有共鸣，让人读到时心灵一震，好！我怎么想不到呢；二要有生活，有情感，可以让读者容纳其中，身临其境，使人亲近；三要语言美，有精致感，有遇到唐时美人的感觉，语言不落俗，有陌生感，在诗歌排列上要有节奏感，建筑美；四要意象美，想象丰富，是没有人想到过的，能使人跟着诗歌的意象走，把人带入其中；五要有诗眼，能让人记住，哪怕是整首诗忘记了，还能记住其中的一句或者一个意象。我想一首诗如果能做到其中几点就是好诗。

问：蓉姐，你今后有何创作规划呢？

答： 我呢，一直来对创作没有规划，自己想写就写，处于一种很自由的状态，除了诗歌，有时也写点散文随笔。有感觉，就写，看到感兴趣的诗歌比赛也会去参加一下。我觉得参加比赛也是诗歌创作能力的一种锻炼，能够提高自身的创作能力。今后我可能会诗歌画画一起往前走吧。

访谈感言：

读蓉儿的诗，就像展开了一次浪漫而快乐的旅行，穿越红尘俗世，抵达美丽优雅的心灵天堂。读她的生活诗，就觉得自己应该像诗一样生活，才不会辜负了人生。蓉儿用自己灵秀的笔，给日常的生活着色，那些生活琐事，因为女人特有的温情和细腻，而变得丰富多彩，醇厚芬芳，醉人怡心，好似浦江的"茅台"。堪比生日的礼物、情人的见面礼，值得一生珍藏，借此见证岁月的美丽。

红墨：写作是与另一个我的对话

访谈对象：红墨，原名姚庭，浙江省作家协会会员、中国微型小说学会会员、中国闪小说十大新锐作家、永康市《方岩》杂志编辑。作品散见《小说选刊》《小说月报》《小小说选刊》《微型小说选刊》《当代人》《芒种》等。《梯子爱情》荣获"第十七届中国微型小说年度奖（2018）"二等奖，《河的第三条岸》荣获2021中国闪小说年度总冠军大赛季军。入选各类文选，被译介至海外。

访谈人：高婷婷，永康人，《金华日报》记者。

问：红墨老师，你是如何走上小小说（微型小说）创作这条路的？

答：我选择小小说（微型小说）创作原因有二：一是，小小说由于篇幅短小，更适合当今电子时代的手机、网络等多种渠道的传播；更适应快节奏信息时代的特征，符合当下读者追求轻松阅读的心理。二是，写小小说适合有点睿智、有点懒、有点忙的作者。我是属于很懒，但还算有点小聪明的人。

大约 2016 年末，我开始小小说创作。当时恰好看到有一个《林中凤凰》首届 "大禾庄园" 杯全国短小说征文大赛奖。我写了第一篇小小说《拍电影》，故事场景发生在西溪影视基地，但故事内容是虚构的。大赛揭晓：获得奖项共 20 篇，《拍电影》获入围奖，入编《首届〈林中凤凰〉"大禾庄园" 杯全国短小说征文大赛获奖作品集》。这给我很大的激励。

当时国内专发小小说的八大省级期刊是《金山》《天池小小说》《百花园》《小说月刊》《小小说月刊》《微型小说月报》《微型小说选刊》《小小说选刊》。我野心不小：登攀 "金山"、游弋 "天池"、醉卧 "百花园"……攻下 "八大刊"。

于小小说创作，我是新人，担心投稿受 "冷落"，就带着作品《军帽上的野百合》参加了全国小小说征文大赛、"金山湖畔遇见你" 全国首届爱情微小说征文大赛。一年后揭晓结果：《军帽上的野百合》荣获三等奖。这是我写的第二篇小小说，令我亢奋不已。

问：从 2016 年末至今，你创作的小小说登上大刊无数，得全国奖多篇，你因此被誉为小小说界的一匹 "黑马"，能说说经过吗？

答：除了攻下 "八大刊"，我的小小说还发表于《小说月报》《当代人》《芒种》。《小说选刊》2022 年第 2 期发表了我的《寻找麻雀的稻草人》。作品被译介海外，小小说发表于澳大利亚《澳华文学》、新西兰《先驱报》、美国《明州时报》、苏里南《中华日报》、印尼《好报》《国际日报》《印华日报》等报刊，且屡获奖，《书橱爱情》荣获 2017 年 "梦蝶奖" 全国寓言·闪小说大赛银蝶奖、《焦尾琴故事新说》获 2019 年 "美音自在溧阳" 全国闪小说大赛一等奖、《河的第三条岸》荣获 2021 年中国闪小说年度总冠军大赛季军等等，尤其是《梯子爱情》荣获 "第十七届中国微型小说年度奖（2018）" 二等奖，在小小说界、闪小说界溅了几朵浪花。

从 2016 年至 2021 年，我每年都有小小说入选权威小小说年度选本。其中《梯子爱情》入选《世纪微小说精选 100 篇》《中国微型小说读库》（第 1 辑）和《中国微型小说精选〈永远的门〉》（"双语选本"）三个选本。

但我不是"黑马"，我是老朽新兵。

问：你能说说怎样的小小说才算真正具备优秀品质的小小说吗？

答：给你举个例子吧。

有一次，某大刊编辑向冯骥才约稿，说如没时间，写篇小小说也行。冯说：小小说虽短，却并不好写，是需要灵感碰撞的，我还不如给你写篇长的。

现在好多冠名年度最佳微小说的作品，实则只是桥段，是对读者的误导，可以说是对真正微小说的亵渎。桥段，是精彩、睿智，反映生活特犀利，但关键是没有文学"味"，大多比较粗俗、低俗；当然其中也有些离闪小说很近，可以说是高档的桥段、低档的闪小说。还有和故事的区别。简单说，故事是读者知晓"原来这样"，小小说是读者思考"为什么这样"。

问：你写小小说 5 年多，有何经验可以与读者分享吗？

答：我先说一下"故事类"小小说。小说的前身叫"传奇"，自然重故事，甚至是"传奇"的故事。

故事类型的小小说主要以故事情节来推进，故事相对完整，往往有一个"欧·亨利式"的反转结尾。这种结尾只是揭示故事的真相，让读者恍然大悟，是封闭式的，没有遐想的空间。

问：你对小小说创作现状有什么看法？

答：当下的小小说同质化非常严重，这与大多作者对小小说认识上的偏差有关。我看当下大量的小小说，先是惊喜：故事精彩绝伦，结构起承转合完整，人物形象呼之欲出，结尾意想不到，语言无懈可击，情感动人心魄。再看疑惑：这是小小说的写法吗？完全是采用中短篇小说的架构呀，不过是中短篇小说的缩写而已。最后是担忧：因小小说不具备独当一面的存在价值。常有小小说家怪怨，小小说是没娘的孩子，其实是被小小说家们自己玩坏的。

小小说由于字数的限制（1500 字左右），只能从侧面入手，小口处切入，以细节取胜，采用留白等等。刘庆邦的短篇小说《睡觉》，其实采用了小小说的写法。短篇小说竟如此，何况小小说乎？小小说不是写故事，但里面全是故事。小小说不是叙述别开生面的故事，而是别开生面地叙述故事。小小说结束之处，正是读者思考之始。总之，变小小说的短处为长处，让独具风姿的小小说真真切切地耸立于小说之林，这是我的期许。

问：近期，你的小小说荣登中国小说顶级期刊——《小说选刊》，你的下一个目标是什么呢？

答：真正好的作品，时间说了算。我的下一个目标是，留存，哪怕一篇。

访谈感言：

红墨的小小说背后有一种力量，是真正属于艺术本体的道的追求，也是他对艺术最高审美的追求，他将其概括为"三意义"：生命意义、现实意义和文化意义。

应小虎：生活乃写作之源头活水

访谈对象：应小虎，笔名邦浩，1962年12月出生，浙江东阳人。2003年涉足媒体并从事文学创作，现为东阳市巍山镇邦浩文学创作工作室主任，东阳市政协委员兼文史和学习委员会成员，金华市报告文学学会副会长，中国作家协会会员。文学作品散见于《人民日报》《时代报告·中国报告文学》《北京文学》《时代文学》《钱江晚报》《金华日报》《东阳日报》等各类报刊。出版著作14部，计600余万字。获省级以上文学奖20余项。2020年获金华市"文学战疫先锋"称号。

访谈人：朱榕贵，东阳市作家协会主席。

问：应老师好！作为从事文学创作多年的作家，请你谈一谈创作的初衷好吗？

答：时光荏苒，岁月如梭。掐指算来，痴迷写作业已过去19个年头。蓦然回首，浮想联翩，感慨良多。诸多往事，思之如昨。一如些许创作感悟与拙见，虽觉班门弄斧，却也是真情实感。在此，不妨娓娓道来，与读者诸君分享之。

时间回放到2003年2月，已握了10年方向盘的我经朋友引荐来到上海，刚好碰上《中国服饰报》创办《缝制设备导刊》，埋在心底的写作梦被激活了，毅然连人带车投入到这一陌生的行业，成了这家单位的驾驶员。

江南春来早。犹记得当年3月的某一天，驱车送采编人员赴苏州菀坪缝纫机生产基地采风。

座谈会后我且思且行回到车上，找来纸和笔，处女作《苏南模式带给我们的启示》就是这样伏在方向盘上一气呵成的。想不到文章在4月18日《中国服饰报》刊登后，吸引了诸多读者眼球的同时，获评当年中国服饰报社二季度优秀作品。从此，我从电脑上下载"什么叫'通讯'与'新闻报道'"学起，一发而不可收。

从司机转身为记者，这样的转型是机遇更是挑战，从中付出的努力也是常人无法想象的。有一年我以东莞为例书写的《"先五省后五省"形象给我们带来了什么》在2005年1月14日《中国服饰报》发表，文中发人先声地提出了"先五省"——改革开放前沿广东、福建、江苏、浙江、山东倚赖优越的发展环境，吸引大量农民工进入，经济建设踏歌疾行，成为改革开放的"先五省"。但随着宏观经济调控政策调整，"先五省"打工的佼佼者纷纷回流，使得制造业从"先五省"向社会产品成本更低的"后五省"（安徽、江西、四川、湖南、湖北）转移，从而迫使"先五省"必须思考如何改善用工环境以留住农民工。果不其然，文章刊发后，在整个纺织服装业乃至制造业引发强烈反响。宁夏回族自治区畜牧厅指定邀请我讲课，不少省份和地区向《中国服饰报》伸来橄榄枝，希望联合办学培养服装制造业工人。报社委派我到江西星子县组建服装技术学校。在当地劳动就业局的支持下，落实场所、聘请教师、联系设备、招生等忙得不亦乐乎。不到一年时间，就为江浙沪地区输送了一批批服装缝纫车工和机修工，并在都昌县办起了第二所同类学校。

立足这个平台，很多人都以为我已经找到了理想的归宿，可我觉得自己更喜欢新闻事业，毅然决然回归媒体，调任《服装时报》，牵头创办《第一缝制周刊》，重续写作梦。

问：从事文学创作，需要哪些基本要素，抑或说思路、素材？

答：写作需要灵感与切身体验。例如，2016 年 3 月的最后一天，供职于《金华日报》东阳分社的我接到浙江省作家协会发来的紧急通知，从出差地山东东营连夜启程赶赴杭州，参加中共浙江省委宣传部和省作家协会联合主办的"流淌的故事——来自'五水共治'一线报告"采风动员大会，隔日，辗转至淳安蹲点采访。先后进驻界首、姜家、中洲、大墅、石林等 13 个镇乡以及枫树岭镇下姜村（连续四任省委书记蹲点过的村庄），足迹遍布湖区景点、农村养殖场、截污纳管现场。在采访县委书记朱党其和护水一线干部群众中了解到，1958 年修建新安江水库，搬迁至全国各地的移民数以万计；为省城人民喝上"农夫山泉"，淳安县的工业厂矿关停，农业、养殖业提档升级，旅游船舶节能减排。因此，淳安人民对千岛湖的建设、生态水源的保护作出了巨大贡献。

　　我在当晚成稿的《何为思想者》中找到了减压阀。至少那天晚上，我如释重负，睡得特别香。

　　我一直以为，淳安之行整体素材非常丰富，治水护水事迹也可敬可佩。在此期间创作的《一湖秀水　福佑苍生》《护水书记朱党其》《来自淳安"五水共治"的一线报告》等作品，也分别入选《时代文学·中国报告文学》《今日环境》《钱江晚报》和《流淌的故事》书籍。《何为思想者》还获得了第四届全国人文地理散文大赛金奖。

　　问：你的文学创作经历丰富多彩，请你再谈一下这么多年的创作感悟或者说经验之谈吧。

　　答：我以为，生活是文学创作取之不尽、用之不竭的源泉，只要敏于观察，勤于思考，素材无所不在，无时不有。我还以为，凡是能让读者潸然泪下的作品，就称得上写作意义上的美味佳肴。还有一点，我始终认为写作需要契合时代主题。忍不住再累赘一番：

　　2008 年"5.12"四川大地震发生后，我奉命赴青川、绵阳、彭州等抗震救灾前线采访。直击受灾现场，惨不忍睹的情景，余震的威胁，现实的困境，虽然使得当时的心情异常沉重，却也是来之不易的绝一线素材；连日奔波，一路颠簸，途中劳顿，自不待言；每晚将白天所见所闻、所思所想，形成初稿发往报社，严重缺乏睡眠的疲惫感至今无法用最恰当的语言来表达。只是《"抗震救灾、重建家园"前线系列报道》在《服装时报》连续刊载，引发纺织服装业强烈反响，并为对接灾区筹得数以千万计的赈灾款和物资，方觉再苦再累也值了。

　　2017 年 4 月中旬，参加金华市第七届政协第一次全会，从中了解到"五水共治"攻坚战将在浙江省全面展开。5—6 月份，在东阳市政协、市治水办的大力支持下，我连续走访了东阳市的 18 个镇乡街道的 100 多个村庄，水库池塘、沟沟渠渠，从各级分管领导到一线保洁员，所到之处，感动连连。《晕倒在环境整治现场的"女村长"》《鲜血直流继续干》《瘸腿治水董金山》《污水沟里中毒的消防员》等 37 个故事，既能相互串联，亦可独成篇章。亦为浙江省乃至全国环境整治提供借鉴。其中，在画水镇采访时，董金山拄着拐杖，左脚肿胀得像个大冬瓜。他告诉我，那天在护坡现场，冷不丁看到一块大岩石向他滚来，他奋不顾身一把将身边的工友往后拉，岩石从他的脚趾背滚过，造成粉碎性骨折，可他仍然坚持每天拖着瘸腿奋战在治水现场。

2020 年初，新冠肺炎病毒肆虐，家乡东阳也未能幸免。其中巍山镇接踵而至的 5 例新冠肺炎确诊病例，使得这座千年古镇遭受到改革开放以来前所未有的社会治理压力。在东阳市委市政府的领导下，巍山镇党委、政府以切实保障人民生命安全为中心，党群勠力同心，取得了从"5"到"0""不传染、零死亡、全治愈"的战"疫"成果。作为一名金华市政协委员，在省市政协的倡议下，我积极参与当地疫情防控工作，并临危受命，采访、撰写《东阳巾帼 共克时艰》剧本，组织拍摄成纪录片并在"三八妇女节"东阳影视生活频道联播。紧接着，以搜集、整理、蹲点采访等多种渠道和形式，挖掘疫情期间"党建引领，群防群治、联防联控，基层治理网格化，24 小时汇报制"的特色做法和科学防控经验，以及"严防死守不扩散，复工复产、复商复学出成效"的独特风格、感人故事，先后创作长篇报告文学《巍山屏下的战"疫"》《巍山集结号》，让人们真切地感悟到国难当头时日，挺身而出乃至舍生忘死者无处不在。

话已至此，还得累赘一二，那就是书写灾难的目的是提醒人们，面对灾难如何最大限度地保护自己和拯救他人的生命财产，以及学会与大自然和谐相处。书写者不仅要聚焦灾难本身和热点，更要反映罹难者的精神世界，注重幸存者生存状况。这不是揭伤疤，而是对历史负责，是作家和文学的使命。而这，也是我 2008 年前往"5.12"四川大地震一线和 2020 年蹲点新冠肺炎疫情区采访并创作的切身体会。

访谈感言：

应小虎的报告文学是我国改革开放历程的一个缩影，从企业改革到五水共治，从抗震救灾到抗疫行动，与时代共振，与改革相伴，体现了一个报告文学作家的责任感和历史感。

黄克庭：文字，让生活变得更加美好

访谈对象：黄克庭，义乌人，中国作家协会会员。作品入选《中国新文学大系 1976—2000：微型小说卷》《微型小说鉴赏辞典》《世界华文微型小说精选》（中英文对照版）等上百种权威选本。获 2009 年冰心儿童图书奖。作品集被美国哈佛大学、耶鲁大学图书馆收藏。

访谈人：陈佳山，教育硕士，《北斗》执行主编。

问：黄老师，你已经是一位颇负盛名的小小说作家了，但此前你曾经是一位有着十五年教龄的乡下普通高中的物理教师，作为义乌人，作为北斗文学社顾问，我很想了解一下，你是怎样从一位"物理教师"转型为"小小说作家"的？

答：我是一个先天不足的人。

幸运的是，我这个"丑小鸭"1978年应届毕业参加高考竟一举成功。我的名字一时间传遍全公社各村，因为我班70名同学参加高考就我一人脱颖而出！在我自己的村里，我更是成了一个传奇式的人物，因为这一年县属重点中学毕业的"文曲星"、县属普通中学毕业的"大学生"皆高考落榜。在他俩的衬托下，我几乎成了"奇人"。

也常有人问我的写作动机与目的何在？

我承认，我写作的动机与目的并不高尚。起先是为了改变自己的生存状态。我原先在乡下农村教书，看到越来越多的"有钱人""有背景人"调到城里去，就很羡慕！可是，自己是农民的孩子，缺钱缺背景，更缺乏与人沟通的能力，因此，就选择写作这条路，企图通过自己的笔耕，进城工作。老天慈爱，果然，自己的愿望实现。真正进入小说世界后，发现"里面的世界更精彩"。当我收获了很多快乐后，我觉得应该与别人分享，这就是我经常给感动我自己的好作品写评论的原因。

如今，我的文学理想是"让自己快乐，让别人快乐"。从某种意义上讲，文学也是一种宗教，可以渡己渡人。

问：作家要善于观察生活，捕捉生活，也就是有人说的"作家要具有一双生活的慧眼"。黄老师，你写了那么多的小小说，内中的人物都是栩栩如生、呼之欲出的，如收入《中国新文学大系（第五辑）·微型小说卷》中的《忏悔》《残疾人》等短篇，文字幽默风趣，意蕴含蓄深厚，读后令人捧腹，又给人留下了无尽的思考和启迪。黄老师，你能否谈谈你是如何观察生活、挖掘生活和提炼素材的。

答：小说世界很精彩。其实，现实生活比小说更精彩！

80年代，《残疾人》发表后，得到很多文友的好评，十多年后还被人抄袭到《微型小说选刊》上再度发表。全国著名小小说作家、评论家凌鼎年专门写了评论。他说：黄克庭小说《残疾人》内容既是荒诞的，更是现实的。说荒诞，现实生活中怎么可能以投票定谁为残疾人呢？说现实的，选举的结果既出人意料，又在理在情——两位不残的头儿脑儿高票当选为残疾人。理由是，一位"公款、私款分不清"，被群众公认其为"眼睛有疾"——真所谓群众的眼睛是雪亮的；一位是"不能听下面人的意见"的，被群众认定为"耳朵有疾"。读到这里，不禁为作者的绝妙构思叫好。这篇作品，形式上有创新，把得票结果用表格方式公布，简简单单，又一目了然。可以这样说，这篇小说，乍读荒诞不经，实质极为严肃，作者的讽刺到位而辛辣，就似银针，一针深扎到穴位，酸痛至骨。

问：黄老师，你常说，藏在心中的"火"，可以通过"写"泄掉，可以说，写作也是一种"健身法"。我们看了你的作品，其反映的社会现象，都是用一双"冷眼"来看世界的，用心中的"热雨"来善待世界的。换句话说，就是用笔来揭露和鞭挞社会的丑恶，用笔来唤醒民众，以消除社会的阴暗面。你能否用自己的作品来谈谈你所说的"健身法"。

答：文学作品大多留存着作家的影子。我的小说《老许》也不例外。

《老许》的成功，给了我较大的精神财富，消减了许多我的现实生活烦躁之火。

1997年夏，我还是"逃离了"学校，转理为文，先到金华文联编《三月》，后到义乌报社当编辑、记者，至今仍靠卖文度日。

2006年7月28日，我加入中国作家协会，成为浙江省唯一靠"小小说"成果加入中国作家协会的人。

如今，我深刻地体会到"文学是心灵的阳光"，文学最大的功能不是改变作家（和读者）的客观世界，而是改变作家（和读者）的心灵世界。文学，虽然不能把一个平凡人雕刻为世纪伟人，却能把一个普通人的灵魂逐渐养护成向往真善美的朝圣者的那颗百折不挠、晶莹透亮的灵魂。

问：黄老师，我还记得你曾经说过这样一句话：我以前向负的方向看的比较多，总觉得揭露痛处，才能给人警醒，现在转过头来才发现，人间的真善美和爱的力量，更能感染人，打动人，它能产生更大的力量。后来，我拜读了你的小小说集《在马路上奔跑的鸡蛋》，也有了这份感受，你是否能结合该篇小小说谈谈你自己的看法。

答：有评论者做过统计，我的小小说作品有一半以上是批判讽喻现实的，譬如《鱼与佛》《不锈钢》《猪八戒的地址》《好狗》《摸》《肥皂》等。

不过，现在我的创作观有了明显的变化，不再满足于揭露批判，而更希望写出真善美的作品，去感动、温暖人的心灵。譬如，《在马路上奔跑的鸡蛋》一文，对交通事故中逝去的生命，以一天到晚在马路中间来回奔跑的鸡蛋寓意其灵魂，来提醒、警示读者们注意交通安全，呼唤大家共同来呵护生命。

问：你在中国微型小说（小小说）领域占有一席之地，是全国科幻微型小说创作数量、质量都名列前茅的作家。作为作家，就要有一份社会担当。我曾经在你的一篇文章里看到过这样的话："我认为，搞文学，赚钱与获奖都不是重要的，重要的是我们的劳动能否给群众带来丰富的精神食粮，能否为社会的文明、发展、进步创造出'蛋白质'和'维生素'，这也是新时期文学能否走向辉煌的根本性问题。"我深切地感受到你说的这段话对一个作家的重要性，它体现了作家的那份担当，一种使命。黄老师，我很想了解一下，当国家将文化建设提到非常重要的议事日程上来的时候，下一步，你将要向读者展示你的什么创作计划，你努力追求的目标又是什么？

答：文学创作，是想象力的竞赛。其实，任何创新，都是想象力的竞赛。

有人批评中国的教育，是扼杀孩子想象力的教育，所以，国人获得诺贝尔奖很困难。

我在大学里学习的专业是物理，毕业后在义乌农村高中教了 15 年物理。由于有这段与传统文学似乎没有关联的过程，让我拥有了一般文科生所没有的财富。我热爱科学，我热爱物理，我热爱学生！让我很欣慰的是，我教出来的学生参加高考，物理科目有得满分 100 分的。时至今天，科技正在不断地深刻地影响着我们的生活。手机、电脑、汽车、飞机……都已经与普通百姓紧密接触，科学的魅力正不断深入人心。作为高中物理教师，我不能不思考未来科技的走向会如何？不能不思考未来科技的发展会给人类带来什么？不能不思考未来科技的力量会把人类改变成什么样？这些未来的问题想多了，觉得很有意思，就熬不住要动笔写了。未来的问题，当作论文写，需要严密论证，需要收集足够现实证据，很难！未来的问题，当作小说写，则不受许多条条框框限制，可以天马行空，可以自由飞翔，很快乐！我觉得，学会写小说就拥有了一个属于自己的心灵世界！在这个世界里，我就是上帝！我的科幻小说素材，基本上来自自己对未来世界、未来生活的思考。

当代中国微型小说（小小说）著名评论家雪弟对我的评价甚高。他把我与日本的科幻小小说大师星新一放在一起对比，称赞我是"小小说的开创者和传播者"。

我认为，作家的价值，并不在于能否获得诺贝尔奖。搞文学，赚钱与获奖都不是重要的，重要的是我们的队伍能否给群众带来丰富的精神食粮？能否为社会的文明、发展、进步创造出"蛋白质""维生素"，这是文学能否走向辉煌的根本性问题。

访谈感言：

黄克庭先生面对眼花缭乱的世界，始终以冷峻的眼光去面对、去审视，以满腔的热情去对待生活与文学，值得学习和借鉴。我相信只要读过黄克庭先生的作品，就能感受到他的作品文笔的犀利、思想的深刻，阅读他的千字小文，总会在心灵深处发出强烈的共鸣。浙江省社科院文学研究所所长、研究员卢敦基在《浙江文坛》（2010 卷）评价黄克庭的作品时这样说："黄克庭的小说有其共同的艺术风格：幽默、风趣、机智。从思想内容上看，他的作品思想深刻，富于哲理，发人深省。思考的深邃和想象的丰富，使得黄克庭的作品既理趣横生、哲思幽远又幽默风趣，引人入胜。"

所有的艺术来源于现实生活。善于到客观生活中"吸能"是作家的一种"本领"！在纷繁复杂的世界里，黄克庭将自己当作一个幸福的看戏者，强调自己会一直看下去，写下去，幸福下去……这种世界观、文学观是值得分享的。

王春荣：一路跋山涉水　一路花果飘香

访谈对象： 王春荣，生于 20 世纪 60 年代，中学文化。曾从事文学期刊编辑工作 30 余年，现供职于佛堂镇人民政府镇志办。自 1978 年发表作品以来，先后在全国报刊发表作品约 300 万字。著有《败局》《放筏》《游痕碎梦》《乌殇》《天堂》《桃花镇上桃花事》等作品集。中国作家协会会员。

访谈人： 季乐，浙江省作家协会会员，义乌市文联古今文学研究院理事、院务委员。

问：你是怎样开始文学历程的？处女作是哪一篇？以今天的视角审视处女作你有哪些想法？

答：很高兴有这样的机会和大家交流。我是一名文学爱好者，回顾自己的文学之路，可以说是一路跋山涉水一路花果飘香。

我出生在以小兰溪著称的佛堂镇。世代为农，喝着义乌江水长大。农家生活的窘迫，自幼饱尝贫贱滋味，对生活过早就有深刻的认识和独特的体验，时时有奋力拼搏摆脱现状的冲动。

我生性好静，喜欢读书。自背上书包的那一天，尤其到了高中时，心中就怀有一个作家梦，尽管那时还显得朦胧。随着年龄的增长，作家梦越来越清晰，渐渐的由爱好演变为痴迷。我的处女作是20世纪70年代发表的，是一首小诗，记得叫《路灯》，发表在《枣林》与安徽《诗歌月刊》上。那个年代，能在省级杂志上发表作品，不是件小事，许多同龄文学爱好者见了我全都另眼相看。虚荣的心态促使我更加努力地耕耘，随后又陆续发表了一些小诗。

1983年，我到县文联工作，从事《枣林》小报的编辑。这时期除了跑印刷厂，主要的工作就是看《新华词典》。直到1984年春的一次《枣林》评刊会上，文联副秘书长金允烈老师说："义乌从事小说创作的只有佛堂区卫办的徐金福和县图书馆的叶经韬，为平衡义乌文学发展基本架构，小说创作队伍应该加大力度培育。"会后，金允烈老师叫我尝试一下小说创作，并请人民文学出版社和《当代》杂志编辑进行辅导。随着工作性质和工作内容的刷新，我将写作重点和主攻方向由诗歌调整为小说创作。也可以说，从那时起到2007年是我文学创作的发展阶段。

记得是《枣林》主编方竞成老师调往金华《三月》杂志的那一年，我的第一篇小说《自来水》发表在《义乌文艺》上。虽然只有千把字的小说，着实让我高兴了好几天。

今天，回头审视三十年前的那第一篇小说，总的来说，小说《自来水》除在语言文字处理方面有所欠缺外，整个故事布局和事件横断面处理还是比较好的，立意也明确。以当时的时代背景，我自己认为小说处女作《自来水》还是成功的。当时人民文学出版社副总编辑丁景新老师也这样说。可惜，至今我也很难找回当年的那种感觉。

问：据《金华新时期文学》一书介绍，你创作了《败局》《乌殇》两部长篇均获好评，不知你能否谈谈创作这两部长篇的体会？

答：说实话，我写小说的另一动机来源于上帝的视角，小说中的人物演义、情节的跌宕起伏，完全出于自由掌控的心理。

在创作《败局》这部作品时，我几乎写得很粗糙，似乎连小说的结构都很笨拙，都是人物与人物的直接表现。《败局》的故事内容源于我市一政协委员在养猪场被害案，人物的原型都是生活圈内的朋友。我很幸运，即使这么粗制滥造的东西，还是有人徜徉在其中，人们看了个开头，就迫切想知道最后的结局。那个时候，我以为自己读懂了小说的全部。直到有一天我读完梁晓声的《恐惧》以后，才明白，我写的小说到底想表达什么，为什么执拗于人物，到底是我在操纵他们，还是他们在操纵我，真汗颜，一部小说就暴露了自己的低劣智商。于是，我放弃了第二部公安题材写作，静心开始阅读。后来，我发现长篇小说应该在提供相应的元素和细节上下功夫，这才是影响人物言行的主要因素。

写作《乌殇》这部小说的契机是和金华市当代文化研究院蒋双庆文友的一次北京之行。在参加北京大学举办的曹聚仁学术研讨会上，偶遇《中国市场》杂志的副总编徐良，茶叙时，他向我讲述了他采访时遇到的一事件，他用一个晚上时间，给我讲述了这个扑朔迷离的故事，听完故事我并没有冲动的感觉。第二天，徐良老师带我到中央档案馆查阅文档，看完最后一页档案后，才燃起想写这部小说的激情。这部小说写得很顺畅，三年半时间，一气呵成。

现在回过头来看这部小说，语法文字还是粗糙不堪，细节埋伏线也暴露明显，景物描写也凸露模仿痕迹。总之，《乌殇》这部小说，不尽人意的地方太多了。直至《乌殇》第二部之《下弦月》出版才有所改变。

要我总结自己创作长篇小说的体会，我觉得在写作过程中，拥有什么技巧并不是很重要，最主要的是时间，没有时间，就不应该写小说，特别是长篇小说。再则，不要以为把故事写长就是长篇的观点，长篇小说最重要的因素在于人物的丰满立体和故事框架与逻辑的缜密，而人物丰满立体这一点想做到也不是容易的一件事。除忍得住寂寞认真写作之外，古文训练很重要。古文阅读和训练是写长篇小说的先决条件，否则你再有天赋，一部小说没有文笔表现也是没用的。

问：你能否谈谈对义乌长篇小说创作的期许。

答：在我们义乌，专门从事长篇小说创作的作家并不是很多，这些年，我静心阅读了徐敢、叶经韬、朱师志、潘爱娟等一些本土作家的作品，从中也学到了他们在作品创作中的好经验，受益匪浅。从另一方面，也体会到了我们长篇小说创作存在的一些纠结，我列下自己总结的一些东西，基本上是与高雅的文学工作者共勉，快枪文学工作者请无视。

在阅读我们义乌本土作家作品中，感觉在创作过程中忽略了长篇小说的元素和细节，让思想感情高于形象。为了写"长篇小说"而把故事写长，脱离了本意。其次，忽略了长篇小说要有自己的特点，需符合小说类型的期待，这需要相应的元素和细节，而非从愚昧中挖掘美。再次，是把偏颇视为创新，我读过很多义乌本土作家的长篇作品都有这种通病。我也知道，自己近年来的创作跌入了深谷，若处理好这瓶颈，我想我和我们本土作家的长篇离走出去就近了一步。这是我的第一期许。

2016年5月，在中国作家协会浙江培训研讨班上，在中国作家协会副主席何建明九问浙江讲话中，三次问及义乌，听后内心隐隐作痛。反过来思考，使我大悟，何建明老师的三个问及义乌，正是我们创作中纠结的把偏颇视为创新。何建明老师给我们撩开创作中遇到的瓶颈，义乌市场开放三十年，我们没有拿出有思想、有力度的作品，但我坚信，再过五年、十年，我们义乌本土作家肯定能出厚重的长篇力作，去改变被人视为义乌只能生产"小商品"的观念。正如省委宣传部常务副部长胡坚老师所说，只要我们稳了根，抓住魂，何尝拿不出像样的作品。

访谈感言：

作家王春荣爱读书，善读书，他一直怀揣着属于他自己特有的作家梦，以模糊到清晰，从肤浅到复杂，从幼稚到成熟，一路跋山涉水，犹如登塔山游云黄寺探究双林铁塔，更如过浮桥踏江浪飘雪雷电，跌宕起伏，于是乎，他的文学业绩自然而然水浪般层层推进，有望"稳根抓魂出精品"。

老庙：文学是他笨拙傻傻的坚守

访谈对象：鄢子和，笔名老庙，浙江武义人，诗人，作家，现为武义县作家协会主席。1963 年出生，1980 年代开始写诗并创办诗社。出版过诗集《庙亭诗选》和杂文随笔集《边缘文人》等，主编出版《湖畔新诗选》等"湖畔文丛" 8 种。创作中断多年又技痒。近年涂鸦分行 2000 多首，同时回归小说和散文创作。

访谈人：网名六米，原名杜晖。系浙江省作家协会会员，《武义旅游》公众号操盘手。

问：平常叫你庙哥，今天得叫你鄢老师。请问这么多年来你的创作习惯有什么改变，今年已写了什么，文学上有什么系统规划？

答：没必要一本正经，还是叫庙哥好，特别是像你这种荤素不戒荤素来放肆的小妹。年轻习惯熬夜写作，或者一有想法和冲动就动笔，现在白天瞎忙，晚上容易喝一口后昏昏欲睡，或者酒后想开笔又进不了状态，只有往床上一躺睡了再说。可凌晨四五点生物钟总自发催人醒来办事，这是黎明的前夕，浑浊世界已清澈明亮，金猴奋起千钧棒，玉宇澄清万里埃。在寂静的早晨，连虫鸟都还在打鼾睡觉，一个人伏案唰唰写作，感觉好，出活率也高。已好多年了，习惯凌晨生物钟警醒的条件反射写作。

今年前四个月涂鸦出一部 15 万字的长篇小说，初名《军鱼和女知青》。写农村小男孩对女知青的好奇着迷，呈现生产队的生态人文风景，犹如家门口的知青井，女知青在我的文学素材库和人生记忆中占据特殊位置，我必须拿出过硬的文本来，才不辜负知青姐姐对我的赏识与厚爱。所以还必须放一段好好打磨完善。

今年是武义籍湖畔诗人、左翼先锋、革命烈士潘漠华 120 周年诞辰，县里得搞些纪念和致敬活动。我得投入耗些精力，并拿出一些有角度厚度的新颖文字，目前已写了 3 万多文字。写作多年的散文随笔也想整理出一本，诗歌写得最多，不急于梳理成果。其实，我自己最在乎的文字是小说和杂文。

问：你自踏上文学的道路起，便笔耕不辍，可以简单谈谈你在写作上的心路历程吗？

答：写作对于我来说是一个从日记到练笔，再到写作的过程。高中的时候只能算是练笔，写写老师布置的作文和周记，以及课余时候的日记。

记得高二的时候我写过一万多字的短篇小说，就是知青题材，给当时的《东海》投稿过。虽然没有被录用，但却意外收到了编辑的退稿信以及一大段鼓励的话语，这对我很是受用。说来也是，有得必有失，从那以后便沉浸在大量的阅读之中，以至于后来我的高考数学只有 42 分。

后来我去了湖州师范学院读大学，大学期间，我依然每天疯狂阅读，成了图书馆的常客。那时候很狂热郁达夫，那个长得很像潘漠华的人。他曾经在日本留学过很长一段时间，那十年他说每年要读一百本中外最著名的经典文学。我看了就当作效仿对象，立誓三年就要读完一千本。

我当时的读书笔记至少有上百万字，一本一本厚厚地堆成了一摞，我喜欢和作者一起，面对问题面对苦难，可以认识到时间和世界都在不同的角度，不同的维度中存在着。

这样疯狂的阅读一直延续到我毕业后在武义二中任教，湖州师范学院的图书馆老师依然说，"如果你想看什么书，尽管来函来电，我们给你邮过去。"

问：那写作这么多年，你回顾自己的写意人生，是怎样评价自己的呢？

答：我曾经在《军鱼和女知青》里写过这样的一段话："我的人生旅程，唯独写作我把握住了，在事业、恋爱、写作的许多关口都随意流失掉了，可以说是对自己的极端不负责任。我这漫长的一生，人生轨迹只是从柳镇迈向县城，在一个环境氛围不太和谐的小报社混饭。"

其实我有好多机会可以辞职单干或者调入其他高收入部门，又犹犹豫豫不敢丢掉混饭吃的饭碗，终身服役笔墨做字奴，出走义乌漂泊杭州都觉得太累，心生厌倦回老巢混日，格局、志向和气象都没有出息。我2001年没有参加《作家》杂志的改稿会，无法适应杭州高频率超负荷的生活，辗转之后依然回到滋润自得的小城度日，错失了许多在务虚的文学道路上摸实一块石头过河的机会。

记得我的好友吕煊这样评价我，说我身居小城一隅，每天本色上演，既是武义的一道风景线，也是中国文人现实生态生存的典型缩影，自由自在的书写，对生活抱有应有的善意，对诸多名利不奢求也不迎合。这段话，其实还挺客观真实的。

问：写作的人都是很浪漫的，你的笔下这么多浪漫的诗句，我想知道，你觉得人生中的哪段时光最美好呢？

答：而回望自己过去，生命中最好的一段日子大概就是在二中教书的时候。那时候的我，和文字有过最浪漫的相遇，"文字很纯洁，梦想还健在，酒从肠子里划过，心中就多了一道伤痕"。

我在二中创办过《旮旯诗社》《巽水文学社》，开始在《未名诗人》《青年诗坛》《飞天》这类全国正式的期刊里发表诗歌等等。那是个王小波笔下的黄金时代，年轻的知青在田埂上酣畅淋漓，那些酒和杯子碰在一起的诗歌年代，就如同王小波写下的，"那一天我二十一岁，一生黄金时代，我有好多奢望，我想爱，想吃，还想在一瞬间变成天上半明半暗的云。"

问：你好像投入写作诗歌的时间比较多，能简单分享一下你的作品吗？

答：我对诗歌有笨拙痴迷。青春期遇上诗歌，犹如向往梦中人的少年惊艳女神的出现。80年代在湖州读书，方向是同班同桌，上下隔壁班又有杨柳、伊甸、沈健、邹汉明等同学校友，校外有柯平、黄亚洲、李浔们，土壤和生命季节决定我爱上分行。

毕业分配家乡南部的武义二中，诗歌是我最好的伴侣和恋人，不仅自己写，还带领多批学生写。沈泽宜老师曾对我写于1987年的《野猪群》非常欣赏，叫我随便在哪里公开发表下，他会力荐给《诗选刊》。80年代的《飞天》《诗刊》《星星》等杂志，都有编辑老师谬赏我的分行，甚至预言我一定会成为明亮的星。可现实打脸了，可能我不该进报社，还是后来的社会和文学业态风向变了？也许我是自己脑子进水了。2015年后，我又傻傻投入诗歌创作，似乎有难舍和较劲。其实，我写杂文和小说发表顺利，2000年前后杂文随笔在全国大报期刊满天飞，1995年《浙江文坛》曾推举我为杂文新秀。

沈泽宜老师一直鼓励我写作诗歌，病中还给我写信，点评我的诗歌。所以2014年老师病故，我写过纪念老师的短诗《两颗门牙捍卫尊严》作为纪念。

问：回顾自己的创作，你如何设定自己的创作方向和目标？你如何评价当下的创作状态？

答：夜里独自坐在书桌前的时候，我翻着以前写过的手稿，心里想，这篇文章如果让我现在来写，我肯定写不出来了，也写不出这种状态了。由此可见，创作是需要激情的。虽然年过天命，但生命永远年轻。所谓文青就是年纪不轻骨头轻，只要有激情和冲动，就要召唤调遣千军万马的文字。我所有的作品都是自己梦想要完成的，没有功利。我坚持走"文学、历史、学术跨界跨文体写作"道路，努力写我自己想写的东西，写别人没有写出来的东西，写给人们带来陌生感的东西，写让时间留下来的东西。

我很难形容我当下的创作状态，从事文学写作已经几十年了，不知不觉中形成了自己的一套东西，固然想要创新、想要实践，想要每一部作品都跟上一部不同，但这是非常困难的事情，但我知道我是一个勤奋的人，是一个有梦想的人，就像一颗已上膛的子弹，时刻准备着扣动扳机的时刻。

访谈感言：

毕业即认识交往老庙老师，感觉文学是点燃温暖他人生特立独行的柴火，也是他抵御人间寒凉孤独的秘器。走进老庙真实世界与道听途说的很不一样。他对扶持推举文学新人很热心，挖掘推出忘年交沈湜先生就是个很好事例。沈湜是潘漠华外甥和苦难沧桑的作家，病故20多年了，还有100多万字手稿没出版，老庙用自己的努力付出，筛选出版了沈湜的长篇小说《安魂祭》和《潘漠华年谱》等书。而他对自己大量可出之书却视如废纸，这让人捉摸不透又令人感动。像他这样的文人，武义没有第二个。

王小玲：真实的文字是『走』出来的

访谈对象：王小玲，笔名昕玲、一岚。现任中国商业文化研究会理事、中国报告文学学会会员、中国剧作家协会会员、浙江省作家协会会员、金华市作家协会儿童文学委员会主任等。曾聘为《中华医学报》《金华晚报》特约记者。1991 年，小品《酒糊涂开矿》获浙江省文化厅"六法杯"戏曲、曲艺创作大赛鼓励奖；散文《空心菜》获金华市"党建 70 周年"征文三等奖；1992 年，报告文学《不是都市也风流》获金华市纪念《在延安文艺座谈会上的讲话》发表 50 周年征文二等奖；2015 年，报告文学《超市部落》获中国商业文化研究会"商业文化建设传播奖"；2017 年，报告文学集《大写意》获武义县第六届漠华文艺奖创作奖；其中《超市部落》段落于同年改编为电影剧本（故事梗概）由国家新闻出版广电总局备案。该剧本获国家版权局《作品登记证》，成为继《温州一家人》《鸡毛飞上天》后，又一反映浙商命运变迁和发展的文学作品。

访谈人：陈文侃，武义县融媒体中心记者。

问：王老师，你好！听说在第一次见到你的人当中，有相当一部分认为你是一个热爱生活，且比较向往返璞归真的人，是自带乡土气息的田园派式文人。而许多认识你的人会说，你是个富有激情、很有责任感，每时每刻都在忙碌的人。对此，你怎么看？

答：叔本华曾说，人这一生活着只是一种表象。我给人留下的这种顺其自然的"表象"，恰恰是自己年轻时可望不可求的，确切地说，更像是一种为了短暂逃避现实而选择的"自我麻醉"。从事写作多年，我收到过业内人士许多不尽相同的评价，然后你说的富有激情和责任感，也让我想起一句对我本人的评语：如一望无垠的海，风平浪静的表面掩饰不住内心的波涛汹涌。这或许和我的工作经历和处事风格相关。我曾先后在6家国企供职，5个机关单位任职，涉及法律、经贸、招商、策划等跨行运维，每一件事我都会认真对待，一旦决定就认死理。同时，面对不同的工作我给人留下的印象也是不尽相同，因此我也常打趣自己是"善变"的演艺者，我自认为很难用一种类型来刻画自己留在大众眼里的形象。

问：都说耳濡目染是最好的导师，请问你的家庭和学生时代的经历是否对你的文学写作之路起到了"引路人"的作用呢？

答：我出生于浙江东阳的一个戏剧世家，我的祖上三代都曾为浙江婺剧文化的传承与发扬而不懈努力，在这种家庭式文化氛围的熏陶下，从小我便养成了主动接触、自主阅读的习惯。我从小看着父亲的剧本，听着戏剧故事长大，剧本里惊心动魄的情节，是我对文学创作的"初心跳"，等到了中学时代，我利用课余的时间，把自己通过辛苦"做小工"赚来的钱全部用在借阅上，先后在武义新华书店借书两千余册。多年的阅读，也算是为之后的写作生涯打下了扎实的理论基础吧。

我记得在我读高中时，因机缘巧合，有幸拜读阿瑟·柯南·道尔的《福尔摩斯探案集》，主角福尔摩斯曾经说道，大脑的容量是有限的，学的东西太多、太散，确实没有办法在一件事上做到精益求精。这句话深深影响着我，直到现在我也一直认为，无论是否从事文字工作，最重要的还是脚踏实地，态度专注，然后在漫长的摸索中渐渐发现自己擅长的领域，并专注于此。或许正是这种近乎完美主义者的偏执观念，让我成为不折不扣的"写实主义者"，并且指引我走向一条报告文学的创作之路。

问：关于你的报告文学集《大写意》，这部作品获得了武义县第六届漠华文艺奖创作奖。可以谈谈你的创作体验吗？

答：是这样。早在退居"二线"之前，我便在各方的帮助下，积累了大量有关于武义超市经济发展情况的第一手资料。当时收集这些资料完全是因为工作需要，自己也并没有想过要把它们整合成一部作品，出版更是未提到日程上来。我记得当时的工作是负责与省内外的超市商帮对接。我们先后赴昆山等地考察，在走访中闻到了武义山民"下山脱贫"后"超市致富"的端倪，向县政府提交了考察报告并提出扶持"武义超市"做强做大的相关政策建议，县政府采纳并出台了相关扶持政策。因为工作关系，从 2003 年到 2013 年，我们每年都要到长三角一带进行 2—3 次武义超市经济发展情况考察并组织开展各类经贸对接活动。

年复一年，真正促使我决定深挖了解的，正是武义超市经济繁荣背后，那些勤劳踏实肯干的"宣平老实们"背井离乡成为"超男""超女"背后的故事。从那以后，这些故事被我小心翼翼地发现、收藏，并将散碎的记忆拼接在一起，构成了一幅鲜活的奋斗史。另一方面，纵观我国浩若瀚海的文学作品中，至今还没有一部以超市为题材的著作。这本书中前半段的《超市部落》可以说为超市题材作品创作进行了一次大胆的、另辟蹊径的尝试。的确，为了完成内容采写，我多次深入武义南部山区多个行政村，了解当地自改革开放以来，青壮年走出大山从事超市行业创业的历史背景。同时跑遍了全国各地 200 多家由武义人开办的超市，见到了张建平、潘法文等多位在超市界崭露头角的大亨，并在与他们的接触中，了解超市经济背后的政策支撑，和广大武义"超人"创业并反哺家乡的艰辛历程。因此，退居"二线"后，我着手启动了报告文学集《超市部落》的写作，历时多年，在历经采访、材料整合之后，最后一气呵成，以每晚 4000 字的速度，写下了 10 万多字的文稿。然后经过三稿修改，专集于当年 10 份出版。

问：随着互联网的普及，自媒体的异军突起，碎片化逐渐成了我们生活的主旋律。面对新的环境模式，你对传统文学创作有何建议？

答：不得不承认，如今要想将故事呈现"具象化"，最佳手段无疑是连续剧和题材电影，不可否认，影视作品的表达方式更直观，更具体，更形象，能让观众有一种身临其境的感觉。然而，真正能够帮助旁观者看透事物本质的，依旧当属文字作品，这就非常考验读者的文学阅读功底。

我认为，在文学创作领域，提升文章的可读性、受众性迫在眉睫。如今人们正进入"快餐阅读"的碎片化时代，简洁、幽默的语境似乎更能使作品的"留白"与读者产生共鸣，让"真实"和"文学"若即若离，使阅读轻松愉悦，以至于在很多年后的今天，当看到阅读这本书的人时不时发笑时，笔者的脸上自会挂着会心的微笑。

访谈感言：

像是从远处的山谷吹来的风，与这气候适宜的春夏之交撞了个满怀，不偏不倚，令人倍感温暖亲切。这是笔者对她的第一印象。而向听众倾诉的她，更像是归隐在山间的百年老屋，纵使尘泥渗漉，雨泽下注，也抹不去潜藏在木质深处的那股清香。它们正努力散发开来，飘向远方，融入心里。

潘爱娟：用文学讴歌至真、至诚、至美

访谈对象：潘爱娟，义乌人，2013年12月从浙江稠州商业银行退休。中国作家协会会员，中国科普作家协会会员，中国金融作家协会会员。金华市作家协会第四、第五届委员，散文创委会主任；义乌市作家协会副主席。著有长篇小说《今生错过》《脱轨》，纪实文学《信仰的味道》，中短篇小说集《别无选择》《醒着做梦》，散文集《瞬间的美丽》《冬暖花开》《梦想一朵红玫瑰》《拥有着是一种幸福》等。曾在《文艺报》《中国工商报》《农民日报》等报纸杂志发表散文、诗歌、中短篇小说300余篇（首）。参与了《义乌市志》《义乌丛书》的编纂工作。

访谈人：黄选，浙江省作家协会会员，义乌市文联古今文学研究院副院长，《古今文学研究》杂志执行主编。

问：常言道：文如其人。如果，从正面来说，就是说一个光明正大、心灵坦荡的人，才能把自己的内心毫无保留地坦露出来。熟悉你的人就知道，你是一个热心社会公益事业的人。从 1994 年开始一直资助贫困女童不间断，帮助她们完成学业；你还去慈善超市当义工，参与"爱心书包"漂流活动，曾荣获"爱心义工"称号；你参加为侵华日军细菌战中国受害诉讼原告团捐款活动，多次向地震灾区捐款，并先后去宾王中学等多所学校开设文学讲座，你的散文集《分一点阳光给别人》，见证了你的人生轨迹。潘老师，你能否结合自己的公益活动，谈谈文学与公益事业的关系。

答：文学与公益没有必然的联系，但我们可以把文学当公益做。让文学服务于社会公益，帮助弱势群体。践行文学爱好者的社会责任感，让文学与公益同步。人生在世，最重要的是做人，让自己有一颗坦荡充实的心灵。这些年，我坚持一个原则，不屈服于金钱为他人树碑立传。我不敢视金钱如粪土，但我始终认为，财富不是幸福的唯一保障。追求清纯的精神生活，是我人生的终极目标。人生短暂，我只想尽自己所能为他人为社会多做实事善事。只有这样，当我老了回首往事时就会少一些遗憾。

问：潘老师，笔者了解到，你的家庭有一段时间曾遭遇了巨大的经济困难，用你自己的话来说，就是"我们真的是穷得除了书和电脑，什么也没有"。但是，在短短几年内，就变了样。尽管人生遇到了这样的艰难曲折，你还是坚持读书，坚持写作，并取得了累累硕果。被评为义乌市第六批、第七批中青年专业技术拔尖人才，连续三届任义乌市政协委员。一个人要获得那么多荣誉和成就，必然是付出了常人难以想象的艰辛。你能否谈谈读书、写作和生活之间的关系。

答：20 世纪末，因为家人生意上一连串的失利，我们变卖了房子、车子，清空了手头所有的股票，但仍然是资不抵债，我不得不开始了居无定所的生活。我努力地工作，努力地挣钱，艰难的生活，辛苦的还债。当人们住着豪华的住宅穿着时髦的衣装时，我不得不跻身在一间大约 20 平方的小屋，吃饭睡觉待客写作都在这个空间内，一张桌子要等儿子做完作业才能轮到我。也许正是这样的环境给了我继续写作的动力，我告诫自己，物质上我已经贫穷，精神上我不能让自己再贫穷。在那段艰难的日子里，书是我最好的伙伴。读书让我充实，让我开怀，让我感恩，也给了我乐趣和力量。在那间不到 20 平方的小屋里，我完成了长篇小说《脱轨》及《梦想一朵红玫瑰》的写作。那些年，我确实活得有些累，但却非常地充实，于我，生命之分分秒秒都在艰难地拼搏。我白天工作，晚上读书写作。无论再忙，也无论有多晚，我都会抽一点时间用来阅读，这是我几十年养成的习惯。我读书的范围很广，哲学、政治、历史，更多的是文学。要是哪一天不看书或者没有与文字打交道，我的心里就会有一种空荡荡的感受。读书之时，执笔之际，我的心灵才会感到真正的惬意。某种意义上说，文学是我的定心丸。在我感到迷茫的时候，是文学这道天然屏障让我摆脱了惶恐和不安，让我躲过了寒冬，躲过了贫穷。我常常问自己，如果没有爱上写作，今天的我会怎样？答案或许有很多个，但我从不后悔今天的选择。

至于我所取得的一些荣誉，我觉得有很大一部分有幸运的成分在里面。在文学这条路上，我是属于幸运的人，从写第一篇文章到加入中国作家协会，我只用了 10 年的时间。这虽然跟我自己的努力有关，但更重要的是我遇到了很多的贵人。记得那是 1998 年的 10 月，义乌市请来了一帮特殊的客人——作家和书画家，我有幸参与陪同客人逛市场的工作，在与这些名家们的交往中，我学到了很多很多。我在他们身上感受到了文学的力量，人格的力量。他们那种亲和与真诚让我佩服至极，几天的时间，我与陪同对象结下了深厚的友谊，直到今天，这些大师级的长辈们依然关心着我牵挂着我，给我鼓励，给我帮助。在这里，我要特别感谢浙江省作家协会的家长们，他们对像我这样普通的会员也倾注全部的真诚。在省作家协会领导的关心下，我于当年顺利地加入了省作家协会，次年，在市文联的推荐下，我成了义乌市第九届政协委员，并且连任了三届，现在是十二届政协文史委委员。这一路上走来，曾有多少贵人相帮我不得而知，但我确信，我每一步的成长都有贵人相助，我总觉得自己是一个非常幸运的女人。

问：潘老师，你的散文作品集《花开的声音》，情感饱满，有灵性，有思索、值得读者品味。你喜欢听自己哺育的花的开放的声音，其实，更希望你以自己的花开引来古乌伤土地上的花开，你能否谈谈对乌伤文学新人的期望。

答：文学，什么都不是，但又是一切。写作的过程，是向生活交付的过程。交付你的青春和热情，交付你的毅力和勇气。要知道，只有从你内心流淌出来的文字，才能走进读者的心里。一个写作者，要耐得住寂寞，无论外面的世界多么喧嚣和繁华，我们都得守住内心的那个世界。

我希望年轻人要学会用爱写作，那样的写作才会是快乐的。写作让我们尽情地享受创造的喜悦，写作让我们的日子过得更充实，写作让我们的生活变得丰富多彩，写作让我们充满激情，但千万别把写作当成一种职业，当成一种谋生的手段，因为在当今社会，靠写作生存是难上加难啊。所以最好是把写作当作是一种业余爱好。

最后我想说一句：给别人一点点空间，你获得的将是一片蓝天。在今后的文学路上，我愿自己化作春泥，呵护那些含苞欲放的花蕾茁壮成长。

访谈感言：

潘爱娟是一位热爱生活的人，更是一位有责任心的作家，她文字朴素简约，坦率真诚，充满了生活的美好和至善的追求。

朱坤宇：用诗人的灵魂铸造诗的灵魂

访谈对象：朱坤宇，笔名坤宇、林子等，浙江海宁人，现居金华。中国诗歌学会会员，浙江省作家协会会员，中国铁路作家协会理事，上海铁路作家协会副主席。诗歌在《人民日报》大地副刊、《东海》《浙江诗人》《中国铁路文艺》《周末》《浙江日报》等报刊发表。曾在报纸开设散文随笔专栏。有诗歌先后获得各级各类奖项，或入选数种诗选合集。著有诗集《春天是火车运来的》《面壁集Ⅵ》。

访谈人：许梦熊，男，原名许中华，浙江省作家协会会员，入选浙江省第六批新荷计划人才库。曾获北京文艺网·国际华文诗歌奖（2013）、浙江省作家协会2015—2017年度优秀文学作品奖、首届"浙东唐诗之路"全国诗画大赛一等奖（2021）。

问：你出生的那个年代对你的创作有什么影响？

答：我出生于 20 世纪 60 年代初，老家在杭嘉湖平原上的海宁。祖上世代为农，但流传下来的田地并不多，一直到祖父这一辈才靠在小镇上开面条店置办了一些田地。五十年代初幸亏把数亩薄田送了一些给自家的穷亲戚，才没有被划为富农。即便如此，出身上中农且做点小生意还是使我祖父和父亲在"文革"期间成了批斗对象。那会儿戴着红袖套的人抄家，不分早晚，常常是夜半三更上门一阵翻腾、打砸。那时候我刚刚开始记事，睡梦中对晚上发生的事一无所知，直到早上才知道昨晚家里遭了劫难。出门一看，家门口的墙上贴满了大字报，糨糊都还没有完全干透，上面祖父和父亲的名字上打着红叉，但我还是懵里懵懂，只觉得委屈。受歧视的生活，自卑的感觉，这悲惨的童年也体现在我反映少年生活的诗歌和散文中。

问：你是什么时候开始诗歌创作的？

答：其实我刚开始是立志于小说创作的。十年浩劫终于结束，一切都开始拨乱反正。1978 年初中毕业那年正值高考恢复的第二年，我从海宁考到南京，就读南京铁路运输学校（现改为南京铁道职业技术学院）。买的第一本课外书是《谈人物描写》，在学校图书馆借阅的书籍也大多是中外著名作家的小说。1979 年 3 月的一天早上做完早操，照例要去位于学校行政楼北侧的那排橱窗里读报。在当天的《新华日报》文艺副刊上，我猛然发现有学长孟祥的诗歌！那是他两首纪念张志新的诗——那可是发表在省报上的铅字！而这位学长就比自己高一届，和自己在同一个校园里啊，他随后又在其他报刊发表了不少诗歌。就这样，我开始把业余写作的目光从小说转移到诗歌。我开始学着写诗，习作开始频频出现在学校的黑板报上。

那会儿，做诗人梦的年轻人可以说是成千上万，缪斯正在拜访所有的年轻人，给他们以诗的灵感。学长孟祥在 1979 年夏季就毕业了，我和三位山东的同学许波、郝克、智生因为共同的爱好聚集在一起，组建了面壁诗社，取意面壁十年图破壁，甚至冀望在诗歌上能够如同我们所欣赏的朦胧派诗人北岛、舒婷等人一般破壁而出。1980 年的秋天，江苏籍小说家高晓声、《青春》编辑部的诗人吴野等在南京铁路文化宫开设文学讲座，我们四人结伴前往听讲，从而又认识了秦州、沈铭华、向隆鸣等铁路系统的文友。秦州那时正就读南京铁路分局的电大班，比我年长几岁，当时已经是火车副司机，在《人民铁道》上发过诗，沈铭华则在《青春》上刊发过组诗。我开始在秦州编辑的文化宫刊物《绿灯》上发表诗作。第二年的六月，我和十位同窗毕业分配到金华火车站。离开南京前在南京西站的铁路道口旁边话别，秦州向我推荐了杭州分局的诗人宫辉，没想到宫辉就在金华，他已经在金华机务段工作数年。

问：铁路生活是如何成为你的诗歌创作主题的？

答：四十多年来，我一直金华铁路部门工作，前十五年都是日班夜班轮班倒。我与诗人宫辉相遇在这座江南小城，整整六年，一直到他调往杭州工作。那时候，宫辉还在做司炉工，给蒸汽火车加煤，梦想有一天升为司机。有时，我上完通宵夜班，刚在宿舍小睡一会儿，宫辉突然会找上门来，把门擂得巨响，门一打开，他就高声喊道"我又写了一首"，然后，面对睡眼惺忪的我大声地朗诵起来。他写的诗无论有多长，他都能一字不漏地背出来，他的记忆力十分惊人。宫辉对我的诗歌除了指点，也经常毫不客气地批评。来到金华的第一个冬天，我的处女作《信号灯》在《上海铁道》上发表，也正是宫辉先看到报纸，奔跑着告诉我这个好消息的。

多年以后，在这些铁路诗友中，孟祥已经离世；朱珊珊从机务段调上海铁路分局工会后，活跃在上海诗歌界，时有新作；沈铭华和宫辉都成了铁路部门的领导，诗自然也写得少了；秦州成了南大的哲学博士，一手创办的紫金网在传播学界颇有名声。只有我一个依旧守在金华，常与诗为伴。回顾过去，宫辉可以说是铁路诗的一面旗帜，他与西川、欧阳江河一同参加了第七届青春诗会，1987年是他在诗歌上的巅峰期，在《诗刊》连发三组诗，同年获得《江南》文学奖。他曾说过铁路诗应该跟枪杆诗、矿工诗一样占有自己的一席之地。1986年，我和宫辉一同前往西安领取《人民铁道》首届"汽笛"文学奖时，我们并不知道，这"首届"竟然是最后一届。往马路上空扔一颗石子就能砸到一位诗人的年代已经一去不复返了。

问：你和香港著名女诗人林子是怎么认识的？

答：宫辉调离金华以后，我开始接触另一个圈子，那时也是金华纯文学杂志《三月》最辉煌的时期。我和《三月》编辑徐家麟、《金华日报》记者马和来渐有交往，因为徐家麟对外星文明尤其热衷，以致我们成立的诗社直接冠以 UFO 诗社，马和来是社长，我当副社长，徐家麟则是顾问。这也恐怕是全国仅有的一家"不明飞行物诗社"，并且出过一期 UFO 诗刊。随后，UFO 诗社改为青年诗社，社员十五六人，不时小聚，朗诵论诗，跟徽州报曾经互换版面，互相刊载各自地域的诗人诗作，最后诗社也出了一本小书，首发式在金华人民大会堂举行，时任市委书记方根雄出席了首发式。

直到互联网开启了新的一页，我才重新写诗，学习五笔打字，改为电子文档用伊妹儿投稿。2000 年 8 月我创办了纯文学个人网站——诗意小站，六年后注册成为"诗林网"，至今仍在照常运行。与我同一笔名的香港女诗人林子，曾为诗意小站题词"用诗人的灵魂，铸造诗的灵魂"，这也是她的座右铭。那是 2003 年 10 月，中国第九届国际诗人笔会在金华举行，余光中、文怀沙、李瑛等名家联袂而至，数百中外诗友会聚茶花文化园中。也正是在这次诗人笔会上我有幸与素有"中国白朗宁夫人"之称的香港女诗人林子对话，可谓"一生难忘"。金华晚报特别策划的这场面对面采访安排在金华国贸宾馆林子住宿下榻的房间，我与林子的访谈持续了三个多小时，晚报新闻文娱版编辑罗江与摄影记者全程记录，2003 年 10 月 21 日该报第 9 版以"金华林子与香港林子的对话"为题整版推出。

问：你出了几本诗集？

答：2013 年由中国文联出版社出版了我的第一部诗集《春天是火车运来的》。2020 年我和在南京求学时候的三位同学一起合出了诗集《面壁集Ⅵ》。这本由团结出版社正式出版的《面壁集Ⅵ》，既是四位同窗曾经的共同追求的总结，也是四十年峥嵘岁月的回眸。

访谈感言：

自从 1981 年来到金华，朱坤宇已经在这座水通南国三千里的古城待了大半辈子。回溯四十多年，人情世故如潮声，一波接一波，往往难将息。在这条自东向西流的江边，左岸是过去，右岸是未来，中间就是无法省略的千篇一律单调重复的日子，从这些日子里分馏出来的诗，都是生活宝贵的馈赠。朱坤宇就是这样一位生活在金华文学方阵中的优秀诗人。

徐水法：文学，烙进生命的印记

访谈对象：徐水法，浙江浦江人，浙江省作家协会会员，中国散文学会会员，中国微型小说学会会员，金华市科普作家协会理事，曾任浦江县作家协会主席，文学创作三级，主攻散文、小小说。在《小说选刊》《散文百家》《读者》《文化月刊》《小小说选刊》《天池小小说》等数十家报刊先后发表散文小小说百余万字。多篇小小说、散文入编中高考检测卷等。迄今已出版散文集《红尘寄情》《石门槛上不老的歌谣》《都市阳台上的天空》《一个人的江南地理》、小小说集《金手指》《谁是谁的恩人》《享受阳光》等七本。

访谈人：傅淑青。

问：请谈谈爱上文学的契机。

答：爱上文学，有人是家族"遗传"，受家人长辈影响，有人会说从小的志向，我之所以爱上文学的原因，说出来或许有些搞笑。可以归之为四字：赌气、无聊。

20世纪70年代的最后一年，我是一个初中生，那年初三的语文老师很巧是我父亲的小学老师，于是语文课代表这个"官衔"很幸运也很意外的落到了我的头上。岁末迎新，语文老师布置大家写一首迎接八十年代到来的诗，说是要登在教室外的大黑板上，我这个语文课代表还被他单独点了名。无奈，我隐约记得花了一周多时间，弄清了诗歌这种分行文字的大致格式，洋洋洒洒地写了四段，也幸运地被语文老师选中，和另外一位同学的诗一起登在那一期黑板报上。几天后的一个傍晚，住校的我在晚自修上课前，正站在黑板报前看别的文章，突然听到边上的两位老师边看边在议论那些诗文，其中一位老师指着我的诗说，这首诗不是我们的学生能写得出来的，肯定是哪里抄来的。我当时心里就气得不行，只是那个年代的学生对老师有一种天生的敬畏感，我站在边上只听得另外一位老师也在附和，却不敢吭声，只是在心里发誓，登在学校黑板上算什么，以后我要登在报纸上、书上。事实上那也只是一时的孩子气，过了一段时间后就早把誓言抛掷脑后了。

一年多后，因故辍学回家务农，自此基本是白天干活，晚上看点书。看书倒是从小养成的习惯，可惜家境不怎么样，买书一直是我的奢望。因此在家务农期间，经常跑到外村借书，记得那时经常白天干农活，晚上借辆自行车，到离村十几里的同学家借书。那时候村里除了一二个月会有一场巡回的露天电影，剩下的扑克、麻将就是大家的娱乐了。

也就在赌博不涉足、借书不方便的时候，有一天我突然想起了二年前在学校里发的誓言，对啊！何不学写作呢？正好解决书荒和闲时的无聊啊！也就是从那时开始，决定学习写作，也一直坚持到今天。

问：文学在你的生活中扮演了怎样的角色？

答：三十多年来，无论我走到哪里，行囊里始终少不了书、纸和笔。明知道苦苦寻觅的目标还在很远很远的前方，我信念如锥，不屈不挠，任身后汗水淋漓、血迹斑斑，唯有义无反顾，执着前行。阅读，擦亮了思想的火花；写作，指引着前进的道路。不管从事何种职业，我都不肯放过一丝学习的机会，爬格子码汉字，看日出日落，听潮涨潮落，正是这么多年的孜孜不倦，越来越多的手稿变成了大小报刊的铅字，我在文学创作的路上越走越远。至今已经发表了百余万的文字，前后出版了七本书，得过数十次全国性以及省市等各级的大小奖项。

文学是我日常生活不可或缺的部分，文学让我的生活插上了飞翔的翅膀，不仅让我的生活产生质的变化，更让我可以翱翔生活的广阔天空领略生活的视觉盛宴。文学让我不断修正着人生的航道，让我享受到了人生的精美乐章。

问：你觉得文学对你有什么作用？

答：文学带给我什么？我以为至少有两个大的方面可以展开来说。

一是看得到的物质层面，文学让我的生活发生了根本性的改变。三十多年的文学坚守，让我走出了偏僻的小山村，看到了更为广阔精彩的世界。而今，我把家安在了县城，陋室的一角，有了一张可以让我静心阅读、写作的书桌。

三十多年的文学坚守，让我得到许多，让我梦想成真。尽管我没有著作等身，没有声名显赫地跻身文学殿堂，文学已给了我很多东西，我已经非常知足。它不仅解决了我的生计问题，还赐予我精神世界的富足，让我受用一辈子。

文学带给我第二个层面的收获，也是最主要的方面，文学给我带来心灵的慰藉、思想的自由、感情的抒发和人格的完善。

问：你最满意的作品是什么？（或代表作是什么？）是在什么样的背景下创作出来的？这个作品对于你本人，又有什么样的特殊含义？

答：对于一个没有停止创作的作家来说，套用一句很多人都耳熟能详的话，满意的作品一定在下一篇（部）。这么多年的练笔，最满意的不敢说，喜欢的还是可以说出几篇的。我就简单列举散文小小说各一篇吧！

散文《渐去渐远的炊烟》是一篇诠释乡愁的情感散文，以家乡的炊烟作为媒介，演绎了一个在外漂泊多年、家乡越来越远的情思。家乡的山村在一个群山环抱的半山腰上，我回家的路到村口很特殊，南边地势较高，每次回家可以到了村口可以俯瞰很多屋舍，遇上烧饭时候，看着一家家升腾而起的乳白炊烟，最终在村子上空汇成白茫茫的云海一样，很是壮观。村子呈太师椅状，只有东面是下山的岭，站在东面的村口，几十户人家的房子就像展开的一把扇子。炊烟袅袅时聚时分，由少到多，自淡而浓，正如一幅朦胧的水墨。

后来栖居县城后，再也看不到山居炊烟图了，有一天我看到有个作家在他自己的文章里写到他自己，是个看见老家炊烟就感觉长了能耐的恋家子弟，我自己何尝不是个看不见炊烟就丧魂失魄的恋家子弟，顿时感觉找到了宣泄点，于是这篇散文一下子就出来了。

《渐去渐远的炊烟》发表后，好几家报刊转载，还被选入多地区的中高考语文阅读各种类型的试卷。我上网搜了一下，此文被国内三十多个省份地区编入中高考语文各类检测卷模拟卷。

小小说《鱼化龙》是我比较喜欢、相对满意的作品，当年获得了"龙游石窟"杯全国征文大赛二等奖（一等奖空缺）、金华市内部报刊和浙江省企业报副刊优秀作品奖、《小小说选刊》第十四届全国优秀作品奖、中国微型小说学会的年度评比二等奖并选入年度选本等。这篇小小说最初是参加"龙游石窟杯"全国征文大赛的，因为需要考虑龙游元素，我就以龙游一古建筑遗留影壁为切入点，结合闻名全国的浙江东阳木雕，设计了一个传统技艺不能故步自封、有竞争才有进步才会有发展的笔记体故事，同时考虑情节的一波三折、曲径通幽，可以说老枝萌新芽，挖掘出了新意。据说评委们给出的分数最高，最终因为举办方取消了一等奖，才获得了二等奖。

问：请谈谈未来创作的大致方向好吗？

答：以后的创作基本上仍是以散文和小说为主，在小小说的基础上，或许会进行短中篇小说的尝试。小小说题材选择上会继续瞄准目前已经创作了数篇的古城东街系列，乡村题材也会加强挖掘和提升。散文创作会继续以浦江地域方面的古道古村落等传统文化、乡间美食以及民风民俗为主。

访谈感言：

认识水哥已经有十余年了。在我的印象中，他是一位极其勤奋而又无比自律的作家。不管生活有多难，工作有多忙，三十多年来，他从未放弃文学创作，这本身就是一件非常了不起的事。可以说，文学几乎贯穿了他的人生。对于文学，假设没有深入骨髓的痴爱，没有"莫问收获，只问耕耘"的超脱和恬淡，我想很难坚持到现在。

"明知道苦苦寻觅的目标还在很远的前方，我信念如锥，不屈不挠，任身后汗水淋漓，唯有义无反顾，执着前行。""阅读，擦亮了思想的火花；写作，指引着前进的道路。""文学给我带来心灵的慰藉、思想的自由、人格的完善。"……水哥的这些话，让我感动不已。是的，坚持写作，也许不会改写人生，但会改变一个人的生活和精神，水哥就是最好的例证。祝福水哥，祝福他的文学之路越走越宽、越走越远！

张亦辉：三栖人生，物理、经济与文学

访谈对象：张亦辉，浙江东阳人，物理学学士，经济学硕士，文学博士。早年写小说，出版过小说集《人是怎样长出翅膀来的》；中年后转向文学随笔的写作，陆续在《人民文学》《世界文学》《作家》《北京文学》《上海文化》等杂志刊出，多次入选年度随笔排行榜，随笔集《叙述》获2018—2020年浙江省优秀文学作品奖。已出版《叙述之道》《小说研究》《叙事之魅》《穿越经典》等著作，系省作家协会散文委员会成员。现供职于浙江工商大学。

访谈人：朱榕贵，东阳市作家协会主席。

问：先谈谈你的文学启蒙或最初受到的影响？

答：启蒙谈不上，回忆自己的童年，倒是可以想起一些与文学有关的生命细节。谈几点吧。

台上台下：我小时候，父亲经常在乡镇婺剧团里演男一号，每逢过年过节，我就跟着父亲走村串乡去看演出。有一次，坐在戏台角落看父亲演的李玉和戴着镣铐，被鸠山打得浑身血痕，也许是看得太入戏了，我突然感到恐惧又困惑，台下人山人海，怎么就没有一个人上台来救我父亲呢？那一刻，整个人就像做梦一样，台上与台下，戏里与戏外，我发现了两个悖论似的世界，分不清哪个是现实，哪个是梦境。你看，这多像一个人沉浸于创作时那种离形出神的状态。

山巅遥望：大概是从小学三年级开始吧，每天下午放学回家，我就带着砍刀和麻绳上山砍柴。因为母亲做豆腐，我们家要烧掉比别人家多得多的柴火。有时候，砍柴累了，坐在山巅遥望自己天天生活其间的村镇，隔着那样的距离，处在那样的高度，村镇小得就像火柴盒和香烟壳，小溪上的木桥像玩具，街道像掌纹，而村人如蚁如蝼似梦似幻……那样的遥望，那样的视角，让我产生了一种奇异的间离感与孤特感，仿佛睁开了另一双眼睛，那个熟悉的世界恍然变得陌生，那种感觉和体验，跟后来与文学世界相遇时的生命感觉何其相似乃尔。

《水浒传》：大概是小学五年级吧，我在镇里的那个老中医家借到了那本没有封皮的《水浒传》。我们小时候读不到什么文学书，除了语文课本，就是《金光大道》《艳阳天》等几部小说，所以，当我翻开《水浒传》，读到那么多英雄好汉的神奇故事，进入那个由文字构成的魅人世界，整个人就像魔怔了一样，那应该是文学带给我的最初震撼……

难怪，我从小作文就写得很好，总是得到语文老师的表扬，这算是写作带给我的最初的成就感与存在感，这种存在感对一个孩子的成长很重要，往往会影响他的一生。

再后来，初中的时候，参加过一次东阳县语文竞赛，来自乡村中学的我，获得了全县第十一名，奖品是一本成语词典。这样的经历，对我以后的文学爱好，当然起到了推波助澜的作用。

问：你从小喜欢文学，大学为什么读的却是物理系？

答：说来话长，长话短说。我是 1980 年参加高考的，那时候学习好的学生都去读理科，那一年湖溪一中六个应届高中班参加高考，最后只考上了两个。

填志愿的时候，我的班主任也是我的物理老师，他是杭州大学物理系1964年的毕业生（刚巧是我出生的年份），他说我物理考得最好（95分，排在全县前几位，真是阴差阳错，因为我平时学得最差的就是物理），就报物理系吧。结果就命中注定般进了杭州大学物理系。大学四年，一言难尽，真的是快乐并痛苦着。白天黑夜，我的头脑基本上成了两军对垒的战场，一边是伽利略、牛顿和爱因斯坦，另一边则是莎士比亚、托尔斯泰和契诃夫，打得难分难解两败俱伤。我几乎每星期都会到图书馆借一书包文学名著，每天晚自习，十点以前做物理数学英语作业，十点到十二点，就读那些经典名著。我到现在还记得，有一次，边上坐的是一个中文系同学，我在拼命做作业，他却在悠闲地看小说，我就好奇地问他，你不用写作业吗？他举了举小说回答我，这就是作业！那个羡慕那个嫉妒那个恨哪。

问：杭大那时候是本省分配的，你为什么会到连云港去工作？什么时候开始写作？

答：只能说是命运与偶然吧。我在大学期间的表现其实还不赖，是系学生会干部，足球队队员，还是树人文学社的首批成员之一，有空就到中文系去蹭课。毕业前夕发生了一些事情，大概得用一个中篇小说才能写清楚，这里就不细说了。

1984年夏天，20岁的我从天堂杭州出发，一路向北，去到此前连做梦都没有梦见过的连云港，那里的荒凉与陌异远远超出了我的想象，那时候的苏北到处都是茅草房，而我那个所谓的部属专科学校竟然坐落在乡间矿山脚下，野草蔓生，看上去就像一个劳改农场，我的宿舍就在稻田中央。

正是在那样一种异乡的飘零的状态，在那种存在的惘然与深深的孤独里，一个人自然会越来越趋近文学热爱文学，就像一个寒冷的人本能地靠近炉火一样。我一边教物理，一边开始尝试小说写作。23岁那年，我在当地的文学刊物《连云港文学》上发表了我的小说处女作《螺峰的故事》，那是一个与故乡湖溪镇有关的中篇。

问：请谈一下你的小说创作情况吧。

答：毫不夸张地说，毕业后的十年左右，我几乎把整个生命都投入了小说创作。我是八十年代初开始接触文学的，所以，现场性地经历了当代文学的各种潮流，见证了从伤痕文学一直到寻根文学的变化，但我自己开始写作，已经接近八十年代后半期，所以，我很快就离开故乡的记忆的题材，走向方兴未艾的先锋小说，去叙述青春期的生命的困惑与存在的虚无。那时候特别迷恋西方现代派文学，迷恋意识流、存在主义、新小说、魔幻现实主义等。

记得是在 1990 年夏天，我通过自由投稿的方式，在先锋文学杂志《作家》上发表了第一个短篇《秋天的早晨》，在连云港文学界引起了一阵"轰动效应"。因为我是直接把稿子与一封信寄给主编宗仁发先生的，此后，我就一直与《作家》与宗仁发先生保持较密切的联系，过不多久，《作家》就刊发了我的"个人作品小辑"，还与韩东、朱文、毕飞宇一起发过"江苏四人小说小辑"等。

毫无疑问，宗仁发先生是当代文学特别核心特别优秀的编辑，与他的相遇相识，绝对是我人生中最重要最珍贵的文学机缘，这么多年来，我一直与他保持着一种纯粹的文学联系，在信中一直以兄相称，但却从未谋面。遗憾的是，到了九十年代后期，因为读研，因为女儿的出生，因为从讲物理转向讲经济等生活与工作的原因，我的小说写作就停滞了下来，真是愧对宗仁发先生对我的期望。

问：你回到杭州后就不再写小说，而开始了文学随笔的写作？

答：差不多是这样。刚调进浙江工商大学时，我还是教经济学，这辈子除了会计没有讲过，我几乎讲过经济学的所有课程。后来趁院系调整的机会，我转入中文系，开始讲文学课。

也就是说，在讲了十年物理十年经济之后，在绕过一个巨大的时空大弯和命运曲线之后，我终于返回到文学返回到最初的生命爱好。

感叹之余我不禁想，一个人只要真正热爱一个东西，并让这种热爱融入你的血液伴随你的一生，总有一天，你会回到它的怀抱，并与它厮守在一起。现在，当我拿着一本小说在阳台上读的时候，我可以坦然而幸福地说，这就是我的工作，而不再是不务正业。

当然，由于小说创作停顿了太久，由于学院体制下小说写作不算科研，人到中年的我，就转向了文学随笔的写作，充分调动自己多年的创作经验，去细读并谈论无数的经典作家与优秀作品，谈论它们究竟好在哪里，怎么个好法，又好到什么程度，也即用文学的诗性的方式去谈论文学，就像用爱去触及爱。这些与学院派论著相距如星汉的随笔，很快就在《人民文学》《作家》《世界文学》《北京文学》《上海文化》等杂志陆续刊出。

问：你这次获得 2018—2020 年浙江省优秀文学作品奖的《叙述》，就是这批文学随笔的结集？

答：是的。这些随笔发表并出书之后，得到了不少文友或作家的好评。比如《人民文学》主编施战军先生在 2013 年第 11 期卷首语里对同题文章

《叙述》是这么说的："《叙述》看似札记，实则是从经典中发现文学表达神赐般的奥妙，勾出文学独有的魅惑，从而钦敬于大地的碎金的色泽，挂在天幕的繁星的光耀。"

问：想问一下你有没有特别喜爱的作家与作品，推荐给广大文学爱好者？

答：我现在仍然每天读书。因为家里的书架放不下了，我每周都会到学校图书馆借回一摞书。我这辈子读过太多小说看过太多电影，喜爱的作家与作品太多了。我特别喜爱的作家有托尔斯泰、契诃夫、果戈理、卡夫卡、普鲁斯特、福克纳、马尔克斯、尤瑟纳尔、莫迪亚诺、巴别尔、兰佩杜萨、弗里施等。早年迷恋先锋文学与现代派，现在重新回到经典阅读，发现了经典的永恒魅力。

我前一阵还特别喜欢读北欧作家的小说，从斯特林堡到哈姆生到马丁松、拉克司奈斯、拉格维斯、海顿斯坦等，那简直是一片极地般寒冷极光般诡异的文学领地。

中国当代作家，我喜欢的是史铁生、阿城、莫言、余华、苏童、格非、吕新、迟子建、陈春成等。

如果只让我推荐一部小说，国外的我会推荐《百年孤独》，那是一部几乎融汇现代派文学的所有技法于一身的小说，即有魔幻之轻，又有现实之重；国内的我只能推荐《红楼梦》，因为依然没有一部后来的小说能够超越它。而哲学书我会推荐《存在与时间》，那是一部将会改变你的生命视觉与思维习惯的书，文学学术类的著作，我推荐钱钟书的《管锥编》，我一直认为它不仅浩瀚如星空，而且深邃如大海。

问：最后，问一下你接下来的写作计划。

答：其实也没有什么太具体的计划，但我会一直阅读，因为对我而言，文学阅读与活着早已经可以画等号，而只要你读得足够细致足够专注，你一定会有自己的发现与感悟。

手头正在写的，是一部关于《红楼梦》的长随笔，大约八万字，写作的动机或野心，是搁置红学与考据，将《红楼梦》还原为一部创世般的伟大小说，然后，试图去说出它的叙事之道与语言造化。

访谈感言：

张亦辉不仅在文学创作方面卓有成就，还是物理学博士、经济学硕士，文学是他此生爱好，他的文字有鲜明的个性，给人以深思。他是用生命的经验在体察和感情文字的世界。

陈益林：痛苦而幸福的抉择

访谈对象：陈益林，出生于 1964 年，浙江东阳人。东阳中学惕吾文学院执行院长，东阳市作家协会副主席，浙江省语文特级教师，省首批正高教师，省作家协会会员，中华诗词学会会员，全国优秀教师。出版有诗文合集《雅典娜与缪斯的二重奏》，诗集《风向不定》，散文随笔集《堂奥》，以及《高中生论述文写作十大核心能力》《攀高涉远语文行》等著作。

访谈人：记者。

问：世上没有无本之木，无源之水，你的文学爱好也一定不会无缘无故发生。请问引发你文学爱好的主要因素有哪些？

答：可以说有三个方面吧。一是天性，二是大哥，三是许师。

真的是有天然爱好吧，我从小就喜欢读喜欢背，小学的时候班里贴有背诵登记表，背了一课老师就会打个五角星，我得的五角星总是最多。后来上了浙江师范大学汉语言文学专业，老师要求背诵张若虚的《春江花月夜》，杜甫的《北征》《自京赴奉行县咏怀五百字》等长诗，而且要到老师面前背，常常是我背了几句，老师马上放我过关，大概是冲我背得又流畅又准确的劲儿吧。

我们这一代农村的孩子，文学的积累先天严重不足。

我的大哥是个农民，但却非常喜欢看书。村里能找来的书他尽可能都找来读了，农闲时读，吃饭时看，睡觉前翻，真的痴迷。大哥外出干农活时，他借的这些书就成了我的宝贝。那时候小，谈家长里短、男女之情的《红楼梦》怎么也看不进去，其余三部古典小说《西游记》《水浒传》《三国演义》就爱看，全是小学初中时读的。也零零碎碎地读过一点《聊斋志异》，现代小说有《红口》《苦菜花》《野火春风斗古城》等。此外还有样板戏剧本、《长白山的故事》等民间故事集，更多的是民兵抓特务之类的小说。

当时我读到的及今想来还有些价值的书都是年深月久，纸页发黄，破破烂烂，缺头少尾的；虽是如此，也给我的少年生活平添了许多色彩。中小学阶段我的作文用词丰富，常受老师表扬；学校文艺活动，我也尝试写个三句半、对口词之类。一辈子爱写作的习惯就是那时练的"童子功"。

从小学到初中，一直到高中，语文都是我的最爱。但小学、初中时的爱是一种本能的、自发的爱，高中的爱才是一种自觉的爱。高中时我遇到了一位生平对我影响最深、帮助最大的语文老师兼主任——许岳忠老师。多年后，我在《琐记许师三题》一文中曾这样深情写道：

许师名讳岳忠，乃我三十年前之班主任兼语文教师。生平所从业师可忆可感可佩者甚多，然与许师相较，盖无出其右者。许师之春风化育之功，堪述可传者难以尽述，撷取数则，以志感铭。

问：你常说简陋而丰富的"二多"，请问是哪"二多"？

答：那些年，乡下中学，校舍之简陋陈旧，可谓到了姥姥家。许师住的房间，泥墙小屋，充其量就十来个平方米。"斯是陋室，唯师德馨。"许师陋室，亦为雅舍，盖有"二多"存焉。"二多"乃书多、弟子多之谓也。除却一床一桌，便是书桌案头上、书架纸箱中满满当当的书刊了。许师之书刊，常与众弟子共享。不唯如此，许师还常将自己的读书笔记袒露在众弟子面前。教师之良好学习行为乃学生最佳直接效法对象。大音稀声，无言之教，耳濡目染，滋养良多。后来我在语文学习上，勤于摘录习惯之养成，全赖许师言传身教之功。

回想当日，从许师处借得杨沫之《青春之歌》，读之过半，置于书桌之上，竟不翼而飞。闻说此书许师亦借诸他人，令我惶愧无地。当我满面羞色将所赔书款送交许师之时，许师再四坚拒之状，至今犹现目前。有一晚，与众学友于许师处宴谈，我于许师案头发现彼时热门小说《第二次握手》，一翻之余竟手难释卷。许师见状，莞尔一笑，道："看来你是歇不下来了，拿去看吧。"我如获至宝，拿回教室，一气读完，大饱了一番眼福。此外诸如《中国通史》《世界简史》《古文观止》《诗海采珠》等诸多书刊，皆属于许师住处，得窥堂奥。现今我之所以以读书为乐、购书为快，八六年跻身教坛后，我之书房亦曾长期成为众弟子之公共图书室，实承许师之流风余韵不浅。至于后来，世风日下，借德不古，"书斋"渐呈"书灾"之相，不得已而有限度开放，自是题外之话了。

许师的房间对众弟子来说是不设防的书巢，可随时登门求教，亦可随意坐谈。常常是门墙填塞，弟子盈室。许师亦师亦友，于笑谈指顾之间，使我等大广见闻，技业精进。

问：你的写作有什么特色和风格？

答：因为从小就接触古典文学作品较多，高中语文老师许老师对中国古典文化又有"浓得化不开"的情结，他自己亲自用铁笔、蜡纸刻写，然后油印出来，分发给每位学生的《论语》名句讲义等我一直视为珍宝，所以直接影响我以后的阅读写作兴趣选择。现在我对中国古典文化情有独钟，口味就肇始于年少时的发蒙读物。现在，我总喜欢称自己是一位"骸骨的迷恋者"，实际上也不无对自己年轻时练下一点"国学"功底的小小自喜。参加东阳市诗词楹联学会以后，诗友们夸我写古典诗词上路快，势头猛，我想这与我多年来重视古诗文的阅读与积累大有关联。"熟读唐诗三百首，不会作诗也会吟。"读得多了，语言感觉好了，写起来自然也就不费力一些。

许岳忠老师让我第一次知道，读了之后，还要做读书笔记。许老师不但将自己的藏书大量地借给学生读，而且还慷慨地把自己的读书笔记借给学生观摩。

榜样的力量是无穷的，在许老师的言传身教下，我疯狂地迷恋上了读书摘记。无论到哪里，兜里都揣着一支笔、一个小本本（有了手机后，改为手机备忘录记录）。看到或听到好的词句，马上掏笔记下来，这种行为成了我的"积习"。郑板桥说：咬定几句有用书，可忘饮食。"咬定"两字用得真好，现在我读的书与博学之士比并不算多，但我喜欢"咬定"，喜欢精读细嚼。在"精读"和"泛览"上，我更倾向于前者。慢工出细活，倒是真的读到一点是一点。

尽管小说、戏剧、报告文学、散文、诗歌创作，我都尝试过，但我发现自己编故事能力不强，而对咬文嚼字有较大的爱好，所以我在散文，尤其是诗歌创作上花时较多，用力较勤。在外界发表的也多以散文，尤其是诗歌为主。由于年轻时深受秦牧、刘白羽、杨朔三大散文家的影响，新诗方面读得多的是郭沫若、闻一多、臧克家、徐志摩、艾青以及后来的朦胧诗派诗歌，所以我的散文、诗歌写作还是偏于传统一路，与时下的"新新人类"的写法有较大差距。在东阳作家协会新诗盟要我写的个人诗观中，我写的一段话，虽则"老土"，但却是我的真实文学心声：

有钱没钱，都可爱诗；美丑妍媸，皆可写诗。风向不定，阴晴雨雪，这是自然的气机生理。诗何必定于一尊，娱情抒怀叙事写景，各取所好，尽情挥写。心诚则灵，从不同的路出发，皆可抵达诗之圣境。

诗需别才，文需巧思。大概是长期从事语文教学的缘故吧，思想上受"文以载道"传统观念影响深，总认为文学的功用在于有益于世道人心，而不应沦为哗众取宠，甚至海淫海盗的东西；长期教授学生字词句，语修逻，文学语言表达上难免求稳求妥，而不免流于四平八稳。

问：未来的创作，你有什么打算和规划？

答：规划谈不上。毕竟是奔六之人了，早过了知命之年，对自己有几斤几两也已有了较为清醒的认识。还是将写作作为业余的一种爱好，与东阳作家协会新诗盟、东阳诗词楹联学会的一帮志同道合的诗友互相砥砺，多出作品。趁退休后余暇，多走走看看，多动动笔。巴金说："只有写，才会写。"像农民，勤耕耘，说不定会来一场好收成。

访谈感言：

于陈益林而言，文学是痛苦而幸福的抉择，在文学的道路上他一直痛并快乐地行走着。

朱耀照：岭外音书未能断，经冬历春今又来

访谈对象：朱耀照，浙江省浦江县人，教育硕士，高级教师，浙江省作家协会会员。在《海外文摘》《散文选刊》《新民晚报》《中国青年作家报》《中国劳动保障报》《民主协商报》《人民代表报》《中国建材报》《浙江工人日报》《联谊报》《金华日报》等报刊发表文章二百余篇，三十余万文字。

访谈人：陈娴，浦江县园区小学教师，金华市作家协会会员。著有《"大怪兽"治不了"小可爱"，但温柔可以》一书。

问：谢谢你百忙之中接受采访。你能介绍一下你的创作经历吗？

答：我一直是文学爱好者。高中阶段就尝试写诗歌，工作后买过很多诗集，写过很多所谓的"诗歌"，还组织学生办过文学社。但基本处于孕育期。寄了很多稿件，都石沉大海。真正意义上的创作是在2015年以后。写了许多乡土散文，在各级报刊上发表了一些。2018年加入金华市作家协会，2020年4月加入省作家协会。

问：你的散文题材主要是哪些？

答：我的散文是从写家乡和写儿时生活开始的。

我的家乡是浦江县西部山区的一个小村庄——岭外村。它依岭命名。村北一条岭从西往东，缓缓而下。因是官道，全由石板铺成。村子，后有井，前有池塘。门对远近青山，背靠厚实的茶山。四五户人家，不是亲就是邻，关系简单。大凡每家大事，也是村中大事，全村人马齐集助力。不要说娶亲、送丧等大事，就是一年一度的跌年糕、煮米皮、切米粉丝，也是全村大人动手，小孩子们动口，热闹如节日。当然，小村也有自己的不足。出门要翻一条有一百多级石阶的山岭。分粮食须到两里路外的里朱村，碾米碾麦、买东西、看电影，须到三里路外的东岭村。80年代外胡水库建造，截断了东边的出路。岭外村成为一座孤岛，慢慢走向衰亡。

1990年，父母死了，房子无人居住。过了几年，其余几户相继搬离。村子只剩下几间没人住的房子。在风雨交加中，雨水穿过破瓦进入楼板，椽子和楼板慢慢腐烂。至2015年，所有房子都成了一堆杂乱的木头，掩埋在墙泥之下。

现实中的家乡成为废墟，而心中的家园却渐渐清晰起来。也就是从那时开始，我开始将对家乡的点滴记忆都付诸语言，通过笔尖流露出来。当时想，既然我的村庄已经无法恢复，那我就用笔来将它记下。因怕随着年龄的增长，记忆力会变得很差，我就拼命地写。凡是能记起来的，先写进文章再说，丝毫不讲究材料的剪切。我把这称为"抢救性挖掘"。写好后，再沉下心来剪切和提炼。

每一篇，从初稿到定稿，要花上许多时间，修改五六次。因有些文章，每一稿都舍不得删去，使得同一个文件夹里包含着第一稿到最后定稿好几个文档。

承蒙《海外文摘》《散文选刊》《新民晚报》《中国劳动保障报》《联谊报》《浙江工人日报》《金陵晚报》等不弃，到今天，不知不觉中，发表了两百多篇。

问：你认为你的文学作品特点是什么？

答：质朴而又自然，繁杂而又不乏神来之笔。

创作前期，我本着写村史的态度创作，尽量不事雕琢，讲究写实，写自己印象深刻的。写老家特色的如《堂楼》《老井》《门前池塘》《岭外村：消失的故园》《岭南茶色》等，从记事时写起，一直写到现在，世事变迁，尽在其中。

写儿时老家人和事的，如《梦回水叔家》《雪花飘时年糕香》《小儿识字春联始》等，竭力描绘当时真实的乡俗生活图景。上高中以后，与老家聚少离多，所以写老家的往事，基本是十五岁之前的少年印象。如《长溪与瓦舍》《我是一个兵》《讨谷子》《山村雪趣》等，写自己无忧无虑童年生活的，离不开"趣"字。有时写到某一件趣事，如写到自己模仿解放军，趴在满是鸡屎的晒场上玩向日葵杆做成的机枪，被母亲发现拿扫把打时，会不由自主地笑出声来。

写文章时，我会尽量注意到一些细节上的描写。如《笋趣》，写早晨拔笋回来，大黄狗摇头摆尾地出来迎接。《梅雨中的童年》，写小孩子在大石桌上面玩耍，惊动了下面生蛋的母鸡，伸着头走了出来。《艺术墙》，写客人一面看墙上的照相框，一面吃瓜子，瓜子铺了满地，像是雨后夜空里的繁星。这样的细节增添了文章的生动性。

问：在文学创作中，对你帮助最大的是什么？

答：是报刊的编辑。如果不是他们的支持和鼓励，我的文学之路不会走得很远。犹如从前写诗，中途夭折的主要原因，便是投了许多稿，而最终石沉大海。

这里特别要感谢的是《金华日报》的编辑。我真正意义上的第一篇散文应是该报发的。

这应从 2015 年说起。那时，我不太喜欢看报。每张报纸拿来，不过三分钟就翻完了。好像是 11 月的一天，翻到《金华日报》第九版时，发现有一个"说说你的故事"栏目，刊载着一篇二千字左右的儿时回忆文章。仔细地看了一遍，感到这样的文章我也能写，就有试一试的冲动。几天后，我就通过版面邮箱，把自己最满意的一篇发了出去。此后的每周，我都要看看这个只有星期一才有的版面。可等待了两个月，并不见我的文章出现，我的心便慢慢地冷却下去。半年时间过去了，没想到第二年的 5 月 16 日，我无意中翻开该报当天报纸，竟发现了这篇文章！这迟来的两千左右铅字，当时带给我的，是何等的喜悦。

这篇文章就是《放鸡》。写的是山区孩子特有的一种劳动。他们用竹篮将鸡背到刚收割的稻田上，让鸡群捡吃散落的稻谷，然后再将它们装进竹篮背回家。文章内容充满童趣，语言也较为活泼。

第一篇发表后，我又寄去一篇。当时想，编辑们青睐我的文章，说明他们能够接受我的写作风格。这一篇，是写我家乡如何消失的。文章弥漫着浓浓的哀愁，其中的一首七律诗，自创的，平仄不符。发出去时，我已作好漫长等待的准备。我想，只要能发表，半年后见报也行。

想不到的是，6月6日，我的文章就见报了。我喜出望外。这速度太快了。高兴之余，我又有些遗憾。原题"岭外村，一个消失了的世外桃源"变为"岭外村，消失的故园"。妻子听了，对编辑大加欣赏。说是简单扼要，不拖泥带水。我有些释然。

此后，我成了《金华日报》"百姓话题"版的常客。在该版面，短短两年时间，我发过十余篇文章。

正是《金华日报》的鼓励，我才笔耕不辍，创作之路越来越宽。慢慢地延伸到其他报刊。至今，发表过我作品的，有三十余家。其中《中国劳动保障报》发表了近三十篇，《中国青年作家报》《联谊报》近十篇，《新民晚报》三篇。

问：你认为好的散文应该是怎样的？

答：我想，散文首先应是美的，给人以快感，让人回味无穷的。

虽然，散文创作与小说、诗歌相比，更讲究作者的亲身体验和主观感情，但并不是说不要写作技巧了。它也不宜过多直白的记叙和纯粹的抒情。它不能只是生活的照搬照抄，个人史事无巨细的实录。要求在求生活真实的同时，也有剪裁，有隐现，有悬念，有伏笔和照应，有意想不到的结尾，有让人震惊的细节。

它忌直，忌平铺直叙，忌议论过多，忌作者站在前台直接强加主旨。要婉曲，要描摹形象，要细节，要曲径通幽。总的说来，就是要艺术化。

对我来说，散文创作要学习的地方有很多，探索之路还很长。

问：你对自己今后创作有什么打算？

答：现在我的散文创作，还有两个方面的难题。

一是题材方面。

平时常听人说，你是作家，坐下来一动笔就是一篇文章。这其实是对写作的一种误解。写作不是自来水，不可能水龙头一捏，创作素材就能源源不断地流出来。

该写什么，还有什么好写，一直是我思考的问题。以前写老家，回忆的内容已写得差不多了。现在，写生活类小文章，也能发一些。但这还是远远不够的。

自从2018年加入县作家协会后，我参加了作家协会布置的许多采风活动，如老兵的采访，基层好故事采访，党支部、党支书和优秀党员的采访，重点村镇的采访，道德标兵的采访、先进企业的采访等。从中写了一些文章，参与了几次整稿工作。收获很大，感触很深。

我想，现实生活是丰富多彩的。只要沉下去，写现实生活，写当今社会，道路会越来越宽广。

二是突破问题。

散文贵在突破。现在看以前的一些作品，有选材雷同化、立意一般化、叙述语言过多等的问题。要解决它，得下苦功不可。

首先，要学习名报名刊的名家散文，拓宽眼界，提高散文鉴赏能力和创作能力。

其次，我想尝试多种文体的创作。通过诗歌和小说等文体创作，汲取艺术技巧，培养虚构和裁剪本领，多角度地表现现实生活。

总之，今后我将立足生活，挖掘真善美，多写一些温暖的，与读者产生共鸣，使读者有一定感触和收获的文字。

访谈感言：

"当家园废失，我知道所有回家的脚步都已踏踏实实地迈上了虚无之途。"这是刘亮程散文《今生今世的证据》的最后一句话。这个学这篇课文时原本难以理解的句子，在听了朱老师的一席话后，豁然开朗。

作为文学，有一个非常大的作用，那就是唤醒记忆，留住记忆。"现实中的家乡成为废墟，而心中的家园却渐渐清晰起来。"朱老师由教师而成为作家，至今热情不减，笔耕不辍。这便是一个重要原因。

这次采访，我的收获很大。文如其人，言如其人。读他的文章，如同进入一个充满情趣的多彩的世界。听他的话语，可以感知他丰富的情感世界。我想，要成为作家，首先感情必须丰富，有韧性，是热情如火的人，百折不回的人。

相信朱老师，能像一条河流历经九曲十八弯汇成大海一样，从故乡出发，越走越远……

陈国友：文学给我无穷力量

　　访谈对象：陈国友，字云竹，号紫岩。中国报告文学学会会员，中华诗词学会会员，中国楹联学会会员，浙江省作家协会会员，金华市作家协会常务副秘书长，金华南山诗社社长。

　　访谈人：周晗盛，金华广电融媒体记者。

问：陈老师，据说你从小喜欢文学，那么能否谈谈你如何与文学结缘并开始写作？

答：其实我的文学启蒙是连环画，我自幼家境贫寒，没钱买书，常常去人民广场的小书摊"蹭"书，坐在水泥台阶上看书一看就是大半天。连环画上的历史故事和革命故事是我最初认知的文学素材。为了能够多看一会儿书，我常常会主动帮摊主整理连环画，换取更多的阅读机会。也是在这个时期，这一本本小册子上的故事成为我童年为数不多的快乐之一。我看过的连环画还有另外一种用途，那就是成为弟弟、妹妹的故事题材。我看完了连环画，常常会绘声绘色地把故事讲给弟弟妹妹听，到后来，我就开始给弟弟妹妹"编"故事。从看故事、讲故事，到编故事，那时候我就在想能把故事写下来该多好。所以我从小爱看书、爱琢磨，也爱写作，写作一直是我的长项，并将这项优势一直保持到现在。

问：那是什么让你爱上了写诗呢？是否有特别让你难以忘怀的原因或者人呢？

答：有的。1979 年，我意外获得了第一本关于古诗的专业书籍《唐宋诗举要》。在这本书中，我接触到了李白的豪迈诗情和杜甫的忧国情怀。而这本标价 1.1 元的书籍是我在废品回收站"淘"到的。那一天，我照常去婺江游泳，在解放门路过一家废纸回收站，这本《唐宋诗举要》随着废旧书报的坍塌而跌落路边，恰巧就被我发现。我如获至宝，用家中的一个纸箱换回了这本书。这本历经了斑驳岁月的古书籍，在我心中显得尤为厚重。我小心地珍藏，每当轻轻地翻阅着泛黄的书面，虔诚而又郑重，仿佛回到了 42 年前抱着《唐宋诗举要》回家的那一天。

1979 年，我从建国路小学初中部毕业，续读了一年初三后考入金华六中高中部，但由于金华六中因故撤班减少招生名额，我就进入金华市量具厂（后单列为金华市包装装潢厂）谋了一份生计。早年间，我喜欢翻看民国时期语文教材，从此接触了繁体字印刷的文言书籍，积累了文学基础知识，并对中国古典文学产生了浓厚的兴趣。在 1980 年后，我尝试着古诗词创作，从简单的仿写开始，逐字逐句地用心斟酌。在其后的两年中，我写了 80 多首古诗。在一次机缘巧合下，我将所写诗词呈给浙江师范大学的一名文学教授，希望得到他的肯定和帮助。这位教授也就是我初中同学陈点的父亲。在教授家里，我没有得到表扬，反而得到了一顿严厉的训斥。这是一位学术十分严谨的教授，他说我写的诗乱七八糟，简直是一堆垃圾，只知道押韵，根本不知诗词的内在格律。好在训斥之后他又鼓励了我，说年轻人会写古诗，实在难得，偶有警句，也属不易。当年写的古诗虽然缺失格律之美，但依稀能见我想要表达的中心思想。那个时候写的古诗，比打油诗强一些。

在 80 年代，会写诗写文章的青年人常常自诩"文学青年"，我也不例外。在浙江师范大学教授的指点下，我暗下决心，要努力钻研古诗写作。1984 年，我在金华新华书店购得一本《文学词典》。这本书里面包含了对诗歌、诗词等文学知识的讲解。然而，随着我对这些知识的逐步深入了解，我甚至对写诗词有了一种恐惧。这种源于内心的真实恐惧是对诗词的敬畏之心，让我不敢落笔，唯恐亵渎了诗意。诗情难寄，我苦闷许久，一度放弃古体诗，转而写新体诗。在一年的时间内，我写了 30 多首新体诗，但内心始终放不下古诗词。1985 年，我获得了两本重要的古书籍，吴丈蜀的《读诗常识》和陈振寰的《读词常识》，这两本书让我摸到了古诗词的格律，也树立了写诗的信心。

问：你是金华南山诗社的社长，据我所知也是诗社的创立者。那么是什么让你想要创立这样一个诗社呢？

答：就是为了弘扬中华文化，诗词就是我一辈子的初心。我希望自己既是中华诗词的创作者，更是中华诗词的传播者。2016 年，我成立了金华市悠然南山诗词创作工作社，又名金华南山诗社。我们成立金华南山诗社的初衷就是想为金华的诗词爱好者提供了一个风清气正的诗词创作和交流平台。金华南山诗社是以"崇尚情怀，力求精品"为宗旨，以自然清新、质朴凝练为诗风的诗社，要做到立足金华，放眼全国。2017 年，我担任金华市作家协会辞赋文学创作委员会主任，由此金华市作家协会也成为全省唯一一个下设诗词辞赋文学的机构。同时，我还担任金华市作家协会的常务副秘书长，以积极的热情为全市作家提供满意的服务。为了让更多的金华市民了解金华及八咏楼历史文化，我代表金华市作家协会和金华南山诗社与金华市博物馆合作，开设八咏讲堂，并率先主讲。到目前为止，已举办 16 期讲座。另外，我还组建诗词学习群，吸引金华的诗词爱好者参与互动。在学习群中，我把自己的切身经验和书本知识相结合，传授给前来听课的诗词爱好者，并传播中华优秀的传统文化。

问：你在诗词方面有如此高的造诣，必然拥有自己独特的体会和灵感来源，能够和我们分享一下吗？

答：诗词创作离不开人文风土的浸染。我是地地道道的金华人，在我的诗词中总能寻觅到金华的历史人文。前段时间，由我参与创作的《老地名诗词》业已完成，这是《老金华的记忆》系列丛书之一。在我看来，如果能够用手中的笔记录金华的历史变迁，这也算是一件造福后人的好事。基于这样的一份责任和担当，我查阅史料、走访各地，撰写了一部 20 万字的《古婺诗缘》书稿，历经一年，几易其稿，反复考证，最近将要正式出版。书稿选取了沈约、骆宾王、张志和、李清照等 30 多位与金华关联的历代诗词名人诗作，进行了深入浅出的解读，既有本地历代涌现出来的诗人，也有因赴任、流寓、游历而先后踏上金华这块古老土地的外籍诗人。

我们知悉李白诗歌对于金华的描写，有如"闻说五百渡，东连五百滩""松子栖金华，安期入蓬海"等广泛流传的诗句。我在《李白与崔颢从黄鹤楼到八咏楼的诗缘》一文中，从唐代任华和宋代范浚的诗作中搜寻到"八咏楼中坦腹眠，五侯门下无心忆""慕太白之来游尝坦腹而高眠"等诗句，来佐证李白确实到过金华。做这些资料的收集和考证非常难，每一句都要经过细心地推敲打磨。现在我的另一部书稿《清风吹落婺州诗》也已经完成 30 万的初稿。我将尽我所能为金华的历史文化尽点绵薄之力。

罗曼·罗兰曾说，世界上只有一种英雄主义，那就是认清了生活的真相，还依然热爱生活。生活也好，写诗也罢，一时的困顿从未让我放弃心中所爱。现在的我可谓是苦尽甘来，正如我自己设定的幸福标准，尽情享受人生的快乐。

访谈感言：

陈国友老师，是一个年少时就怀有文学梦想的人。"草根诗人"可以说是他身上重要的标签，就像扫地僧，隐于世间。很难想象，他是如何在清贫的岁月里保持着对文学的向往，在童年时光里一寸一寸地编织起自己的文学梦想，在荆棘密布的生活中不畏艰险，勇敢跋涉，一边从平凡的工作中发现光芒，一边在清贫的岁月里书写诗意。尽管生活对他未必优厚，但他却能汲取生活的力量将其融入笔下的文字，这就是他的诗歌最鼓舞人们的地方。

章锦水：妙墨问禅，大隐隐于诗

访谈对象：章锦水，字樵隐，号漫学斋主。1965 年 10 月出生，浙江永康人。中国作家协会会员，浙江省作家协会诗创委委员，浙江省散文学会常务理事，永康市作家协会主席。20 世纪 80 年代开始文学创作，曾在《诗刊》《诗歌月刊》《诗江南》《诗选刊》等几十家报刊发表作品若干，出版个人诗集《大和谐》《大地游走》两部，主编丛书两套。

访谈人：冰水，诗人，中国作家协会会员，《浙江诗人》副主编。

问：章老师好。樵隐是你的笔名（艺名），前几天关注你和大庸先生《纸上禅言——樵隐·大庸墨迹展》，知道你最近很忙，不知道有没有时间接受我的采访？

答：最近较多时间埋首于故纸堆里，然后完成一些文字的整理。谢谢你对我的关注。尽管时间的连续性呈现出严密的逻辑，但我想我们都有能力截取一段。

问：那么我们从这次墨迹展说起。作为诗人和作家，你同时醉心于书画创作。我想了解你是什么时候开始涉足书画，又是源于什么样的缘由举办了这次展览？

答：这场"纸上禅言·墨迹展"，从形式到内容都是我拟定的。缘于大庸先生初夏时的一次携画造访。大庸的画颇为散逸，寓有生趣和禅意，很能表达人到中年的情怀。所以，我提议合作玩一场。前年我曾为其十二幅画配过诗，出过台历。《诗江南》杂志 2016 年 12 期发表了我的这组诗。原本这次也叫书画展，但我说：还是回归到墨迹吧。这不是低调，而是真实。真实是最经得起阅读的。

对于书画，我很年轻时就喜欢看、藏。而创作则是因为近年手痒。大概看得多了，就想握握那支能创造神奇艺术的毛笔。的确，只有握住它，才能感知它的灵魂，才能与纸谈心，与自己对话。

问：妙墨问禅，丝竹管弦，你的水墨有出尘的禅境，然而我在读你的诗歌时，又有着浓郁的生活气息，典雅高古。在这两者之间，你是如何转化或者说统一的？

答：禅是生活与修行。生活中的禅是不经意的发现与顿悟：简约中的丰富，空无中的妙有，喧哗后的沉静以及花开花落的声音，袅袅余烟的弥散。心若安在，禅便在。因此，禅离不开生活，更离不并典雅的语境与人文的理想。其实，对于一个禅者，出尘与入世不是两个人生向度，而是一种超迈的人生态度。

问：诗中有画，画中有诗，这是中国古典文学的追求。昔有唐代大家王摩诘参禅悟理，精通诗、书、画、乐。子瞻诗云："味摩诘之诗，诗中有画；观摩诘之画，画中有诗。"现在诗坛很多名家涉足书画创作，你对这样的现象如何看待？

答：我一直认为：诗、书、画、乐不仅同源，而且能抵达同一高度的美学境界，因此，自古以来很多诗人都是书画家或歌者、舞者。不管以何种面目出现，诗人的多种艺术表达都需富有强大的诗性。

我曾做过题为《艺术实践中的文学性探究》的讲座。我坚持一个观点：任何门类的艺术，离开了文学性或诗性，都不可能有艺术的生命力。

我相信，现在不少诗坛名家涉足书画创作，是另一种表达的需要，或是才情的溢出效应。当然，不可否认，也有不少诗人出于"为稻粱谋"，毕竟在市场经济体制下，诗歌能养活自己的人还在少数，书画则不然。

诗人的高贵不是饿死自己。

问：你的诗歌在校园时期已经成名。20 世纪 80 年代，应该说是中国诗坛的丰沛期。作为老杭大才子，当时你们的诗写状态是怎么样的？能介绍一下当时身边一起创作的诗人么？

答：往事如烟。20 世纪 80 年代，中国以朦胧诗为代表的现代汉诗发展呈井喷状态。在这股诗歌洪流的裹挟下，诗人众多，诗歌众多，社团众多，活动众多。我记得，在杭大时，坐在图书馆看书，一下会遇到几个埋首读诗写诗的人。他们中的许多甚至为诗歌逃课，为诗歌流浪，为诗歌癫狂。青春的荷尔蒙似乎专为诗歌生发。我当时同时是飞来峰、晨钟诗社、树人文学社的成员。后来还担任了校级文学社树人文学社的社长。卢文丽、尹剑峰、蔡天新、陈灿、汪宛夫、苏沧桑等都是当时杭大活跃的校园诗人、作家，梁晓明等一些诗人也常常聚集到杭大交流诗艺。

问：由于受经济大潮的影响，很多优秀诗人在 90 年代陆续离开诗坛，转型到其他行业。有些在 21 世纪初回归诗写，有些就彻底放弃了诗歌。你能谈谈自己的状况么？

答：是的。我有些诗友在 90 年代离开诗坛，步入商圈。但诗歌的情结一直还在。可以说，虽然不写诗了，但本质上还是个诗人。当时曾说过"商而优再诗"的一位朋友，现在果然回归了诗写。这就是诗歌的魅力。

至于我自己，其实三十年来一直没有离开过诗歌的文本阅读。尽管中间因忙于公务，有十多年很少写诗，但诗歌仍占有我生活、生命中的重要一席。我曾在多种场合阐述过这样一种平静的诗观：诗歌写作仅仅是一种生活姿态，她几乎等同于喝酒或抽烟的嗜好；她没有丝毫的神秘感和神圣感；她仅仅因为内心的需要而存在。但是，当面对诗歌时，我还是无法拒绝或抑制那份骚动与迷狂，仿佛有一股高贵的力量，在推动我走近诗歌，直至进入诗歌。

问：作为作家、诗人，身在官场，业余翰墨飘香。你的朋友郎遥远曾经调侃你："你走入官场，老家多了一个好官，中国少了一个茅盾文学奖。"但我知道，作为曾经的永康市作家协会主席，你不仅自己在创作中身体力行，也为地方文学创造了优质生态。大家都说永康的作家是幸福的作家。对此，你能分享一下如何建设地域作家的大观园吗？

答：郎遥远先生是国内著名的策划大师，凤凰网十大名博主之一。几十年的朋友。知我者，遥远也。但我不会对他溢美的调侃当真。我非学富五车，才高八斗之人。

身在职场二三十年，我也许是个另类，但从没想过要改变。自2006年，创立永康市作家协会以来，我兼职主席一职。一方面坚持创作，另一方面，也是最为重要的履职是为永康的作家努力创建一个优质的文学生态，为他们做些力所能及的服务。比如，每年举办多次采风活动或笔会、改稿会，请进来、走出去，加强文学交流；举行多次读书会、诗文朗诵会、文学讲座等，强化经典阅读和作品共享，活跃文学氛围；建立文学创作大本营，以江南艺术馆为基地，集聚本地作家，成为对内对外文化交流的便利平台；创建兄弟文学奖基金和喜成文学创作基金，以两个"一百万"激励作家深入民众，深入生活，创作出好的作品等等。近十年来，永康文学创作成果丰硕，涌现了一群优秀的作家诗人。如杨方、陈星光、郑骁峰、蒋伟文、吕煊等。

问：真诚感谢你支持《浙江诗人》。作为浙江诗人平台，我代表平台表示谢意，也想听听你对浙江诗人的看法和期待。

答：《浙江诗人》是浙江诗人的福利。不管线上线下，网络纸媒，都有很多的拥趸者。你们是辛苦的，可敬的，为浙江诗歌做了不少事。真诚地希望《浙江诗人》能越办越活，越办越好。

问：非常感谢你接受我们的采访，谢谢你支持浙江诗人公众平台，支持《浙江诗人》。祝你身体康健，阖家幸福，诗书画文，八面出锋。

答：谢谢你的祝福。

访谈感言：

人生是一场修行，经尘是最大的道场。作为诗人，作家的章锦水也是书画爱好者。他的诗中有空灵的禅意，又有人间烟火的气息。他醉心于诗词书画，隐于红尘闹市，修炼出了一种豁达的人生态度。

骆刚：执着与坚守，构建起内心真实的世界

访谈对象：骆刚，浙江义乌人，大学文化，义乌工商学院兼职教授，中国作家协会会员。大学读书时开始发表诗歌，曾获首届东西方诗人奖、首届《紫江诗刊》年度诗人奖等 20 多个诗歌奖项，诗歌入选《中国网络文学精品2016 年选》《通缉令——中国优秀诗歌抽样读本》《中国江海诗歌》《中国当代诗人档案（典藏卷）》，著有诗集《美丽的忧伤》《在时光中逗留》。

访谈人：梅海东，浙江省作家协会会员，《枣林》责任编辑。

问：你是什么时候开始写诗的？是什么原因促使你从事诗歌创作的？

答：大学读书时，有一天，同寝室有位同学拿来一本刊物，在我面前扬了扬，说："上面有我老乡发表的诗歌。"他的这位老乡是比我们高一级的物理系校友，经常到他这里来玩，所以我也认识。我拿过来一看，是一首抒情诗。读完这首诗后，我突然有了一种创作的冲动，随即在当天晚上，我就写了一首诗。写好后，试着给一家文学杂志投了稿，之后也没有把这件事放在心上，总以为石沉大海了。忽然有一天，收到了这家杂志社寄来的一个邮件，打开一看，是一本刊物，我的那首诗居然变成了铅字被登在了上面。这对于我这个初涉文学领域的学生来说，是何等的激动啊！第一次捧着散发着油墨清香的刊登着自己诗歌的杂志，我欣喜万分，只觉得理想的风帆一下子被一阵突如其来的风鼓得满满的。

我的文学之路由此出发，我参加了学校的文学社，并担任文学社刊物的编辑。其实，我读的是理科，上大学后，虽然也萌发了写诗的愿望，但终究没有写。正是因为有了这么一个偶然的机会，才让我与诗歌结缘。

问：你喜欢的中外诗人有哪些，他们给了你怎样的启发？

答：许多外国诗人的作品，如里尔克、沃尔科特、博尔赫斯、里索斯等，他们那种细微的观察与体验，那种阅尽沧桑之后的淡定、顿悟和开阔，那种简朴而又智性的表现手法，给我留下了很深的印象，使我难以忘怀，常常沉醉其中。正是因为他们真实地表现出人性的迷惘和渴望，和我的心迹不谋而合，引发共鸣。我国诗人卞之琳、戴望舒、艾青等以及一些当代诗人的作品使我汲取了更多现代诗歌的营养，一些新的理念得以凝结并铺展开来，对我产生了极其重要的影响。写诗就是不断突破自我，一方面努力让自己融入东西方诗学的传统，在技艺与观念河流中不断冲洗磨砺，不是一味地模仿，也不是排斥，而是找到一种属于自己的声音。

问：在当今浮躁的时代，从事诗歌写作，也许会被认为是不合时宜的，你怎么看待这个问题的？

答：在当今这样一个物欲横流的年代，用心灵之手触摸诗歌，也许会被认为是不合时宜的。就如在人流滚滚车嚣人喧的都市里唱一支田园牧歌一样，听不到喝彩，反而会招致人们对你的怀疑。

这个时代，追求物质的快感也许永远比诗歌的艺术要强烈得多。这个世界有太多的诱惑吸引着你的目光，社会巨大变革所带来的落差，常常令我们感到迷茫，变得浮躁，由于物质的欲望导致人类精神世界的塌陷，使人们的理想与时代的车轮发生了一些轻微的碰撞。当然我也不例外，因为每个人都不是生活在真空之中。但在经历了浮躁之后，重拾一种心灵的宁静，以一种从容的态度面对生活，保持一种心灵的纯净，坚守着内心的高地。我相信，更多的诗人，他们在用行动引领着人们走向人性光芒的道路，尝试着修复人类在前进之路上的创伤。

诗歌不可能给我带来荣华富贵，也不会为我打开权力之门，可这些年来，我对诗歌依然不离不弃，不是我有多高尚，也不是我清高，而是诗歌已在不知不觉间融入了我的生命里。是诗歌把我领入了一个更为广阔的天地，也让我的内心世界变得更加强大。

问：你对诗歌始终保持着一种清醒的认识，我想问，诗歌在你的生命中占据了怎样的位置？

答：每个人都生活在现实的世界中，我也不例外，不是一个生活的旁观者，不可能逃避现实，面对生活，我们有时会觉得很无奈，一个人伫立在风中，有时会觉得是多么的苍白无力，在与世界不断的触摸、分离、碰撞中，撞击出的火花就是以文字形式留存下来的诗歌，也许有时我们根本无法抓住这稍纵即逝的瞬间，也许是因为我们的苍白无力，也许是因为我们只能深深地领悟。

面对现实的困惑，生存的孤独，我们仍然需要坚守在生活的现场，以一种执着和坚守创新语言，解释着生命的含义。这种困顿后的清醒，不是对生活琐事的斤斤计较，也绝非狭隘的功利主义自救，而是在捕捉了生活的点滴，触摸了社会的表情之后，以一种宽恕去容忍个体的原罪，体现诗人的一种责任和担当。这也许是源于对人生作深度的思考之后，一种透彻的领悟，一种对生活最真切的体验。

我走过的诗歌之路，也许比一般人更多了一份坚持和执着。曾经有很长一段时间中断了写作，并不是我放弃了诗歌，而是生活的现实不得不使我作出暂时割舍。但诗仍与我不离不弃，当我为理想的破灭而万念俱灰的时候，是它给了我重新振作起来的力量；当我被冷漠的世俗眼光挫伤了心灵的时候，是它给了我温暖的慰藉；当我被命运抛向低谷的时候，是它静静地守候在我的身边。

问：你是否相信命运，是否依然沿着最初的梦想一路前行？

答：一个人来到这个世界，命运也许早已打好了草稿，从这个角度来说，我应该是认命的。但我的骨子里是一个叛逆的人，尽管我的生存环境和生活经历注定我要比很多人走得艰辛，在命运的巨手面前，我不得不走上一条离最初梦想比较遥远的路。无论命运之神把我抛向低谷，还是面对生命中的种种磨难，我都保持着足够的自信。从不去怨谁，唯有鼓足勇气和信心，与命运抗争，从最底层开始做起，不管遭遇多大的不幸和苦难，我都坦然面对。我把每一次打击，每一次痛苦或者快乐，当作人生所必需的体验。用自己的信念活出真实的自我，实现自我价值，我改变不了环境，但我可以调整自己的心态，可以拿永不言败的微笑擦去脸上的泪水。

生活也许是平淡无奇的，我却在嘈杂的世界里完成了一次次出逃，带着平凡人的苦痛。也许是因为诗歌，又在人间的烟火中获得了诗情的抚慰，从失意中走出，带着累累伤口，而此时，命运已经默许了我执意修改的部分。

问：你认为诗人应该具备怎样的潜质？

答：诗歌的抒情方式特别要求。诗人须具有一种特殊的潜质，也就是敏锐的感受能力。对生活的种种感悟来源于对这个世界的观察，诗人的责任就在于对这种观察必须保持一种足够的敏感，并把这种深刻而细致的观察上升到一种理性的高度，一种诗歌的高度。诗人需要具备捕捉日常生活中美好细节的能力，深入的体察和领悟，以自己的表达方式及个人经验来呈现复杂的现实世界，以文字来构建一个立体交叉、丰富多元的生活现场，同时也赋予了诗人一种个性化的隐秘创造，由此激活并获得诗性的体验。

我不是诗人，但我庆幸，上苍赐予了我一点点诗人的灵感。

问：诗歌是一种特殊的语言表达方式，你认为诗歌语言的特殊性表现在什么地方？

答：诗歌有其特定的话语系统。诗歌是在特定语境中通过语言文本展开的沟通活动，诗歌作为一种文学话语，通过作品，使诗人与读者发生特定的语言关联。如果单纯地人云亦云，进行诗歌创作，就不可能写出好的作品，诗人想要充分地表现自己的独特体验和思想，就必须要有独特话语系统进行鲜明个性的情感表现，同时，向读者传递一种自己的感受，进行心灵的交谈。这种沟通过程并不是孤立的，而是依赖于诗人独特的情感体验，个性化的语言表达系统才能得以实现。所以诗人的语言表达系统，是由丰富的生活经验、精神素养，并以独特方式构成，表达诗人独特的内心体验和感受。

问：请问你对好诗的界定标准是什么？

答：我认为，一首好的诗歌，不仅能打动读者，还可以从中获得诗歌中久违的那种梦幻，那种神秘，那种闪烁着光芒的力量。它将生活的感受重新置于鲜活的细节里，用精神的力量与之进行融合，这是对事物本质体验的结果。具有人性的、客观的、本真的内涵，有伸展自如的表现力，给人以无限想象的空间。在语感、语速、节奏、内在张力、空间拓展、文字鲜活和想象力等方面都应该有较好的展示。

问：你所处的地理位置，对塑造你的诗歌个性起到了什么作用？

答：我是义乌人，地处浙江中部，从小为家乡的人杰地灵而骄傲，人才辈出的文化名人中有初唐四杰之一的骆宾王、湖畔诗人冯雪峰……

任何一个有自己独特思考维度的人，都可能在人生不同阶段去触及乡土的边界，我同样没有远离。书写乡土情结，不是迎合时尚，而完全出于对抚育自己成长的这片土地的真切感受。我的生命在这块泥土中扎根，诗歌酝酿和发酵的过程，也是重塑自我的一种方式，构成了笔端诗意生成的契机，所有的感念是由外向内，直抵诗的精神核心，既是生活中真实的经历和感触，也是在内心获得充分释放后的还原。对一个地理位置的认同，也使我的写作一直在朝着抵达内心的真实，倾听那种自我声音的方向努力。

问：在诗歌之外，你是一个怎样的人？

答：我是一个普通的人，一个纯粹的人，喜欢毫无牵绊的自由自在。一个脚踏实地的人，有责任，有担当，自信，果断。一个有理想有情怀的人，执着，坚持，用心做好每一件事。我觉得，一个人只要树立了目标，人生的梦想也许并不遥远；只要坚持不懈，就可以让人生变得更加辽阔、深邃。

访谈感言：
骆刚是一位专注于构建自己内心世界的诗人，他的诗歌情感饱满、细腻，节奏感较强，语言简洁且富有张力，他在不断地接近自己内心的真实，并向读者传递出他脉动的心灵迹象。他的诗歌无疑或多或少留下了生活的痕迹，既忠实于内心，又超越于生活，这些句子恰如虚拟的羽翼，穿越过现实的荆棘丛林，独自飞翔。这是一个需要发出自己声音的时代，这也是一个需要悉心倾听的时代，我们可以从中感受到是什么在支撑着诗人一个强大的心灵。

杨荻：曲终人不见，江上数峰青

访谈对象：杨荻，本名潘卫青，资深媒体人。20 世纪 80 年代开始写作，著有《美丽的忧伤》（合著，1990 年）《独自歌唱》《边鄙》《青痕》等。

访谈人：郑妙咏，网名下雨的樟树、履雪等，金华市作家协会会员。

问：谈谈你写作的缘起吧！

答：大学期间开始写诗，当过学校诗社的副社长。1986 年，长沙市三所大学联合举办红枫诗会，我是操办者之一。那次活动影响比较大，我有两首诗作参加朗诵。后来，朗诵者还夺得长沙市大学生朗诵会第二名。

问：你是我接触最久的文友了，虽然我们相聚的时间不多。记得你当年在金华电业报上班，住在招待所，你和洪加祥、黄一钢准备出版诗集。20 世纪 90 年代，出版社为诗人出诗集，这在金华可能是罕见的，诗集叫《美丽的忧伤》。

答：那年我分配到金华，举目无亲，因为投稿，结识了金华日报副刊《婺江》的编辑洪加祥，我视他为大哥。他的报告文学很有名，但也写诗。他说中国国际广播出版社约稿，出一本诗集，于是手忙脚乱开始选诗，最后，我，洪加祥，还有黄一钢各辑入三四十首诗歌。

诗集出版后，三人各分到一百块钱和一百本诗集作为稿酬。诗集是从杭州扛回来的，除了赠送给亲朋好友外，需要自己销售一部分。

后来，在你的鼓动下，就把诗集摆到新华街人民广场的台阶上售卖，居然卖掉好几本，我们两人还洋洋得意，但不一会穿制服的工商人员来了，警告不准无证经营，就收摊了。

问：当诗歌遇见哪怕一丁点权力的时候，就要败下阵来！不过，回想起来，这有点近似于行为艺术。是这样吗？

答：诗歌的迷狂多少与尼采所宣扬的狄奥尼斯酒神精神相通，在身心受到钳制的社会现实中也是暂时的解脱。其实，我也创办过民间油印的诗刊《乌鸦》两期，拿到浙师大等高校寝室里去卖，结识了师大的一些诗人。那时，诗歌的黄金时代已近尾声，市场化浪潮席卷大地，文学迅速被边缘化。对我而言，诗歌是青春的印记。

问：三十多年过去了，许多诗歌爱好者对这本册子记忆犹新。如果写作金华当代诗歌史，这本诗集是一个绕不开的话题。你的诗歌特色我还记得，感情很浓烈，节奏也很明快，寓意很深刻。你自己对这个册子怎么看？

答：我觉得自己的诗歌比较青涩，没有定型。那时我总想着脱离原先郊区的单位（它庞大而封闭，我把它叫作古堡），谋划生计的出路，就将诗艺冷落一边。1992 年，我考进金华电视台，担任新闻记者，被新闻专业主义理想所吸引，想铁肩担道义，因此除了写过几个系列的诗作，基本搁笔了。

问：但我记得那时你发表过很多诗意的随笔，有时你换个笔名，我还是能读出是你的文笔。除此你还创作发表过何种体裁的作品，能跟我们说说吗？

答：是的，写过一些诗性散文，有别于传统的写法，它们后来收入《独自歌唱》的集子。不久我负责《新闻透视》和《金华新闻联播》栏目，工作节奏快速而繁忙，就没有大体量地写下去。

问：有一次，我去你佳音街的家，那时，网络开始出现，你打开电脑给我看网络诗歌，诗歌的神秘面纱被网络热风吹得无影无踪，论坛上五花八门的诗歌让人无所适从，这是我们最后一次聊到诗歌，此后，我就看不到你诗歌写作的踪迹了。你是怎样看待网络诗歌的？让你失望了吗？

答：是的，网络上的大部分诗歌让我非常失望，缪斯的圣洁似乎被玷污了。当然，一个人可以没有诗歌作品，但内心应有诗性，诗歌与诗人是相互选择的，你不一定能把她赶走。这，也算是诗人的宿命吧！

问：你的诗歌特点很鲜明，感情纯洁无邪，节奏明朗，意象简单明了，景色宁静优雅。你的诗歌起点高，后期的作品，日常语言特征非常明显，能说说受谁的影响吗？

答：我后来喜欢卡夫卡，诗歌、散文都希望充塞后现代主义元素，孤独、迷茫、绝望、幽默、毁弃……社会转型期这些所谓消极的情绪，现在看来也是很真挚的。我们处在工业化社会，不得不把西方诗人体味过的社会思潮重新体味一遍。

问：你的随笔散文，短小清丽，情感浓烈，能分享一下你的散文观吗？

答：前面说过，我追求诗性散文，语境、用词我会精雕细琢，尽量精致。还可能运用了明喻、暗喻、反讽、象征等写作技法，但我觉得散文最要紧的是性灵，我喜欢明清小品义，它也是中国文学继唐诗宋词元曲之后的又一成功体裁，我个人对明清小品文的喜爱超过宋词。

我也尝试超现实主义写作，让现实、梦境和幻觉交替，《无雪的冬天》《落第》等都类似这样的作品，当然不一定成功，但我的散文观很明晰，散文的疆域太宽广了。要尽量破除原有观念的桎梏。

问：最近，我又读了你的第三本随笔集《边鄙》，便又沉浸于你设置的文学意境里。可见你已经把这些年的所思所感融入字里行间，文字也不再像以前那样锋芒毕露，而是用冷静的笔触抒发浮华背后的凋零，用白描的手法，向人们展示乡村的凋敝和山川的荒凉。这类散文是不是你上面说的自己在努力探索的散文？

答：可能是吧。闲暇时，我喜欢登山涉水寻幽探古，有所思就形诸笔端，后来觉得是一种精神、心理上的"还乡"，它不仅仅是指地理上的，可能，人到中年，才会深切感受到从何而来、向何而去。但事实上，每个人都回不去了，你抵达的不再是记忆中的旧时地。譬如《方岩下的村庄》，貌似在写景，其实是写世事变幻。大批美丽的、文化沉淀深厚的山村，随着时移世易，人去楼空，物是人非，一切都在时光里黯淡消失，在文化心理上，我们再也无所凭依，像随风而逐的断线风筝。

一个村庄就是一部文化史和一个人的心灵史，一个村庄的消弭也把曾经生活在那里的人们的美好记忆和往事带走，失去精神性的家园，人们向何处去？这是个巨大的命题。

问：《月亮湖》，有很强的隐喻，从美好到恶臭，从期待到失望，从青年到衰老，就像一首死亡的哀歌。通过瓦尔登湖式的映射来烘托现实月亮湖的悲哀，是这样的吗？

答：是这样又不全然是这样，这个湖像一面镜子，反映出不同时期人的心境。我的许多散文，都是对田园牧歌式生活的深情回望。《边鄙》里许多文章是写故乡的景、故乡的人和故乡的事。任何一位作家，不论是写何种文体，其实都在写自己，塑造的人物再多，也是在写灵魂深处无数个"我"，而童年是每位作家取之不尽的创作源泉。

问：2018年，你的散文集《青痕》问世。你的散文，娴静处如微风细雨，低沉如江水呜咽，看不到电闪雷鸣，却是暗潮汹涌。不管写人还是状景，处处细腻委婉，特别是对人物的刻画，风趣幽默不回避自损。在选材上，谋篇上你是如何做到信手拈来，于平凡处独具慧眼的？

答：这些年，我主要局限于金华和故乡两地的题材，谋篇上，主要听从内心的召唤，尝试着不同的开篇。无论是深山、荒村，还是古寺、故园以及故人，只要心有所感，写作不算难事，只是尽量让现实与人文融汇。章法上，能独辟蹊径最好。另外，写作的状态尽量放松，笔法也就更加摇曳多姿。

比如散文《天空下的村庄》，一共七个村庄，但其实写作手法不一样，但表达的是意念里的村庄，或古典，或荒寂，或幽美，都是诗意的栖居地，是心目中的净土、乐土，甚至是神秘之地，它吸引着我从日常庸常的生活中逃离。

问：你的散文看似信手拈来，其实非常注重布局谋篇，文气一以贯之，所以形散意不散，把读者带进一个个处心积虑营造的意境，让人静下来、走进去。读完这本最新散文集，脑子里突然冒出"自由散漫"这个词，可是好的散文，耐读的散文，勇于探索的散文要的就是自由散漫。许多人的散文自由散漫不忍卒读，而你的自由散漫总是经久耐读，这点很难，你是怎么达到这一点的？

答：各地的山川草木，不管写什么，不管是村庄、河流还是历史人物，我都会详尽考究，引经据典，对散文需要具备的厚重感，我一点都不敢马虎，所谓"功夫在诗外"吧。另外，需要"化"的功夫，要化用而不显得生硬。比如《皤滩、皤滩》《山南岭北记》《岑寂明招山》《临岐笔记》《洞叭坞旧事》等等散文，我将风物山川和旧事掌故、思古幽情熔于一炉，这样，散文就不会枯燥和死板。

每个题材的处置也各不相同，手法必须多种多样，不拘一格，就是竭力为每篇文字寻找到一种曲尽其妙、恰如其分的表达方式，像《落第》一文，我就采用小说的叙述方式，并且带有梦幻的色彩，迥异于其他作品，而《洞叭坞旧事》尝试双重视角，交叉推进，行文不拖泥带水，意境渐浓时，戛然而止，想显示余音袅袅余味无穷的意境。

问：皖南诗人高月明这样评价你："杨荻的叙事钩沉带着现实与宿命的胎记。那些晦明交替的场景，埋藏着地老天荒的种子。隐约的记忆从烟雨空蒙中走来，湿身的效果一如桃花初经风雨，惊诧中裹紧苦寒……不难看出，从语言的拓荒美学上讲，杨荻是一个不辨寒暑的辛勤耕耘者，对词语的喜新厌旧有着别枝惊鹊的意外捕获。他对语言的超常体验与不懈激情，以及对叙事轮回跌宕的妥帖安置，来源于他清澈隽永的文字慧命；他对汉语寓辞于画的边际效应的准确把脉，得益于他早年的乡村经验和诗人敏劲的天性。"我觉得诗人高月明老师的评价很中肯，作为朋友，这也是值得我学习的地方。最后我再问一个老掉牙的问题，你是怎么坚持写作的？

答：这应该是他的溢美之词。我与高月明是三十多年的老友，彼此山水悬隔，但总彼此遥望。事实上我的写作暴露出许多缺陷，比如过于注重美文的概念，比如拙于城市题材的写作，另外，在写作的体系化方面很不够，所以文集中的篇章反差比较大，我正在写《在野》系列，目前已有一百七十多篇，十七多万字，我觉得它会整齐一些。

至于坚持写作的话题，我觉得你反躬自问就可以了，你几十年不都一直笔耕不辍吗？那是生命的内在要求，就像一句诗所写的：黄金在天上舞蹈，命令我歌唱。

访谈感言：

荒凉是无边无际的，杨荻发现了荒凉的美，他悄无声息地用语言叙述人世沧桑。他没有在浊浪里迷失；他书写人心的孤独，同时用心构筑起一个属于他自己的诗意世界，当然，如果你用心探寻，也会进入他的世界。

生命无所谓沉重无所谓轻微，最后都是虚无，而文字，或许是对抗这虚无的手段之一。

当我在这个炎热的夏天采访完杨荻的时候，耳畔萦绕着那句著名的唐诗：

曲终人不见，江上数峰青。

蒋伟文：写诗是关于存在的个人事情

访谈对象：蒋伟文，1966 年 11 月出生。中国作家协会会员、永康市作家协会主席。早年写散文诗为主，2007 年开始分行写作。在《诗刊》《十月》《江南诗》《上海文学》等报刊发表诗作。著有散文诗集《守望家园》《寻找爱情遗址》、诗集《证据》《流水的诗篇》。

访谈人：加鱼，永康人，现居杭州。自由撰稿人。

问：20世纪90年代，我读过你的散文诗。那时候你已在中国散文诗界有一定的名气，以至有人介绍你的时候，还把你定性为"散文诗人"。请问你是什么时候开始写散文诗的？又是什么时候转行写分行诗？

答：我是20世纪80年代中后期开始写散文、散文诗的。那时我上大学，正遇上"文学热"的余温，散文诗这一小众文体迎来了兴盛期。记得读大二时，我的散文诗《正是这条脐带》在湖南《散文诗》刊主办的全国首届会龙散文诗大赛中获大奖，给了我极大的鼓励，从此一发不可收。现在回过头看，那时的许多散文诗，严格来讲，不过是"小散文"罢了。缺少诗意，更缺少语言的现代性，感觉这条路越走越窄，以期寻找突破。从2007年起，我开始读现代诗，写分行诗，感觉突然打开了一片宽阔的新天地。就这样，断断续续，一直写到现在。

问：散文诗与分行诗有什么不同？或者说，分行写作给你带来那些新感觉？

答：散文诗与分行诗最直观的不同，就是一个是散文式排列，一个是分行排列。我不去评论散文诗与分行诗哪个更好、更高级，但不可否认的是，分行与不分行的阅读效果、视觉效果和审美效果是不一样的。有人说，一首好诗，即使不分行，它还是诗；但我要说，如果分行得体，它会更美妙。想想看，你如果把美国诗人威廉·卡洛斯·威廉斯的许多作品取消分行，诗味便荡然无存了。分行不仅仅体现一种建筑美，更重要的是分行体现出一首诗的节奏、气息。分行也是一种技术。所以，我觉得写分行诗比写散文诗好玩，要玩得好更难。

问：对一个诗人而言，你觉得读诗和写诗哪个更重要？

答：多读诗很重要。当然要多读优秀的诗歌，尤其是国际视野中的经典诗人的作品。有诗评家说，现代汉语诗歌传统来自两个源头：中国古典诗歌和外国翻译诗歌。我认同这个观点。过去，我们很难找到国外诗歌的中文翻译，现在诗歌译介多起来了，出版社出版专著译本，网络上也很方便搜索、查找。

多读，坚持写（我不说多写），才能保持一个诗人的敏感性和创造力。

问：你喜欢哪些外国诗人？

答：卡瓦菲斯、扬尼斯·里索斯、弗罗斯特、希尼、布罗茨基、沃尔科特、詹姆斯·赖特、罗伯特·勃莱、耶胡达·阿米亥、佩索阿、查尔斯·西密克、扎加耶夫斯基……这个名单太长了，我搜集他们的一些作品，值得反复读，每一次读后都会有收获。感谢这些大师为我们留下宝贵的诗歌遗产，也感谢翻译家为我们译介这些经典作品。

问：你认为一首好诗的标准是什么？

答：我想没有哪个诗人能拿出一个既有概括性又有准确性的答案。如果有人说，那也是他个人的标准。只有当你读了足够多的优秀诗歌，你的心里才会有一个好诗的样子；当你对诗歌有了更深刻的理解，你的"标准"就会随之提高。所以只能这么说，好诗的标准在无数的好诗里面，在好诗人的心里。

反过来说，许多"坏诗"可能有一些共同的特征，比如：不及物、情绪化、概念化、词不达意、沉迷于自我，诸如此类。

问：你曾提出诗歌的音乐性，但你又认为许多诗歌不宜朗诵，怎么理解？

答：我认为，诗歌的音乐性是一首优秀诗歌的特质。诗歌的音乐性包括一首诗的韵律、节奏、旋律感等几方面的和谐统一。韵律来自语感。节奏来自长短句组合、延时、停顿，前面说到的分行，即是调节节奏的一种手段。标点符号也参与营造节奏，逗号、顿号、句号的阅读延时效果是不一样的。所以，我不太认同没有标点符号的东西，除非不用标点符号也不会造成阅读障碍。

至于诗歌的旋律感，当前汉语诗歌还没有引起普遍的重视。当一首诗在复杂的经验、独特的表达时，一种浑厚、深沉的重音出现了，形成了起伏、回旋。这类似于弗罗斯特说的"意义之音"。诗人的任务就是寻找这种音乐效果。

诗歌的音乐性是内在的。在没有读懂诗歌内部的"乐谱"时，你用声音去读，它的音乐性反而可能被破坏了。我并不是绝对地说，诗歌不能朗诵。

问：诗歌最好的朗读者，就是诗人自己吗？

答：对。我不喜欢朗诵自己的诗歌，因为我读不出里面的"沉默之音"。

问：是否可以说，一首诗的长度相当于一首歌的长度？

答：可以类比吗？我不确定。强调诗歌的音乐性，可以考验诗人如何展开语言，又如何控制语言。我对诗歌音乐性的理解也可能存在问题。但有想法总比没有想法好，至少可以确立一个努力的目标和方向，保持一段时期创作的稳定性。如果发现自己走偏了，可以慢慢调整、纠正。

问：著名诗人柯平曾说你为人低调，是一个"被遮蔽"的诗人。诗歌在你的生活中占据了怎么一个位置？

答：早年写散文诗，但诗歌界不少人认为散文诗不好说诗；后来我写分行诗，从头开始，作品不多，自然人不了圈子，在读者中没有什么知名度。

现在普通读者对诗人误解太深，以为"浪漫才子""抒情王子"就是他们固有的形象；他们对诗歌的误解太深，以为一点小情绪、一点小哲理就是诗。像我这样性格、这样年纪还写诗，很多人会瞪大眼睛看你，觉得怪怪的。所以平时我不太愿意与人谈诗，找不到共同语言。我也不怪他们，写诗毕竟是自己的事情，但是关乎存在，是对存在的探询。我仍在写，几十年能够坚持下来，内心感到欣慰。

访谈感言：

这是一个内心情感丰富，却又喜欢沉默的诗人，他的文字极具感染力，语言质朴，但耐人寻味。他的作品在全国散文诗界有一定的影响力。

蒋伟文，一直在诗的世界里追寻生命的意义。

何惠芳：写作支撑着我的生命

访谈对象：何惠芳，女，籍贯浙江兰溪，浙江省作家协会会员。曾有散文《买咸桔的老头》入选《2017 年中国散文排行榜》，《古巷情深》入语文教育网赏析美文，小说《小狗之争》入省内外高中部阅读分析题等。著有作品集《并蒂莲》。

访谈人：张莉，《陶山》杂志副主编。

问：首先我要祝贺你，散文《买咸桔的老头》入选《2017 年中国散文排行榜》，请说说入选的经过？

答：好的。这篇散文先是发表在《新华文学》2017 年春季号（创刊号）上，继而又被《今日文艺报》转载。到了年底，侥幸被《2017 年中国散文排行榜》主编老师看中，于是，被排入《2017 年中国散文排行榜》，这也是我一生中非常荣光的事情。

问：能谈谈你的经历吗？为什么会走上文学道路？都写过什么文体？

答：高中毕业后，我当过代课老师，做过厂临时工，后正式招入供销商场当一名营业员。九十年代初下海经商，现为自由撰稿人。经商期间，我通过了高等教育自学考试，获得汉语言文学本科文凭。因其骨子里对文学的偏爱，我的文学梦一直在延续。

记得 1998 年，我的第一篇文章《一位军嫂的来信》变成"铅字"发表后，对我来说无疑是莫大的肯定和鼓舞，一下子就把我多年蓄积的创作激情点燃，便一路写下去，写进了《北京日报》《中国海洋报》《今日文艺报》《中国建材报》《新华文学》《西部散文选刊》《新疆文艺界》《江南》等省内外各报刊。后来前往北大求学，认识了一些散文名家，得到他们的鼓励和引导，开始参加全国性的征文比赛、文学笔会、年度评奖，也获得了不少奖项。

我的写作体裁比较广泛，诗歌，散文、影评，小说等等，什么都写，在文学上虽没有大的造就，但此生无怨无悔，毕竟在文学的海洋里畅游过！累并快乐着。现在热衷于写报告文学。

问：你曾在我们《陶山》杂志 2022 年第 1 期刊登过一篇散文《我生命中的元宵节》，文笔优美，有一定的思想内涵。后来，我还看过你写的一篇散文《英雄何处》，2021 年发表在《香山杂志》上，很受读者欢迎，尤其受到杂志社社长的嘉奖，说文笔大气磅礴，有丰富的文化内涵和闪光的思想，颇有阳刚之气，很耐看。请问，你是怎样认为的？文章写的是我国现代作家郁达夫光辉而短暂，可佩可悲的一生。看来，你在动笔之前，对郁达夫有过深刻的了解吧。是什么触动你创作这篇作品的？

答：谢谢《香山杂志》社社长的褒奖，怕是担当不起。不过，他的评价是我究其一生努力的方向。之所以写《英雄何处》，那是在我决定把"研究郁达夫"作为本科毕业论文课题之后。翻阅了大量的郁达夫资料后，我对郁达夫有了进一步的认识，钦佩他的文笔，认可他的以"我手写我口"的散文观点，当我了解到他不幸在马来西亚被日本宪兵所害，死后，连尸体都没有找到的可歌可泣，可哀可叹的英雄事迹后，我胸中郁积着满腔的悲愤和怒火，以及悲怆的泪水，促我终于忍不住提起手里的笔。不把他悲壮的一生写下来，我寝食难安啊！不过，这是一篇短短的压缩到5000字左右的散文，只能算是粗浅的认识罢了。

问：你认为散文创作需要注意哪几个方面？请具体说一说。

答：散文创作必须具备三要素：真人、真事、真理。尤其讲究真情和美的意境、美的文字。要想散文写得出俏，我觉得还需要抓住以下几点：一要拣自己熟悉的写，这样下笔才能游刃有余。在写的过程中深挖掘，把一件事写深写透。正如苏东坡的诗词"横看成岭侧成峰"随你怎么写，能够自圆其说就行。二要注重文学性，语言要精到，耐看，耐读，才能引导读者一直看下去，欲罢不能。三要注重思想性，胸襟要开阔，情怀要宽广，要站位高，看得远。因为思想是文章的魂。四要结构紧凑，散文是形散神聚，一篇文章要始终围绕一个主题。当你构思好一篇文章，开始动笔后，扯来扯去扯出去很远，扯不回来了，这就不行。你的思路得像弹簧，弹出去后又弹得回来。

问：最近这几年，你从散文创作转入报告文学创作，你觉得自己最满意的作品是哪篇？

答：是的，近几年，我重点转入报告文学创作。目前，有两篇《渡水东流》和《蝶变》在《北京日报》整版发表，《蝶变》还在《江南》杂志上转发。不过，现在看来，自己尤觉不满意，期待接下来有令自己满意的作品出现。

问：就写作报告文学而言，你有什么看法？觉得需要注意哪几点？

答：所谓报告文学是报告加文学，以文学手段报告新闻或通讯事实。历史与现实的巨人存在，是报告义学的源头活水，也是激发作者创作的原动力。因此，我觉得第一点需要注意的是，事件务必是真实的，不能随意虚构。如果非要有所谓的虚构，无非就是对人物的思想、行为和事件的某些无法还原的细节进行适度的猜想和构造，使得报告文学更有欣赏性、启发性和教育意义，但是事件本身必须是真实存在的。第二点，就是如何消化采访而来的资料，如何深入挖掘，通过自己的审美情感和格调文采把它自然、有机地融入作品中。第三点，就是要有文学性，叙述如何真切感人，这点很考验作者的文字功底，很大程度上显示文章出不出彩。第四点，一定要有场景和细节描写，它们是文学的细胞，不可缺少。如果觉得还不够，可以适当穿插作者对事件的观点感悟，可起到提纲挈领、点睛之笔的效果，如果以第三人称的方式表达的话，就能起到震撼人、唤醒人、教育人的目的。当然，要想写出一部真正的好作品，拥有以上几点还不够，还要有丰富的学识，较高的站位，勤勉的努力等等诸多缘由，缺一不可……以上只是我的几点粗浅的看法。

访谈感言：

从研读何惠芳的作品和与何惠芳的言谈中，可以浓浓地感觉到她对文学虔诚的敬畏和膜拜，对文学孜孜不倦的追求，以及对投入写作的执着与认真。由是，她人到中年才会放下生意作出远赴北大做文学旁听生的举动；由是，她才会选择关掉店面而专心写作。她的作品可以拿"用心、用情、用力"六个字概括，且具有一定的思想高度，生动耐读。她说：人生不可以从来。努力了，就不后悔。她说，路漫漫其修远兮，吾将上下而求索。写好一篇文章，不仅需要思想精深、艺术精湛，还要肯下真功夫、苦功夫、硬功夫，愿一直走在文学这条路上的她永不停歇，路越走越宽广。

张以进：有梦不觉天涯远

访谈对象：张以进，浙江浦江人，《读者》签约作家，浙江省作家协会会员，浦江县第八批拔尖人才，浦江县作家协会副主席，在报纸杂志发表作品百万余字，先后获第七届全国微型小说年度评选一等奖和第二届中国廉政小小说大奖赛特等奖。出版《最美丽的医生》《温暖的距离》《小蒜苗历险记》3 部作品集，300 多篇作品入选 260 多本图书，50 多篇作品入选语文辅导书，《一个人的演讲》《茉莉的愿望》等 10 多篇作品入选语文阅读试题，《人生最美好的一步棋》入选《不可不读的中国百年百篇经典小小说》、马来西亚华文学校《现代中文》校本教材和海外孔子学院《阅读》教材。

访谈人：朱晓美，浦江作家协会副秘书长。

问：作为一个业余作者，你在文学创作方面已经取得了很不错的成绩，你是怎么和文学结缘的？

答：我这个文学梦做得很长。我高中毕业的时候，正是二十世纪八十年代中期，那时候，农村青年想跳出农门，最大的希望是考上大学。我高考落榜，当了一名代课老师，偶然听到县百货公司的一位售货员因为写作，调到了文化部门，认为写作也是可以改变命运的。于是，我参加了学校的文学社，经常到图书室借阅一些文学作品，工作之余学习写作，心中萌生出了一个文学梦想。不过写作很难，投出去的稿件都是石沉大海；想不到三年后，我在浦江县文化馆编的《群众文化报》月泉副刊发表了第一篇散文《故乡》；1989年1月，小说《希望的岁月》获得浦江县文联举办的全县有奖征文一等奖。作品发表与获奖，给了我很大的鼓励。但是，文学这条路确实很难走，追梦无望，我听从朋友的建议，改写新闻报道，在县市报刊发表新闻作品，让我有了一份工作，解决了生活问题。后来很长一段时间，我做过乡镇报道员、报社记者、单位文秘等，都与文字有关，写的并不是文学作品。

问：从你的经历来看，文学是深埋在你心底的一颗种子。这颗种子什么时候又开始再次萌发？

答：2006年，我在建设系统从事文秘工作。忙于写单位材料，和外界的交流逐渐减少，发表在报刊上的文章越来越少。有朋友在交流时问我怎么不写了，让我不要放下手中的笔，他说练了这么多年，就这么放弃，怪可惜的。我问他，写什么呢？他说故事、小说都可以。我选了故事，参加了一个QQ群的故事网校培训，利用晚上和周末学习故事创作。2006年9月，在吉林《民间故事》发表了第一篇作品《为爱打折》；接着，我的故事作品先后在《百姓故事》《古今故事报》《上海故事》《民间传奇故事》等报刊发表。当作品不断发表的时候，我才感觉到，埋在心底的那颗文学种子依然生机蓬勃，她的萌发，给了我前所未有的激情，让我在文学路上看到了曙光。

问：对大多数人来说，几篇作品的发表很难改变生活，你却觉得文学改变了你，你的改变是从什么时候开始的？

答：这可能和我的一篇作品有关。2008年10月，我在《上海故事》下半年增刊发表了《人生最美好的一步棋》，这篇作品写了双胞胎兄弟杰森、杰克与总理握手的故事，是一篇讲述机会、拼搏的励志作品，全文只有1432个字，创作于2007年下半年。收到样刊没多久，有人添加我的QQ，是《格言》

杂志的一个编辑，她简单问了我这篇作品的创作情况，然后说，《格言》杂志要选用这篇作品。当时，《格言》《意林》火遍全国，浦江的书店里，每次走进去，我都能看到很厚的一大沓《格言》杂志，能上《格言》，做梦也不会梦到。《人生》这篇上了《格言》不久，《思维与智慧》《小品文选刊》也转载了。2009 年春，看到第七届全国微型小说年度评选的征稿消息，我把这篇作品复印五份寄了出去，想不到获得全国一等奖。正是这篇作品的获奖，让我赢得了参加《上海故事》骨干作者创作笔会的入场券。那年 12 月下旬，我第一次坐高铁去了上海，见到了仰慕已久的方红艳编辑。这次笔会，我游览了江苏锦溪古镇，登上了 474 米高的上海环球金融中心观光厅，不仅让我开了眼界，也认识了顾文显、吴邦国等多位全国著名故事作家，他们鼓励我要勤于创作，继续追梦。从上海回来后，我信心倍增，给自己定了目标，努力写作，争取出版一本自己的作品集。2013 年 9 月，我的第一本作品集《最美丽的医生》由敦煌文艺出版社出版，首印 5000 册。从发表、获奖到出版第一本图书，觉得比较顺利。

问：喜欢写作，你一直在坚持着。你有 300 多篇作品入选 260 多本图书，这么多作品入选，能不能谈谈你的创作经验？

答：除了那次故事网校的培训学习，我基本没有什么创作经验和技巧。我这个人做事比较认真，做任何事情都想着怎么去把事情做得更好。心想人家能够做到的，我也可以去试试。有着这股冲劲，写稿、投稿、参加征文比赛，我都会去试试。在作品创作中，以温暖、励志、感恩等正能量的主题作品为主。我初学写稿那几年，好几家出版社编印年度选本及适合学生阅读的作品选本，从网上看到征稿信息后，我就把发表获奖的作品投到指定邮箱。编辑也是看稿子的，好作品谁不喜欢呢。我就这么写着，投着，慢慢积累了创作经验，遇到好素材，也能够写出来。作品逐渐增多，发表、入选、获奖，渐渐让我找到了写作的自信和状态，作品也越走越远。特别是《人生最美好的一步棋》，到目前已经入选《不可不读的中国百年百篇经典小小说》《中国微型小说百年经典》等 47 本图书，被新西兰中文《先驱报》转载，入选马来西亚华文学校《现代中文》校本教材和海外孔子学院《阅读》教材。坚持写着，我也写出了《一个人的演讲》《茉莉的愿望》《最响亮的掌声》《最美丽的医生》《金子般的心》等一批作品，先后被选为语文阅读试题，有的还成为高考模拟试卷阅读题。

至于创作经验，我觉得最重要的一条就是坚持。写作是一场孤独的旅程，业余作者想坚持写下去，确实存在很多困难。譬如生活的压力，每个人都需要生活，离开生活去谈文学，这是不现实的。只有在安稳生活的前提下，才能有条件做自己感兴趣的事。我去主讲文学讲座，主要是谈三点体会：一是喜欢，只有喜欢文学的人才会去阅读，才会有兴趣去写，也只有喜欢着，才会在梦想旅途中努力前行；二是阅读，阅读是最好的老师，文学创作没有捷径可走，既不是通过学校培训出来的，也不是速成班能够培养出来的，要想在写作方面取得成绩，就要坚持阅读一些中外经典文学作品，从经典作品中吸取经验，领悟创作方法，然后结合自身经历用于创作；三是坚持，这是最关键的一招。我经常遇到一些文友，听完讲座时心潮澎湃，激情满怀，写了一段时间，看看没什么收获，便偃旗息鼓杳无信息了。写作并不难，但也不是想象的那么容易。要想写出好作品，需要有持之以恒的毅力，要有不到黄河心不死的决心。当然，仅靠这两点还是不够的，最重要的一条，就是坚持写着。我经常鼓励喜欢写作的文友：路，走着走着就远了；文字，写着写着就有了。我觉得，只有坚持不懈地写着，每个写作者都会有自己的文学小花园，里面的一篇篇作品，就是花园里的一棵棵小草，一朵朵小花，时刻带给一个写作者春意盎然的感觉，让人陶醉和幸福。

问：你认为写作给你带来了什么？

答：结合我自身来说，写作让我的生活更加快乐。一篇好作品的发表，你收到的可能并不只是一本样刊和一笔稿费。现在网络发达，很多报刊编辑都在寻求好作品。2019年3月，我的作品《一个人的演讲》在《上海故事》原创首发，这篇作品先后被《意林》《小读者》《经典阅读》等十多家杂志转载，还入选黑龙江、吉林长春、云南保山等各地的语文阅读试题，每当有文友告知我入选的好消息时，我都会有一段时间的欣喜，那种开心快乐是任何事情都无法比拟的。还有，像浦江县拔尖人才的选拔，人家都是高学历、高水平的行业翘楚。我去申报的时候，心中也很忐忑，没有读过全日制大专院校，也没有什么关系，但是，靠着文学创作的业绩，我成为浦江县第一个因为文学创作获评的拔尖人才。因为写作，我一个普通的农村青年，从山村走进了县城；因为写作，我有了很多志同道合的文友；因为写作，我比很多人多了一些文字；因为写作，我脚步没有到达的地方，我的文字已经到达。正是这样的一份份鼓励，既给我的生活带来了快乐，也激励着我在梦想路上不懈追梦。

问：创作路上无止境，今后你在创作方面有没有什么打算？

答：有梦不觉天涯远。每个写作者都会有自己的创作计划，我也一样。这些年，我逐步从故事创作转向小说创作。特别是我的经历比较丰富，当记者期间，曾跑遍浦江的村村落落山山水水；在建设系统工作，也有很大一块创作素材；到文化馆以后，也了解一些文化方面的知识。我想，生活在浦江这么多年，也想写一写浦江本土题材作品，计划是写一部水晶题材的长篇小说，素材搜集、人物采访早些年就已经开始，2017 年 4 月，我特意到水晶发源地浦江县虞宅乡去体验生活，吃住在新光村农民朱祖有家中，一个月的体验，让我感受到新光的美丽蝶变，很多生活细节都铭记在心。工作之余，我也经常会出去采访，采访那些在水晶行业跌打滚爬过来的水晶企业老总、水晶从业人员、外来打工人员等等，水晶行业里拼搏奋斗的很多故事让我非常震撼。有人说，故乡这口井，你挖得越深，素材就越丰富，喷涌的泉水就会越多。我想，假如有时间，我还是会再深入一点，再接近老百姓一点。

生活在浦江大地，我是非常幸运的，了解浦江，感知浦江，书写浦江，这是我的情怀和梦想，无论这部作品结局如何，追梦路上，我会努力写着，无论结局如何，都无怨无悔。因为，我爱着脚下这片土地，我深深爱着我的家乡——浦江。

访谈感言：

张以进一生只做一个梦，那就是对写作矢志不渝的文学梦。张以进生活简单，除了工作，几乎所有的业余时间都用在创作上，他常说有梦不觉天涯远，文字，写着写着就有了！路，走着走着就远了！期待他写出更加优秀的作品。

何金海：把自己置于历史中去创作

访谈对象：何金海，笔名六月六。1987 年 8 月参加工作，先后担任区团委书记、机关单位办公室主任、乡镇党委副书记、乡长、书记、宣传部副部长、文联主席等职，现供职于浦江县政协。中国作家协会、中国诗歌学会会员。出版散文集《月亮每晚都是新的》《我的乡愁》；在国家级、省市报纸杂志发表文学作品百余篇；《散文选刊》和《海外文摘》签约作家；获 2018 年度中国散文年度"精锐奖"。

访谈人：王婵娟，笔名青鸾。管理学、法学双学士，心理学硕士（应用心理学），国家二级心理咨询师，社会工作师。

问：看你的文章，越来越觉得你对浦江历史比较了解，字里行间历史文化的元素多、分量重，因此，文章越来越有味道。不知你是怎么把历史文化融入自己的创作中的？

答：现在的浦江和历史上的浦江比，我总觉得我们浦江历史上曾经有过两个文化方面的高峰，第一个是宋末到明初的文化高峰，第二个是清末到民国时期的高峰。通过学习这方面的历史文化，我发现第一个高峰，有很多全国知名的人物，比如方凤、吴直方、吴莱、柳贯、宋濂、张孟兼等等，这些在国内都是有名气的。你看宋濂，是明朝开国文臣之首，宋濂的文章不仅在浦江、在明朝很出名，在日本、韩国以及东南亚一些国家，都很出名。所以宋濂这个人物，从浦江走出去，不仅属于中国，也是属于全球的。而民国时期的这个高峰，最突出的是书画人物，如吴茀之、张书旂、张振铎、郑祖纬等等，在全国书画界都很有名。这两个高峰有一个共同的特点，就是以师生关系、亲姻关系的结对来联合发展，包括和周边县市的一些亲友、师生，最终形成高峰。这一点，我们现在的浦江人是远远不及故人的。

当你知道这些历史文化以后，就会在你的创作当中有意识无意识的，把这些历史文化人物以及他们的故事、包括他们的作品写进你的文章里，毫无疑问就会提高你文章的分量。"鉴古悉今""历史是面镜子"，没有中华上下五千年的文明就没有我们的今天。从某种意义上说，过去的已然成为历史，那么我们现在所做的若干年以后或者几十年几百年以后，也会成为历史。所以我们今天就是要不断地学习历史、走进历史，再为明天创造属于未来的历史。

问：听你这样一说，是否觉得每一个人都在历史当中呢？我怎么就没有觉得呢！请问一个人要怎样做才能走进历史？

答：不管你承认不承认，事实上每个人都在历史当中，但有的人，历史会记载你，后人也就知道了你；有的人不能记载，后人也就不知道你。比如：一个普通人，活着的时候，只有家里人儿子或者孙子能记得你，死以后也只有儿子和孙子会到坟前去祭拜祭拜你，到孙子辈之后基本上也就忘了。从这个角度说，一个人要成为历史，就得为历史做点什么？如果你做的是大事，那么就会有人记载你，这是一点；第二点就是你自己去记载自己，一个平常人，他不一定有机会做一些大事，但是你可以写文章，可以写你自己对生活、对山水花鸟的一些感受，把它写成文章写成诗歌等等。有的还可以在报刊发表，或出版成为图书，或者把图书送到博物馆、图书馆去保存，历史就会帮你传下去，无形当中你就成了历史中人，几十年几百年以后，人们能够看到你的文章、看到你的图书，哇！就能想起来，这是谁谁谁。就像我们现在看宋濂、吴莱、柳贯的文章一样。

问：如此看来，一个人要走进历史并不难，难的是该这样去认识历史？认识自己在历史中的作为？最好是能为历史做些什么？并最终使自己也成为历史中人。

答：是的，我常常对单位的同事和朋友说，并建议他们多看看书，多写写文章。有的人说我不会写，我说不是不会写，而是你懒得去写、不愿意去写。事实上谁不会写呢？你中考也好高考也好，学校读书的时候也好，作文总是要作的吧！再说了，一天下来，你累也好，辛苦也罢，总有一些值得让你去写的东西，就把它记录下来，哪怕是流水账的也行，因为写是对人生、对自己最好的记录。时间长了，把它连起来就是一篇文章了，有的人写回忆录就是这样写的。

如果你有些艺术细胞或者通过学习历史，旁征博引也好，引用典故也好，加上些风趣幽默和说笑，那么你的文字，就会有力量，人家就喜欢看。就像做菜一样，色香味形让人有食欲。这当中最重要的一点就是你怎么样看待自己在历史当中的地位，我们说大一点就是人有"三观"，就是世界观、人生观、价值观，我们说有三观的人，或者说三观到位的人，对这个问题的认识也就到位。有的人浑浑噩噩，有的人平平淡淡，有的人就喜欢去创造历史，这就需要我们在充分认识自己做个对社会有用的人的基础上，去积极地大胆地作为。

说到底却是，历史记载不记载不重要，能不能成为历史中人也不重要，重要的是我们值得这样去学，并且学好它；值得这样去做，并且做好它；值得这样去写，并且写好它。

问：早就听说你在文联工作的时候，参与建设了月泉书院，而且你还出了一本《月泉吟》的书。请问你是怎么做到的？很想听听你关于和月泉有关的故事。

答：在我知道浦江的一些历史之后，我就对月泉产生了浓厚的兴趣，一口随月盈亏的泉，既是天地间的理气，又是人世间的信养。2009 年，我到文联工作后，就把月泉作为文艺品牌来做。将文联刊物《浦阳江》改为《月泉》；以月泉为名出版文学作品集《月泉文丛》和诗歌作品集《月泉诗丛》；2010 年和 2011 年在创建浙江省诗词之乡和中华诗词之乡的时候，就以月泉吟社这一深厚的历史资源，结合浦江的诗歌文化来创建，获得了成功。经媒体宣传报道和领导参与活动后，县领导看到了月泉这一独特的人文历史资源。2012 年 6 月，县委县政府成立月泉书院重建工程领导小组和指挥部，领导就指定我参与这项工程。记得当时我是回绝领导的。我说文联是什么单位啊？就几个人，怎么能承担起这样的工程呢？二是我对建筑特别是古建一点都不懂，怎么能担当得起月泉书院重建的重任呢？但领导告诉说，你这几年不是在打月泉牌吗！不是在做月泉的文章吗！不是在挖掘月泉的历史资料吗！你不做让谁做啊？我就答应了下来，承担了月泉书院重建工程指挥部的常务副指挥。从 2012 年下半年的政策处理开始，到 2013 年的考古挖掘到规划设计招投标，2015 年 4 月 15 日，月泉书院遗址公园一期工程动工建设。经过近 5 年时间的努力，到 2019 年书画节的时候，一期工程通过验收并对外开放。

在这个过程中，我一边学习一边参与建设，一边建设一边向专家学者请教，努力提高自己，千方百计把工程建设好。那段时间老婆刚好在北京工作，儿子也上大学了，我一个人白天工作，晚上就看和月泉有关的书，看古建方面的书，然后写关于月泉、月泉书院和月泉吟社的文字，写工程建设的日记，到月泉书院一期工程对外开放后，我的《月泉吟》也由政协文史委作为浦江的文史资料出版了。

我还有一个梦想，就是在退休后，将有关月泉吟社的故事写成类似于《桃花扇》的作品，书名还是《月泉吟》。因为这个"吟"字很有意思：《说文》中说：吟，呻也。月泉、月泉吟社，是浦江诗歌文化的标志和品牌；吟诗作赋是吟，唱、抑扬顿挫地念也是吟，一声叹息、一声鸣叫也是吟。

一个"吟"字，要把她表达出来，大有文章啊！

一个"吟"字，所能表达出来的，就是历史啊！

访谈感言：

不管你承认不承认，每个人都活在历史中，但是能不能被历史记住，或者说能不能留下历史，并不是每个人能做到的。要想做到就必须先让自己走进历史、学习历史，然后去创造历史。何金海的创作经历给了我们许多有益的启示。

木汀：诗是人学

访谈对象：木汀，原名杨东彪，另有笔名木沐、七月、阳芷、木易等。1967 年出生。中国作家协会、中国电影文学学会会员。出版有《七月诗选》《七月-第三季》《春》等诗集、诗画集。

先后担任国内重要诗歌奖项评委、第五届夏青杯全国朗诵大赛公安赛区总决赛评委、巅峰诵读总决赛评委。首届东亚诗人大会（中、日、韩）中国诗人代表团副团长，第三届中美诗学对话中国诗人五人代表团成员。

现供职于中国诗歌学会，系第三届中国诗歌学会理事、副秘书长，第四届中国诗歌学会常务理事、驻会副秘书长。

访谈人：雁西，原名尹英希，《中国文艺家》总编辑，中国诗歌学会副秘书长。

问：你常称自己是金华的宁波人，我们想知道的是，究竟是金华还是宁波，给了你诗歌的梦想？

答：我是宁波人，又是金华人。我曾写了一篇《寻找记忆：诗仙笔下"金华渡"》的散文，刊发在 2019 年 2 月 23 日《新华每日电讯》，就把宁波和金华的渊源表达清楚了。

我在金华学习、生活了 20 多年。金华文人辈出，尤其金华金东，方寸之间的"金三角"，却诞生了人民诗人艾青和人民音乐家施光南。但那个时候，我从不认为金华是我的家——户口簿及林林总总填写的表格中的籍贯"宁波"字样，不仅深深地烙在记忆里，而且实际上根深蒂固地成为一个人对家乡的认知。

我是小学三年级开始发表作品的，但不是诗歌，是类似日记的散文。我不是勤奋的写作者，断断续续的，有时能放下很多年。

写诗大约在 1988 年，刚过 21 岁，一个充满憧憬的年龄。那年五月，我去北京，此行的目的，就是要去拜见诗坛泰斗艾青。从浙赣线金华站出发，平生第一次出远门，第一次坐卧铺，20 余个小时的"忐忑"，难掩内心的"泉涌"，趴在卧铺上，于是开始了我的第一首诗作《告别》创作：

"汽笛将渐渐拉长的目光/交给车轮/微笑成为永恒/江河潺潺/南方与北方/从今以后/将互望互耀/蚕用生命证明自己的执着/沉重的历史不再需要延续/挥挥手/代表着一个开始/车轮作序是一种主题/告别季节/是季节的含蓄/拉长的目光如雨渐渐响在土地的深层/北方和南方"。

一个月后，这首诗在当时《北京晚报》上发表。那时的《北京晚报》还只有 4 个版面，处女作能发表在《北京晚报》，又意外又惊喜。

遗憾的是，那次拜访艾老的计划，终因故未能如愿。记得那天我在艾老原来住的那个四合院的丰收胡同来往"磨蹭"了几十遍才沮丧地离开。以至艾青夫人事后说起这件事，一直责备我的胆怯。

《告别》像是我的宿命。1993 年，当我又一次从浙赣线金华站出发前往北京，这个宿命的轨迹愈发清晰。

我说我是报纸培养的作者，并不偏颇。我创作的 90% 的诗作，是通过报纸发表的，而且是以北京的报纸居多。只不过我什么都写，散文、小说、评论、报告文学都有涉猎。

问：10 多年前，艾青儿子艾丹认为你的诗，带有很强的逻辑性，著名诗歌批评家张同吾为此专门写过《逻辑的抒情美》发在《文艺报》上，专门讨论过你的作品。能谈谈你的诗歌主张吗？

答：艾青的"朴素""单纯""集中""明快"的本质就是诗歌的人民性。艾青写诗，一直要求作品必须让读者看得懂，尽可能语言很朴实，不堆砌辞藻，不云里雾里。我想，无论到什么时候，这应当是诗的唯一标准。否则，诗离这个社会和时代会越来越远，可能成为少数人的"把玩"。

如果说诗歌需要有一种风格，体现属于诗人自己的诗歌主张，我想首先是"美"，美到极致，情感的极致，对读者对生活真诚的极致——这应当是我们常说的诗心。不管是小桥流水、花草树木、大好河山，或者生活片段和人生感悟，每一首诗都应当有对生活的思考和情感的流露，进而呈现一个温暖而优美的如诗如画的世界。

问：你期待什么样的诗歌？

答：中国诗歌是最早的文学形式，并且绵延不绝。"人类不绝，诗歌不亡"不是谵语、妄言。诗见证着中华民族文化和文明。

诗是人学。因人而异，允许每个诗人诗歌观点存在差异，但有基本审美的共同区间，这是诗歌的同心圆。

我们通常在作品的字里行间就可以感受到一个诗人对生活的观照、态度。毫无疑问，每个诗人都是真正喜欢诗歌的、真正在写诗歌的、真正懂诗歌的人，把诗歌当作生命在抒写的人；包括我们的诗歌评论家，通过他们的文字，真实地记录了诗歌的过去、现在和未来，都是以诗歌为大本营，守望中华优秀文化的传承，是中华优秀文化传承的实践者。

我深信，无论我们中国的诗歌如何演讲和发展，守护诗意的，一定是真善美。

问：这些年你一直服务于诗歌，以至于耽误了自己的创作，能和我们谈一谈心得吗？

答：近些年，我基本都在忙于诗歌教育的普及以及诗歌活动的组织，也经常跟作者讨论作品的修改直至发表。我们也做了一些大型诗歌活动，如李白诗歌节、徐志摩诗歌节、艾青诗歌节、童诗中国论坛、屈原杯诗歌大赛、东亚诗人大会、"我们与你在一起"全国大型诗歌公益活动等等。当然，我主要是在幕后做策划、组织和服务工作。

艾青夫人高瑛戏称我是不计得失的"杨白劳"，可能有时候因"杨白劳"的热心肠及善良，也会遭受误解，心生委屈。我的朋友们经常说，我只适合做公益事业；他们认为我是学问人，做生意不行。人过天命，我是觉得，凡是有利于中国诗歌发展的事情，都是值得做的事情，既然是值得做的事情，那么把它做好才是最重要的。至于个人，至于名利，不是诗歌所能。

诗是每个人对美好生活的寄托和期待。

问：无论是你的作品，还是你策划、组织的诗歌活动，都能看出你特殊的故乡情，你能谈谈对宁波、金华的感情吗？

答：我喜欢称自己是金华的宁波人。在诗歌的策划和组织中，不存在顾此失彼。艾青是中国诗歌史上不可或缺的、为中国诗歌的发展作出巨大贡献的杰出诗人，被中外公认的中国诗坛泰斗。因艾青诗歌节的举办，我到金华比较频繁，这里又有我的童年和少年的记忆，交集越来越多，感情越来越浓。事实上近些年来，尤其到了春节，心头总有一份莫名的牵挂。多少次，我领着家人，恰巧赶在除夕这天回到故乡，找一家酒店住下来，在这片土地上吃一顿年夜饭，没有告诉任何人，悄悄地来，悄悄地走。

而宁波，是我此生的标签，是LOGO，如影相随。

访谈感言：

金华是诗歌的城市，自南朝沈约登楼题八咏，首开诗韵风，到宋时李清照一改婉约风，留下"水通南国三千里，气压江城十四州"的千古绝唱，直至"诗坛泰斗"艾青于腥风血雨之中用诗歌的火把照亮风雨飘摇的中国，激励着无数仁人志士义无反顾向太阳……这一脉源远流长的朗朗诗风，铿锵诗韵，启迪了许多如木汀一般的诗人，他们创作了大量闪耀中国诗坛的鲜活作品。从阅读木汀的诗歌，到此次采访木汀本人，他对金华的脉脉乡情流淌在字里行间，洋溢在交谈始末，尤其他对艾青的追忆，对艾青诗歌的痴迷，对艾青诗歌主张的执着，让人感受到一份火热的赤诚，径直的奔赴，亦如那个在绿皮火车上执笔话心声、正当双十年华的温润少年。

西渡：诗是宇宙的语言

访谈对象：西渡，浙江浦江人。诗人、诗歌批评家，清华大学中文系教授。著有诗集《雪景中的柏拉图》《草之家》《连心锁》《鸟语林》《天使之箭》《西渡诗选》，诗论集《守望与倾听》《灵魂的未来》《壮烈风景》《读诗记》等。曾获刘丽安诗歌奖、《十月》文学奖散文奖、东荡子诗歌奖批评奖、扬子江诗学奖、昌耀诗歌奖、草堂诗歌奖等。

访谈人：崔丽娟，现任上海市文史研究馆编研室主任、《世纪》杂志副主编。中国诗歌学会会员、上海市作家协会会员。

问：有一种观点认为，中国现代诗是从外国诗演变和引进的，并没有什么优势。近年来国内频繁举办形形色色的国际文学活动，包括不久前在北京举办的"北京作家日"，吸引了不少外国作家和诗人线上线下参与。据悉，你的《西渡诗选》在"北京作家日"签约翻译到俄罗斯。你如何看待这些国际文学交流活动？

答：诗是超越国界的、普遍的语言，新诗的国际化身份恰好证明了这一点。所以，其国际来源（当然不是唯一的来源）不是新诗的劣势，而是它的优势。从历史来看，中国古典诗歌也是"国际"的，近代以前，它就对汉字文化圈的周边国家有巨大影响，近代以来，这种影响进一步扩展到了欧美各国。美国诗人中，受到中国诗歌影响的重要诗人可以数出一大串。2013年我参加了加拿大魁北克国际诗歌节，一些欧洲、阿拉伯、拉美的诗人不约而同向我表达了他们对中国古典诗歌的仰慕，一位秘鲁女诗人向诗歌节提交的作品好几首是为李白、白居易而作的。诗歌的这种"国际化"说明，它提供的不是一种地方性知识，而是一种普遍的知识，一种从本质上讲应该归于全人类的知识、智慧，把它限定为地方性知识是对人类智慧的贬斥。事实上，最好的诗都有这种性质。新诗接受外国诗歌的影响也不是服膺、屈从于某种外部的东西，而是把本来属于我们的东西交还给我们自己。国际文学交流的意义也在于此。在这种交流中，诗人、作家代表他们的民族，语言彼此赠予，受赠的一方固然获益匪浅，付出的一方同样从中受益，最终结果是极大地丰富了人类智慧的库存。

问：你写过不少题赠友人的诗，可见你是一位特别珍视友情的人。我国古代文人一直有互赠诗文的传统，对此怎么看？你的诗可谓"古典与现代媲美"，请谈谈在创作中，你如何做到古典与现代的共振？

答：唱和是中国诗歌中一个突出的现象，说明中国诗人对"诗歌共同体"很早就有深刻的领悟，诗在他们之间一直作为一种理解的力量发挥着心灵桥梁乃至心灵疗治的作用。按照存在主义的看法，孤独是人类个体的宿命，但诗并不认同这种宿命。一首赠诗是一颗孤独的心向另一颗孤独的心发出的邀请，和诗则是一种响应，在邀请和响应之间则是人类克服孤独的行动。这是人所能有的最高贵的行动之一，也是把孤独的个体挽留在世界上的温暖力量。但它的意义还不止于此。在我看来，唱和还具有超越个人情谊的更普遍的意义。我把每一首诗看作是一次召唤，一件赠送给世界的礼物，也是赠送给每一个人的礼物。可以这么说，已经存在的每一首诗都在呼唤它的和诗，而你写下的、即将写下的每一首诗既是对这种呼唤的应和，同时也是对另一首存在于未来的诗的呼唤。所以，诗歌共同体不仅是超越地域的，也是横跨古今的。对我来说，"萧条异代不同时"的悲伤在某种程度上得到了这一"诗歌共时体"的克服。作为诗人，我既生活在当代的诗人朋友们中间，也生活在这个由古今中外的诗人、诗歌构成的诗歌共时体中间。这使我感到幸运。

古典与现代的区分是一个现代的观念。对于我，这样的区分即使有充分的理由，也是值得反思的。当我在少年时代开始阅读屈原、陶渊明、李白、杜甫、孟浩然的时候，他们对我并不是古人，而是活生生的人类个体，真真切切地活在我的呼吸之间，也活在我眼前的自然中，与我分享着同一天地：陶渊明清澈的日光仍停驻在眼前起伏的麦浪上，李白飘逸的身影拉长了你饮下的每一滴酒液，孟浩然还在和邻翁讨论今年的收成……我大学毕业的时候，确曾考虑把古典诗歌研究作为终生的志业。只是因为写作的快乐最终超过了研究的乐趣，才使我放弃了这样的打算。我的诗作很多取材于中国的文学传统、神话、历史，但我的写作始终是面对当下的，我看重的是这些题材中在当下仍具有活力的部分，或者说，是题材中具有超越性、永恒性的部分。传统和现代同时教育了我，使我避免成为一个单向度的人。也可以说，我是非我，传统是非传统，现代是非现代。我、传统、现代这些概念，必须在它的本义之上加上它反面的内容，你才会对它的丰富内涵有较为透彻的领悟。斤斤于字面之义，诗和人都会失去很多成长的机会。

问：你在大学时代就开始写诗，后来似乎是以诗歌批评家的身份成名，现在看来，你的诗歌产量也不少，而且质量也很高。作为诗歌批评家和诗人，你更看重自己的哪个身份？这两者是什么样的关系？我们发现，很多好诗人也是很好的批评家，反之，很多好的批评家的诗写得也很好，对这一现象，如何评价？是赞成还是反对？诗人批评家与非诗人出身的诗评家比较有何区别？

答：我迄今只出过四本诗集（不算诗选），产量不算高。我的诗歌写作呈现间歇状态，中间有不少停顿。实际上，五十岁以前，我的大部分精力都消耗在谋生上了。有一段时间，文章发得多一些，诗很少发。由于这个原因，一些读者误认为我主要从事批评工作。其实，批评一开始并没有进入我的职业规划，它是一些偶然的因素促成的。写诗是一件私人性的工作，也可以说是自我的工作；批评则是一个社会性的工作。批评意味着介入到诗人、作品和读者之间，在其中充当一个调停的角色，这个角色从根本上说是社会性的。我的批评文章不少是应邀之作——这恰好也是拉金随笔集的中文译名，英文原名叫"required writing"，其中多数为批评文章。一个诗人可以把它的批评文集命名为"应邀之作"，但绝不会以此命名他的诗，因为写诗是响应你自己内心的要求。如果有诗的邀请这回事，那它也是一个无人称的邀请，就像我在前面说的，是一首诗对另一首诗的邀请，其中邀请者和被邀请者都是匿名的。它是一桩心灵内部、语言内部的事件，而不是社会的事件。写诗当然也有它的社会性，但它的社会性需要通过某些中介才能实现，批评就是其必要的中介之一，其他还包括发表、出版、阅读和诗歌交流活动等等。

问：你曾荣获刘丽安诗歌奖、《十月》文学奖散文奖、东荡子诗歌奖批评奖、扬子江诗学奖、昌耀诗歌奖等，最近又获得草堂诗歌奖。请结合创作体会讲一讲如何才能写出一首好诗？在你看来，好诗有哪几条标准？你有自己满意的诗作吗？能否以你某一佳作为样本给读者做解读？

答：怎样写出一首好诗，是每个诗人的秘密，打死我也不说。事实上，说了也没有用，因为这种秘密从根本上讲只对本人有效，"虽在父兄不能以移子弟"。说得更严格一点，每一首诗都有关于自己出生的秘密，对另外的诗同样无效。诗人必须在每一首诗的写作中去发现那个秘密，而不能依靠过去的经验。这是由诗对未来的倾心决定的。所以，写诗永远是一件冒险的事情，对初试身手的年轻诗人如此，对技艺精熟的老手也如此。

解释诗歌的工作应该由读者来进行。诗人自己的解释很容易变成对写作意图和过程的追忆。而我们知道，意图和效果不是一回事，记忆又常常骗人。因此，诗人自己的解释多半不可靠。在这件事情上，读者才是最后的权威。所以，请原谅，我不解释自己的诗。

访谈感言：

这篇访谈是 2021 年第六届上海国际诗歌节期间接受澎湃新闻的专访。我是《世纪》杂志副主编，澎湃新闻特约记者。因为疫情，我并没有到诗歌节现场，这个访谈就成了我参加诗歌节的最重要见证。原稿有十问，这里节选了五问。

张金陆：阅己博物化人

　　访谈对象：张金陆，浙江省作家协会会员，中国诗歌学会会员，金华市作家协会副主席，金东区作家协会主席，金华市收藏协会副会长。

　　70年代末起酷爱诗歌，陆续在县、市级报刊及《诗刊》《星星》发表习作数十首。组诗《南疆印象》入选1976—2006《浙江诗典》，长诗《潜溪印象》于2014年入编大型诗歌季刊《星河》秋季卷。任职金东作家协会主席参与编辑了数十期《金东文艺》和《八咏》，任职金华市作家协会副主席参与编辑出版了诗集《千古风流》《金华市作家画院作品集》等。现为金华市作家画院院长，鉴庐美术馆馆长，主持创建金华麦磨滩文化产业园。

　　访谈人：段广勋，从事文化产业园策划设计和数字化推广。

问：张主席你好！之前了解一些你的创作经历后，觉得都是一个自我认识的过程。你的前半生因诗而起，可否理解为是一个"阅己"的过程？

　　答：可以这么理解。我自小性格腼腆，不善言辞，也不喜欢太直白地表达自己内心的感受，诗歌所具有的含蓄特点无疑是最适合我的，所以我很自然地就选择了诗歌这样一种表达方式。

　　还在读小学的时候，我就喜欢上了文学，《唐诗三百首》可以说就是我的启蒙读物了，每每读到那类意境高远、气象雄浑的作品我都如醉如痴，上初中时加入了学校文学社，开始了我的习作阶段，并向各类刊物投稿。不间断的学习、积累，实际上就是一个认识自己的过程。

　　问：当你在一边建立自己的文创产业，一边创作文学作品的过程中，从精神领域剖析自己，认识自己，吃所有能吃的苦，承受所有不能承受的压力，你是否会对自己的作品有更深层次的要求？

　　答：你理解得很对，确实如此！对我来说写一首小诗都要花上很长的时间，有时候会修改很多遍。不是不够自信，而是在修改的过程中，对自己有了更高的要求。希望有些文字留下来，给人去思考，而不仅仅只是读到的平面文字，而是篆刻在心坎里的让人读第一遍就有触动，再读可以幻化为生命思考的作品。

　　我特别喜欢唐代王维的《观猎》，诗中有画，画中有诗；现代的江一郎，一首经典的《老了》，曾令我热泪盈眶。

　　问：每个人都有自己的使命，看得出来，你是一个对自己要求很严格的人，也是一个极其自律的人，一路走过来，你有想过放弃吗？

　　答：诗歌创作，貌似就只是那么简简单单几行文字，但要写好，却绝不是容易的事，它要求创作者必须有深厚的文学功底和人文历史沉淀，更要有名山大川的游历以开拓诗境。我由于小时家境贫寒，记忆中仅有一本破旧的《唐诗三百首》，其他可读的书很少，创业后可供读书和旅游的时间又不多，这给我创作带来很大的局限，经常陷入困境，但这几十年我一直都没有放弃，除了因为骨子里对诗歌始终有不能割舍的爱，还有一点就是，我越来越懂得：人必须得有个爱好，生活才会充实，人要有梦想，才会有创业的激情。诗歌就是一个能够让我保持创业激情的爱好和梦想，我相信它是最能够抵达内心深处的一种声音，希望它除了渡己，也能渡人。文字最大的魅力，就是抚慰心灵。因此，我不可能放弃。

问：能具体说说文学创作对你的人生带来了什么吗？

答：文学爱好对我这半生影响很大，尤其是诗歌。

诗歌让我学会了用诗意的眼光去看世界，用诗意的方式去对待生活，努力活得"简洁如诗"。哪怕短短几行，必须呕心沥血！我把诗的灵感和想象力潜移默化到产品开发中去，使企业不断有创新的源泉，可以说，诗歌就是我的企业创新的"源头活水"。

诗画同源，由于喜欢唐诗宋词，很自然地也喜欢上了书画里蕴含的深意。书画收藏是我诗歌创作之外的另一大爱好，几十年来收藏鉴赏水平逐步提升，究根结底，是很得益于诗歌审美的熏陶。随着收藏量日渐丰富，我创办了鉴庐书画艺术馆，现正在设展释庐造像艺术馆，这些于我，都是遵循弘一所说的从物质层面上升到精神层面最后抵达宗教层面的人生追求，都是追求一种"诗意栖居"的生活方式。

问：参观了你的文化产业园，听了你对文学创作的理解，很敬佩你的学识与独到的见解，其实我们人的一生就是一场修行，怎么做都取决于自己，那么，你是否能分享下你的诗意栖居之作？

答：沿潜溪到麦磨滩，半生蹉跎，我断断续续写了一些小诗，比如《麦磨滩雪景图》：临埠观涛书，登塔读雪册。淡墨染苍穹，浓白泼山色……比如《菊园即兴》：常念陶令诗，才种金陵菊。倚篱望山南，渔歌伴鹭舞……其实穷其半生，创作和鉴赏对我来说，性质依然还是爱好，案牍劳形之外，得以亲近诗歌书画，足以忘忧，不亦乐乎！这可以说也是唯一能让自己心静下来、力戒浮躁的调节方式。

问："博物"一词，泛指世间万物，我是不是可以这么认为，你这里指的是文物方面的收藏与鉴赏？因为据我所知，你这里的藏品等级可以称为一个中型博物馆了，能否说一说文创园中的鉴庐美术馆？

答：自1988年开始创业，至1994年生产运营渐上轨道，我就开始学习鉴赏，收藏书画，其中以清代书画为主攻方向，至今已二十余年。期间查阅上万册书画方面的正版专著，在各大博物馆美术馆过眼无数古董及古字画，特别对明清书画掌握了一定的鉴赏能力。我对自己有明确的定位：一个小私营企业主、一个执着的文学爱好者、努力想成为一个艺术品收藏家，所以在2005年我就创办了鉴庐美术馆，馆藏古字画杂件藏品几千件。其中，明清作品超50%。针对当代作品，鉴庐主要是收藏两个板块：一是紧握时代艺术脉搏，以中国美院为主的学院系列；二是旨在弘扬金华地方文化，以金华籍书画家为主的乡贤系列。下一步，计划将鉴庐美术馆数字化，并植入到麦磨滩文化产业园中，打造成为线上线下文化艺术数字化创新的体验基地。

问：我觉得你目前在做的这些文化建设都对整个城市有增添色彩的一笔。来到这个文创园，像是古代与现代文明的融合，能给我们大众产生一种期待。那么，当下正在建设的麦磨滩博物馆，是你"博物"的最高境界吗？

答：我只是在为浙江的"共同富裕"试点略尽绵薄之力。一方面，随着逐渐的实现"全面建成小康社会"目标，人们不仅会在更高的层次上要求物质文化生活，也会日益增加对精神文化方面的需求；另一方面，明显升高社会生产力水平的同时，人们需求的满足受到不平衡、不充分发展的极大制约。所以，我建造这个博物馆，是想依托自身的馆藏文物，不定期的举办各类展览及其相关活动，如临时展览、对外展览、文物知识讲座等，始终牢记自身展览文物古迹、传播文化、教育公众的初心与使命，只有如此，才能真正地与党和国家的初心、使命相契合，并促进麦磨滩文化产业园社会效益的充分发挥。

问：听说你最近在打造宋濂文化，这也是激活中华优秀传统文化的生命力的一种抓手，一个很好的落地点。那么，宋濂文化的挖掘和传承，应该是在完成"以文化人"的重要使命，更是"化人"的第二步？

答：非常准确！金东宋濂是元末明初著名政治家、文学家、史学家、思想家，与高启、刘基并称为"明初诗文三大家"，又与章溢、刘基、叶琛并称为"浙东四先生"，被明太祖朱元璋誉为"开国文臣之首"。宋濂是中国文化史上的一面旗帜。宋濂同时也是勤奋自律的能臣廉吏，其"欲治其国者，先齐其家；以孝悌为本，以忠信为主；以廉洁为先，以诚信为要"的家规在后世广为流传，廉洁为官、清政为民的品格也影响了一代又一代人。宋濂是中国廉政史上的杰出代表。宋濂是中国文化史上的一颗明珠，只是这颗明珠目前还半掩在尘世之中。认真梳理挖掘研究宋濂文化并积极传承和和发扬光大，是我们义不容辞的责任。浙师大黄灵庚教授说，宋濂是金华的骄傲，也是金华的福分，金华历史文化发展离不开他的滋养。金东、浦江就不用说了，义乌、兰溪、永康、武义、东阳等地都有他的足迹与影响。我们期望看到八婺同心发扬宋濂的文化与思想那一天早点到来，因此，挖掘传承宋濂文化，是"化人"的第二步并不为过。

问：你很好地把精神文化与物质文化相融合，从文化理论层面，是价值互化与升华的生动典范，又把中国优秀传统文化的创新性与传承性更好地落地。那么，你"化人"的未来或者说期待在哪里？

答：宋韵文化！宋濂是宋韵文化的集大成者。传承发展"宋濂文化"，是"腹有诗书气自华"的文化自信，是民族精神独立的象征，是浙江省"宋韵文化传世工程"的积极响应和有力支撑。所以，我将倾注毕生心血建设麦磨滩文化产业园，就是要打造一座宋韵文化传承发展的践行样本，也是我"以文化人"的终极目标。

访谈感言：

从东吴大将留赞到文臣之首宋濂，这一片土地承载了太多的文化宝藏，这也是张金陆从孝川古码头启航去追寻的诗和远方。他曾说："这便是我们薪火相传的人文价值所在，也是麦磨滩产业园应运重生的意义所在。"坚守并热爱这一片土地，深挖它的内涵，才能成就一番伟业。张金陆不仅在日常生活中严格要求自己，兢兢业业，而且，能够将自己对人生的深刻理解巧妙地融入他的诗歌创作中去，给我们许多有益的启示。

李俏红：用文字成全对生命的热爱

访谈对象：李俏红，文学学士，主任记者，中国作家协会会员。浙江省作家协会全委会委员、金华市作家协会秘书长、婺城区作家协会副主席。"首批浙江省青年作家人才库"成员、浙江省首批"新荷计划"人才库成员，鲁迅文学院浙江作家高级研修班学员。

作品获第七届冰心散文奖，"中国梦·劳动美"全国职工散文大赛一等奖，第二届义乌"骆宾王"国际儿童诗歌大赛成人组大奖。浙江省"大盘山杯"生态散文大赛一等奖，浙江省"我喜爱的花与树"征文大赛一等奖。

作品散见《诗刊》《散文选刊》《散文百家》《人民日报》《文化报》《文学报》《读者》《儿童文学》《少年文艺》《青年月刊》《语文报》《新民晚报》《天津文学》等报刊，并有多篇作品入编各类选本和文集。出版散文集《亲亲阳光》《寂静里，尘世向暖》、报告文学集《追望大道》和诗集《云上的孩子》。

访谈人：贾冰卉，金华广电融媒体记者。

问：听说你新近出版了长篇报告文学《追望大道》，该书作为中国作家协会定点深入生活项目，出版后收到了良好的社会反响。中国报告文学学会副会长、著名作家李春雷对此书给予高度评价，他认为该书是一部直面当下，表现新农村建设和乡村振兴的现实主义力作。能谈谈你的创作体会吗？

答：好的。该书用文学手法全景式记录了义乌"望道信仰线"的打造经过，用生动笔触讲述这片红色土地上的美丽故事，体现新时代中国基层党员和群众对信仰的坚守和追求。

我在对义乌的日常采访中，了解到"丝路起点，红色城西"的许多亮点，觉得无论是从政治高度还是从中国农村经济发展的角度，都非常值得一写。于是在金华市委宣传部和义乌市委组织部的大力支持下，深入采访了"望道信仰线"上的各个节点，采访结束后，静下心来写作，几易其稿完成了这本长篇报告文学。

问：你获得第七届冰心散文奖的散文名字叫《外婆与油盏馃》，其以自然深情的笔触描述了记忆中童年的点点滴滴，如果没记错的话，油盏馃是浙江省南部山区一种独有的小吃，可以聊聊你童年的成长环境吗？怎么看你现在居住的城市？

答：我从小在浙南山区小县城遂昌长大，遂昌是一个山清水秀的好地方，人情淳朴，山川秀丽。我从出生一直到高中毕业都生活在那儿，那儿的一山一水，一草一木都能勾起我的故园情怀。我们可以忘掉人生的很多场合，却永远无法忘怀我们的故园和童年，因为那是我们迈出人生第一步的地方，那份眷恋和挚爱是与生俱来、刻骨铭心的。何况那儿还有我们的亲人和朋友。

幼年时，母亲给我订了很多年的《儿童文学》和《少年文艺》，我是每天看着这些杂志长大的，是这两本杂志自幼在我的心里播下了文学的种子，为以后写作打下了基础。我的文章很多是反映这种故园情怀的，感谢给了我智慧和性灵的父母，感谢养育了我的那片故土。

我现在居住在金华，很多人不知道金华，但说到火腿，他们就会恍然大悟地说，哦，原来就是那个出火腿的地方啊。金华是宜居之城，也是我喜爱的城市。

那年夏天，当我拿着大学录取通知书风尘仆仆站在浙师大门前时，并没有想到从此我会在金华安家立业。而今，我每天清晨从充满花香的空气中醒来，涌上心头的是一种愉悦。我的七色花开在金华，开在这个对我来说原本陌生的城市，是这个城市让我找到了幸福的感觉。

问：什么样的触动让你走上文学道路？

答：记得上中学时，老师布置一篇作文，有时我会交上两三篇。那个时候我已经感觉到了写作的快乐，每次外出游玩回来就想把所见所闻写下来，虽然不懂谋篇布局，流水账一样一股脑儿全写上，可有时连老师看了我的作文，都觉得挺有意思。

我最早写的文学作品是诗歌，应该是大学时，也许是我敏感而温婉的性情使然，生活中我惯用我的心来感受一切，接受一切。无论什么撞进我的生命，我的情感便如潮水一般荡漾开来，那一圈圈美丽的波纹就是我的诗歌。它按着自我的意趣流动着，时而明快、时而含蓄，有着自我的思索和感受。

大学毕业分配到学校当老师，当时学校订有《语文报》和《青年月刊》，我发觉上面的文章与我的日常生活很相近，闲时就写一点。没想到第一次投稿，《语文报》就登出来了，登出来我自己并不知道，而是远在千里之外的云南读者读到后给我写了一封信，我收到信才知道原来自己的稿子登在《语文报》上了，我记得那篇稿子题目叫《五瓣丁香》。后来又把自己与学生的故事写成稿子投到《青年月刊》，没想到连续两三期在《青年月刊》上登出来，这让我写作信心大增。

因为喜欢写作，后来进了兰溪日报副刊部工作，把工作和自己的爱好结合起来。那时的文学副刊名叫"东风亭"，有很多的读者来稿，自己也写，那段日子感觉我们是一群纯粹的文学青年。

后来到金华日报社文部工作，依然会为副刊写些作品。记得有一天，一个读者突然跑到我的办公室，还没等我反应过来就开始背我的诗，我很诧异地看着他，原来文学真的可以有知音。还有一回，我在报纸上发表了一篇《让每一丝风都告诉你……》的整版文章，结果一个读者被我的文笔感动，从此把那份报纸放在包里，每天随身携带，空了就拿出来读一读，时间长达15年之久。得知此事我特别感动，事实上，换成我自己也不可能做到。

正因为有这些读者的鼓励，有这些铁粉的支持，我觉得要坚持写下去，所以在繁忙的新闻工作之余，依然笔耕不辍。文学之路很漫长，我能取得今天的成绩，只是一直来没有放弃而已。记得获得冰心散文奖后，大学同学给我留言说，文学梦是我们中文系学生共有的一个梦，只是大多数人后来都放弃了，只有你一直坚持，终于获得大奖。

问：除了散文，你的诗歌创作也取得了不少成绩。如童诗《冬天的日记本》获第二届义乌"骆宾王"国际儿童诗歌大赛成人组大奖，诗歌《我们做诗人》曾入选中国《新诗》好诗榜，诗歌《五月风》入编《2018年中国新诗日历》，与舒婷、北岛等名家的作品收在一个集子里。那么，你认为诗歌和散文的区别是什么？两种体裁，你更偏爱哪一种？

答：诗歌和散文是完全不同的体裁。一直来我散文写得多，诗歌写得少。最近之所以又重新捡拾起诗歌，一是因为金华是著名诗人艾青的故里，有一个良好的诗歌氛围，还有一批爱好诗歌的朋友，和他们一起，耳濡目染，自然爱上了诗歌。二是因为现在时间越来越碎片化，诗歌是一种适合碎片时代写作的文体。

如何让作品抵达更多读者的内心，如何用诗歌承载、传递更多的美与价值，诗歌写作比散文更需要灵感和天赋，所以我对自己的诗歌写作没有什么具体的要求，看缪斯的恩宠能惠及我几分，看自己能写到哪个程度。而散文，我应该会更用心去经营，力求把独特、敏感、细腻的情思与现实生活紧紧结合在一起，表达文字的张力和广度。

问：你出了一本名叫《云上的孩子》的童诗集，能和我们谈谈创作体验吗？

答：用孩童的眼睛看世界，世界充满了想象，充满了睿智，充满了各种千奇百怪的好玩和可爱。偶尔落下的一片树叶，偶尔飞过的一只蝴蝶，偶尔看了一眼的那朵小花，都会让你有一种全新的感觉。

问：你有作家梦吗？你的理想写作生活是怎样的？

答：读大学的时候作家梦比较清晰，工作之后就不再惦记这事了。毕竟工作才是你的衣食父母，工作了首先就要做一个好员工，而不是首先做一个作家。只是对文学的爱好一直没有放弃，所以，梦想偶尔也会照进现实。

我理想的写作生活很简单，就是让我有足够的时间看书、写作，仅此而已。

事实上，人生活在很物质、很欲望的时代，总有一刻会感到困惑、沮丧，会惊慌失措，一个人面对自我的时刻，就会有创作的冲动。在创作上，我没有什么雄心壮志。我写作是因为我想表达，是因为写作给了我快乐，顺其自然就可以。如果带着功利心去写作，那就不再纯粹，就会觉得痛苦。

事实上，在写作中你要找自己最有把握的东西写，那才是真正属于自己的文字，能够掌控，才能写得最好。

问：你如何规划自己的文学创作？

答：我觉得创作和种菜是一样的。我菜种得很杂，什么都想种，有没有收成无所谓，只是想看见它成长的过程。我的创作也一样，写得很杂，各种各样都涉及，但是，我并不特别看重它的结果。有些菜，根本就不结果，但也有满盈的绿色。我每日去照看它，给它拔草松土，看叶子间开了几朵花，地底下多了几条蚯蚓，甚至有哪些小虫在吃，我都觉得很有乐趣。

有时间了拿拿笔，顺其自然，不给自己压力，能写多少算多少，这样的状态最好。有一年，我随手插了几根番薯苗在地里，并不见它开花，以为不会有收成，没想冬日里，却收了满满两大筐的番薯，足足有几十斤重，当早餐吃了整整一个月。所以，有时候惊喜还是有的，只要你爱它，它总能给你回报。

文学无论是创作还是阅读都是为了自我的成长，为了从生活的平庸与琐碎中发现光明与丰润。

感谢文字成全了我对生命的热爱。

访谈感言：

著名作家俞天白曾说，李俏红的文字不仅温馨，而且是有香味的。她总是以自己的思考来弥补一个作家的不足，以深情的目光关注生活的点点滴滴，叩问生命的意义与生存的价值。无论是对文化的认知，还是对人生的体察，都有自己独到的认知。有读者说，读李俏红的文字仿佛一个老朋友推心置腹的交谈。

"真切质朴、细腻感人，充满了对生活的热爱与思考" ——是读者对她笔下文字的评价。

吴
警
兵
：
用
诗
歌
对
抗
时
间
的
侵
蚀

访谈对象：吴警兵，1968 年生，浙江磐安人。著有诗集《磨刀石》等三部，主编诗集《春色由来已久》、散文集《那么美吗？去山里看看》等五部。曾获首届"浙江诗歌奖"入围奖。

访谈人：冰水，女，义乌人。中国作家协会会员，《浙江诗人》副主编。

问：磐安是一个年轻的县，从这个层面来说，这个区域的文学活动应该是年轻的；而从历史的维度来看，它的文学活动应该是一直延续的。就你所了解的，磐安复县以来的文学事业发展轨迹大致是一个什么情况？

答：你说得非常对。就一个地域概念来说，它的文学事业发展是不受限制地自由发展延续的。但从另一个意义来说，比如从磐安县文学这个概念的层面来说，它是非常年轻的。我是土生土长的磐安人，与磐安这个区域的文学发生关系，是从我到《磐安报》文溪副刊当编辑时开始的。那时，为了培养文学青年，我开设了"文学联盟"栏目，专门培养年轻作者，特别是学生作者；成立红叶文学社，编辑《红叶》文学杂志；然后，经县委宣传部和民政局批准，成立磐安县文学协会，这是磐安县作家协会的前身。

问：据了解，你早在2002年就出版了诗集，2003年加入了省作家协会，能不能介绍一下你自己的文学创作经历？

答：其实，我从高中开始就喜欢写作，高三的时候，还在全县"建筑与环境"征文比赛中获得了一等奖。后来，无缘大学生活，就边谋生边参加辽宁《鸭绿江》文学函授班的学习，这使我获益匪浅，许多作品在函授杂志《文学之友》上发表，期间，短篇小说《祭山》参加全国精短文学征文比赛获小说组二等奖（一等奖空缺），并有幸在1993年第1期《鸭绿江》文学月刊上发表，这对我鼓励很大。那是一个可以做梦的年龄，我用文字为自己筑起了文学的巴别塔。我的几个短篇小说《坟场》《头颅》《胞葬》《空白》等都是在那个阶段发表的，其中《胞葬》还发表在2000年第1期《西湖》文学月刊上。当时，想写一个类似短篇系列，出一个乡村小人物题材的短篇小说集，但由于工作调动，就被自己"懒帐"了。

问：能否谈谈你的诗歌创作？

答：一直以来，我的诗歌写作只是一个人的自言自语，或自娱自乐，第一本诗集《春天开始的地方》，就是那个时候的一个足迹。如书名所说的，那也是人生春天开始的地方，正值青春年华，在我的眼里，一切都是美好的，迫不及待地想把它们都融入诗句里，并通过诗句传递这些美好。诗人嵇亦工在序言中写道："我们的诗人在自己故乡的山梁上，正以坚实的脚步踏歌行进在通往下一个春天的音符里。"这是对我初学写诗阶段一个形象的总结。那时，我在乡村种地、教书、做电工，因为诗歌倍感孤独；也因为诗歌，让自己发现了枯燥生活中诗意的部分，并用这份诗意，来填补生活中低谷和虚空。

问：那你又是怎样从自言自语式的诗写转过身来，从事向抵达生活本质掘进的诗歌创作的？

答：真正与诗坛有所联系应该是 2004 年遇到了"乐趣园"之后，在那里，《网络微型诗》《荒诞诗工厂》《泛我主义》等各类诗歌论坛风起云涌，作为一名诗歌爱好者，我把业余时间基本花在了这上面，写诗、发诗、跟帖互动，像在诗歌的海洋里自由地遨游。这时候，金华诗人飞沙邀请我参加了《荒诞诗工厂》举办的一次诗歌活动，认识了游离、小云等，聆听了他们关于诗歌的发言，对我触动很大，感觉自己以前写得太小儿科了，只有个人情绪的直白表达，缺少对生活的深入思考、对社会的有效追问和对人生本质的观照。

我的第二本诗集《无风不起浪》出版于 2009 年，这个时期，直面生活的勇气就增强了许多，关注现实的部分开始让我有了诗歌表达的力量感和使命感。开始的时候，不自觉地受到了金华荒诞派诗歌的影响，但总觉力有不逮，只学了个皮毛。"这本诗集里的诗歌最大特点是：捕捉生活瞬间感觉，诗歌内容不再局限第一本诗集的内容，许多抽象的、意念的、甚至是某个表情都能入诗，抒情上更加隐藏，许多诗歌只是把过程写出来，而不是为了抒情，读者通过阅读，感觉就发生在自己身边，从而渲染某种情绪，这种情绪让读者感觉快乐还是忧伤，思考还是无助，从而实现诗歌的审美价值。"诗评家郑妙咏的鼓励，让我对自己诗歌写作的转变充满了信心。

赵健雄老师在诗集的序言《幸福哪里来》里称赞我"获致幸福的手段之一，就是写诗。""也有些时候，他的幸福不在生活中，而是用文字制造出奇怪的效果。"最后他写道："不一定每个人都要写诗，但无疑都应当像警兵那样追求一种诗性的生活。如此，我们的社会才可能是进步与和谐的，否则，都像狼一样掳掠弱者或彼此厮杀，乃至吃掉自己的心肝，这世界又哪里还有幸福可言？"赵老师是我崇拜的作家、诗人，他就是一位过诗性生活，又极具社会责任感的文人，多读他的作品，不至于使自己落在时代的后面。

问：我在读你的第三本诗集《磨刀石》时，感觉出现最多的主题是山、水、村落、月光和季候。这是不是你从现实中抽身出来的物象重塑？或者是想通过寻找词语来解救现实中的自己？

答：在现实生活，我是一个木讷的人。年轻时，我不善于在很多人面前发言，就是一开口就会语无伦次的那种，就算做很多功课也无济于事。这对我来说，又像是某种意义上的促成，促成我喜欢上文字，喜欢上与文字之间的那层隐秘关系。

与《磨刀石》并行的，是我诗歌生活里坚定的部分，好像一棵树有了躯体的感觉，有了想发新枝的欲求。这种感觉来自《浙江诗人》和浙诗小酒群这两个诗歌平台，并且得到了不断的强化。在这里，遇上了像天界和你这样的浙诗带头人，你们的付出给了像我这样的一大批浙江诗人在诗歌的道路上不断超越自我、走向更广阔的诗写空间的机会和可能。在这里我要说一声谢谢。

你曾用我的一首诗《一个人的山谷》做题目，为我的《磨刀石》写过评论，其中对我的夸奖和肯定，我知道这是鼓励，更是我努力的方向。比如，"在生存与生命的现场，他用诗歌的方式消解内心的紧迫，还原内心的自由、憧憬和想象，以此对抗时间流逝带来的恐慌。但这毕竟是一座由文字编织成的星空，有理由相信，只要仰望它，必有足够的光芒温暖我们的内心。"

对这本诗集，天界也给了我很大的帮助和鼓励，他说："他内敛和低姿态的表达方式，决定他的诗始终着落在一个细小精微之处。他是一个可靠的观察者，清晰、冷静。他尝试或动用了象征、隐喻、相对于个人的陌生化体验的几种手法来构建、改变他的诗写。这种改变，对于警兵个人，对于诗本身，都是有意义的。他把自己作为观察者，以小现大，波澜不惊地呈现诗。而且始终把自己隐藏在幕后，带着哲学意味，和世界对话。"

在诗集的序言中，柯平老师则从另一个侧面强调了这一点，他写道："他的诗可能显得不是那么时尚，无论是结构、语言和叙述方式，都明朗直快，拙朴无华，因为他的声音就是身体本身的声音，他的语言就是生活原有的语言，只不过通过心灵、眼睛的过滤后用手写出来了而已。"

"悲痛是人生的底色，我们都生活在世间这口井里，快乐与忧伤常相伴，自足与贪婪常相遇，幸福与变故常相随。"作为诗人，我常常会在这种生活断面的接口处彷徨，这个时候，文字是最好的解药。

徐敬亚老师曾给我题词"诗是灵魂飞"，而我的肉身却早已成为它的囚徒。

问：从诗歌写作到诗歌活动，你又展现了自己的另一面。在浙江诗人走进磐安的几场活动中，你的策划和筹备工作得到了与会诗人的好评。请你介绍一下这方面的情况。

答：仿佛上天善意的安排，让我与浙江诗人平台结缘。从2017年的"沙溪玫瑰诗会"到2021年的浙江"樱花诗会"，从2019年到2021年的连续三届浙江"盘峰诗会"，"浙江诗人走进磐安"的诗歌活动，已经做了五场，省内外200多位诗人来到磐安采风写作，留下700多首磐安诗篇，我们还编辑了三届浙江"盘峰诗会"作品集《春天正在醒来》《春色由来已久》《春光正好醉人》，由西泠印社出版社正式出版。

同时，我们还把这些创作成果进行艺术转化，建成了沙溪诗歌馆和沙溪诗歌村，赋能乡村振兴和共同富裕。

问：作为县文联主席和县作家协会主席，在服务政府中心工作和地方历史文化挖掘方面你做了哪些努力，取得了哪些成果，能否与我们分享一下？

答：我是从高姥山深处走出来的一位文学爱好者，因此，对乡土精神的探寻与表达，是我一直所注重与追寻的。所以，作为县文联主席和县作家协会主席，责任的力量驱动让我不断为地方历史文化挖掘和整理而努力，从而助力政府中心工作。除了前面讲到的举办诗会，编辑诗集，挖掘磐安的诗路文化，为磐安山水增添诗意和底蕴。我还主持过《磐安寺观》和"磐安历史文化丛书""心磐安"系列等10多本与磐安有关的书籍的策划、编撰和组织工作。其中主编的《磐安古代风景诗选》由浙江古籍出版社出版，收录磐安县域范围内从唐至民国历代风景古诗576首，基本涵盖了古代诗人赞美磐安风景的诗歌佳作，是目前磐安收录古代诗人风景诗歌作品较为完备的一部风景古诗集。可以说，这是我作为一个诗人对磐安历史文化的深情致敬。主编的散文集《那么美吗？去山里看看》由浙江工商大学出版社出版，收录了自1996年到2019年"浙江作家走进磐安"文学采风作品计十余万字。我或随团采访，或协助行程，或策划筹办，有幸参加了所有这些文学采风活动，所以觉得自己有责任把这些散落的文字召集在一起，便利用闲暇时间作了整理和编辑。随着时间的推移，这些文字犹如陈酿，让磐安这片土地越发芳香四溢。

作为县文联和县作家协会主席，我尽可能创造条件，培育青年文艺人才。如今，已涌现出了浙江"新荷计划""新峰计划"人才6名，青年文艺人才不断走进省级视野，这对于一个山区小县来说是不容易的。同时，我们通过诗歌活动，带动本地诗歌爱好者创作积极性和能力的提升，部分作者的诗歌开始在《浙江诗人》等刊物发表，从磐安走向了更广阔的诗歌舞台。

磐安县很年轻，但历史悠久，萧统、陆游、屠隆等都曾在此留下深深的印迹，还出现王象之、陈逢春、叶蓁等作家、诗人，这片土地自古文艺范十足。新时代，我们将不负使命，描绘出一片属于磐安自己的文学星空。

访谈感言：

在一个人的山谷，他行吟，他仰望星空，他在做一个更加自在开阔的自己。他从乡村走出来，又折返乡村现场，试图用诗歌的形式，实现对乡村生活的再挖掘，再确认，再想象。他用他的责任与使命，描绘着一个山区小县的文学星空，闪烁出熠熠光辉。

林隐君：入世中生活，出世中写作

访谈对象：林隐君，男，1968年9月出生，从事诗歌创作数十年，有作品在《人民文学》《青年文学》《十月》《诗刊》《作家》《人民日报》等期刊发表，曾获《诗刊》"观音山杯"全国诗赛一等奖，"月河月老杯"全国诗歌大赛金奖，首届"玉平诗歌奖"（主奖），共青团中央、中国作家协会"第三届志愿文学"一等奖等各类奖项600余次，中国作家协会会员。

访谈人：金晓，男，1966年6月出生。金华日报报业传媒集团资深记者，著名诗人。

问：在你写诗过程中，有影响过你的诗人吗？或者说谁给你的影响最大？

答：中国书画界历来推崇师承，讲究"步步回头，时时顾祖"，诗歌界也存在这样的现象，比如谢青山之于李白，陶渊明之于苏东坡。90年代，老诗人蔡其矫曾给一位青年诗人回信，希望他多读世界一流的诗，从中发现崇拜的诗人带他入门。他举例说郭沫若就是读了惠特曼的诗，艾青受了凡尔哈伦的影响后走向诗坛的。老诗人认为有无师承是阳春白雪与下里巴人的区别。我身边也有例子，我有一位诗友，2006年无意中读了济慈的《夜莺颂》后，发现济慈美丽而忧伤的语境和他内心情感不谋而合，感动得一个礼拜没睡好觉，整个世界就这样改变了。我写诗是在朦胧诗崛起之后，是受了北岛、舒婷、江河他们的影响，又是借鉴又是模仿，却始终没有领会他们各自独立又呈现共性的艺术主张。到了90年代末期，瞅着自己的作品始终没有形成自己的风格，就来了个冷处理，决定停一停，结果一停就是12年。

问：是什么原因促使你在2010年重出江湖的，你觉得之后的创作和以前写的作品有什么变化？

答：你也知道，诗坛上停了又写的例子很多。主要原因，一是诗歌的因子在我的血液中没有消融，骨子里还存在着继续用诗表达思想的念头，只是源于当年的瓶颈无法突破；二是阅历成就了沧桑感和经验，加上四十岁之后，随着孩子的长大家庭的牢固，羁绊少了，身心也轻松多了。复出后，感觉什么都在变，以前通过邮局投寄的手写稿，改为了电子稿，诗风也变了，以前认识的诗歌编辑也都换了，我完全成了局外人，像一个卧榻之人重新学走路。百无聊赖之下，我发现以前很少看到的诗歌征文，现在非常流行，开始试着写了起来，渐渐地就沉湎其中。乐趣在于结识了大量全国各地的诗人，有了自己的"打酱油"圈子。因为参赛为了拿奖，拿奖就需要竞争，而竞争就势必促使你的作品站得更高、想得更深，去展示有别于常人的艺术个性和存在价值，借此就逐渐形成了自己的创作风格。

问：说到紧贴地气，有人说你的有些诗歌看不懂，语言不明不白，给思维造成了混乱。

答：从严格意义上说，诗歌写作其时是一种诗学，体量很大。既有现代和古典理念理论的杂糅，也有古今的哲学、心理学、美学等学说的交汇，加上隐喻、意象、象征、意识流、通感等表现手法，导致社会上一些人对诗人存在误解，说他们的左脑半球是天才，右脑半球是疯子，写得让人不知所云，有时候连自己也会看不懂，需要解读和发掘背后的故事。但我的诗歌难懂，应该是个别现象，我是希望自己的作品能够让人看懂的，对有些会造成误解的句子，会尽量让它"通俗化"。但诗歌确实存在"诗无达诂"的问题，主要是诗歌理念、审美情趣上的理解方向和角度不同，还有个人体验与风格的不同，读者的感觉也就有所不同。

问：你写的诗都很长，而且喜欢长短句，讲究凝练、大气，这是你有意为之还是习惯使然？

答：我写长诗，就是希望表现出那种身临其境和元气淋漓的感觉。在句子的排列上，我很少有断崖式的，而是犬牙交错的那种，目的就是为了更好地体现建筑之美。在语言运用上，个人比较欣赏韩东提出的"诗到语言为止"，类似杜甫的"语不惊人死不休"。美国《国家地理》杂志曾通过一系列照片和个人故事，来讲诉美国历史上最具破坏力的破坏。当摄影师按动了快门，电流就已经冲击了我们的眼睛、耳膜和心房，这是"照相机赋予瞬间一种追忆的震惊"的及物创作。我希望通过"视觉"功能，能在我的长短句里建立一种细微的精神，一种直击耳膜的心弦之颤，或燃烧、或战栗、或回响，最终穿越时空而定格为汪洋。

问：我发现你的很多诗作都带着深深的孤独感。当然，在我的创作过程中也遇到过这种现象，你对此有什么感想？

答：孤独是文本写作，尤其是诗歌写作过程中绕不开的话题。据说一头名叫爱丽丝的灰鲸，20年间曾持续发出52赫兹的鲸歌，但没有任何同伴回应。而一名叫乔伊斯·文森特的英国女子，2003年在椅子上逝世后，如果不是3年后工作人员发现她长期拖欠房租，被发现的时间还会推迟。如果说那头灰鲸陪伴它的是熟视无睹的同类，文森特陪伴的，则是一台一直开着的电视，尽管和生命无关，但它们却把这种孤独传递到了我们的心灵，从而带来巨大的震撼。从心理学角度来说，孤独是一种精神残疾的症状，但对于把自己融入生活，密切关注社会的诗人来说，孤独是为了担负更多的职责，或看着生命的通道被堵塞，进入真空状态，试图用自己的方式去解围、去激活。哲人卡莱尔说："不曾哭过长夜的人，不足以语人生。"罗伯特也有一句名言："作者不流泪，读者也不会流泪。"诗人因为内心的敏感，一滴眼泪就可以成为一片海，所以诗人的孤独是一种解构生活，解剖社会的表现。

问：其实关于诗人和孤独，有人也曾经这样形容过："诗歌是孤独心灵的高难度杂技表演。"你认为呢？

答：一首优秀的诗歌，确实像刀尖上的舞蹈，游刃毫厘，就像在高空走钢丝，但这是敬业精神所致。前面说了，诗歌是一种私人化、个性化写作。但诗人笔下的诗，不仅能够安慰人的灵魂，还需要承担对时代现实和人性的洞察，发出时代良知的声音。诗人是自己的诗歌决策者，是词语的统帅，他笔下的每个字词都是有任务的，通过给词语洗牌重新进行定义，让这些词语用最少最简单的词语完成最多的任务。所以一名真正的诗人，内心孤独却又足够强大，装得下万钧雷霆、骇浪惊涛，更可以心如枯槁，怀抱万物。所以我以为这应是器物有形，匠心无界的技艺，属于高难度创作，但不是表演。

问：2020年，诗人周所同这样评价你的诗歌："我知道他至少有近30年了，再读他的诗，岁月皆是云烟了。他的诗还是那么出色，那么令人向往，诗中的形象好似随手拈来，展开的画卷接续得自然有序，整首诗烘托的氛围生机盎然，真正做到了多一字或少一字皆不能的境界；这样的火候和分寸非一日之功炼成。"周所同30年前就认识你了，对你的评价应该是中肯的，下一步，你有什么打算？

答：我的下一步是准确处理好"出世"和"入世"的双重身份的关系。即"放心"去生活，"收心"去写作。一个诗人的世界观包括文学观，都与时代密切关联。只有把自己放进去，既做旁观者，又做践行者；既与时代脉搏同在，又独上高楼解构生活，解剖社会，在"垂垂老"之体中实现诗情的澎湃返青，让自己成为一个不过时的诗人，让文本成为一个不过时的文本。

访谈感言：

林隐君不仅是一位善于个性化写作，在熙攘的人世发出属于自己的声音，和灵魂对话的人，在长期从事文联公文的写作中，更让他触类旁通，学会通过深入基层生活最前沿，将中国精神融入自己的灵魂，去挖掘当地风景名胜、人文地理、红色根脉，建立一种直击耳膜的精神，从而达到在长短句里微妙而准确地找准情感释放的切口，在塑造奋斗者的时代中展示一种深沉、持久的力量。预祝他在今后的写作道路中有更大的突破和成就。

陈人杰：西藏在上，赤子诗心

访谈对象：陈人杰，1968 年生，浙江天台人。始居杭州，三届援藏干部，之后调藏工作。任西藏文联副主席、中国诗歌学会常务理事，金华市作家协会副主席。被评为 2014 年度中国全面小康十大杰出贡献人物。中国作家协会会员，作品入围第七届鲁迅文学奖提名。获 2021 年度中国作家集团·全国报刊联盟优秀作家贡献奖、第五届中国长诗奖、第二届徐志摩诗歌奖、《诗刊》青年诗人奖、珠穆朗玛文学艺术奖特别奖等奖项。

访谈人：普布昌居。

问：格啦，你好！很高兴能够有机会和你就《西藏书》做这样的对话。

答：昌居啦，你好！我也很高兴有机会和西藏的文友一起交流，希望通过这样的对话让更多的人了解《西藏书》。感谢对《西藏书》的肯定。每一首诗歌的完成，都是一个生命的诞生，它有自己的岁月、风霜、流水，病骨、埋葬与生生不息。所以《西藏书》从出版的那一天开始，将离我而去，只有读者和时间将决定培训是否再生。在此，借用 R·S·托马斯的话："我甚至不敢说我拥有一把吉他，我只是在大路旁边吹奏一支小小的笛子。谢谢你的垂听。"《西藏书》，顾名思义就是植根于西藏这片神奇土地，从西藏优美的山川、悠远历史及无限空间的宗教追问中汲取丰富的诗歌营养和灵感，让文本由于被注入了心灵而赋予它以温情的肌肤、丰腴的肉身和生动隽永的精神。

问：自 90 年代以来，中国当代文学创作中关于"西藏想象"的书写一直是一个热点。你的这种对西藏的血亲般的情感是怎么产生的？"回家"一直是你诗歌写作重要的主题，这种心灵的漂泊感源自什么？

答：来西藏是个意外，但也是冥冥注定的事，从而开启了血亲般的爱之旅。提到血亲，自然想到母亲，那是对人之初的大地饮水思源的感情。血液在血管里才能奔跑，爱在被爱时才能喷发。一个游子，或者说一个内心的逃亡者，突然被置身于几亿年甚至几亿年前的蛮荒，我所看到的生命都以原初的血液流淌，这与我生存的经验的乡土，被人类野心加工、复制再造、遮蔽的乡土所带给我的乡愁是完全不同的。身体之墙突然被拆掉，灵魂潜入了这大地之家，那种莫名的感动，原初的冲动，使得我每次看到牦牛都会掉眼泪。这更说明了人的自然属性，"岩石的父、雪花的母、冰川姐妹/……/一个平庸的胸膛需要利剑、血液/需要用歌声和鹰的盘旋来勾兑"（《南迦巴瓦峰》），只有在凌空蹈虚的自然力前，隐蔽和敞开，黑暗和澄明，辽远和封闭，孤独和胸怀、呼喊和哑默永远以其存在的本质，以更高的对立统一深深地召唤着我的灵魂回家。对于西藏，短暂的驻留是不够的，需要身心长时间的融入和观照，付诸生活就像水滴一样渗入它的大江大河里。所以坚守变得尤为重要。对一个民族的理解实际上就是对一个民族心灵的温情触摸。

问：那么，西藏为什么能够让你有"回家"的感觉？

答：我记得勃洛克曾说过："我是一个俄罗斯人。而要知道，俄罗斯人全都会想到教堂"，这句话同样适合西藏，在西藏首先想到的是寺庙。这表明是一个极富宗教感的民族，宿命的神秘主义精神渗透在这个民族的集体无意识之中。同样天高地阔为藏民遐想神秘提供了一个巨大的空间，所以他们对人生、自然的哲理性思考是无限辽远和惆怅的，而沉默有如这块高地的智慧，成就了他们的虔诚、达观和谜一样的性格。他们被阳光洗过的脸，笃实的乐观，群体性的信仰无时无刻不让我想起念佛的祖母，有时竟迷幻地看到她坐在佛堂上或走在转经的路上，此时，我知道，我不再是这片土地上的旁观者，而是它泥土里的居民或亡魂。

问：自然是人类最初的家，也是人类最后的家，人对自然本能地有一种亲密感。请问，你这种与自然亲密的关系是如何建立起来的？

答：既然自然是人类最初的家，为什么不能以婴儿的目光眺望？既然自然又是人类最后的家，为什么不能以垂老者的目光回望？一颗心是卑微的出发点，为什么我们不能躲进那个极度封闭而又无限敞开的心灵，透彻地理解人类在自然中的位置，在渺小中唤起大地和天空的垂怜？所以《西藏书》吟诵的自然，以期从宁静中升起诗歌本质的抒情性，在自然中搜索诗歌的金子。

问：我们都知道文学是人学，好的文学应当眼里有人，心里有爱，离开了对人的关注与关心，文学就丧失了它根本的意义。你的《西藏书》在写人时，往往目光向下，写生活中的普通人、卑微的人，有群像也有个体。从你的诗集《回家》到《西藏书》，你的诗歌用大量笔墨抒写这些普通人、卑微的人，这样的书写选择有什么特别的原因吗？

答：文学关注心灵，这是文学的天职。诗人热爱生活，生活才会热爱诗人。说出生活里的光和盐，就是说出生命里的爱和疼痛。而生命中有多少疼痛，诗歌就会让它有多少感恩。《西藏书》秉承了《回家》里底层人物的书写，写了牧民、磕长头的人、转湖的人、我的驾驶员扎西顿珠、护路工等。他们不同于我对擦鞋工、补鞋匠、保安、保姆等书写，那是我丝丝缕缕乡土记忆的一部分，而牧民、磕长头的人等则是被信仰支撑，很少为生存的穷苦抱怨，成天风吹雨打，置生死于天地间的一群人，写他们要有另一种视觉。他们过着简朴近乎原始的生活，心灵一片空白，却像一棵饱经风霜的树，顽强忍耐，产生一种宗教感，所有这些都让我深感生命的顽强，信仰之强大。"转湖的人，转着转着/从少女转成老妪""所有的日子都是一个日子/所有的道路都是一条道路"，从这里，我仿佛看到了所有的情感最终都指向灵魂深处的家园。

问：你来西藏六年，读了大量的介绍西藏文化的书籍、走遍了西藏的神山圣水，你也深入过牧民的家中，现在《西藏书》又完成了你对西藏的诗意表达，在这样的阅读、行走、感受、表达的过程中是否逐步建立起了你对西藏以及藏族文化的理解，能否请你谈谈？

答： 西藏的神奇不言而喻，从自然事物到宗教文化符号系统，但有多少人真正读懂它。现在的时代多的是游客心态，走一路炫一下。殊不知，西藏不是你眼中的西藏，西藏所吐露的隐秘的生命含义，需要你独对窟窿，静修冥思和充满神秘体验才能等来内心启明。从这个意义上，西藏就是触摸肉体和精神皆无法触及的晦暗部分。高天厚土，打开了无限的空间，上亿年的蛮荒，打开了无限的时间，西藏让我融入更深邃的神秘，抵达更无言的沉默。而诗歌则要我苦苦地唤起这沉默的言说，让西藏的意象符号具有直达心灵的隐秘的力量，所以《西藏书》就像等待神的赐予，这也注定了我艰难而漫长的匍匐之旅。

问： 2012年你带着多年的梦想，从秀丽的江南古都一路向西，走进雪域高原，走进羌塘草原，走进高寒的申扎县，至今已经六年了。现在，有很多人到西藏来只是为了获得一种体验，这个体验你已经很丰富了，那么，为什么选择继续留下来？在接下来的援藏生活中，你还有新的写作计划吗？

答： 埃兹拉·庞德说"是语言在保存着爱尔兰"，我想也是语言保存了西藏，也促成了她的辽远、神秘。作为一名靠语言的星粒取火温暖的人，我来西藏难免有精神寻根的意味，希望诗歌来一次精神飞升。但就像面对西藏明晃晃的阳光总感觉没被化为灰烬，仿佛知悉了生死，却找不到爱和词语将她说出，一路向西，恍惚背着行包做了一次长期的出门远行，不经意间竟过了六年。回望之下，这是命定也是永远无法说出的诗意遐想。我出生西村，就读浙大西溪校区和西南政法，工作也与西湖相连，所以"一路向西/追赶落日和僧侣"，仿佛是注定的方向，答案就让它永远留在西藏的晚风中吧。

之所以选择再一次援藏，其实一如耿占春所言："援藏者得到的是西藏对个人精神生活的援手，西藏不是被援助者，而是一个隐秘的救援者，甚至是一种深深的救赎者的形象。"，所以我一直很介意于这个"援"字，而将它变成了"缘"字。在政治语言里被救赎不如在情感深处被爱得牵肠挂肚。再进一步说，过于强化"援藏者"的身份，这对历史，对祖祖辈辈生活在雪域高原的西藏人，对文成公主（可以说第一个留藏干部），十八军及为西藏和平解放事业做出了巨大牺牲的英雄们以及生活在西藏的他们的子女是不公平的，也是经不起推敲的。大爱无声，只有内心像泉水一样和西藏神山融在一起的人，才能完成平凡肉身对神性的穿越。从这个意义上说，我无非是寻找一条离天最近的道路，其纯粹性源于对生活、对这片土地真诚的理解。

最后，我也要感谢我的妻子儿女，是她们给了我力量。当我告诉她们，牧区的孩子因为上不起幼儿园，而在放牧的路上有的被大雪冻死有的被狼吃掉，而我现在已从内地爱心企业募来善款建起 6 家幼儿园，还有 4 家幼儿园正嗷嗷待哺时，想不到平日温婉娇弱的妻子竟诀然地说："放心，你的孩子，我给你照顾好，牧区的孩子也是孩子，你照顾好。"……我忍不住多看了两眼，实在无法表达内心对她和孩子的爱和歉疚，唯有更加努力地为当地牧民做好事，才能对得起这这份沉甸甸的嘱托："雪盲、唇腭裂、先天性心脏病/不把牧民的事当作自己的事/就没有神迹。"

访谈感言：

陈人杰援藏六年，一路向西，在大地和心灵两条路上接近西藏，在时间和空间两个维度上认识西藏，目之所及心之所念汇集成了今天的《西藏书》，为西藏题材的诗歌创作打开了全新的境界与边界。

陈公炎：报告文学要为时代而歌

访谈对象：陈公炎，浙江磐安人，中央党校法律专业本科、学士学位。系中国报告文学学会会员、浙江省作家协会会员、金华市作家协会主席团成员、市直作家分会主席。至今已在市级以上各类媒体发表作品 3000 余篇，20 多次在全国全军文学赛事中获奖，三次荣立三等功。著有《我是金华人》《智慧人生》《血写的忠诚》等。先后组织参与宣传了某师基层官兵学理论、"兵参谋"徐诚、一等功臣李冠清、全国模范军队转业干部王厚鑫等一批军内外先进典型。

访谈人：樊春宽，金华市作家协会会员。

问：很荣幸能够面对面采访你。这些年读了你的不少作品，我是你的忠实粉丝。你不仅能说会写，能文能武，而且既会新闻写作又会文学创作，既写散文诗歌，还写了不少理论文章。尤其是近四年，你创作了20多万字的报告文学，思想性强、观点鲜明、文辞优美，常在《今日中国》《农村青年》《中国报告文学》等国家级期刊露脸，能谈一谈你为什么把创作的重点放在报告文学上吗？

答：你谬赞了。我只是做了我喜欢和我认为对的事，并一直坚持了下来。首先，报告文学作为文学创作的轻骑兵，是一种具备真实性品格的时代报告，它的一个重要特征就是能够忠实地书写时代、记录时代、反映时代，聚焦社会焦点热点问题，展开独特思考，发人深省、启迪心智。它以贴近现实的温度和扎根大地的深度，成为新时代重要又鲜明的文艺表达方式之一，有时候我称它为"文艺范的调研报告"，实用性、实践性特点非常突出，比较适合我们在政府部门工作的文创人员。其次，这个和我的工作经历密不可分。回望一路走来，从入伍后当报道员，军校毕业后当宣传干事，后到集团军、军区干部部门工作，再到宣传科长、政治部副主任等岗位，可以说一直在新闻、宣传、政治工作岗位上。大部分时间我就相当于军事记者。这个职业对部队的关注度、敏感度以及工作的"战斗性"特别强。因此它对我当时和后来从事报告文学创作，有着别人不具备的优势，比如采访的专业性、对题材的敏感度、行动迅速的职业习惯等等。从事新闻报道工作需要关注全社会、关注时代的最强音、关注国家和世界最重要的事件。这和报告文学的使命高度一致，可以说是一脉相通的。

实际上，我在部队已经创作了不少报告文学作品。像《大学生军官，你在军营还好吗》《下一场战争谁主沉浮》《死神嘴里的战斗》《鱼水交响曲》《"闯海"的军嫂》等。其中《死神嘴里的战斗》，后来分别在《解放军报》《中国双拥》《解放军生活》等刊出。反观现实作品，许多报告文学作品也正是"新闻的延伸"。而许多热爱文学的人投身媒体，许多记者见识过社会百态后成了著名的作家，像马克·吐温、海明威、狄更斯、刘白羽、沈从文、金庸等等。但是要说在部队创作真正成熟的报告文学作品，应该是对一等功臣李冠清的宣传。那是2002年担任宣传科科长期间，我所在部队一名新兵连连长李冠清投弹场上因舍身救战友身负重伤。部队领导敏锐地意识到，李冠清3.7秒的生死抉择，正是模范实践"三个代表"重要思想的具体体现，具有重大宣传价值。我和报道员一起对李冠清身边的亲人和战友进行了广泛的采访，搜集整理了100多个小故事，在此基础上赶写出长篇通讯《热血谱就爱兵曲》，4月3日，《金华日报》在一版以一个整版的篇幅进行了突出报道，在社会上引起强烈反响。后来，军地20多家央媒省媒全面、广泛地报道了李冠清的英雄事迹，爱兵模范李冠清享誉军内外，并被集团军荣记一等功。这些宣传报道后来经过深加工和再创作汇编成《血写的忠诚》，这本书从不同视角刻画了一个爱军精武、爱兵精武、矢志报国的新时代军官形象，可以说就是一个典型的报告文学集。

问：你近几年创作的报告文学涉及的题材面比较广，能简单做个介绍吗？

答：好的。近四年，我创作的20多万字的报告文学作品，题材涉及家乡建设、天下婺商、时代英雄、抗击疫情等方面。可以说，选择这些体裁既是偶然，也是必然。我在从事报告文学创作过程中实际上并没有考虑过应该写什么或不应该写什么的问题，而是来什么就写什么，但创作的作品起点和立足点多数都放在国家与时代的高度去审视，紧跟时代、书写时代，从时代中来、到时代中去、为时代而歌。弘扬主旋律、传播正能量是我的初衷和坚守。

问：能谈得更具体一些吗？

答：先谈一下英雄这个永恒的题材吧。通俗地讲，这个相当于人物传记。记录英雄、弘扬英雄精神也是我创作中最关注的一个焦点。"一个有希望的民族不能没有英雄，一个有前途的国家不能没有先锋"，我从小就有个英雄梦。我在创作排爆英雄王厚鑫这篇报告文学时，先后采访王厚鑫本人10余次，身边战友30余人，通过记录提炼王厚鑫与爆炸物博弈39年、71次现场排爆、成功处置1000余枚炸弹的典型事件，全面展示了王厚鑫"拿着绣花针，跳着刀剑舞，拔着虎口牙"的排爆生涯，刻画了一个用坚定信念书写着用生命守护人民群众生命的英雄形象，让英雄的精神影响和辐射更多的人。作为文学人，这就是我的使命，是报告文学的使命。

问：家乡题材的呢？有人说，"一切文学都可以归结为乡愁的延续"。关注家乡、赞美家乡也是你关注的焦点之一，能谈一谈这方面的作品吗？

答：有几句话说得好，"谁不说咱家乡美""美不美，家乡水；亲不亲，故乡人"。没有一个作家不爱自己的家乡。我出身农村，对农村和土地有很深的情结。就拿《小镇蝶变——浙江省磐安县尚湖镇积极践行"两山论"纪实》这篇说一说。我的家乡磐安县尚湖镇有着"青山不墨千秋画，绿水无弦万古琴"的美景，有着"茅檐长扫净无苔，花木成畦手自栽；一水护田将绿绕，两山排闼送青来"的人勤地丰的人文积淀。在新时代新征程新理念引导下，终于成就"筑巢引凤，花香蝶来"的佳话。我想，尚湖镇一手抓经济建设，一手抓生态文明，不就是深刻践行"绿水青山就是金山银山"的理念，奏响乡村振兴最强音的真实写照吗？我觉得，好作品就要书写时代、反映时代、引领时代，抒写人民奋斗之志、创造之力和发展成果。这篇 2 万多字文章发表在《中国报告文学》上，缩减版发表于《浙江日报》，《金华广播电视报》则以八个版的空前力度进行了宣传，引起了较好的社会反响。

问：据说，你还写过一篇歌词《天下婺商》，后来歌词经省文旅厅副厅长、著名作曲家刁玉泉谱曲，被大家广为传唱。实际上，你确实以各种形式用心讴歌、用情感悟婺商，歌颂他们拼搏实干书写"金"彩华章的好故事。能谈一下这个方面的作品吗？

答：好的，我转业后在工商联工作了五年，所以有机会广泛接触婺商。婺商是以地为名的群体，不仅是一个利益共同体，还流淌着共同的文化血脉，饱含着浓重的桑梓情怀。我发现，当代婺商正是因为投身时代大潮，凭着义利并举的传统、低调务实的风格、吃苦耐劳的韧劲，书写了一段段无中生有、无奇不有、点石成金的创业传奇，成为勇立潮头的弄潮儿。

八婺大地的璀璨文化，离不开商人群体的创造，婺商文化是八婺文化的重要组成部分。循着这个角度我对婺商文化进行了深入研究，并和好友陈国友、叶孝华共同创作了报告文学集《我是金华人——婺商文化解读》，对我市改革开放以来 50 名杰出婺商给予了重点解读。该书发行后，引起了不少人的关注，不仅被各地商协会和市县地方志纷纷收藏，还被金华广播电视大学、浙江商贸学校等大中院校选为教材。

我去年创作的报告文学《光明行》登上了国家级核心期刊《今日中国》，讲的是金华眼科医院董事长吴坚韧的故事。吴坚韧自信而坚强地接受命运的洗礼和磨炼，他那"逆光而行，只为拂晓"的勇毅坚定，"自己发光，才能照亮别人"的豁达乐观，他那誓将光明撒遍八婺大地的博爱善举深深地感染了我，在他身上极好地体现了婺商精神。他是一面镜子，写他，也在写一个群体。

问：当然你还有一些抗疫体裁的报告文学作品在时下也是非常催人奋进的，这个能谈一下吗？

答：报告文学是使命文学。报告文学作品的主流首先应该是关注时代重大事件、重要变革的及时报告，优秀的报告文学应该应时而作。新冠疫情是这个时代最大的变量之一。常态化防控事关国家发展全局，是报告文学人躲不开的主题。我写《全力以"复"》这篇报告文学，从谋定而动"剑出鞘"、集中吹响"冲锋号"、果断出手放大招、下沉一线排忧难、下好政策"及时雨"、按下发展"快进键"等六个方面，反映了金东大地疫情后全力复工复产的生动局面。我通过报告文学为阴霾后的八婺大地迅速复工复产吹响了冲锋号，用我的笔为战疫摇旗呐喊，这是我想做的事，也是报告文学能做的事。近期，"4.15"疫情以来，我又及时跟进写了全市人大代表抗疫的故事，同样引起了积极的社会反响。

问：有人评价你的文章是又快又好，"总是那么能抓题材""总是能迅速出击""总是充满激情"等等，能谈一谈这其中的诀窍吗？

答：你过誉了，要说好，实不敢当！说我出手比较快，可能与我长期新闻工作的训练与经历有关。说点具体经验，我觉得以下几个方面很重要。第一，报告文学是行走的文学，要注重调研，快速出击，尽量占有第一手资料；第二，文以载道，就是要我们"心合于道，说合于心，辞合于说"，报告文学要紧跟时代，弘扬正能量，上接天线，下接地线，才能创作出艺术性和思想性俱佳的精品报告文学；第三点，我认为作品是作家的生命，喜欢上了文学创作就要坚持，就要不断学习，只有坚持才有收获，学习才能不断超越；第四，要加强传统文化的学习，研究运用好现代话语创作体系。语言鲜活灵动才能扣人心弦，让读者喜闻乐见。

问：从你的娓娓道来中，我由衷地感到你写的报告文学为什么既有宏大的格局，同时不乏细致入微的描写和细腻的情感，将报告文学写成不折不扣的美文。因时间关系，最后，我想再问一个问题，就是想知道你对以后的文学创作有什么设想？

答：这是个波澜壮阔的时代，这个社会每天都在发生许许多多的变化，为报告文学提供了源源不断的创作题材和资源，"为时代而歌"，这将是我一直追求的创作理念。作品是作家的生命，我将以时不我待、只争朝夕的精神投入到创作实践当中，紧跟时代步伐，从时代脉搏中感悟报告文学的脉动，坚持以人民为中心的创作导向，将个人命运、家庭命运、城市命运、地区命运与国家命运紧密相连，从时代之变、中国之进、人民之呼中提炼主题、萃取题材，倾情投入、用心创作，力争全方位全景式展现金华历史之美、山水之美、文化之美，展现新时代的金华精神气象，始终奏响时代的最强音。

访谈感言：

陈老师谦虚好学随和。他文武双全，在部队既能带兵打仗，又善做思想政治工作。到了地方他依然勤奋善学，以笔为剑、为旗、为鼓，以强烈的使命感、责任感投身经济建设主战场。在他身上体现了非常明显的军人作风和文人禀赋，刚柔并济，文如其人。他主张报告文学要为时代而歌并起而行之。他是一位有思想气质，有文学修养，有百姓情节，有家国情怀的作家和实践家，为报告文学创作之路提供了一个范式，让我们共同期待他更多的好作品面世。

叶青松：运笔成风的红色传记作家

访谈对象： 叶青松，中国报告文学学会会员，浙江省作家协会会员，金华市作家协会会员，金华市报告文学学会副会长。1985 年开始发表作品。著有长篇纪实作品《虎啸万里：一军征战纪实》《利剑出鞘：十二军征战纪实》《藏九地，动九天：六十军征战纪实》《一军之长》《一军传奇》等 15 部。代表作品有《首任军长传奇》5 卷本。《凯歌铸忠诚：荣誉军旗背后的故事》，入选中国作家协会"庆祝建党百年"主题专项扶持项目重点作品。《虎啸万里》入选甘肃省农家书屋工程。在《人民日报》《解放军报》《党史博览》等报刊发表文章 600 多万字。

访谈人： 叶子，南京体育学院新闻系毕业，文学学士学位。

问：叶老师好，感谢你接受我的访谈。在微信朋友圈上，天天看到你发布自己的工作、生活动态信息，像日记一样。我想从朋友圈开始谈起，好吗？

答：好啊！在我的朋友圈发现什么新大陆了？我一直坚持写日记，自从有了微信，我的日记就转移到微信上写了，因为可以配图片，日记更具记忆性。我的日记，都是日常所思所想，随手记录，也是为写作积累素材。比如，我在西沙群岛品尝到的十年鱼龄的斑马鱼，当时在微信上记录下了感受："鱼肉端上桌子后，我用筷子一夹，竟然夹不下来鱼肉，明显和平时吃的鱼不一样。只能如吃肉般，用手来。入口后，才知道，鱼肉，质似驴肉，像牛肉，嚼劲犹如萝卜干，蛇皮的劲道，味鲜，有点椰子感觉，但无甜味。老板娘说我有眼光，选到了老鱼。据说，斑马鱼和人类基因有着 87% 的高度同源性，这意味着其实验结果大多数情况下适用于人体。"后来，这段文字被我写进了散文《一次西沙行，一生西沙情》中。

问：你的微信签名很有意思，"历史往往在时间的洗漱后露出真相"，有出处吗？

答：这是我的原创，也是我对历史的看法。在写作中，我发现很多人想掩盖历史真相，其结果是很困难的。我的五卷本《首任军长传奇》，写出了许多人想隐瞒的故事。

问：我看到 2015 年 1 月 27 日的《人民日报》发表一篇评论文章，题目是《铁骨战将烽火铸：读叶青松的五卷本〈首任军长传奇〉有感》。评论家汪守德老师对你切入的角度、厚实却又灵动的写作倍加赞赏。他在评论中说，你"是一位对党史军史有着精深研究和广泛涉猎的专家，对相关资料的大量收集和占有，使其具备了得天独厚的条件，也具有了写作上运笔成风的挥洒。无论读者是否熟悉军史，都会受益匪浅。以讲史的姿态出现，既是对我军战斗历程的又一次精神的烛照，又是对军史知识的有益普及，作品所包含的现代价值是显而易见的。"你能否给我介绍首任军长的创作过程吗？

答：我至今没有见过汪守德老师，从网上才知道他是解放军原总政治部宣传部文艺局的局长。五卷《首任军长传奇》写的是 4 个野战军和华北军区所属的 67 个军、66 位首任军长的故事。对这 66 位首任军长的记述，可以说都是有史可循、有据可查的。其中，我采访过毛泽东主席的儿媳妇刘松林（后改名为刘思齐），江青的两任秘书阎长贵和杨银禄，以及当时健在的首任军长等。但我在写作中没有采取面面俱到、平分笔墨的写法，而是根据每位军长的鲜明特点，精心撷取其最具代表性或鲜为人知的经历与细节，以简短的篇幅和洗练的文字加以描绘。让那些或早已广为人知、或还不为大家所熟悉的主人公，清晰地呈现在今天的读者面前。战争本身就蕴含着无穷的变数，为敢于蹈火蹚雷的首任军长们提供了广阔天地。这些首任军长们个性鲜明、才情卓越，在其漫长的人生旅程中，留下了许多令人咀嚼不尽的传奇故事。无论从战争的角度还是从人生的角度而言，这些故事都有着极为丰沛深蕴的意味。我用了十年时间把他们写了出来。

问： 写了十年？

答： 对，前后十年。是 2005 年下半年开始写的。当然，这里还有一个重要机遇。在写作之前，刚好接到中央军委赋予我的一项写作任务，撰写福州军区最后一任司令员江拥辉的正史。这样，我就利用到解放军档案馆和原沈阳军区档案馆的查档案机会，把首任军长的档案一并复印出来了。这为我的写作提供了独家的第一手史料。首任军长的系列文章最早是在河南的《党史博览》杂志上连载的。2014 年由解放军文艺出版社结集出版。书稿发表后，影响很大。《人民日报》《解放军报》《中国国防报》《人民前线》《金华日报》《今日婺城》都发表书讯、书评。后来发现，图书在美国国家图书馆有收藏，台湾书店上也有销售。

问： 我想，《首任军长传奇》五卷本不仅仅是写历史，也不仅仅是为这些建立共和国的战将们立传，你想张扬的是那个时代精彩的人、大写的人、丰富的人，是一种用战斗意志和民族精神凝结成的宝贵遗产，可用以启迪后世、激励人心。近段时间，我在微信上看到你在创作《百面荣誉军旗背后的故事》，还被入选中国作家协会"庆祝建党百年"主题专项扶持项目重点作品。谈谈创作的初衷好吗？

答： 入选中作家协会的重点扶持项目，我是没有想到的。开始我很奇怪，后来才知道是出版社报上去入选的。

百面荣誉军旗是在中华人民共和国成立 70 周年国庆阅兵场上以"战旗方阵"集体亮相后，我确定下来的写作计划。其实，阅兵战旗集体亮相之后，许多著名军史专家开始解读荣誉军旗的故事。令人遗憾的是，有的军史专家把天津战役中的 20 个"三好连队"混为一谈；有的军史专家把海南岛战役中的"渡海先锋营"误作"登陆先锋营";更让人难以置信的是,有关部门把"襄阳特功团"张冠李戴,让一个营代表"襄阳特功团"参加战旗阅兵方阵。我觉得有必要把这 100 面荣誉军旗写出来,让英雄单位和英雄精神代代相传。

有了这个想法后,我与《党史博览》杂志联系,汇报了写作计划。杂志社很支持,决定用 10 年时间发文,每期发 1 万字。自此,我开始荣誉军旗的写作之旅。首站到江苏常州采访,书写被有关部门弄错的荣誉军旗"襄阳特功团"背后的故事。接着,到浙江舟山"洛阳营"采访,书写荣誉军旗"洛阳营"背后的故事。走了两站后,我发觉,他们军史馆里的内容,还没有我个人搜集到的资料珍贵。比如,我赠送给襄阳特功团的,是攻打襄樊牺牲的团长原始回忆史料;比如,我赠送给洛阳营的,是当年在洛阳被俘虏的洛阳"酋长"回忆手迹。特别是他们的讲解员,换了一代又一代,早把单位历史简化了,许多地方讲不明,有些地方则错漏百出。铁打的营盘流水的兵,这不能怪他们,但这样的采访对我的写作没有多少帮助。

我开始转而到荣誉军旗发生地的纪念馆采访,走了济南战役纪念馆,到了海南岛战役的两个启渡点和登陆场,深入到东北黑土地探寻塔山阻击战"密码",去了抗日战场和解放战争部分现地,发现纪念馆和纪念地的资料保存完整,讲解员对军史知识的了解比较丰富。自此,我就沿着这个轨迹开始艰苦的采访和采集资料。写作时,我给自己定了一个标准,只采集第一手资料,仅参考第二手资料,不使用第三手资料。

这次写作,我改变过去党史军史写作"敌人不见化,我军平面化,英雄人物恐怖化(与敌同归于尽)"的大众写法,在"敌人具体化,我军生活化,英雄人物背景化(大背景下逼出同归于尽)"方面下足功夫,真心讲述荣誉军旗背后的故事。

问:你的创作经历能透露一下吗?

答:我的创作经历,其实就是两个阶段。第一阶段是写新闻。我读初中二年级开始,就给县广播站写稿。记得,那个时候,每篇广播稿稿费 0.5 元,而油条是 3 分钱一根。读高中时,担任《丽水报》(今《丽水日报》)的通讯员,并在《浙江日报》发表文章。高中毕业后,到部队当兵。新兵连结束后,就到团部报道组担任战士报道员,后来到师和省军区宣传处担任战士报道员。大约 15 年时间，都是在写新闻报道。第二阶段是创作纪实作品。在部队当干部后，开始几年还是写新闻。1999 年调入原南京军区机关工作后，接触到党史军史，开始大量地创作长篇纪实作品。

访谈感言：

一名职业军人，成为一名专业的作家，并不是每个军人都能获得的成就。叶青松的成就就在于两者之完美结合，在熟悉的领域寻找体裁，用文学的视野解决军旅。

王晓武：书香馥郁，诗酒年华

访谈对象：王晓武，出生于 1969 年，笔名醉红自暖，浙江金华人，浙江省作家协会会员，中国诗歌学会会员，金华市作家协会副秘书长，金东区作家协会副主席兼秘书长。工作之余写点散文、诗歌等，热爱文学艺术，热爱诗意生活，热爱户外运动。

访谈人：曹静怡，金东区融媒体中心记者。

问：王老师你好，看过你《手有余香》这本书，文字细腻优美，故事真挚动人，请问你在写作方面积累了怎样的心得？

答：我觉得作品要想成功被人记住，就得打动人心，而打动人心的前提，首先得打动作者自己。《手有余香》是我第一本作品集，于我而言意义重大。这是我许多年来的经历、故事，也是我用心用情，描绘出的美好生活。

问：你可以谈谈是如何和文学结缘的吗？

答：我对于文学的坚持热爱，很大一部分源于我的家庭。我的母亲是金一中的优秀毕业生，曾是一名人民教师。虽然当时在大背景下，母亲带着我和弟弟回到农村生活，但她对我们的教育十分重视。当别的小朋友在田地里玩耍的时候，我和弟弟只能在家里背读唐诗宋词。

其实，当时的农村没有太多的玩具和读物，而在母亲的引导下，我终日沉浸在诗书中，也阅读了大量的中外名著。还记得小学五年级时第一次读到《青春之歌》的情景依旧历历在目，美丽而坚强的林道静形象从那时就根植在我的心中。还有《红楼梦》《家》《简·爱》《约翰·克利斯朵夫》……它们带给我一个广阔的天地，让我年轻的心不再囿于眼前贫瘠而又无奈的现实。从小学开始，我的每一篇作文都会被老师列为范文在同学们面前朗读。一次次赞扬，一次次肯定，我相信凭借着文学绮丽的梦想，一定能飞得更高更远，以后读高中、上大学，成为一名作家或者新闻工作者，最终实现自己的人生价值。

问：你是怎样提高自己的文学修养的？

答：记得朋友们相聚畅谈时我曾说过，我觉得自己这辈子最成功的事，是在经历了人生的惨烈剧变和巨大坎坷后，还能保持热爱生活的态度和积极乐观的性格，这无疑要归功于文学给予我的滋养和引导。我喜欢苏东坡的豁达乐观，也喜欢李元膺的那阙《洞仙歌》："占取韶光共追游，但莫管春寒，醉红自暖。"是的，不管外界如何繁复纷扰倾轧，能醉心于自己的精神世界，又哪里能感受到春寒料峭呢？！进入金华卫校时我还是少年心性，把心思都倾诉于笔端，写作、画画、泼墨。后来我曾经担任校刊《白帆》的主编，除了文章，其中许多插图都是自己用业务时间一笔笔刻出来再用油墨印刷而成。说实话，八十年代文艺青年蛮有市场，那时还真有不少粉丝，走在校园里经常会被校友拦住让我修改作品。

问：最好的年纪做自己喜欢的事是我们值得珍藏的记忆。除此之外，你在"求学"路上还有哪些难忘的事呢？

答：有的，还是在卫校的那段日子里，在老师的推荐下，我加入"蓝田掘野"文学社。"蓝田掘野"，意为在文学风靡的蓝田上挖掘青春的理想、诗意和与众不同。这是由金华市区十余名文学青年自发组成的文学社，大家因为对文学的共同追求相聚在一起。在加入后才发现我是其中唯一的学生，而他们来自不同企业、事业单位，却都是意气风发、才华横溢，充满激情和梦想的文学青年。我崇拜他们，见贤思齐，努力请教学习，而这些大哥哥也很照顾我。那个年代，人们的物质生活相当清贫，月工资只能维持基本生活，而蓝田的文友们硬是从牙缝里省出钱来丰富自己的精神世界。他们考虑到我是学生没有经济来源，活动场地放在文友的单身公寓，聚餐经常轮流做东，从未让我出过一分钱。而"蓝田掘野"的期刊也是我们社员们自行设计、刻字、画图、油印、装订，翻过的每一页都凝聚着我们每一个人的心血和智慧。前不久，别离了30年的蓝田文员再次重聚在一起，芳华岁月不再，但大家对文学的初心依旧，而那段为热爱坚持的岁月正如那晚杯中浓郁的美酒，摇一摇，品一品，回味无穷。

问：在如今快节奏的现代生活中，你是如何保持对文学的热爱，怎么权衡工作与兴趣爱好？

答：我在农村医疗卫生最低谷的时期被推上了院长的位置，为了卫生院的发展和医务人员的工资待遇常常忙得连轴转，静下心来写作似乎成了一种奢望。工作、家庭，忙于俗事的思绪没有了年轻时的激情飞扬，缺少练习的笔尖也不太流畅，但是不管生活如何困顿，这些年来我从没有停止过阅读，临睡前，我会花一两个小时看书，并用笔记录下每天的心情和感悟，哪怕很长时间没有写出像样的文章。

在2005年一次旅途的火车上，读到的一首小诗突然触动了我灵魂深处的那根弦："那时我们有梦，关于文学，关于爱情，关于穿越世界的旅行。现在我们深夜饮酒，杯子碰在一起，都是梦想破碎的声音……"

在这繁华忙碌的人世间蓦然回首，我才惊觉，那灯火阑珊处，是我少年时代心心念念却遥不可及的文学梦啊！

问：因为这件事所以有了后来的创作是吗？

答：是因缘际会，也幸有伯乐。就在我"恍然大悟"的那段时间，金东区文联内刊《八咏》顾问章伟文老师向我约稿，真的很感谢章老师给了我这么好的一个平台，在他的鼓励和指导下我重振信心，陆陆续续写了很多散文。

渐渐地，几乎每一期都会有我的文章。

此外，还有一位良师益友，便是现在的市作家协会主席李英老师，他除了自己不断创作不断有精品出版，而且对后辈的帮助提携也是有目共睹的。包括我新出的书籍《手有余香》，李英老师也给予我诸多宝贵的建议，我们敬爱他，信任他，写了文章之后经常会第一时间发给他请他指导。

问：良师益友固然可贵，我也为你的坚持不懈而感动。你现在是否还有其他计划？

答：五十年弹指一挥间，我已步入知天命之年，工作似乎可以收尾，孩子也长大成材了，而我终于可以歇下来了，有大把的时间做自己真正喜爱的事情了。最近我报了汉语言文学的函授，想系统地学习这些理论知识，以弥补自身的不足。另一方面，我在小说创作方面比较薄弱，以后，我想在这个领域进行尝试，希望写出打动自己，也能打动读者的作品。

访谈感言：

人生会面临许多的选择，许多的挫折，而那别致的风景总是要自己找寻。文学是最美好的艺术家园，书籍是最有益的精神食粮，而文学的终极关怀就是给人以爱，给人以诗意，给人以温暖，给人以希望。

请你相信，每一次抬头远望，总有新的风景升起！

杜剑：时间的指向

访谈对象：杜剑，1969年10月出生。浙江省作家协会会员，著有诗歌摄影集《时间的指向》《原乡》《流浪高原的眼睛》，居浙江永康。

访谈人：高婷婷，《金华日报》记者。

问：你的诗歌摄影作品《时间的指向》在平遥国际摄影节、丽水摄影节、黄山摄影节展出后引起较大反响，澎湃新闻、腾讯新闻、新浪网等各大网站相继转载，你能谈谈该作品吗？

答：时间是三维甚至多维的。除了时间的属性，还有空间的属性，地理的属性，人文的属性……时间是看不见的实体，与空间一起构成了万物的存在和秩序。我们看不清时间的模样，只是在自己的时间里看到了时间的影子。

我试图通过虚幻的影像来还原时间的本质，而文字是我的另一种摄影语言，它和影像一起构建我对时间最真切的记忆。

问：在你的诗歌作品中，经常会看到你写给父亲的文字，你是怎样解读时间里的父亲？

答：我写过一首诗歌《父亲的二十四节气》，父亲在每个节气都会种下该种的菜，采摘后经母亲精挑细选把最鲜嫩的给我。四季轮回，父亲重复着同样的事情。父亲有过大学老师、国企负责人、高级工程师等多重身份，最终还是从一个年少的农民回归到一个年老的农民。今年小寒，我去菜地看望父亲，水塘里的一杆杆残荷，像极了父亲垂暮的身影，繁杂的极简，留不住一只蜻蜓。荷还会一季季重来，而父亲只会一年一年老去。

今年大寒，父亲病重住院，病床上的他告诉我，他做了一个很奇怪的梦，在梦中拔了一个晚上的菜，拔也拔不完。冰冷的点滴像绵绵的春雨浇灌着父亲的菜地，他从不关心自己的疼痛，只关心土地的疼痛。菜地里的菜因父亲住院脱管了 20 天，叫苏州青的青菜开出了小黄花，像父亲 20 天未剃的胡须，人比黄花瘦，说的就是父亲和他种的菜。

我时常会想起 2020 年疫情管控期间，我不能进到父亲的小区去拿菜，父亲提着菜走很远的路在小区门口把菜交给我的情景，我们戴着口罩没有说话，我朝车的方向走去时，手里多了两袋沉甸甸的蔬菜，父亲朝家走去时，两手空空。我还常想起父亲在菜地劳作时有一朵木槿花的声音轻轻落在父亲的草帽上。

"有一朵木槿花的声音轻轻落在父亲的草帽上"是我创作的《夏天奏鸣曲》里的诗句。著名诗人柯平老师曾评价这首诗的艺术理论是王国维的情景说，而更深的源头可以追溯到释家的禅和偈子。那朵木槿花在时间的风中回旋漫舞，然后被他儿子的镜头捕捉并写入诗里。这种文化意义上的传承既是微妙的，更是必然的。

问：我注意到你每年春运都会去永康火车站拍摄那些回家的人，拍摄一辆绿皮火车的缓缓进站或缓缓离去，绿皮火车在你生命中有什么特别的意义吗？

答：我第一次坐绿皮火车，是在寒冷的冬夜，母亲抱着我从鹰潭火车站挤上一辆绿皮火车。父亲挑着用粮票、油票、糖票、肉票、豆腐票购买的紧缺食品，抱着妹妹牵着哥哥挤上更晚的绿皮火车。之后每年冬天，这样的情景都会重现，这是我童年最深的印象。

童年的记忆总是和站台有关，站台的这边是虚拟的故乡，站台的那边是真实的故乡，虚拟与真实在不断地交替，故乡已不是时空上的距离，它在我的心里种满乡愁。童年就是那方站台，像流年的胶片，在岁月的银盐里越洗越清晰。他乡是我游走的故乡，每一次游走，都是和不同故乡的分别与重逢。

2011 年 7 月刊《中国画报》封面作品，是我拍摄的几个贵州籍孩子在永康站站台伸出头好奇地看着从温州方向开来的火车缓缓进站的场景。他们出生在永康，还未回过家乡，对火车和家乡都充满好奇。从出生开始，我们便在永不止息地奔赴。我们进行着各种维度、各种意义上的抵达，这同时意味着对上一个目的地的告别。从某种意义上来说：我们自身就是一列火车。审视一种"路过"，离开或者回去皆是路过的一种，而这之中任何一种，都饱含着遐想性和可读性。

我常幻想住在一幢城市的高楼里，在阳台上就能看见火车站醒目的站名，看见一列列绿皮火车缓缓驶进站台，又缓缓驶出站台。而车站里、站台上和车厢里的点点灯光又让我想起童年夏夜躺在竹床上仰望星空的情景。

问：我曾在《中国民族》杂志上读到过该杂志社社长、总编李晓林对你做过题为《他乡与故乡——对话摄影师杜剑》的专访，你是怎样理解他乡与故乡的关系的？

答：我们每一个人，都是某种意义上的异乡人，都在直接或间接地体验着他乡与故乡的落差。而图片，就像一只手，悄悄地在现实和精神世界中放下地标，丈量着有形和无形的距离。他乡与故乡是我们生命中最重要的距离，也是最深刻的落差。

问：你后续的诗歌摄影作品《我一个人弹琴到深夜》里主要关注的是一些流浪歌手，这是否是对《他乡与故乡》的延伸？

答：民谣大多来源于歌手的原创，来源于生活经历和情感表达。音乐是抵达故乡最好的方式，故乡已不再是地理属性上的标志，他们在永康江吟唱的既是自己的故乡，也是别人的故乡。

"在人来人往的天桥上面，有一个歌唱的少年……就在那一个夜晚，歌声温暖了我们"是流浪歌手韦达波原创歌曲《贵阳》里的歌词。他就是那个在天桥上唱歌的少年，现在在永康江畔弹唱着。歌声温暖了初冬的江水和城市的星空。

故乡遥不可及，在他们心里越长越高。江河是生生不息的血脉，在故乡繁衍生长。城是山脉，连着江河与星空。他们的精神世界有重金属像流星一样划过。在江边吟唱的民谣歌手给了我精神上的原乡。在这些奇妙音符里，我还听到一些未知的虫鸣落在赵雷、莫西子诗某首民谣的木吉他上。音乐是他们的生活方式，是他们的情感表达，他们有独立而自由的精神世界，我常被他们的音乐所触动。

问：在对你的访谈中，我仿佛看到了时间的倒置，该回到你最初的诗歌摄影作品《粉墨人生》了，你如何看待时间在这些身着戏服的演员身上的指向？

答：时间的人文属性是个体跟世界产生链接的最宏大磅礴的方式。当高饱和度的色彩登上戏台，鼓钹丝乐或幽咽或高亢，跟婺剧的唱腔一起撞击人们视觉和听觉，戏台上的世界和戏服覆盖下的演员一样，艺术真实和生活"真实"都在那一刻被剥离成两半。一半的真实是观众所见，而另一半的真实是演员对自我立场的忘却。

莎士比亚曾说："自有戏剧以来，它的目的始终是反映人生，宣示善恶的本来面目，给它的时代看看它自己演变发展的模型。"

戏台上的脸谱、水袖、唱腔都有艺术的规律性，善恶强弱，都通过视觉和听觉传达给观众。而很少有人去思考和关注，婺剧演员在走进浓重的油彩，斑斓的戏服时，他们自身的人生际遇，是不是在他行将登场的那一刻被很好地安放。

问：他们在那短短的演出时间里如何应对这巨大的"错乱"？

答：那些时间的错乱中，他们如何实现从一个时代到另一个时代的急遽跨越？在面对更加难以逾越的性别错乱、身份错乱，令人惊叹的是，他们都能这般驾轻就熟！他们坐在临时搭起的化妆室镜子前，就如一个诡异的画师，先在自己的脸上慢慢刷上"粉质面具"，再着焦墨在额间，那两弯枯笔是人生的纵横，还是命运的捭阖？此时，他们从镜子中看到自己，是透过自己本身的眸目，抑或是戏中人的眼睛？那些粉墨登场的角色只是短暂地活在戏台上吗？还是慢慢也会渗透进他们的人生，渗入诗歌中，我不得而知。

访谈感言：

杜剑说，诗歌是钻石，写诗很难。他自谦，很多时候都是平铺直叙，没有刻意去追求诗歌的语言、结构、意象和隐喻，写的文字只能算是瓦砾，离钻石很遥远。其实，在他的文字里影像里都藏着一根看不见的指针，让人读懂他对文学艺术的执着追求、深沉的思考和感悟，及对有声和无声的艺术语言的精准把握。

严敬华：一切已经蜕变为通透和豁达

访谈对象：严敬华，浙江省作家协会会员，兰溪市作家协会副主席，在《诗刊》《江南》《西湖》《诗歌月刊》《黄河文学》《北方文学》《浙江诗人》《星河》等文学杂志发表 300 多首诗作及诗评论，出版多部诗集。

访谈人：冰水，中国作家协会会员，《浙江诗人》副主编，义乌市作家协会副主席。

问：严先生你好。听说你很早就开始写诗，之后停笔。我想了解一下你是什么时候开始写诗的？又是出于什么原因中断了写作？

答：我在校园时期就开始写诗了，也发表了不少，那时主要写散文诗，以至于 20 年后的同学会，大家见面依然叫我"小诗人"。1997 年的时候，诗人龙彼德在主持浙江省文联编辑工作，我在他的协助下正式出版了第一本诗集《雨中的紫丁香》。1998 年我来杭州工作，进入广告媒体行业，因忙于生计，中断文学创作。这是很现实的，纯粹靠诗创作养不活自己。好在广告创意工作，尤其是广告语的提炼、文案的写作与诗歌的创作异曲同工。

问：你现在每天都花不少时间阅读诗歌，创作也丰沛。事实上，你是领导着 10 万+微商的企业家。在我的浅显认知中，微商需要花很多时间去维护客户。为什么你有这么多时间？你平时的时间是如何支配的？

答：我们今天正处于一个蓬勃的诗歌微时代，手机阅读方兴未艾，所以，我有空一般就会进行诗歌阅读与创作。我是在 2013 年开始创办自己的企业的，主要在手机端营销，就是你所说的"微商"，因为刚好踏准了时机，所以顺势发展了 10 万+的微电商代理，由于公司采用系统化管理，一系列服务都由手机端完成，甚至业务培训的直播也都在手机端完成，现在干脆自建了一个手机端的微电商平台——河马掌柜。当然，最主要还是我底下的三员得力女将分摊了大部分工作，让我有一些碎片时间可以阅读与写作，而诗歌最适合碎片化写作。

问：就创业来说，你是成功的。但其间也有过艰苦的突围期。现在重新回到诗歌写作，那段人生经历给你带来了什么样的给养？

答：我相信，任何一个成功突围的创业者，都会经历一番磨难与痛苦，重新回到诗歌写作，这些反而构成了诗歌的记忆和起源。我的创业是从在西湖创意市集、酷卖街摆地摊开始的，黯淡的日子提供了一种独特的生命体验：痛，并快乐着。人到中年，激情尚未消退、热血还在沸腾，只不过，经过人生的阅历和岁月的打磨，这一切已经蜕变为通透和豁达，而写诗的目的仅仅是为了取悦自己，在作品中也总会不自觉地含蓄表达心灵的经历和对世界的体悟。一些诗写者有点愤世嫉俗，我认为可能因为他还没有获得心灵上的某种救赎。诗，不仅是为了凝视自己，更应能让黑暗发出回声。每一首诗都有它存在的价值与意义，无论对于自己还是对于整个时代和社会，都是在美好中提炼美好，困顿中期盼美好，在身体的灵魂中迸发出力量来。跟"百战归来再读书"一样，中年重新写诗，那段人生经历带给诗歌的给养就是从精神到修辞都经历过现代主义的洗礼，形成所谓的现实派现代主义或现代派现实主义的风格，从而兼顾形而上与形而下，融合修辞与物象，平衡情感与思想。

问：听说你甜蜜的爱情跟诗歌有关，你当年的女朋友是读着你的诗歌跟你走在了一起的。这对很多年轻的诗人来说，非常励志。如果不介意，能分享一下当时的诗歌写作以及幸福的心路历程吗？

答：我想，我还是比较幸运的，诗歌与爱情同时眷顾于我。自从 1998 年到杭州工作后，停笔了 8 年，后面偶尔重新写诗，但再也没有去投稿了，纯粹就是写写，写好了就放在 QQ 空间。机缘巧合之下，有个网名叫"风轻云淡"的人逛进我的空间读了一些诗，留下 5 个字"喜欢你的诗"，然后就互加 QQ 开始了一段网恋成为男女朋友，而且是异地恋，一个在广州，一个在杭州，那段时间诗意澎湃，一下子写了《南国六月》等 36 首情诗，那时用直抒写法，现在回过头去看，简直是一堆酸萝卜。为了创作，我们单独开了一个共同的 QQ 号，把写的东西都放在空间里面，结果后来不知道什么原因，空间被关停了，丢了好多诗，伤心好一阵子，凭记忆恢复了一部分。后来想想也无所谓了，一首诗写好后，其实就已经与写它的人无关了，传播或遗忘，永存或死亡，一首诗有它自己的归宿。人各有命，诗亦如此。

问：你的专业是药学，相对来说非常理性的学科。从你的角度，如何解读诗歌写作，你认为好诗歌应该是什么样子的？

答：从大概率上讲，真正好的诗往往是理科的人写出来的。因为，优秀的诗歌不仅需要感性，还需要理性的分析与整理。庞德说："诗是人间感情的方程式"，复杂的"感情"属右半脑，简洁的"方程式"属于左半脑，以理性的左半脑表达感性的右半脑，"以简驭繁"正是诗存在的理由。在我看来，现代汉诗其实是一种舶来品，国外真正有生命力的诗歌，一般指向两翼：一是哲学，另一个是宗教。中国诗人不擅长宗教，基本上在哲学范畴里。但也会发现很多并不承载意义的诗歌存在，因为那是技术层面的——让旧事物焕然一新的能力，也是具有诗意的。而中国最原始的哲学要解决的问题是：人是从哪里来的？人在世界上生活，有什么目的？人过了今世后，要到哪里去？所以，诗人是内向和为己的，诗是自我审视内心的有效表达，向内观照自己，向外揭示世界，最忠实地复述这世界自己的声音。我觉得好的诗歌，除了其抒情本能外，还得有理性之辩与哲学思考，以及多向沟通和美学呈现，好诗常常落在明朗与晦涩之间。生命力持久的诗，一定是有属于自己的哲学体系的。

问：兰溪是你的故乡。除了厂区设在兰溪，你跟家乡应该有很多关联，比如支持家乡文学赛事和活动。现在有很多企业家乐助公益，你选择文学作为支持方向，是不是跟自己的文学情怀有关？

答：兰溪是我的故乡，跟大多数做企业的人一样，在有能力的时候，总是会不忘桑梓、倾情回报。所以，我把产业园区建在兰溪，当年投产当年亩均税收就达标。这届政府对中国自己的文化比较自信，都在力推，所以，我也选择赞助一些文学赛事、出版一些文学作品选集，为发扬传统文化尽绵薄之力，这也算是一种文学情怀。况且，家乡、土地等乡土意象、情节本来就是每个诗人不能够忘怀的创作母题。在农历新年，你会看到，中国人不管身在何方，漂泊一年，都会不管远近自觉返回故乡，形成世界上规模最大的人口大迁移。这种对家的眷恋，就是中华传统文化的力量，参与人数之多是任何一种宗教都无法企及的。

问：回归到诗歌话题。你认为诗歌有没有改变你现在的生活方式？或者对创作有没有一些规划性的安排？

答：一边做生意，一边写诗歌。任何一个平凡的生命，都有权利去追寻不平凡的光芒。玛丽·奥利弗说："诗不是一种谋生职业，而是一种生活方式。诗是一只空篮子，你放进自己的生活，它给你全新的天地。"自从开始恢复写诗后，我心境平和了很多，路上拥堵也不再觉得烦躁，书也看得进去了，写字也不累了。好的诗歌，有一种将加速度的世界往回拉一厘米的美好。我最近几年给自己的诗歌规划安排是每个月写10首，一年在120首左右，保底要完成100首，争取明年出版一部新诗集，保持适度的压力有助于唤起有质量的创造力。另外，对诗歌评论也非常有兴趣，学院派的诗歌评论与诗人写的诗评论风格不一样，二种都有所涉猎。

问：《品位·浙江诗人》2019年改版双月刊后，社会影响力逐步提升。这期间得到了你的大力帮助和支持，同时感谢你一直默默支持我们的主题诗赛等活动。我们想听听你对刊物和浙诗平台有什么样的建议。

答：不仅是浙江的诗人更对全国各地诗人而言，你们是做了一件功德无量的事情，因为中国8大专业诗刊，版面其实很有限，而写诗的人又非常多，真正能发表在纸刊上的不多，大多淹没在浩瀚的网络之中了。浙江诗人公众平台,在我看来,更像"浙江诗人公益平台",因为做这个平台完全是出于一种情怀、一种爱好,是一种公益行为,像一个擎着火把的人带领诗歌寻找黎明,我愿意在力所能及的范围内给火把添点油。古代的人称不合乐为诗,合乐为歌,合二为一就是诗歌,我觉得《品位·浙江诗人》与浙江诗人公众平台,在诗歌创作方面已经做得很好了,但在传播方面尚有可为之处,比如:举办诗歌朗诵会、诗歌音乐会,让诗歌走出小圈子,去接纳更大的发展空间。

问:感谢关注并关爱浙江诗人公众平台。如果可以,能对浙江年轻诗人说说你的心里话吗?

答:在这个数字化、城市化、工业化的今天,浙江的年轻诗人们依然能固守边缘,于喧嚣中求得一方宁静更显得难能可贵。诗歌是一门无用的艺术,但无用就是大用,它构成了我们的精神、气质和品行,让我们的内心在浮躁的网络时代不至于那么庸俗和功利。诗一定是内省的,内省的东西一般不会给诗写者带来表面的光环与荣耀。所以,我建议浙江年轻诗人不要带着功利的目的去写诗,因为这不是诗本身具有的功能。诗的意义,只是让诗写者变得更干净,让诗本身更干净。说到底,诗歌呈献的是灵魂的色泽和力量。

访谈感言:

一个微商界大咖的诗歌理想,他执着于从药学学理进入诗学学理的探索。他认为:好的诗歌,有一种将加速度的世界往回拉一厘米的美好。

吴
重
生
：
做
一
个
灵
魂
有
趣
的
人

访谈对象：吴重生，诗人，中国摄影出版社总编辑。
访谈人：李晓丹，《经济观察报》记者。

问：你 19 岁就写出了第一本诗集，你的文学之旅是否就是从这里出发的呢？此后你更有许多作品问世，是希望通过诗歌来向世人传达什么呢？

答："我总是把太仓读成沧海，把整个东海读作人类的行囊，把长江口南岸读成富足、美好、和平……"这是我最新的一本诗集《太阳被人围观》第一组诗的开篇。在行走中指山为证，与一条条河流不期而遇，我希望用诗来传递光明和温暖，讲述生命的温度与质感。

我的第一本诗集叫《撷浪集》，第二本诗集叫《二十岁的纪念》，都是我自己用蜡纸油印的，那时我在乡政府当团委副书记、文化员，还办了一份油印小报《大溪青年》，我的文学梦就是从那时开始萌芽的，一直坚持到现在。

正是从 19 岁的那本诗集开始，我与文字打了 30 多年的交道，先后出任金华晚报文化专刊部副主任、浙江工人日报社新闻中心副主任、中国新闻出版报浙江记者站站长、中国新闻出版报长三角地区采编中心主任、中国新闻出版传媒集团市场总监等职；2016 年 3 月起，任浙江日报报业集团北京分社社长、浙江日报北京记者站站长；2020 年底，调任中国摄影出版社总编辑。

问：你从文学创作转做新闻工作，会不会觉得不适应？你觉得新闻写作和诗歌、散文的写作有什么区别吗？

答：我一直在追求两者的和谐相融。从事新闻工作 30 多年，我从未停止探寻真相与追求诗意。

记者出身的作家并不少见，像海明威、奥威尔、莫言、金庸……记者生涯成为我们进入文学殿堂的基石。在中国新闻史上，有很多名记者本身也是知名作家，比如邓拓、范长江、穆青等前辈。我认为，新闻作品强调事件真实，文学作品强调情感真实，虚假和空洞打动不了读者。真实才能打动人。我的诗歌作品和散文作品没有晦涩的情节、故弄玄虚的文字，我崇尚用平实的语言，表达对真善美的追求。

2015 年 4 月，我的诗集《你是一束年轻的光》由人民文学出版社出版发行，那是我 2014 年践行"一日一诗"的成果。

我这样解读这本诗集的名字：光是有年龄的，年轻的光，代表着青春向上的能量。这跟我的文学创作理念是相通的。诗歌是一种力量，我希望自己能保持年轻的创作心态，永远成为一束年轻的光。2021 年 6 月，我凭借组诗《信使》摘取第十二届上海文学奖，本届获奖作家共计 27 人，莫言《一斗阁笔记》获特别奖。

有一次，我碰到了一位多年未见的老朋友，这位老朋友当面就背出了我二十年前写的一首诗。这让我大感意外并深受感动。这位朋友告诉我，当年，在他遭遇困难意志消沉的时候，正是我的这首诗给了他力量，使他得以走出阴霾。难怪"我们读诗"发起人、诗评家张海龙这样评价我的诗：看起来，那不过是些纤弱单薄的诗行，当不得什么大用。而你在遭逢现实世界的痛击时，这些诗行会有可能成为回应的箭枝，以及支撑的骨骼。

问：你觉得是什么滋养了你的诗歌，让你的诗歌具有如此的风骨呢？

答：当然是我的故乡。我是浙江浦江人，浦江人杰地灵，文风鼎盛。我国现存最早的诗社总集《月泉吟社诗》的编撰者吴渭、"明初诗文三大家"之一的宋濂便是浦江人。

我在金华工作了 10 年，在杭州工作了 10 年，我的创作积累阶段就是在浙江。浦江是我的家乡，我热爱我的家乡，家乡给了我无可替代的文学滋养。2020 年，中央财经大学艺术系主任刘树勇教授给我的诗精心创作了十多幅插图。这个笔名叫"老树画画"的网红画家在认真读完我的诗集《捕星录》后感慨地对我说："吴老师，你是一个有故乡的人，在你的身后，是你故乡浦江连绵无尽的山峦。"

在我看来，故乡是一个人的心灵栖息地，是给你精神滋养的地方。对于一位作家和诗人来说，故乡的山山水水都是坚强的后盾，会给我强大的精神支撑和创作灵感。

我的老家在浙江农村，上小学之前，到池塘和小河边去放鸭子，割稻、插秧、砍柴这些农活都干过，这段农村生活的经历，在我幼小的心里播下了热爱生活的种子。

问：你觉得要想写出好的作品，诗人本身需要具备哪些特质呢？

答：2020 年 3 月，中国青年出版社出版了我的诗集《捕星录》、散文集《捕云录》。"世事洞明皆学问，人情练达即文章。"在我看来，生活本身就是一首诗，平凡生活中不乏深长的滋味和蕴含。

什么叫诗？诗是诗人说的真话。我认为，生活并不缺乏美，缺乏的是发现美的眼睛。"不识庐山真面目，只缘身在此山中。"诗人要时刻保持对生活的新鲜感和创作激情，诗歌创作就是要每天带着陌生的眼光去看待你所遇到的人和事，去欣赏你所遇到的风景，把生活中的美挖掘出来，锤炼成诗意之美，让它成为你的人生经验的一部分、精神财富的一部分。

写诗是一种美德，真正的诗人是有情怀、有担当、有情趣的人。

问：很多人都想知道该如何才能写好一首诗，你是否有独到的经验体会可以同大家分享呢？

答：我坚持用业余时间从事文学创作，从"一日一诗"的倡导到先后在《钱江晚报》《江南游报》《检察日报》《经济观察报》等多家纸媒开设散文和诗歌写作专栏。"张开眼睛，我就开始燃烧"，为什么要选择这种"倒逼"式的创作方式呢？因为人都是有惰性的，我计划在七十岁时出版一套1000万字的《我文集》，只能每天都坚持创作，采用这种"倒逼式"的写作方法，以防自己因偷懒而搁笔。早在二十年前，上海市美术家协会主席方增先先生就为我题写了"我文集"三个字，并以"浦阳多才俊，吴溪有新人"十个字相赠。我所说的"倒逼式"写作，就是开设日更的专栏。这种方式被我称为"自己和文学之间的一种相互成全"。

很多年轻人向我请教，怎么写好诗，我有一个非常傻的办法，就是建议年轻人把写好的诗全部推倒重来，一句不留，重写一首。我认为，诗歌就是要求用陌生化的语言来表达自己的思想，在语言上不但要原创，而且要富有诗意的独创。诗歌创作一定要少用"公共语言"，就是要少用成语，不但要进行语言创造，还要在构思上别出心裁。

如今，信息越碎片化，纸质阅读就显得越珍贵。社会越浮躁，人们就越需要诗歌，需要用有底蕴和内涵的文字来丰盈自己的心灵。相比网络阅读，纸质阅读传递的信息更加丰富。翻书时会有声音，纸张会有油墨的清香味道，书不但可以放在书桌上，还可以放在枕边，放在餐桌边上。阅读是生活仪式感的组成部分。我会在自己的包里放一本书，坐地铁时可以拿出来看，走路回家时可坐在小区的树下，面对湖水和花树看上半个小时。

我的诗里有日与月、尘与雪，有"星汉灿烂，若出其里"的大境界，也有"更吹落，星如雨"的人生况味；有"天空专为我一人而张灯结彩"的乐观豁达，也有"日月安属？列星安陈？"的终极提问。

我总是竖起耳朵倾听时代的号角。光明是我的诗歌底色，我的诗歌整体格调是激越温暖、昂扬向上的。我的诗歌作品中具有一种强烈的"故园意识"。这种故园意识可以升华为对祖国的爱、对家乡的爱、对中华文化的爱，来体现中华儿女对美好生活的向往与追求。

值得一提的是，我的大多数诗歌作品是在地铁上完成的。我每天坐地铁上班要转乘一次，总共十站路。我一般从北工大西门进地铁站时想好题目，到张自忠路站出来时一首诗就构思完成了。每天一到单位就开始忙当天的工作，仿佛这一段写作的旅程并不存在。但是一年下来，工作之余的"副产品"积少成多，光诗歌就有 100 多首。

在诗歌文体方面，我也进行了深入的探索。担任中国摄影出版社总编辑后，我发现，诗歌可以跟影像作品"有机融合"，用"诗配图"或"图配诗"的形式，益彰诗情画意，诠释摄影家和诗人的"未尽之言"。我在不同场合呼吁，希望摄影家尤其是广大基层摄影工作者能重视"图片说明"的文本写作，重视提升自己摄影之外的素养，尤其是文学素养。

访谈感言：

吴重生，从 19 岁写出第一本诗集的浦江少年，到现在的诗人和总编辑，他用亲身经历告诉我们：文学是有用的，更是有趣的，要做一个灵魂有趣、心灵自由的人。在他的诗中，难觅低迷虚幻之音，哀婉颓唐之叹；有的则是携光明以遨游，醒"大我"以勇往。

王秋珍：写作的正确打开方式，是爱生活

访谈对象： 王秋珍，东阳市吴宁第一初级中学教师，浙江省作家协会会员。已出版《作文觉醒》《雪的心里，藏着一个春天》《藏在文字里的魔术》《抢糖的孩子》《两颗胡桃的爱》等 12 部。在《散文》《散文百家》《青年博览》《老年博览》《中外文摘》《今日文摘》《读者》《意林》等报刊发表文章 3000 多篇。

访谈人： 严寒，宁波大学在校研究生。

问：听说你最喜欢自己的《走过冬天便是春》这本书，能说说该书的内容和特色吗？

答：这是我的一本散文集。全书分"煮春天的鲜""吹夏季的风""收秋天的果""藏冬日的暖"四辑，笔触涉及亲人与朋友、植物与动物、美食与人生，涉及季节的变换和隐藏在光阴里的温暖褶皱。而美食文化，贯穿了每一辑。

这是一本有故事的散文集，行文处理手法丰富、曲中生景，既有小说的叙事元素，又有散文的真挚和思辨，充溢着一种远离喧嚣后，于平静中萌发的力量。

《走过冬天便是春》内文四色印刷，还用了我的书画来做插图。所有的书画，都是我来新疆后的尝试。我画得很笨拙，也很快乐。学习无论什么时候开始都不算晚。拿起毛笔，我就像点开了一扇美好而神秘的窗户。不在于我画了什么，画得怎么样，重要的是，我开始了探索。不要说生活对我们不够好，只要我们有足够的热情去爱生活，一切都是美好的模样。

问：美食是有温度的。你非常爱美食，似乎有一种情怀或者说情结。能谈谈你对美食的理解，或者说说美食的故事吗？

答："在精疲力竭的时候，我经常会深思默想：不知何时辞别今生之际，我愿意在厨房咽下最后一口气。无论孤身流落寒冷的地方，或是与人共居温暖的地方，只要那里是厨房，我就能够直面死亡，毫无畏惧。"这是日本作家吉本芭娜娜成名作《厨房》的开篇。

在电影《美味关系》中，梅丽尔·斯特里普塑造的小白领茱莉从厨房中找到了人生另外的乐趣。她不仅学会了烹饪，更学会了怎样成为一个更好的人。墨西哥女作家埃斯基韦尔的厨房小说《恰似水于巧克力》，塑造了蒂塔这一奇特的人物。她在厨房出生，在厨房长大，大部分时间在厨房度过。她将喜怒哀乐都倾注在烹调过程和食品上，从中获得最大的乐趣。

在厨房，我们与可爱的食材相处，与最本真的自我拥抱，经过我们的努力，它们成了另外的一种样子，给自己和家人带来品尝的欲望和快乐。

这是一种多好的感觉啊。在我还是孩子的时候，我的父母种了很多的稻子，每逢暑假，我最渴望听到的话是"好了，你回家烧饭吧"。我从稻田的热浪里脱身，兴致勃勃地投入厨房的战斗。等家人回来，总能发现我烧的菜比他们想象的要多。丝瓜花、番薯梗、大蒜胡须、南瓜藤甚至荷花瓣等，这些乡村随处可见的东西，都能被我做成好看又好吃的菜肴。

小时候，虽然经济拮据，但对待年猪，我的父母向来是很慷慨的。那些肚里货啊、肉啊，父亲从来不卖，一部分送给外婆、姑妈等亲戚，一部分送给朋友，剩下的都腌起来慢慢吃。每到年三十，母亲就忙着灌猪肠，将大肠、小肠都灌进糯米。母亲总是把特别香的小肠递给我们，长长的，细细的一截，抓在手上，这头吃吃，那头吃吃，觉得挺过瘾。不过，更香的是啃猪头骨。父亲将腌了几天的整个猪头放在大锅里煮，那个香啊，相信神仙也不愿挪步了。父亲总是递给我们下巴骨，那是猪头里最香的部位。下巴骨很大，白白的，扁扁的，有些像关羽的刀。附在那上面的肉精精的，却一点不塞牙，吃得人说出的话都香喷喷的。

美食带给我一段回忆，一片乡愁，一种人生。《走过冬天便是春》里，有着我的美食故事，以及幸福的点滴。

问：阅读是输入，写作是输出。你小时候看书的条件并不好，你是怎么爱上文学，接触更丰富的世界的？

答：我的童年，长在乡下贫瘠的土地上。每到玉米成熟的季节，村里的小伙伴们就纷纷往我家跑。他们一边碾玉米粒，一边盯着我父亲。

我父亲用一个铁头尖尖的小工具，牛儿犁地一样，给老玉米棒子犁开一条路，又一条路。他动作娴熟，根本不用看玉米棒，就能刷刷刷，给一个玉米棒犁出三条路，再拿起下一个。

我们拿过他犁过的玉米棒碾玉米。两根玉米棒相交，重叠之处玉米粒被碾压，纷纷落在竹团上。那竹团比八仙桌还大，圆圆的，用竹篾编成。我们围着竹团劳动，一个个竖着耳朵。此时此刻，我们最重要的使命是听故事。

父亲的故事比玉米粒还多。玉米有吃完的时候，故事没有讲完的时候。父亲讲三国，讲水浒，讲西游，讲聊斋，什么故事到他嘴里，就能发光，就能飞翔。他像个民间说书人，很有吊人胃口的本事。

小学三年级开始，老师就让我们写作。作文本窄窄的，小小的，右侧有一处空白，供老师写评语。我写踩草子，写捉萤火虫，写立鸡蛋等等，每次都被老师当作范文在全班朗读。那右侧的空白处经常写着有意思、会观察之类的评语。好几次考试，我的作文获得了满分。

看书，真的是一件好玩的事情。看着看着，我们就从读者变成了作者，这不是更好玩吗？

访谈感言：

王秋珍的散文，充满着至情至性，语言轻灵，细节丰赡，笔意渊默，仿佛从岁月深处走来，既有光阴的醇厚，又有脱俗的柔软。王秋珍以清澈的气质、敏锐的触觉以及细腻的情感，展现了生活的美好、智慧以及趣味。读王秋珍的文字，你会内心温润，筋骨强劲，不知不觉间，身上落满爱的阳光。王秋珍从来不觉得写作是一件苦差事，她觉得写作像呼吸，是一种自然地生长。写作，给了她美好自在的心境，以及满格的正能量。

胡永清：只要一点点亮光，便已足够

访谈对象：胡永清，70后，浙江东阳人。中国诗歌学会会员、中华诗词学会会员、浙江省作家协会会员，东阳市作家协会副主席、东阳市诗词楹联学会会长。诗文见于《中国作家》《星星》《绿风》《江南》《诗选刊》《中华诗词》《中华辞赋》《对联》《人民日报（海外版）》等报刊，著有诗集《清明时节》《相册簿里的时光》。

访谈人：禅雪，本名黄保平，浙江省作家协会会员，东阳市融媒体中心记者。

问：据我了解，你的文学创作一直以诗歌创作为主，那你为什么写诗呢？或者说诗给了你什么，才会让你一直坚持写呢？有人说，诗歌就是另一个自己。你写的这些诗歌，是不是内心深处的自己？

答：在一个诗歌讲座上，我也曾回答过这个问题。当时开玩笑说，像我这种矮穷矬的人，老天总会给一点补偿，而诗就是补偿我的那缕光。史铁生说，他写作的理由是需要被爱人欣赏，被生命欣赏，被世界欣赏，我认同他的观点。初二时，语文老师在课堂上布置了我学生生涯唯一一次诗歌作业。写什么忘了，反正老师认为还可以，在课堂上读了我的小诗，从此让我信心大增。从这点来看，被欣赏是我们写作的一种动力，而且是非常强的动力。再到后来，随着年龄增加，向人倾诉的需求也越来越大。但因囿于身体的不便，文字便成了一种很好的倾诉手段。所以诗歌是不是另一个自己我不知道，但对我而言，诗歌更像是鱼儿对水的一种必需。

我写亲情爱情友情，写眼中的山山水水，写对生活的感慨与触动。一切美好的，我认为都是有诗意的。曾有诗人朋友批评我过于小我，说我需要跳出来，应该去写生命写社会写人生写宇宙。但我想，什么样的境界写什么样的诗，我不到这个境界就不掺和大题材了。大河大山是震撼的，但小花小草也值得让人留恋。只要能给生活一点点亮光，我觉得便已经足够了。不要把诗看得过高，奢望能解决一切。

问：现在诗坛里乱象丛生，屎尿体、下半身体、梨花体等等，让大家对诗歌大失所望。作为诗歌写作者，你如何看待这一现象？

答：以前做学生时要填许多这样那样的表，其中爱好这一项，大家都填"诗歌"，好像不这样填，便不能显出自己是文艺青年似的。那时被人说"你是诗人"是一种评价非常高的表扬。而现在呢，诗人已变成酸儒的代名词。曾看过一些如"非诚勿扰"之类的娱乐相亲类节目，但凡有男嘉宾上来敢吟诗一首的，那必定全部灭灯。前后对比，真是让人唏嘘不已。

当然，造成这一后果当然也与我们自己诗人作死有关。平心而论，这几类在社会上造成极大影响的诗人本身的文本水平并不差，写这类诗也不是这几个诗人创作的主流。之所以出现这样的作品，要么是对传统写作的叛逆，要么是对文字失了敬畏之心。无论是哪一种，都是大家包括绝大多数诗人所不认可的。话或许可以乱讲，但落到文字，是要有底线的，也更需要慎重一些。

诗坛目前的现象我个人认为也是正常的。唐宋时，文有古文运动，诗也有香山体与江西派之争。而新诗自五四运动前后产生到现在，也仅仅百年时间。和国外不同的是，我们新诗是割裂传统古典诗词之后的重生，虽然吸收了一些国外的营养，但这么短的时间内发展得并不融合，中间出现一些分叉也是难免。是不是好诗，现在不需要我们过于计较，反正有时间大浪淘沙这个大杀器。

问：我知道你既写新诗，也写古体诗。现在有许多诗人强烈反对古体诗。你是如何看待这个问题的？

答：新旧之争一直存在，对这个我体会颇深，也曾多次参与这样的讨论。毛泽东曾讲："诗当然应以新诗为主体，旧诗可以写一些，但是不宜在青年中提倡。"很多反对古体诗的人，一直拿这句话作为重要的论据。殊不知，毛泽东不仅自己是一个诗词大家，而且在重要场合也曾讲过"现在的新诗还不能成形，没有人读，我反正不读新诗，除非给一百块大洋"之类反对新诗的话。

之所以反对古体诗，一是一些诗人认为旧瓶装新酒没什么必要，干脆不如直接用新瓶；还有一些是认为学了古典诗词后，用词方面必受其影响，只用现代词语，反而会使诗歌语言更加纯粹。

其实，我们大可以平静地对待新诗与古体诗。现在白话文的语言和写作环境之下，新诗当然是最佳的选择。但古体诗作为我国的传统文化的精品，是中华民族精神文化的凝结体，喜欢的人也非常多。据资料显示，2021年全国各级诗词楹联学会的会员有近四百万之巨，比新诗的写作者不知多了多少倍。让喜欢新诗的写新诗，喜欢古典的去写古体诗词。这两者之间并不是你死我活的关系，大可以"新旧同存，双轨并行"。

用新瓶还是旧瓶，只看内容哪个更适合即可。以前我是写新诗为主的。到了2010年前后，看主流诗刊里面发表的诗歌作品，要么直白如话，要么晦涩难懂，搞得我看不清方向。那时我曾放弃了一段时间，好几年一首诗都没有写。后来我突然间想，不妨从古典诗词中汲取一点营养试试，或许可以有新突破。果然，两者一结合，产生的效果让我很惊喜。这几年新诗与古体诗发表的数量都让我比较满意。

问：东阳诗坛目前的情况如何？

答：新诗早些年东阳有蔡根林、东方涛、洪铁成、卢赤心等一批诗人比较活跃。古体诗，北溟诗社的金希聪、金一初、包彦等人在省内也有一定知名度。但无论是新诗还是古体诗，中间有那么十来年时间，有一个小断层，并无特别优秀的诗人冒出来。

东阳诗坛真正兴旺，还是在 2015 举办第一届"中国好诗歌"之后。新诗方面，以二胡为首的一批诗歌爱好者，以微信群和公众号为阵地，逐渐形成四五十人左右的规模，在全国各大刊物不断发表作品，并于 2021 年和 2022 年一连批下十个省级作家协会会员而轰动周边县市。

古体诗方面，自严梅兰和我出任诗词楹联学会会长后，大力吸收新会员，采用诗会、采风、讲座、作业等多种形式，不断提升会员创作水平。每月布置作业，互相督促，活动不断，影响力持续提升。目前已有全国级会员 20 多人，省级会员 30 多人，微信群 340 多人的规模。

问：请谈谈你的诗歌创作历程。

答：庄稼是否丰收取决于土地是否肥沃，诗歌同样也需要阳光和雨露。

虽然平生第一首诗是在初中时候写的，但真正好好写是在高中。高一时偶然间在一份中学生刊物上发了一首诗，收到四块钱的稿酬。这对当时的我来说，实在是天大的惊喜。于是一发而不可收，天天坚持写，还在学校发起成立了诗社，时髦地交了几个笔友。现在想起来那段经历，真是非常好玩。

走上社会后，大刊虽屡投不中，但在本地的东阳报和几家企业报的副刊上却可以时常露露脸，加上时任作家协会主席的刘浪老师对我多有鼓励，使得这份爱好得以保持下去。洪铁成老师发起东阳第一届"中国好诗歌"后，与二胡、陈益林、李晓春、陈全洪、陈剑、蔡伟华等诗人交往密切，大家互相督促，写的东西也逐渐多了起来。

令我触动最大的，莫过于冰水老师主编《金华诗歌双年选（2017—2018）》，我居然落选了。因为入选的条件是那两年在省级刊物上发表的作品，而那时我刚好疏于投稿以至于颗粒无收。自此，我一改懒散习性，对投稿发表也上了心。《中国作家》《绿风》《星星》《诗选刊》《中华诗词》《中华辞赋》《对联》等一大批刊物都是这几年才上的。

古体诗方面受影响最大的是高中时的语文老师楼绛云，他工诗善书，尤精金石之学。总以为有个四句八句，每句五字或七字就是绝句律诗了，是他告诉我平仄押韵与对仗的知识，并借给我看王力《诗词格律》一书。后来加入诗词楹联学会，遇上严梅兰等老师，更是如鱼得水，进步明显。

创作环境对诗人影响是至关重要的。学生时期碰上一个好老师，走入社会后身边有一批志同道合的朋友，是人生一大幸事啊。

问：作为一名诗人，你认为如何才能写好一首诗？诗歌给你带来的人生感悟是什么？你对自己的作品如何评价？

答：我写东西比较慢，常改了又改。所以非常羡慕高产的诗人，听说还有一天能写几十首的。果树密了，尚需要间伐和疏枝，才能保证果实的大小与甜度，我不知道这些高产诗人是如何保证作品质量的，对此我非常不解。

写诗闭门造车肯定不行，读经典是必须的。但不知怎么回事，外国诗人的作品总感觉读不下去。后来我便自己找了一个理由，中国文化教育出来的中国人，做梦梦到的肯定是小桥流水，是马头墙与铜钉大门，是太白金星与城隍，绝不能梦到上帝和带翅膀的天使。

诗写好后，个人习惯是先放放。过一段时间再回头去修改，但只做文字上的小调整，因为大调整还不如重新写。写诗是对文字刮垢磨光的过程，是和自己较劲的过程。诗有自己独特的表达方式，也就是"诗语"，目前来看市面所有能看到的对诗的定义都不是完美的，这和禅有些类似，只可意会不可言传。诗的美妙之处，还得自己去体会才行。

我的作品，自己感觉是轻灵有余而厚重不足。虽偶有佳句，但整体有些散文化，力量偏弱。诗歌的题材方面也局限于生活圈子，这是目前我最大的问题，突破尚需时日。

访谈感言：

胡老师是一位热心于文学事业的文学组织者，更是一位身体力行的诗歌诗词创作者。他可以运用诗歌和诗词两种完全不同表现形式的文体创作自己的作品，抒发自己的情怀，着实难能可贵。

陈兴兵：文学是一种信仰

访谈对象：陈兴兵，男，笔名三白、阳台等，1972 年 9 月出生，浙江兰溪人。现为民盟浙江省委会委员、文化委员会副主任，民盟金华市委会副主委、兰溪市委会主委，兰溪市政协副主席。1991 年开始发表作品，先后在省内外报纸杂志发表文学作品百余万字，有作品入选《小小说选刊》等，多次获奖。出版有小说集《怀念桃花》、散文集《草木春秋》等。近年来创作歌词数十首，多次获奖。曾荣获作家协会系统省级先进个人。现为中国散文学会会员、浙江省作家协会会员、浙江省音乐文学学会会员、金华市作家协会副主席、兰溪市作家协会主席。

采访人：方宏，兰江导报社编辑，兰溪市作家协会副主席。

问：听说你是卫校毕业的，你是怎么会爱上写作的？

答：记得我在小学三年级的时候，第一次写作文，不知道怎么写。当时我爸给我一本作文集，里面有一篇《我家的大花猫》，我也不知道当时是怎么想的，就全文一字不落地抄在了作文本上。老师问我，是自己写的吧？我点点头，没敢吭声。没想到一周后的作文课上，老师在课堂上朗读了我的作文，夸我写得好。我羞得无地自容，感觉脸上火辣辣地痛。从此后痛下决心，要写好文章，再也没有去抄过别人的文章。后来为了提高我的写作水平，父亲给我订了《儿童文学》《少年文艺》《作文通讯》等好多文学刊物，晚上做好作业我就看这些书，看得多了，写文章自然也就不怕了。

到了四年级，被选拔参加区里的作文比赛。我印象很深刻，当时一起参加的还有一位五年级的女生。我们比赛的题目是写一件趣事，五年级比赛是现场放了一辆自行车，自拟题目写作。后来，我的作文获了奖，奖品是一本绿塑料封面的笔记本。这首次获胜给了我巨大的信心，从此便爱上了写作。

当时我们家乡有一位语文老师，三天两头可以看到他在报上发表的作品，用的成语一串一串的。我爸经常会把发表他作品的报纸给我看，我心里非常的佩服，就想自己的文章什么时候也能变成铅字啊。

后来，上了初中，又读了卫校，一直都喜欢写作，到现在都没有放弃过。所以我喜欢写作其实跟卫校没有关系，而是在卫校之前就喜欢上了。

在我心里，梦想的职业是教师，跟那位写作的老师一样，可以一边教书育人，一边写作。可我阴差阳错地上了卫校，因而在卫校的三年，也没好好地读书，迷上了手抄报。自己给自己办了一份名为《新潮》的手抄报，一个月一期，上面有自己写的文章，有摘抄的美文，还在上面连载自己写的小说。同时也向外开始投稿，但收到的基本上都是退稿信，或者石沉大海没有音讯。但我从不言败，屡退屡投，还积极参加一些比赛，在临毕业的那一年，终于有一篇小说入围了，要收入到作品集里去，但前提是要你自己掏钱买五册书。那时候年轻，也不懂这些，只要能把自己的文章变成铅字就行了，便按要求汇了钱。过了几个月之后，果然收到了刊有自己作品的作品集，虽然没有获奖，但也算是自己的第一篇变成铅字的作品吧。

你看，我的写作之路是不是挺有意思，人生第一篇作文是抄的，第一篇铅字文章是花钱买的，但文学从此便成了我一生的追求，我把它看作是一种生活，甚至是一种信仰。

问：既然你说文学是一种生活，那么你在繁忙工作中是如何协调文学创作与工作之间的矛盾的？

答：我说的文学是一种生活，并不是说把文学当作生活的全部。我记得刚参加金华作家协会的时候，蒋风老师就曾对我说过一句话，别把文学当专业。这个话当然不是要反对专业作家，而是说一个人如何把爱好当成了职业，那随之而来的不是快乐，更多的是痛苦。有一位朋友因为小说写得好，被调到了文联，从事专门写作，但从此却很少写出好作品来，常常为找不到题材而苦恼。这样的事例身边有不少。

对我来说，工作肯定还是主职，文学创作是人生的思考，所见所闻的记录。有时候是一首诗，有时候是一篇随笔，有时候是一则故事与小说。只是现在工作忙了，一些应酬性的活动也多，就不能保证有大块的时间沉下心来创作，只能写一些短的东西、应景的东西，对于长篇的东西一直都是实现不了的计划。

问：那你能否谈谈你的创作历程，自己最为满意的作品是哪一部？

答：学校毕业后，我分配在县城的一家医院药库里工作，每天的工作就是给药房发药，间或加工、炮制等。空气中迷漫着一股浓浓的药香，常常让我着迷，于是，我最初的创作便从中药的传说故事开始。

1999年，我自费去北京鲁迅文学院参加了为期两个月的文学创作培训班，在那个神圣的殿堂里，听了苏叔阳、崔道怡等许多文学大咖的课，受益匪浅。那时候，鲁院条件简陋，三个学员一间宿舍，每人一把老式铁壳热水壶，都上了铁锈，黑乎乎的。我记得我们住在三楼，一楼是食堂，二楼是办公室，四楼是影视班的宿舍，五楼是教室。每天到一楼吃饭，到二楼打开水，到五楼听课。每天下午提着那把铁壳热水壶去二楼打开水，在等待灌水的时候，水房里充满了"轰轰"的烧水声，时间变得虚无起来。在某一个下午，我忽然从那一刻穿越到了童年，穿越到了我上学的那个小镇，那里的泥墙屋、石子路、露天电影，以及小时候的一些游戏，一些民俗，一些形形色色的人，一下子浮现在了脑海中。我想，或许每个作家都会有一个属于自己的文学地域，用以承载经作家重构后的人物与故事，像鲁迅的鲁镇、苏童的香椿树街等，它们既是现实的缩影，又是虚拟的存在。就在那一刻，我把心中的那个故乡取名叫"桃花镇"。于是在鲁院的宿舍里我写下了"桃花镇故事"系列的第一篇小说——《铁壳热水壶》，后来收进了培训班优秀作品集《兄弟树》

一书。此后我又断断续续地写了一些，在榕树下文学网站连载，得到了一些网友好评。2002 年，我女儿出生，在她的啼哭声中，我把这部系列小说《怀念桃花》结集出版，算是献给自己童年的一部作品。

但文学是一门遗憾的艺术，每部作品就像自己的孩子，一旦生下来就无法挽回，所以作家永远都不可能有自己最满意的作品。

问：作为一个有着几十年写作历史的作家，你能谈谈文学的好处吗？它给你带来了什么？

答：首先申明，我虽然有着作家协会主席的头衔，但还算不上是一个真正的作家，充其量不过是一个写手，或者文学爱好者而已。

要说文学的好处，我前面已经说过，文学是一种信仰，既然是信仰，那是只求付出不求回报的。人的一生其实很短暂，能够有机会去做点自己想做的事，写点自己想写的东西已经不是一件容易的事了，如果可以，那一定是天底下最幸福的事了。

问：你在文联的时候在芥子园呆了 10 年，对李渔也有很深的研究，人家都叫你"小李渔"，我想知道，李渔对你有影响吗？有没有写过李渔的作品？

答：在去文联之前，确实对李渔没有什么了解。当我第一次踏入芥子园的时候，随着那道厚重的黑漆漆的大门"吱呀"一声打开，也打开了我通向李渔的一扇门。他不仅是伟大的戏剧家、小说家，更是一位伟大的诗人、喜剧家，他写的戏全是喜剧。他从来就是把快乐送给别人，把悲伤留给自己。最后连他的坟墓都毁了，孤独的灵魂飘荡在空中，我甚至都能听见他在芥子园上空咳嗽的声音。2020 年，在他离开兰溪 350 年之后，我们请他魂归故里，在他曾经居住过的伊园边上新建"才情园"，安放他的诗魂。为此我写过一首《李渔回家》的诗。

我还写过一些关于李渔的散文、诗歌、小说、故事等，我今年就准备出一本散文集《奔走的李渔》，收入二十多年来对李渔的一些感悟。

问：我知道你这几年还写过微电影、写过歌词，可谓是一个全能手，能说说写歌词与文学的关系吗？

答：这些年因为工作需要，写过歌词、微电影、小品、摊簧等等，需要什么写什么。因为有时候找不到人，就只有自己动手了。所以从这个层面讲，我们基层太缺少创作人才了。写歌词也是被文化馆的朋友拉上"贼船"的。

我想歌词首先也是诗歌的一种，然后需要押韵、转承等，技巧并不难。

但我爱上写歌的最大诱惑是，它解放了文字呆板的形式，赋予了声音、旋律等更美的想象空间、更直接更舒适的享受感。每当你打在电脑屏上冰冷的文字变成神奇的音符从音箱里飞出来的时候，可以像虫子一样从你全身的每一个毛孔里钻进去，直达你灵魂深处，让你震颤，这种感觉真是太好了。当然，这需要一个音乐与文字如魂附身般的契合度才行。所以我得感谢曾经给我歌词作曲的音乐创作者们，是他们赋予了我文字的另一个生命。

问：你这几年对兰溪文史研究工作付出了辛勤的劳动，对此你怎么想？

答：十年前，我调到兰溪市政协，从事文史资料的搜集与编撰工作，这也是我解读这座城市人文基因的开始。十年间，我从古城着手，纵跨千年，横涉乡野，从人、事、景三个维度进行商埠文化基因解码，先后编撰了《兰溪文史》《风雅兰溪》《兰溪家风》《兰溪风骨》《兰溪祠堂》《记忆兰溪》《乡韵兰溪》《兰溪棹歌》《兰溪工业》《兰溪美食》《兰溪诗路》等 11 本文史资料，计二百余万字，较为系统地描绘了兰溪商埠文脉传承的一幅历史长卷。这也为我知兰溪、爱兰溪、懂兰溪提供了一个很好的平台。2018 年，为宣传古城保护我专门写了一个微电影《爱上一座城》，又配了一首同名歌词，把自己对古城的这几十年的情怀融入其中。

兰溪是一座独一无二的城市，曾经的商埠文化让她在钱塘上游领跑一千年，一千年的文化积淀和一万年的上山文明史，让这座城市熠熠生辉。站在新时代面前，兰溪又该往何处去？我想用我的文字重现她的过去，赞美她的现在，畅想她的未来。我希望这座城市不老，我也不老，用我们的热情与诚实写下这座城市不老的神话。

访谈感言：

在对陈兴兵主席的访谈中，我深深地感受到他对文学的挚爱，对故乡的一草一木一人的深深热爱。他用不同的手法，将全身心的热爱化为不同的文字，献给他梦萦思牵的故乡。

陈星光：我与一颗星之间有久久凝视的距离

访谈对象：陈星光，生于 1972 年 11 月。中国作家协会会员。主要作品有诗集《月光走动》和《浮生》。诗作散见《诗刊》《青年文学》《草堂诗刊》《诗江南》《诗选刊》《星星诗刊》《诗歌月刊》《江南》《扬子江诗刊》《文学报》等，并被收入《当代短诗三百首》《年度最佳诗歌》《中国诗歌年选》等十余种选集。穿行于市声、月光和山野，以梦为马，以诗为寄。现居浙江永康。

访谈人：谢君，1968 年夏天出生于浙江萧山。田野考察者，写作者。

问：星光，好。祝贺你最近获得了"第八届中国诗歌·突围年度诗人奖"。在我的印象中，你的形象比较清晰，一米七二，清瘦，行走像杜甫一样飘逸，还有诚实，文静。一个好男人，拥有双重遗产，杜甫的写诗的才华，父亲的清瘦。你的父母亲，出生地，童年，读书，进城，这些代表你的过去，在你诗中，也肯定在你的心里，你能谈谈吗。

答：谢君兄好！说起父亲，我有十年没接到父亲的电话了。他身体健壮，脸庞瘦削，声音嗡嗡的像田里的瓜。现在只剩下母亲一个人在乡下。她是精明能干的农村妇女，最大的遗憾是不识字，却养育了我们三兄妹。今年 71 岁了，还爱上酿酒，桂花酒桑葚酒糯米酒，分藏在一坛坛缸子里，足有四五百斤。酒香在房子里飘来荡去。

我出生在永康市舟山镇一个叫马关的小山村。驾车从城区上 G330 国道，穿过石柱，石临公路两排水杉在站岗，风吹稻浪，半小时就到了。舟山尚存原始古朴之美，像桃花源，有岩宕和古民居，碧水青山环绕。但我的童年和青少年是贫穷、灰涩的。十七岁我考上浙江省金华财政学校，十九岁毕业后一直在永康财税系统工作，一个循规蹈矩的小公务员，谈不上有什么成就。仿佛只是瞬间，就五十岁了。人生经历单薄得很，只比博尔赫斯一辈子在图书馆稍微丰富一点。家乡并无多少改变，变了的只是我们，出去和回来，转眼青春不再。

也许你读出了我诗歌中一点杜甫的味道，从我的清瘦想到了杜甫。我年轻时喜欢的是李白，性情，大才华，诗可以脱口而出，让我惊为天人。但我现在爱上了杜甫，他的忧国忧民，他的感怀伤世。唉，在这个时代，每一个睁着眼睛并还存有良知的人，谁不心怀忧惧，在杜甫的诗歌里得到深深的共鸣？

问：你的诗给我一个很好印象是，与生活中发生的事情有关。写诗就是为了更深地进入我们存在的世界，在这种语境上，杜诗是传统。好的文字蕴含记忆和治愈的魔力，你有个关于母亲的诗，我读了之后很难忘。我想请你讲个生活片段，美好的记忆中的一件事，关于父母的，童年的，爱情的，都可以。

答：那首诗叫《母亲的电话》，没想到给兄留下这么深刻的印象。我觉得这首诗在诗艺和肌理上是单薄的，我并没有写好。

人的一生中总有一些难以忘怀的记忆，我分不出哪个最深，说三个吧：

一是 1989 年夏天，正是"双抢"季节，我们十几户人家二十几人在一个大四合院的街沿午间小憩，突然广播响起来："马关村陈光请注意，马关村陈光请注意，你已经考着（考着是永康话，就是考中的意思），请你明天上午九点准时到环城卫生院参加体检。"连续播了三次，我被巨大的惊诧和狂喜击中！在那时，考上和考不上，是穿皮鞋和穿草鞋的区别啊。后来知道我是那届高中专文科第三名，我爷爷还非常高兴地为我在村里放了一场电影呢。二是结婚时，我把美丽的妻子一口气抱上了五楼！人逢喜事精神爽，此言不虚啊。现在是抱不动了，因为她从九十斤胖到了一百二十斤，我也流失了激情和力气啦，哈哈。三是父亲临终前和我说的唯一的一句话："代我好好照顾你的母亲"，当时泪水一下子就涌出来了，永生难以忘记！

问：你的诗是给亲人最好的礼物。我认同你的一个观点，"诗永远是少的，高寒之地的/雪莲花，只有很少人/很少时间遇见"，这是你在《夏日读诗》中的抒情，也是思考。你是怎么遇见诗歌的？

答：谢谢兄弟对我的认同，我在乎写得好的优秀诗人对我诗歌的评价。遇见诗歌可以说是必然。我小时候身体弱，经常生病，家里条件也不好，养成了我内向的性格。但我父亲很爱读书，订了不少报纸刊物，我家的书是我们村最多的，从小耳濡目染，我的闲书就读得多。我父亲是农民，在家种田，种竹，种果树和草莓，但他有独特的一面，是我们永康人所称的"两脚书橱"，就是有文化知识但用不出来。所以说，我成为一个诗人，父亲的影响是土壤。

偶然的因素是，在我读初二时，学校组织了一次百科全书式的知识竞赛，我的成绩比第二名高出一大截，校长在全体师生面前隆重表扬了我。这次表扬就是一颗文学的种子，在我心中种下了。在财校读书时，我几乎是疯狂写诗，18 岁时在《永康日报》发表了处女作《雨》，至今记得最后一句是"笑坏了城市"，虽然现在看非常幼稚。参加工作后，也一直喜欢读诗写诗，20 岁时得过永康市诗歌征文比赛一等奖，22 岁时在《东海》发表了一组诗，但那时写的，其实还谈不上是诗。

问：嗯，老兄的记忆力超赞，30 年过去，第一首诗的题目和最后一句还记得。在这样写了一段时间后，后来是否发生过重要变化？我想知道你的写作历史。

答：诗歌写作，总有一些东西你必须去学习掌握。这是一门极其美妙的艺术，无论你写了多长时间，它还是有新的东西。我的写作，在真正迈入诗的大门之后，大约可以分为三个阶段：

第一个阶段，是 2002 年上网后在网络诗歌论坛上学习、磨炼、成长。现在想来恍如隔世。当时我们都是亲密交流的，在四季诗歌论坛、八千里路（即后来的北回归线），或者网站，大家贴诗评诗，寒暄争论，乐此不疲。在那时，我写出了《月光走动》《寂静》《大梦》《与诗友伟文车中偶谈》等一批还算不错的诗。这个阶段的诗我结集出版了一本诗集《月光走动》。

第二个阶段，在 2008 年后。网络诗歌论坛消失，自己一个人默默坚持。坚持的结果是 2011 年出版的单行本《浮生》，一首 178 章的长诗，断断续续写了三年。大部分章节在《文学港》《诗江南》"首推诗人"、《诗选刊》"中国诗歌年代大展"发表过。这首长诗标志着我的诗歌进入了直面惨淡人生的现实主义阶段。也得到了柯平、树才、黑陶、湖北青蛙等师友的好评鼓励。

第三个阶段，是《浮生》之后至今的十来年，我在延续并拓展深化类似题材的诗写。当然，技巧越来越成熟了，内涵和语言质地也不断提高。很多诗人说我是少数在四十岁之后还能越写越好的诗人之一，我相信他们是真诚的。我对自己的诗歌写作有清醒的认识。

问：诗与世界互动，包括我们的人生、时代、历史。"一个时代的雨还在落下／为世上的苍生哭泣"，这是你一个关于《雨》的诗，读来有一种特立独行的孤独感和苍茫感。让我想起一个人，你的乡贤和前辈，南宋时有独特天赋和独特人格的龙川先生陈亮。这与你对于自己的写作定位有无关系。我能够读到，你的诗意目光，有对于世界的人道主义的关注。

答：从更高的要求，诗可以包含整个世界。世界并不完美，有时矛盾、破碎。但无论当下，还是历史上，都有高贵而痛苦的灵魂。我希望通过这样的灵魂，他们伟大的孤独、悲伤、黑暗，在这种明澈里照见自己，照亮自己。

陈亮就是这样一个人，他是永康出过的最有名的历史人物之一，不仅才华横溢，志量也非凡。这些年，我多次到他坟前凭吊，也写过十多首关于陈亮的诗。去年我担任了陈亮研究会的副会长，参与编辑《陈亮研究》季刊的诗歌和随笔，以此作为对他遥远的致敬。还有，他叫陈亮，我叫陈光（我身份证名陈光，笔名陈星光），感觉冥冥中总有一些传承或者说相关性。

所以，这样就感觉陈亮好像距离自己也不是那么遥远。陈亮自称人中之龙，文中之虎！自视很高，有点狂傲。虽然命运多舛，让人唏嘘，但他的诗文已经使他不朽。慷慨激昂，纵横四海，气势很大，被称为"推倒一世之智勇，开拓万古之心胸"。这种光芒可以照亮任何时代，照亮今天。只要是写诗的人，无论你我，肯定逃不开他的影子。

问：写诗是很寂寞的事，是"自己一个人孤独地磨刀"，在夜晚的灯光下。作为一名诗人，无论在创意上，还是精神上都面临挑战，甚至会被误解为傻瓜。你的诗写得不赖，完成了生命中一些卓越的诗篇。我想在访谈最后，请你介绍一下迄今为止的写作量，发表情况和诗歌荣誉。

答：写诗是甘苦自知。我爱诗，傻一点就傻一点吧，没什么大不了的。人一生能做几件事呢？我想我今生的使命是留下几首诗。我相信自己还能写出不错的诗篇。

从二十岁开始算起，平均每年写诗一百首有吧，那也有三千来首了，但拿出来不脸红的，实在不多。我迄今在公开刊物上发表的应该有三四百首，获过三四个全国诗歌征文的一二等奖，但这些在一首自己满意的诗歌面前都不算什么！我现在是每年在自己认可的刊物上发三组诗歌就满意了。去年承蒙朋友们厚爱，约稿多些，发了八组，年底还获得"第八届中国诗歌·突围年度诗人奖"，是意外惊喜，我视之为不倦诗旅的"一颗珍贵果粒"。评委王家新师友执笔的颁奖辞让我感动："陈星光的这组诗，大都是我们想读到的诗，也是我们想写而未能写出的诗。它触及了诗性最深的根源，语言也带着一种穿透力和刺人的力量。它们属于来自诗人一生历练的命运之诗，并与大地上一切困厄的生命血肉相连。它们真正显现了一位当下中国诗人灵魂的渊源和质感。"

访谈感言：

陈星光是一位充满诗性的作家。在与他的访谈中，感受到对往日满满的回味和对诗歌虔诚的追求，但愿他在诗的道路上走得够久，飞得更远。

陈国凡：用小小说描绘大世界

访谈对象：陈国凡，笔名果繁，1973 年生，浙江省金华市金东区曹宅人，乡村教师，浙江省作家协会会员。迄今已在《小说选刊》《格言》《杂文选刊》《故事会》《小小说选刊》《微型小说选刊》《天池》《小说月刊》《文学港》《金山》《小小说月刊》《微型小说月报》《喜剧世界》《羊城晚报》《浙江日报》《幽默与笑话》《讽刺与幽默》等报刊发表小小说 600 多篇。有多篇文章获各级奖项、入选年度选本和中学语文试卷。出版小小说集《会变音的敲门声》《去了一趟东部沿海》《讨厌睡觉的瞌睡虫》。

访谈人：陈婺，金东区融媒体中心记者。

问：陈老师，你是什么时候喜欢上文学的？

答：我喜欢上文学是在大学期间，大学的阅览室书报种类极多，文科生课余时间相对充足，我经常泡图书馆，看到了《百花园》《小小说选刊》等杂志，就是在那时开始喜欢上小小说的。

问：那你的文学创作可能就是从大学开始的，一开始就是写小小说吗？

答：算是吧。看多了，自然心痒痒，就萌动了写的想法，心动了嘛，大学时大概写了三四篇吧，还专门到外面的打印店将文章打印出来，投稿信寄出后，石沉大海，一篇也没发表。失望至极，但痴迷小小说的初心未改。工作后，连续多年订阅了《小小说选刊》《微型小说选刊》，对小小说名家名作如数家珍，但看得多，写得少，那时自觉水平不行啊，还停留在编造小说故事情节的低层次上。主要是文学底子薄弱，譬如语言，不像有些小小说作家，之前已写过大量的诗歌、散文，小小说创作因此一开始就起点不低。

问：那你是什么时候开始实现"铅字梦"的？

答：我的小小说处女作应该是《有钱才温柔》（原题《困惑》），发表在《义乌日报》上，具体年份记不确切了，可能是 2002 年吧。之后在本地的《金华日报》《金华晚报》《浙中新报》上发过不少，基本都是几百字的"豆腐块"，现在业界称之为"闪小说"（六百字内的小小说）。在这里，我要特别感谢咱金东区文联内刊《八咏》，自创刊以来，迄今已发表本人近百篇小小说。感谢金东区文联历任主席和《八咏》的各位编辑老师，是他们给了我始终坚持和不断前行的信心、勇气和力量。没有他们，我可能走不到今天。

问：那真得好好谢谢他们，文学路上能遇到良师益友弥足珍贵。你还没说你为什么对小小说情有独钟呢？

答：对了，也得感谢你们《今日金东》，曾用较大篇幅报道过我的文学创作情况。当今是个信息时代，发展迅猛，节奏快，时间紧，人们不大可能有大量的时间来阅读长小说，大众需要的是快餐文化，而 2000 字内文约意丰、见微知著的小小说恰恰满足了这一点。小小说比故事有品位，比散文有情节，且几分钟内就能看完一篇，读后又能令人有所思所想所感所悟，其优势是显而易见的。托尔斯泰说："小小说是文学创作最好的初舞台。"我的文学之路始于小小说，至今仍主攻小小说，不计教育教学论文，小小说以外的文体，总共也就十几篇散文吧。

问：应该说，你的小小说创作成绩斐然。

答：也谈不上吧，只能说是取得了一定的成绩。在家乡的报刊发表多了，信心有了，当然写作水平也有了明显提高，就试着往外投稿。网络时代好啊，只要打开邮箱，鼠标一点，文章就奔赴祖国各地了，文章是否采用，不少杂志会在邮箱里及时回复，无须作者催问。迄今我已在《小说月刊》《小小说月刊》《羊城晚报》等报刊发表小小说 600 多篇。

问：你创作、发表了这么多小小说，题材是怎么来的？又是如何成篇的呢？可否在此介绍下创作经验？

答：好的。世界五彩斑斓，日新月异，小小说的功能就是用它独特的文学样式来反映这个世界，歌颂真善美，鞭挞假恶丑。只要你有一双善于发现的眼睛、一颗乐于感知的心灵，那你的眼里心里就皆是小小说。一花一草、一鸟一虫、一村一屋、一桌一椅、一抹残阳、一轮明月、一抹晚霞、一颗水滴、一句话语、一丝微笑、一刹蹙眉、一次吵架、一本书、一场电影、一幕剧本、一件小事，都能成为小小说的题材，成为你小小说世界里的那个情节、那位人物、那种思想、那番启迪……总之，这个世界的每一人每一物每一事每一书每一处每一时，都可构成你的小小说世界，历史的、当代的、未来的，皆可入文。

问：明白了，陈老师你继续。

答：听着小小说好像好写，但要写好，难。难在一个"新"字。说实话，小小说发展到今天，就是从改革开放新时期算起，也有四十多年了，名家迭出，从业者更是恒河沙数，小小说数量难以计数，从题材、故事、结构，到人物、技巧、立意，悉数写尽。说得通俗一点，你想写的，别人已写；你能写的，别人已写；你敢写的，别人也已写。所以，要写出与众不同、唯我独有的"另一篇"，绝非易事。小小说是一种创新的文体，小小说作者要敢于创新、勇于创新、善于创新，标题艺术、开篇展现、叙述视角、讲述节奏、情节编排、线索搭构、描写手段、环境渲染、语言锤炼、人物塑造、修辞手法、细节揣摩、伏笔铺垫、道具运用、悬念设置、立意探寻、创作模式、结尾留白等各方面都值得反复推敲、探究和操练。

问：你的小小说都有哪些题材，哪些类型呢？

答：开始写小小说时，我没有特别的目标和定位，想到什么写什么，能写什么是什么，题材很广泛，社会、官场、校园、婚姻、家庭、农村、都市、历史、传奇、科幻等，都有。写多了，渐渐发现了自己更喜欢或是更擅长的题材，后来就有意地，主要写农村、历史、荒诞这三大类了。回头看自己，也属历史和荒诞这两类的小小说，发表、转载的最多，大量发表在《喜剧世界》《微型小说月报》《小小说月刊》《小小说选刊》等杂志上。我这样一个过程，可能也是很多小小说作者的历程，当然，有些小小说作者较聪慧，一开始就找准了主攻方向，甚至专门写系列小小说。很多名家有名声有地位，靠的就是量质俱佳的系列小小说，如冯骥才的俗世奇人系列、孙方友的陈州系列、相裕亭的盐河系列等，不胜枚举。有能力、有野心者，不妨创作伊始就往这样的方向大胆进发，一往无前。

问：你有没有经历过创作的高峰期和低谷期？又该怎么跨过这低谷期、瓶颈期的呢？

答：经历过。高峰期当是 2014 年至 2018 年。那几年，很有创作激情，觉得每天都有想写的东西，不吐不快，甚至半夜都会起来打开电脑，敲击文字，否则难受啊。发表的数量也多，每年至少四五十篇，上的大刊次数也最多，2016 年小小说《平衡》还登上了国刊《小说选刊》（可惜迄今唯一），获得全国微小说精品奖二等奖，又被编入《小说选刊》选编的《新中国七十年微小说精选》一书，更没想到的是，还被选入这年的广东省语文中考试卷，如今还在不断地被全国各地学校用于语文试卷。每年都有作品入选年度权威选本，最多的一年达六篇次之多。期间开始担任《小小说大世界》杂志的在线编辑，八年来，审阅稿件数以万计。也是在这期间，出版了三本小小说集。2019 年以来，陷入低谷，激情消退，创作数量也低，发表的自然就更少了，这有家庭、工作等客观因素，但个人主观因素肯定是第一位的。今年陆续写了几篇，发在了几家内刊上。至于说，如何跨过这段低谷期，我想文学创作本没有捷径可走，唯有坚持，多阅读多思考多写作，努力提高写作水平，这才是根本，是王道。

问：很为你的坚持不懈感动。那你现在有怎样的创作计划没有？

答：有的。前面说了，我现在的写作是有目标和倾向的，主攻历史、荒诞类。历史小小说，我已写出六七十篇，荒诞的异域人系列也有数十篇，将齐头并进。今后有可能的话，会出历史小小说集和异域人系列各一本书吧。这个念头，其实几年前就已产生，能否实现，还是个未知数。现在非自费出书越来越难了，一切随缘吧。同时还会继续写农村题材，主要是童年往事系列。除了在城里上大学的那四年，我一直生活、工作在农村，乡村情结早已深扎于内心深处，难以割舍。当然，婺州传奇系列小小说也不会放弃，至今才写了十几篇，需要丰满她。

问：最后感谢你能接受我的采访，花费了你不少宝贵的时间。

答：客气了，该我感谢你才是。正是因为你的这次采访，再次感谢你，陈记者。

访谈感言：

在陈国凡看来，小小说也能描绘大世界。一次访谈，其实是一次对文学认识的重新拷问。通过访谈，让我们较系统地感受一位作者的文学旅程，也对小小说来了一次新思考、新审视、新认识。

陈集益：写下我亲历的时代

访谈对象：陈集益，1973 年生，浙江金华人。中国作家协会会员。作品发表于《十月》《人民文学》《钟山》《花城》等刊，被《小说月报》《小说选刊》《新华文摘》《中篇小说选刊》转载，获《十月》新锐人物奖、浙江省青年文学之星、浙江省优秀文学作品奖、东吴文学奖、方志敏文学奖等奖项。出版有长篇小说《金塘河》，小说集《野猪场》《制造好人》等六部，有图书入选21世纪文学之星丛书2010年卷，现居北京。

访谈人：桫椤，河北唐县人，中国作家协会会员，中国文艺理论学会网络文学研究分会常务理事。

问：很少在媒体上看到你谈自己的小说。你是因为热爱，还是什么别的原因促使你开始写作？文以载道，对你来说意味着什么？

答：我以前写过一篇《我只负责记录我的那一部分》的创作谈，大意是：我的写作不是纯粹热爱文学。我决定写作时都挺大年纪了，之前除了在语文课本上读过文学作品，进入社会后一直在打工，几乎没有看过书。我是在社会上遇见太多不公，心里有些压抑和愤怒，有了表达的冲动以后才走向文学创作的。刚开始还不是小说这种形式，而是模仿崔健、何勇、张楚等人的摇滚歌词，写一种类似歌词又有点像诗句的文字。再后来，各种机缘巧合让我选择了写作。主要考虑到写作成本低，不用跟人合作，不用借助什么设备。我的目的也简单，就是要写下我亲历的历史，反映我们的时代，书写那些被损害与被侮辱的人，他们的血与泪。可惜到现在为止，我做得不是很好。

问：我知道你经历过艰难的打工生活，像《人皮鼓》里写到的那些打工生活片段，残酷到几乎让人读不下去，我是强忍着剧烈的生理反应读完的。在我的阅读生涯中，还是第一次有这种感觉。我也曾经见过血腥，但你的文字比现场的血腥还恐怖——也不只是令人恐惧，而是绝望，对人性的绝望。你为什么选择这样一种写法？

答：我记得就苦难我说过这样的话：苦难不是计量单位，苦难对每个人的感受其实是不一样的。就我而言，贫穷的童年，应试的教育，理想的破灭，被故乡驱逐，在城里受难，前途无望，无力抗争，那种压抑绝望，至今想起来都让我感到窒息。苦难施加于人的程度，跟受难者采取应对的态度有很大关系。比如有一种苦难是社会迫害，一个人（或一个群体）被迫卷入其中，假如有人采取默认、屈服甚至主动奴化，可能苦难于他就会擦肩而过，或者像拳头打在棉花上。而如果你选择直面苦难、不屈服于压迫、奋力挣扎，就会加倍地受伤。我的情况属于后一种。

其实，在写残酷与绝望的同时，我也着重写了仇恨、荒诞，我习惯让它们对小说形成一个整体性的笼罩。这种笼罩就像卡夫卡的《地洞》中小鼹鼠对巨兽的恐惧，犹如梦魇，无处不在。我不知道这叫什么写法，我习惯抓取一个事物的征候、症状，当然如果能抓住其本质就更好了，然后创作就在它的笼罩下进行。

问：可能正是因为你出身农村，又在社会底层的群体中生活工作过，你的小说无论对打工生活还是对乡村生活的呈现，都带有很深的"苦难叙事"

的调子，这种一以贯之，在"70后"作家的写作中并不常见。

答：我的小说确实是比较苦兮兮的那种，这是没有办法的事。因为我看到的世界就是这么灰暗的。而我又这么忠实于自己的内心，连一句谎都不想撒。尽管因为职业的关系，我现在读多了色调灰暗的稿子，有时候还挺渴望读到一篇温暖的、讲情调的稿子的。因为文学杂志确实需要呈现一种多样性，编辑不能以打上个人烙印的目光打量作品。但是我没有想过改变自己的风格，因为我的写作正如上面提到的，是因为在社会上受了苦、看到太多不公，是因为精神压抑有了表达的冲动才写的，而不是受了文坛风向标的影响。所以这个"苦难叙事"，也可归结为"文以载道"的副产品。我愿意一个人走在这样一条孤绝的道路上。

问：除了那些打工题材、乡村题材的小说，你也写过城市题材小说。《逃跑》《恐怖症男人》《天堂别墅区》《蛋》等等把故事背景放在了北京。这些小说是你在北京的生活印记吗？

答：基本是的。不过，这类题材的小说我写得不多，而且基本采用戏谑、自嘲的方式写成的，有些荒诞和变形的成分在里面。所以，评论家赵月斌曾经把它们归结为"北京怪谈"。

问：你笔下的人生阴沉、晦暗，甚至濒临绝境，这似乎得自于人性在严酷环境里发生的异化，《第三者》里的马东和黑子都是这样。人际关系也复杂嬗变，像《野猪场》里的陈德方，平常是一个投机分子，但是当"我"和祝小乌出狱后再见他，又露出善良的一面。你怎样考虑作品中对人性的批判？

答：对人性的批判，比起对社会丑恶现象的批判，我以为要难上不知多少倍。人性太复杂了。如果说小说中有体现出人性的多面性，并且显得真实，更多地依赖于我对人物内心的推理与想象。比如《第三者》写的是一个特殊家庭，我只能像演员要去演每个角色一样，一遍遍地揣摩。如果不是这样，那么就是我写的人物是我熟悉的人，这些人深深地刻在我的脑海里。比如《野猪场》里的陈德方是有人物原型的，人性的复杂是随着故事演绎自然伴生的。再一个就是像鲁迅说的，为了塑造一个丰富的人物，集几个人的性格于一个人物身上。写作《第三者》的过程，是我对人性挖掘有了第一次自觉。在这个故事中，患病的前夫、不忍心抛弃前夫的妻子、为了照顾前夫和不让家庭崩塌而特意招回来的现任丈夫，形成了一个特殊的家庭，最后这三个人都陷入了伦理、情感与欲望的困境。我想，在小说中要完成对人性的拷问，把人物推到绝境算是一个比较简便的方法吧。

问：的确，你的小说极擅长把人物推到绝境里，尤其是一种面临选择时两难的绝境，《第三者》《杀死它吧》最为典型。阅读时我真是替人物担忧，怎样做都不行，最后走向悲剧。这是一种有自觉文体风格上的选择？还是你是把现实的人生隐喻在小说里？

答：隐喻，象征，怪诞，变形，笼罩，暗示，互文，投影，征候式抓取，寓言式写作，伪装成先锋叙事，等等，我觉得这些既有的或者我现编的写作技巧，是我们今天的写作者有必要掌握的。以前我们提到叙事技巧、文体革命、文本形式什么的，往往想到的是"先锋文学玩过的那一套"。事实上不是这样，这些被现实主义作家轻视的技巧，是可以帮助我们更深入地书写历史、反映时代，为表达现实内容服务的，它早已经不是"玩过的那一套"这么简单。

问："绝境"引起的是人物对命运的"失控"，人无法把握现实的走向，但恰恰是在这种"失控"中，人物的性格、精神彰显出来，从中可以看出你的写作不走寻常路子，也反映了你娴熟的叙事把控能力。像《哭泣事件》，"父亲"由被指定为给老将军打糍粑的人，到了老将军到来那天又禁止他去打，已经构成了完整的小说元素，但是你并不满足于此，而是更向前推进一步，直到在看上去荒唐但又无比缜密的逻辑中让"父亲"走向毁灭。这些人物往往会有点偏执，怀着美好的愿望出发，但走向覆亡的悲剧，这好像已经成为你笔下的人物一种无可更改的命运。从最初的《野猪场》到最近的《驯牛记》，变化并不是太大。最震撼我的一个形象是《谎言与嚎叫》里的主人公张德旺，这个人在山上试图找到野人来证明自己没有撒"山上有野人"的谎，结果他在山上找了几十年，野人没有找到，他自己因为失去与文明社会的联系反倒被人当成野人抓起来了。说说你的想法。

答：走不出"绝境"的怪圈是个客观存在。我是一个比较悲观的人。比如说，我现在还没有死，但是就常常想到死亡，想到火葬场的火将我烧成灰的那种痛苦。这是非常绝望的事情。我们人来到世上，提前就知道自己的结局：死亡，而且死后拿火烧你。我的内心几乎天天充满了无能为力的情绪。加缪好像说，真正严肃的哲学问题只有一个，那就是自杀。这些心理因素，包括上面反复讲到的社会因素，以及成长的因素，都多多少少地影响了我的小说中人物的命运走向。我觉得我们是很难走出"绝境"的。我现在努力做的，就是让西西弗斯把石头推上山顶、在石头从山顶滚下来之前，尽可能把这个过程写得丰富一些，有人情味一些，烟火气一些。让这个英雄看上去更像个凡人。让他每一次推石头上山的历险不一样，与石头较量的方法不一样，每天的天气与心情不一样。那么小说的意义可能不在于结局，而是过程。唯有这个过程是充满希望的。

问：尽管你的作品对现实有着全面的、复杂的、深刻的呈现和批判，但就我的阅读感受而言，你仍旧是一个"先锋作家"。假如把你作品里的童年视角、癫狂叙事等当作陌生化手法来看，或者把《制造好人》这样的带有寓言性质的小说，用"先锋作家"的作品进行类比，你明显走的是"先锋叙事"的路子。我知道你也不反感"先锋"这个标签，但是你曾经在给《小说月报》的创作谈里说，搞形式的"异类"被人认为是落伍的行为。想请你再进一步谈谈对这个问题的看法。

答：情况是这样的。我们这个年纪的人刚开始写作时先锋文学的影响还挺大的。我早期看的书大多也是根据先锋作家在什么文章里提到谁，我再去找来看的。总之，我在写作之初受过先锋作家及他们推崇的西方现代派作家的影响。那么，他们的写作技巧就被我拿来用了。然后就发现，借鉴与模仿这些作家写出来的小说发表起来特别难（当然初期作品写得也差），于是就发现，先锋文学对文学青年的影响尽管还在，但是那时候的主流文学倡导的现实主义已经全面回归。而且大部分人认为先锋文学已经无力回天，那么，谁再去搞形式的花样翻新自然就被认为是落伍的事情了。再后来，我发现，先锋文学确实也有它的缺陷，就是不少作品确实有"玩"的性质，作家们在技术上无所不用其极，而在内容上有意消解故事、人物、主题，使得一大批小说脱离现实生活。这些小说以文本形式创新代替了故事和主题，其中有非常优秀的经典，当然也有不少故弄玄虚的伪作。现在回过头去看，"写什么"和"怎么写"其实并不用对立起来，两个问题是完全可以在一篇小说里同时得到解决的。

总之，先锋文学盛行那阵子，作家们真是你追我赶挖空心思"怎么写"，一旦现实主义回归了呢，作家们又尽弄些来源于生活又低于生活的"故事"出来，其手法缺乏新意且不说，其精神气质也是存在问题的。我们知道，现实主义文学之所以被人称道而且有顽强的生命力，其对社会现实的介入和批判、人文关怀、直面人生，是很重要的。就像相声这门艺术，如果没有了讽刺、不再针砭时弊，就会滑向耍贫嘴。这时我又觉得，我们有必要继承发扬先锋作家当年的反叛精神。我们是可以让先锋精神为我们的现实主义内容服务的。

访谈感言：

陈集益总是力图在有限的作品里传达出自己的真实想法，人物精神处境，社会批判，爱恨情仇等等，每一篇作品都会考虑它的深刻意义，这正是一个作家的良知所在和责任感体现。

桑洛：纯粹写作，孤单坚持

访谈对象：桑洛，浙江省作家协会会员，中国散文学会会员，浙江省散文学会会员，西部散文学会会员。

加拿大魁北克大学项目管理硕士毕业，高级经济师。

世界华文散文诗年选编辑，金华文旅局《文化金华》编辑，多个杂志媒体专栏作家。

金华作家协会市直分会副主席兼秘书长。浙江师范大学行知学院客座教授。

《桑言桑语》系列散文集作者，已出版散文集《记忆的画卷》《稻草人之约》《人间浅睡》《记得年少青衫薄》《山中无所有》《就像风儿吹过大地》和《一朵落单的云》，诗集《相遇不晚》等。作品二百多万字散见各报刊，有作品入选各类年选。

访谈人：陈艳，原《钱江晚报》记者、编辑，现深圳某时尚集团主编。

问：听说你2021—2022年一口气出版了5本散文集，我想问一下，什么动力促成了你的写作？有这么多的灵感，以及为什么坚持？

答：5本散文集，其实是自己几年的积累，不是一年的时间写成。如果说有什么动力的话，我想，我要用文字去记录美好的生活，去写我身边美好的人，美好的事，我拿着感恩的笔，一直每天都在记录。人的一生总要做点有意义，有价值的事情，我想，我的一生就是想多写一些文字，这就是我自己生命的价值与意义吧！

问：有读者经常会问，写这么细腻唯美文字的桑洛，是一个什么样的人？那现实生活中，你是个什么样的人？

答：是的，很多人认为桑洛写这么细腻唯美的文字，都以为是个女作家。（笑）现实生活中的我，就是一个很简单，很宅，一个喜欢健身，喜欢行走，喜欢文字的人。有朋友说我敏感、忧郁，这样的性格也是能写出细腻文字的一个方面吧。

问：有很多朋友介绍你的时候，说到你的坚持。除了文字，还有健身，还有羽毛球等等，都说坚持了二十多年了，是这样吗？

答：是啊，我这个人啊，说起来就是有点笨，有点傻傻地坚持。健身，羽毛球和写作的确都已经坚持二十多年了。写作是从中学就开始的，健身和羽毛球一回头看也快二十年了。有朋友开玩笑说，我是作家里打球打得最好的，也是健身里文章写得最好的。我就在这一动一静中，寻找到一种结合点。这样挺好的。

问：很多人读到你的文字，是十年前出版的散文集《记忆的画卷》，有很多读者说，里面讲述了那个在橘子堆里读小人书的桑洛，在父母爱护下长大的少年，在外漂泊奋斗的桑洛。有读者说，书中的场景故事并不奇特，有的算是平常人生的家常琐事，大家都经历，但是作者用笔记录下来，驻足回望，物是人非，有伤感有暖意，回忆也是一次心绪的回养。请问，你也有很强的乡土情结吗？

答：一直有这样的想法，把身边的人、事、物都用文字记录下来，这是我能留给后人最珍贵的东西。在我内心中，总想有更多的时间去写，写出更优秀的作品。我也有很强的乡土情结，作为一个土生土长的永康人，我对这片土地上的一切都如艾青一样爱得深沉，在《记忆的画卷》里，关于乡土的人物和民俗描写得太少了，我希望以后用更多的笔墨去描写这片生我养我的土地。所以，后面我又写了一本《就像风儿吹过大地》，这本书更详细地写了家乡的风土人情。就像文中的文字：那片土地养育了我，回忆却催人柔软，似是土地深处的轻轻召唤，这里的风曾经拉扯着我长大，却也吹着我如风一样浪迹天涯。谨以这句话与大家共勉。

问：有很多专家学者说，桑洛的文字有点像林清玄，又有自己独特的风格，你说，你的文风，像林清玄吗？

答：林清玄的文字我也蛮喜欢，但这些年看得不多。我都已经记不清他是什么风格了。不过，我的风格，我觉得就是自然的风格，我写作没有繁华的辞藻，只是用很普通的文字，用心去写。若说，我自己的风格，我想我走的还是唯美和自然的路线，我希望我的文字是美的，带给人美好的享受；我也希望我的文字是自然的，不矫揉造作。

问：每个作家写作都有个源点，请问你的源点又是什么呢？

答：我真正写作是从中学开始，那时是朦胧诗最好的年代，我那时候也写诗，也有诗作获奖。后来就一直坚持下来了。我真感谢和怀念那个年代，那真的是近些年来，诗歌最好的年代。若说我写作的源点，我觉得还是要感谢我的母亲，她教我阅读，言传身教，让我从小喜欢读书，书读得多了，慢慢就学会写作了。现在仍能回忆起，在老屋和母亲依偎着一起读名著的情景。

问：听说你自己有个书院，叫人间浅睡，有万卷藏书，是这样吗？

答：这些年，我在广州、北京、上海、无锡、杭州等地都工作过，浪迹了大半个中国。最后回到了金华，这两年，又在乡下租了一个院子，自己设计了一个书院，起名人间浅睡。有没有万卷藏书，我没有清点过，不清楚，不过几千册肯定有。我最喜欢的就是那面大大的书架，摆满了书，有线装的，民国版的，还有很多淘来的书。有时候在书架下一坐就是一下午，也邀请金华的朋友来我的院子一起看书。

问：乡居的生活，感觉如何？

答：我现在住的地方，叫雅畈，离金华城里也不算太远，十几分钟的车程。在乡下，可以接触到最原生态的东西，看日出日落，看万物生长，接触土著的老百姓生活，我也非常感谢我的院子，一个院子带给我很多很多的灵感。对了，我现在在写的一本书就叫《一院子的时光》，写我这个院子里的生活，这个院子里的植物，来过这个院子的朋友等等。

问：真好，你圆了很多人一生中，要拥有一个院子的梦想。《一院子的时光》，是你的第 9 本书了吧？计划什么时候出版？

答：《一院子的时光》，是我第 10 本书。前面还有一本书在出版社，《总有一缕光照耀你温暖你》，写的是一些生活中的散文。

问：那么就期待你的作品和读者见面了，请问关于写作，你会一直坚持着写下去吗？

答：有很多读者问，桑洛，很喜欢你的文字，你会一直写下去吗？我说，我会的，我会一直一直写下去，写到八十岁。

问：你能给同样热爱写作的青年一代，给点建议吗？

答：年轻的时候因为机缘错过，我没有选择读中文专业，也没有从事以文字为生的工作。但这都不妨碍我一直对文字的挚爱和构建。如果说创作文字需要一定的功底，那么从现在开始就去大量的阅读，然后开始点滴的记录，把身边美好的人，美好的事情用文字记录下来。这样，相信你们一定能和文字对话，能找到属于自己的文字世界。

访谈感言：

桑洛就是这样一个内向的完美主义者。

在骨子里，桑洛，他本来就是一个文人，一个充满浪漫主义完美主义色彩的文人。在不为人所知的世界里，他一直坚持着写诗和写文章，坚持着他自己的梦想。同时，他也是一个极具赤子情怀的男人，生活很简单，爱好很健康，虽然与人交往不多，但却那样真诚那样热情和直率。

如果认真看他的文字，一篇篇的文章，字里行间，你就可以阅读出桑洛的形象。更多时候，桑洛觉得自己是个孤独的写作者。桑洛说，文字创作本来就是孤独的，在他写作的路上，经历了太多，却不被人所理解。而在他坚持文学写作的路上，他的心中，却有属于自己的塞纳河，左岸住着理想，右岸住着现实。

在写作的路上，桑洛会永不停歇，相信会有更多更好的作品不断面世，献给越来越多喜欢文字的人。

冰水：为尘世供养另一个自己

访谈对象：冰水，70后，本名吴群燕，浙江义乌人。文学博士、中国作家协会会员，金华市作家协会诗歌创作委员会主任，义乌市作家协会副主席。浙江省作家协会"新荷计划"人才库成员，鲁迅文学院浙江作家班学员，《浙江诗人》副主编。写作以散文、诗歌、美术评论为主。作品散见于《诗刊》《星星》《飞天》《诗歌月刊》《扬子江诗刊》等，主编《金华诗歌双年选》两部，编著《走进缸窑》《走进石塔》《风雅绣湖》等，著有诗集《虚像》、散文集《一路花开》、美学论著《"湖州竹派"研究》。

访谈人：吴警兵，浙江磐安人。著有诗集《磨刀石》等三部。

问：冰水老师你好！我们已经是非常熟悉的老朋友了，但我一直很好奇你的笔名出于什么缘由。我相信很多读者也有这样的想法，能说说它的出处吗？

答："冰水"二字从字面上看是水的状态，是混合物，一般理解起来会觉得这是性格上刚柔相济的追求，其实我的想法很简单，就是因为喜欢苏东坡。这是一个在文学上、美术学上深深感动我的全才式艺术巨匠，诗词、文赋、书画八面出锋，词有"苏辛"，文有"唐宋八大家"，书有"宋四家"，画有枯木竹石，等等。

读苏子诗文有大开大合的境遇。大学时读到苏东坡的《洞仙歌》，"冰肌玉骨，自清凉无汗，水殿风来暗香满。"惊叹不已，就掐了两个字首当了自己的笔名。及至后来写博士论文《"湖州竹派"研究》，有近万字的文字篇幅解读苏子的墨竹一派及他与文朋佳友的文字唱和。因为喜欢，关于苏子的文字读的也多，他的各类传记基本都读过，这几年读林语堂的《苏东坡传》、李一冰的《苏东坡传》、刘墨的《苏东坡的朋友圈》等，感觉常读常新，怎么也读不完他的一生。在我看来，一个俯首的写作者，可能都会在心里树一座丰碑，引领自己。

问：记得你以前一直写散文，出版过散文集《一路花开》，印象非常深刻，你是什么时候开始写诗的？诗和散文写作，在你看来，最大的区别是什么？

答：写作新诗，看似偶然，前后不过五六年，但认真想起来，也不算是一个新的诗写者。大学期间我曾一度迷上填词，后来也写过一段时间格律诗。作为数学系的理工生当时也是个异数。确实，写作于我似乎是与生俱来的定数，从小到大我一直偏科，数学是我所有科目中最差的，偏偏大学还进了数学系，主修软件工程。

回头再说说写诗的事，2016 年在寒山湖诗会后我开始诗歌写作。在完全没有框架、避开程式化的创作中，那个阶段，诗歌写作是锐利又温暖的事情。2017 年创作了近 200 首诗歌，陆陆续续在省刊发表了。诗歌给我带来的体验是闪突的、瞬息的、无法预知的轻盈和通透。这几年每年大概写诗 100 首左右，偶尔写一些应景随笔。我感觉写诗需要长期浸润在诗歌语境中，而散文的书写，会打破这个语境。在这里非常感谢马叙老师，当年他读了我的诗歌和散文，建议我暂时搁置散文，专心写诗。他认为从当时的写作中，我的诗歌天分要优于散文。现在想来，确实是一个有意义的选择。而从写诗回归到散文写作，整个语言谱系也发生了很大变化。诗歌是语言炼金术，确实如此。

问：对了，徐敬亚老师曾在你的诗歌集《虚像》序中提道："在诗歌发生学上，冰水几乎构成了一个突然的奇迹。"这个奇迹旨意什么？另外，他对你的诗歌做了三个维度的提炼：一种倏忽、闪跳的建筑诗体；一种轻灵、松软的中西语感；一种简洁而小巧的变形抒情。我认为他总结得非常有意思，你是怎么看待自己诗歌写作的？

答：其实，2018 年出版《虚像》，是我写诗不到两年时间出的一本集子，也是我写诗比较理想化的状态，当时一些前辈老师给我的诗歌做了短评。荣荣老师提道："冰水诗中呈现出来的一种美和梦境，有着迷人的气息。她的语言虚实有度，充满幻象，诗意空间大，疏密得当，取舍有致，意象转换迅速，在群体写作中，她的写作韵致独具。"柯平老师提道："冰水对诗歌的定义是'为尘世供养另一个自己'，这在某种程度上道出了文学的秘密和个人的志趣。"

问：徐敬亚老师是 20 世纪 80 年代"中国现代主义诗群"的发起人，确实非常鼓励年轻人，他的这些诗学建议，对我们诗人同样有很多的学习意义。这些年你参与并组织了大量的诗歌活动，形成了品牌，当时你是如何参与到这些活动的？

答：说来话长，2015 年 11 月 1 日，浙江诗人公众平台正式开通。该公益平台由浙江各地市重要诗人共同发起，以展示浙江诗人的诗歌作品，促进浙江诗人相互交流，每天推发一位浙江诗人作品，力求形成基于移动互联网的浙江诗人立体档案。"浙江诗人"在公众平台之外，另有《浙江诗人》《浙江诗人诗历》等诗歌刊物。当时，我鲁院浙江班的几位同学包括天界、翁美玲、许春波都是发起人，我也因为被邀参与其中。2016 年以来，"浙江诗人"响应国家和省里关于文化和文艺的精神号召，推出"诗意浙江"系列公益文化活动，先后举办了"诗意浙江·走进寒山湖""诗意浙江·走进临岐""诗意浙江·走进温岭""诗意浙江·走进杭州皋亭山""诗意浙江·走进磐安沙溪玫瑰园""诗意浙江·走进海宁""诗意浙江·走进遂昌""诗意浙江·走进红色中洲""诗意浙江·走进磐安盘峰乡""诗意浙江·走进清水萧山"等数十个诗歌活动，结集出版诗歌书籍 10 多种。

该项公益活动确实以"诗歌+文化"的方式，推动了地方旅游产品的文化叠加。这是一大群公益人的事业，我只是其中之一。

问：刚才提到"诗意浙江"系列活动带来的文化引流，你还主编了两本《金华诗歌双年选》，你当时的初衷是什么？

答：这几年主编了两本金华诗歌双年选，首先要感谢金华市作家协会李英主席的指导和帮助，感谢兰溪籍诗人严敬华先生经济上不遗余力的支持。把现代诗歌写作者做一次汇聚，是一件非常值得的事情。2020年年初，《金华诗歌双年选（2017—2018）》由吉林文史出版社正式出版，收录金华52位诗人166（组）诗歌；《金华诗歌双年选（2019—2020）》于2021年8月由春风文艺出版社正式出版，收录金华80位诗人181（组）诗歌。

作为有着2200年悠久历史的浙中腹地古婺州，金华自古以来物阜民丰，文人辈出，古有"初唐四杰"之一骆宾王，"明初诗文三大家"之一宋濂，近现代有诗文大家艾青、冯雪峰、潘漠华等。当代诗文写作有相当大的群体，据粗略统计，新诗写作近百人，相对活跃的诗写者三四十人。21世纪初比较活跃的荒诞派代表诗人远村、飞沙、伊有喜等集中在金华。在诗歌创作生态上，金华诗群总体平和冲正，关注自然山水，着力人文关怀。在诗歌发展生态上，近年有异军突起之势，如义乌诗群的外来军团、东阳诗盟等。婺州本级和永康两地依然占据比较重要的诗歌位置，诗群发展稳健有力，诗写群体相对较少的浦江、磐安、武义等地，诗歌创作力量逐步在拉升，形成团队型向上互动的诗歌氛围。

如果条件允许，准备再编一本《金华新诗百年百首代表作》。

问：非常感谢你对金华诗歌的推动。作为金华作家协会诗歌创委会主任，这几年金华诗群的创作氛围越来越好，你怎样看待这一文学现象？

答：这几年，全国范围的诗歌写作氛围很好，金华诗群也呈现出郁郁勃勃的创作风貌，像东阳诗盟、义乌诗群，都开始有抢镜的表现。作为金华的诗歌写作者，也作为金华诗歌创委会主任，尽可能寻找更多的平台给金华诗群进行作品的整体展示，包括一些公众号、专题等。同时，在组织浙江诗人活动中，尽可能多推荐金华的年轻诗人参加。我认为这也许改变不了什么，但能为金华诗友打开一扇门也是好的。

问：从散文到诗歌，从诗歌回归散文，有什么样好的进阶经验吗？

答：这是一个有趣的话题。开始写诗后，我完全否定了自己原先的散文范式，甚至可以说摧枯拉朽式的推翻。散文写作中的轻盈、绵软、悠长的那种腔调慢慢被控制。这是完全不同的两种写作，在诗歌语言的反作用下，回头写散文，感觉自己的切面出现一些有力量的刀斧印。一个写诗者，回头写散文，那是突破性的改变。

问：其实我们大家都知道，你的专业成长、从业经历都很特殊，是不是这样复合的经历造就了你诗学的独特思考？

答：应该说，所有的文字都会带着一个作者的生命气质和生活气息。我从一个学数学、从事软件编程的人，后来到香港理工大学读了旅游和饭店管理，之后因为兴趣转行攻读上海大学的美术学博士。这些学业经历让我对事物的杂糅和多向度有更多的体会。天界老师也曾提道："冰水现实生活中忙于工作和琐碎，并不闲适。但在艺术追求上，始终是一个活在梦中的人。她不是一个理想主义者，但有完美主义情结，她天马行空的想象力，她各方面的素养、经历决定她的艺术成分。从大学本科接受的理科到双硕士的管理专业到美术学博士，传统、理性、抽象、中西方美学、中西方绘画的五大跨界的结合，导致了她思维和美学焦点以及视野的特异性。"我觉得，一个人的语言频宽一定跟她的阅历和阅读有关，这是我们努力的方向。

问：谢谢你！一次愉快的交流。

答：也非常感谢你。诸多不当之处，多批评。

访谈感言：

这是一个热情的人，善良的人，爱诗如命，读冰水的诗，传递出生活的甜美多姿，生命的绚烂鲜活，让诗歌从一大堆庸常的语言中脱胎出来，变得如此生动，就是最美好的追求。

王成刚：写作圆了我的梦

访谈对象：王成刚，男，浙江义乌人，1974 年生，阅文集团长约作家，浙江省作家协会会员，金华市网络作家协会副主席。2009 年开始从事网络文学创作，至今已经创作了 3000 万字左右的作品。

访谈人：楼子郁。

问：请问你是从什么时候开始网络文学的创作的？你是因何走上网络文学创作的这条路的？能讲讲你的创作历程吗？

答：受父亲的影响，我自小就酷爱读书。年轻的时候最爱看的是金庸、古龙、梁羽生等人写的武侠小说。武侠小说里厚重的历史氛围，跌宕起伏的故事情节和浓烈的爱国情怀，让我看得如痴如醉。小说看得多了，也尝试着自己去写故事。但因为各种原因，作家梦并没实现。2008年网络文学风生水起，我也迷上了网络小说。我阅读的第一本网络小说名字叫《调教初唐》，作者"晴了"大大把严肃的历史写的风趣幽默，李世民、长孙皇后、高阳公主等历史名人鲜活生动，让人看了欲罢不能。看这本穿越小说的时候，我也受到了启迪：要是历史能假设，最终结果又会怎么样？现在我们回看历史，总感觉一些关键时间点、转折事件中，如果有偶然因素的出现，结局可能就不一样了，或许整个中国历史都会被改写。这个念头一起来，整个人都处于兴奋状态，仿佛自己能左右历史一样。在这个念头的影响下，再加上对所追读的一些小说的情节不是很满意，于是就萌发了自己写网络小说的想法。2009年末，我以"黄昏前面"的笔名，在起点中文网试水连载我的第一本历史小说《大唐军魂》。

继《大唐军魂》后，我又写了《唐醉》《武唐第一风流纨绔》《武唐春》等多部穿越到唐朝的历史小说，不过在成绩和影响力上，并没太多突破。

问：创作至今，你共写了多少部小说？你觉得，你最成功的作品是哪一部？你认为它的成功在哪里？

答：创作至今，我共写了十几部小说，总字数近3000万。我觉得我写得最成功的就是目前还在连载，字数已超过800万的《都市少年医生》。

《都市超级公子》快完本的时候，《都市少年医生》也开始连载。可能《都市少年医生》设计偏向于传统，也没有什么特别明显的金手指，因此编辑并不看好这本书。当时又恰巧遇到QQ阅读PK制度改革，《都市少年医生》在QQ阅读两次PK都倒在第一轮。PK失败后，编辑建议放弃这本书重新开一本新书。不过，我自己非常喜欢这个故事的架构，也非常喜欢里面的男主人公和几个女性角色，再加上有一批老书粉丝的支持，最终坚持了下来。谁也没想到，这本书上架的时候，收订比出奇的高，QQ阅读首订近千，QQ浏览器及手机QQ阅读中心的数据直接起爆，QQ浏览器在上架收费的第一天就破一万人民币的记录，在手机QQ阅读中心销售榜上也位居前列。最初的坚持换来了后面的巨大成功，当时开心得不得了。这本书的稿费很快就超过了《都市超级公子》，各大渠道销售排行榜上都能见到其身影。

《都市少年医生》围绕医者仁心来写，里面的主人公有着超强的医术和一颗仁爱之心，而且，主人公的身世非常离奇。自小跟着爷爷在塞外长大的他性子非常淳朴，一出场就非常惹人喜爱。除了男主人公，里面的几位女性角色也写得非常精彩。还有，各种感情，包括爱情、亲情、友情都描写得非常接地气，很容易引发读者的共鸣，里面有很多催人泪下，让人荡气回肠的情节和细节。我想，这是这本书广受读者欢迎的最主要原因。

问：很多人觉得，网络小说就是低俗的代名词，你是怎么看待这种偏见的？

答：过去大家对网络小说有误解，觉得网络小说很低俗，其实网络小说的审查机制非常严格和苛刻，一旦有敏感词汇或者涉黄涉恐涉政都会被禁止发表。我觉得，大多数作者写的网络小说都是积极向上，弘扬主旋律，宣传正能量的。中国传统文化博大精深，我也希望我的小说能为弘扬中国传统文化做点小事，让更多人了解中国传统文化。也希望以后大家对网络文学再也没有偏见！

问：能谈谈写作过程中最主要的感悟吗？在网络小说的创作方面，你有什么建议对新人作者说？

答：想要写好小说，就必须有大量的阅读积累。以我自己来说，平时除了码字，我将主要的业余时间和精力投入到阅读中去。这些年，我每年阅读的小说字数都在2000万以上。海量的阅读及海量的资料查阅，极大地丰富了自己各方面的知识。我觉得，无论是新手还是老手，在创作前及创作中，一定要多看书，那些热门书都尽量看一下，并要善于总结人家的成功经验。

问：你能简单总结一下自己写作的收获，及写作生涯中新的打算吗？

答：经过十几年的磨砺与沉淀，岁月在我的作品中烙进了成熟的基调。对比以前和现在的作品，发现自己驾驭文字的能力得到了很大的提高，各方面的知识水平也提高了很多。这是一个非常可喜的收获，可以说，写作的经历也是学习的过程。

还有一点让我欣慰的是，很多读者成了现实中的朋友，也有很多现实中的朋友成了我作品的忠实读者。他们会为故事情节的进展各抒己见，也会为书中人物的命运或喜或哀；他们会对正面人物点赞或对反面人物深恶痛绝，也会为故事的发展方向及男女角色间的感情纠葛相互起争执，每当看到如此情况，我都会感动和满足。

正是有了这些读者的关注和支持，才让我有了继续写作的动力。

写作圆了我的梦，也为我的人生打开了另一扇窗，我会一直写下去，争取写出更多有血有肉，让读者喜欢的作品。

访谈感言：

王成刚热爱文学创作，笔耕不辍十年许，共创作了近 3000 万字的作品，这份毅力和执着太让人敬佩了。用他自己的话说，只有热爱，才会坚持不懈。

看着笔下一个个鲜活的人物跃然而生，扣人心弦的故事情节、荡气回肠的爱情故事让无数读者痴迷，正能量的描写让读者深受触动，他很有成就感，并坦言这是持续创作的动力。接受采访的时候，王成刚也曾感慨：网络文学与传统文学有很大的不同，网络文学创作成就的高低无关乎年龄与性别，无关乎职业与文凭，更不认什么资历，默默无闻与一朝成名之间只隔着一张键盘。潮起潮落是常态，前一部作品受到热捧，下一本作品无人问津也是很正常的事情。如果你不努力，很快就会被读者抛弃。他希望，他和他的作品能一直被读者喜欢。他也愿意一直写下去，写出更多更精彩的故事！

赵彦：文学是一种对抗重复性的武器

　　访谈对象：赵彦，浙江兰溪人，70后作家，1995年开始在《小说界》《人民文学》《大家》《上海文学》等发表中短篇小说，有多篇小说收录于《"七十年代以后"小说选》，出版随笔集《我们都是二手动物》《身体的隐喻》、长篇小说《伪人》等。现为西班牙康普顿斯大学拉美文学在读博士，大益文学院签约作家。

　　访谈人：三白，70后作家。

问：赵彦，好久不见，很高兴你可以接受我的采访。一晃你离开兰溪都快二十年了，想那时候在小县城里，一帮文学青年可以一起谈文学、爬横山、打牌喝酒，一起去横山殿里过千禧年跨年之夜，听那里的钟声。但现在随着多元化信息时代的到来，文学好像越来越边缘化，作为 70 后的文学人，已经快要被时代忽视了。但是作为同龄人，我还是不免庸俗地问一下很俗套的问题：你是怎么爱上文学的？你对自己最满意的作品是哪一部？

答：当你家里有个理性而务实的数学老师时，写东西会被视为一种非法或者违法行为。我们家就是这样。我们家所有的人都不读我写的小说，至今如此，他们也不知道我是什么时候开始从事这种等同于暗娼的写小说的行为的。但我自己非常清楚，在无锡上学时在图书馆读了非常多的现当代文学，尤其毕业前几年在报社几乎将阅读文学杂志当成我的本职工作。真正的写作应该就是从这段时间开始的，从模仿文学杂志上看来的每一个字开始，尽管我当时对作家这个行当全无野心，不像现在居然将文学研究当成学业——老实说，这是一种对写作者来说相当不幸的专业。

如果在这份问卷中玩弄一个狡狯的作家腔调，我会说最满意的作品永远是那些试图写但还没写下来的作品。但如果诚实一点讲，还是去年刚刚出版的长篇《伪人》和随笔集《身体的隐喻》，因为它们写于我文学思考最为成熟的年纪，尽管我同时认为我手头正在写的可能比那两部更好。

问：作为老乡，我相信我们从小长大的那块土地一定会在我们的童年里埋下一些东西，作为一个作家在写作的时候都会有一定的影响，但在你的作品里看不出特别的痕迹，你能否谈谈家乡对你的影响？

答：无论写作还是阅读我向来鄙视所谓的作品"时代性"和"地域性"。好的作品我认为恰恰是两者缺席的，这样才会有普适性，这样你才能义无反顾地深入到人性的底部。与固执而如同深渊的人性相比，时代和地点都是很表面的东西，时代尤其是条变色龙。我永远不会在作品里去写一个具体的地名，家乡也属于这些地名中的一个。我甚至在自己的小说中不给人物取名字。我写下的所有小说人物都没有名字。

另外，小时候我父母经常从一个学校到另一个学校迁徙的生活也影响了我对"地方性"的认识，我认为人活着就是流动的，不停地变迁、出走，尽管你出生时的确有一个原点。家乡不在一个具体的地理上的地方，而在一个能让你灵魂安适的所在，可能这样的"家乡"是你读过的一本书，你爱过的一连串句子，你敬慕的作家生活旅行过的地方，甚至一种气候。

家乡兰溪对我的影响应该不在文学里，而是很现实地构成了我的性格和饮食习惯以及语言。

问：在 20 世纪七八十年代一篇文章就可以一夜成名，而等到我们开始写文章的时候，写了一晚上的文字可能连买包烟买瓶酒都不够。你看，现在的文学书刊市场也越来越萎缩，在书报刊亭里，偶尔看到的一两本文学刊物都孤零零地待在角落了，很少有人光顾了，你对这种现象怎么看？

答：这个问题其实一个月前刚刚与伤痕文学代表作家卢新华聊过。今年五月他们一行海外中文作家来南欧采风，见面时他兴致勃勃地向我聊起当年《伤痕》小说发表后洛阳纸贵的情形，以及随后得到了国家领导人的接见，甚至复旦四年还没毕业中央就给他在《人民日报》安排好了一个职位。这样的故事在今天听起来太像个神话了。的确，文学在过去意味着一切，成功作家如同一个受众人景仰的神祇，而今天作家充其量就是个写字者。比较这两种落差，我更愿意接受后者。人人都读文学作品显然是一个不正常的时代，说明现实贫瘠，人们生活苍白，需要文学给他们上色并提供声音，尽管当时能发出来的声音也单调幼稚如同婴儿的牙牙学语。人人都能读懂并且喜欢的作品也不会是什么好作品，布朗肖曾说，一本印量超过三百册的书就不是一本好书。

问：看来我以后出书只能印三百本（笑）。你说，我这想法如何？

答：那一定是绝世珍藏本（笑）。其实对于作家来说，让作家只做作家才是最好的状态。文学只是我们所有精神生活中很小的一个角落，它承担不起我们的一切诉求，给它过多的目光、要求和荣誉都是不合理的。最好的文学不是在聚光灯下写成的，而可能是普鲁斯特一张犯哮喘的病床，纳博科夫流亡美国时一块搭在浴缸上的木板，海明威的一个小铅笔头。把文学的还给文学，不要去用作家协会的合同制身份、奖金不菲的文学大奖、畅销的命运这类东西去打扰它，给它一张安静的书桌，允许它写一切，就是最好的文学环境了。如果能够做到这一点，我对未来的文学发展就非常乐观。

真正的写作是用来给作家疗疾的，为了给词语和自己的缄默一个出口。

问：我记你第一次在《小说界》发表作品的时候是归纳为 70 后女作家行列里面的，对于这种带着女性主义文学意味的分类总让人感觉到有些暧昧（笑），为什么就没人说男性主义文学？我很想知道，你是怎么看待这个从 19

世纪中叶被人谈论到今天的这个所谓文学品种？文学也有性别？

答：将写作者的性别或写作对象的性别视作文学分类标准是文学批评最大的失误，因为与此同时并不存在男性文学这样一个概念。但这样一个偷懒的概念被人玩了一百多年，至今还理直气壮地出现在各种文学课堂和学术讨论会上。这是一种人类学家列维·施特劳斯所说的远古神话思维，他认为我们的神话思想是建立在一组组相互对立的概念上的，例如让天空与大地、大地与河流、光明与黑暗、生食与熟食、新鲜与腐烂、前与后、过去和未来、看见与盲视、智慧与愚蠢等等这些事物对立起来，用这种方式来形成一个感官逻辑，之后对这些感官进行选择、组合，从而形成对这个复杂世界的认识。男性与女性就是这些众多对立概念中的一组。但文学是一种高级的思维方式，无论男作家还是女作家都搭乘同一列语言列车，驶往同一个人性的目的地，在这个过程中，两者还互为风景，原始意义上的性别对立彼时并不重要。文学并不是一张夫妻夜间的双人床，为了得到阅读的共同欢愉，男作家和女作家在这张双人床上必须执行对立或者互补的功能。不，并非如此！在终极的人性体验上，男作家与女作家是一样的。所有的女作家都要起来反抗这样一种将女性写作视作一种液体的、阴性的、内置的、私密的、细节的写作成见。这并非什么女权主义。文学就是文学，没有女性文学！

问：你有没有最喜欢的作家？如果有，最喜欢女作家是哪位？最喜欢男作家是哪位？如果必须让你选择一位作家，你最愿意嫁给谁？分别说出理由。

答：尽管谈论喜欢的作家，用"最"字作为前缀意味着一种风险，我还是不假思索地就冒出"艾丽丝·门罗"这个名字；如果是中国女作家，张爱玲无疑。门罗的小说做工精致又不乏女性的细腻体验，语言也非常聪明。

"最喜欢的男作家"是一长串名单，很难对其进行抉择。列举其中任何一位便是对其他男性作家的冒犯。

如果必须选择一名男作家作为丈夫，纳博科夫无疑。他是我研究最多的作家，了解他每一个时间段的创作，读过他所有的作品，最为关键的是他与我同为月亮处女座。这样的月亮星座都是恼人的精神洁癖者，比如他会将神一样的陀思妥耶夫斯基贬低为二流的侦探小说家，这是一个大快人心的看法，因为一直以来我都为讨厌陀氏而怀疑自己的文学鉴赏力，现在找到了靠山。另外，他生活上的笨拙与我本人也很相似。不过如果我这样想，估计他的薇拉会非常生气，因为正是她保姆一样的照顾才让他的才华得以完整无缺地呈现在他的作品中。而我俨然做不到这一点。因为我希望成为另一个纳博科夫。

问：你觉得你认识的作家中谁最"傻叉"？

答：我是最大的"傻叉"。尽管我都不能算是个作家。

问：我还以为你会说我，不过我也算不上一个作家，尽管有个作家协会主席的头衔，但我知道这都是虚无的东西。作家是要靠作品来证明的，而不是头衔。现在我有点讨厌这些头衔，它就像粘在牙齿上的口香糖，吞吞不下，吐吐不掉（笑）。你也有这样的感受吗？

答：是啊，保护过度的作家协会体制为一帮庸才提供了一把造型奇异的保护伞、自淫和各种发表的机会，令中国当代文学生态恐怖地同质化和浅薄化，与此同时这个写字帮派还以"黑社会"的方式扼杀着另外的写作姿态和文学嗓音。不包括你噢（笑）。

问：我也不是体制内作家，充其量是个业余爱好者，所以只有牺牲自己的睡觉时间，去为圣洁的文学献身（笑）。

答：作为写手，我们都是悲哀的。在一个社会走向功利化的时候，充斥在目前文学刊物上的大部分是一些装腔作势的"故事会"，作家们粗糙的心灵投印在喀纳索斯的池塘里与他们所写的作品人物互为倒影，哪怕展示人的精神焦虑，这类作品也只是停留在最基本的层面，停留在或伪善的或者教化的或者自慰的层面，无须读者付出太多的心智。作家们也不再对敏感的、坦率的、危险的心灵感兴趣了。这是最有命的。无须我们为中国当代文学执行死刑，它已经虽生犹死了。

访谈感言：

文学是什么？对于赵彦，这或许是一种自己对自己的诉说，以此审视自己的生活与梦想。通过文学感受个人状态，反省生活意义，思考社会问题，带来最真挚的感动，她以语言为武器，给予时代深度，让人思考人文精神回归与重塑，是生命与社会存在无限可能的惊奇。

陈蔚文：关注世情，『小中见大』

访谈对象：陈蔚文，女，1974 年 7 月生。中国作家协会会员，文学创作一级。江西省"四个一批人才"，入选"江西省百千万人才工程"，享受江西省政府特殊津贴。

发表小说及散文随笔、评论数百万字。作品见于《人民文学》《十月》《天涯》《小说月报》《大家》《钟山》等刊，被收录多种国家级年度选本及高中考教辅及试卷。

曾获 2014 年度第三届人民文学散文新人奖、第二届谷雨文学小说奖、全国精短散文大赛特等奖等。

访谈人：俞佩淋，江西省社科院文学所研究员，文学博士，主要从事中国当代文学史研究与小说批评。

问：陈老师，首先祝贺你去年获得几项大奖。中篇小说《这一年》获得"北京文学"年度优秀小说奖的第二名，短篇小说《锦衣》不仅进入中国小说学会主办的"2020年度小说排行榜"，还获得了"第十九届百花文学奖"。这几项大奖可以说是文学界对你从事创作以来所达到的文学水准的肯定，我也想趁此机会梳理一下你的创作道路以及在作品中探讨的问题。你以前是学美术的，后来走上了文学的道路。不少评论者都发现你的作品有让人称道的"切入生活断面和抓取细节的能力"，这与你早期的绘画经历相关吗？你平时会有意识地练习提炼细节的能力吗？

答：一切艺术都是互为通鉴的，早年的习画经历应当对我的审美起到过影响，但我想，更多是阅读与写作本身带给我对细节的重视。艺术构成的最重要两个要素无非是：观念、细节。细节似乎用不着"有意识地练习"，它已然成为一种文学自觉。我想，对所有从事艺术的人，这都是一种自觉，这种自觉必然使你会注意到那些易被忽略的东西。

问：在你的创作版图中，不仅有散文，还有小说，这两种文体的创作需要不同的思维模式。你是怎么样将生活的素材一部分置入散文，一部分置入小说。散文的创作对你的小说创作有什么样的影响？

答：散文是更适合直抒胸臆的文体，非常直观地呈现我们对生活的感受，理解与思考，在文学地理上，它可能类似平原。但小说，它的地质远为复杂，要穿越隧道，绕过丘陵，去进行一些更驳杂或深晦的勘探，要调动更多的叙事技巧。有位散文家曾概括这两种文体的区别，他说散文是"发现"，小说是"发明"。我理解这个"发明"并非无中生有，而是用小说的方式重新进入一次现实，提取其中的典型性与丰富性。

问：小说是"发明"，这是一个很有意思的说法，你能不能举一个你创作上的例子加以说明？

答：以《在那遥远的地方》为例吧，里面结合了我的两次经历，一是有一次在某岛上见到人妖表演，那些炫丽喧闹让我觉得不无悲凉。另一次是我北京一女友告诉我，她18岁的侄子在准备去日本留学时，被家人发现已服用变性药物半年多。正是这两件看似不相干的事"发明"了这个小说，它把日常生活里寻常的两件事以小说的形式重新编织，以一个儿童的视角呈现了这些。用小说的方式让日常重新进入一次现实，我想就是属于小说的"发明"吧。

问：我在整理你的资料时发现，你是《读者》首届签约作家，在多年媒体从业经历中，还曾任《女友》杂志的首席编辑。我感觉非常地兴奋。这些杂志是我中学时代重要的精神食粮之一。那些杂志让我对生活有另外一种想象，既不同于课本，也不同于经典小说，也不是港台武侠和言情小说，是平行于时空的"生活在别处"。你可以谈谈你的从业经历对你创作的影响吗？

答：《读者》杂志的首届签约已是好多年前的事了，出于当时编辑部主任王飞的热情邀约，时不时地写点小稿。媒体的从业经历，比如在上海《女友》杂志供职的几年，加强了我的策划能力，采写能力，也扩展了我的生活半径，使我接触到形形色色的人生，像小说《锦衣》就来源于我在上海租房时的一次看房印象。

生活确是写作最广袤的来源，而不同的从业经历也为我提供了更多的经验。

问：《女友》可以说是当时国内销量最大的女性刊物之一，你觉得与这些刊物的合作对你后面的创作有什么影响？

答：也许它训练了我对"读者视角"的培养与强化，表现在创作上，就是你会有潜在的读者意识，来调整你有时可能流于自说自话的写作状态——毕竟，小说不是日记，不是只写给自己看的。你要能跳出自我，对小说做一个更全面的打量。

问：你在小说集《雨水正白》的序中阐述了文学创作的个人性与时代性的关系，也表达了你在某个阶段，创作上的困惑：如果全然写个体经验，可能会成为自说自话，但有时，有些"时代性"主题又显得喧哗，缺乏文学性。在我看来，你去年获奖的这两篇小说，既表达了你独特的个人经验，又具备时代性，同时有着非常充沛的文学性。如何处理个体经验与时代性这二者的关系，能跟我们分享一下心得吗？

答：谈不上心得，只是随着年龄的变化，近年我的创作，尤其是小说会对现实题材更为关注——比如《磨损》《在那遥远的地方》都是如此，前者表现了富起来之后，人遇到的精神与情感疑难。后者是对特殊群体的关注，以一个男孩的视角，对世界的散点打量，包括对死亡的感知。"大益文学院"对此小说组织了一个专题探讨，广东评论家偰晗等人的评论，让我看到，读者从不同的阅读角度对小说作出的肯定，大概这也是个体经验与时代性结合得较理想的一个境界——在个体经验中贯通着时代，在时代性中又有着独特的个体经验，二者互为投映。我认同韩少功先生说的，文学应当贴近现场，成为时代的精神回应。

问：你一直非常关心"女性与城市空间"的关系，从《剩女小姜》到《租房》《浮城》《磨损》《锦衣》等等小说都写到这个主题。你为什么如此关注空间，尤其是房屋，后来具体到服饰。在文学史中，有不少"超然物外"的书写传统，你觉得为什么在这个时代物质外壳与精神内在不可分割？

答：这点我在《青年文学》的访谈中说到过，我在城市出生长大，很自然地，城市题材成为我的创作主体。而城市，有别于乡村的就在于它各种现代空间，比如公寓、租房，它承载着现代人的肉体，也见证着现代人的精神生活。而物，包括衣饰，也是现代性的一部分。事实上，现代人大概是很难"超然物外"的，物的持续流动以及对物的追寻，大到房子，小到鞋帽，构成着这个时代的景观，当然同时也带来对"物"的反思：物质能否真正提供给人以深层的归属感与安全感？

问：伍尔夫曾经说过，女人要有"一间自己的房间"。"独立的空间"被伍尔夫认为是女性精神独立的物质起点。我注意到不管是《锦衣》中的女主人公还是《磨损》中的离异女人，不管是在自己的房子还是租房中，她们都有着独立的女性意识，不依附于男性，有着自己的精神空间。你在小说创作中是否会侧重于现代女性形象的呈现？

答：的确会，我也是她们中的一个，从同性别出发，我对女性有着更深的了解与体察。随着时代发展，女性主体意识的发展是个不断变化和丰富的过程，越来越多的女性有了更趋于成熟的主体意识，打破一些传统负荷带来的规限，追问自己的生命意义，建构自我平衡的精神空间。

问：2001年，你在《上海文学》发表中篇小说《向往高尚生活》，小镇女主人公苏玉贤喜欢写诗，有着文艺情结，她和丈夫私奔到大城市后站稳了脚跟，但同时有了更高的精神追求，她坚决与精神已不同频的丈夫离婚，白手起家，回复到独立的单身女性身份。这个女性形象是虚构还是有原型的？一方面，商业时代给女性的发展提供了更多可能，另一方面，物质的极大繁荣又使一些女性成了物质的依附，你在写苏玉贤这个形象时，对当代女性的处境有什么思考吗？

答：这个小说的主人公是有原型的，从湖北小镇来的她当时在南昌某高校旁开了一家饰品店，我知道了她的一点故事，包括她有虔诚的诗心，常到高校旁听文学课，自费出诗集，办文学沙龙。她后来和丈夫离婚了，财产几乎都归了丈夫，她只有一间小店，她在附近租了一间小房……在写完《向往高尚生活》后的若干年，我看到电影《立春》，里面蒋雯丽饰演的女主人公王彩玲让我立即联想到"苏玉贤"，她们是一个人或一类人。不同的是苏玉贤爱上的是写诗，王彩玲爱上的是唱歌剧。她们面对的都是内心与现实冲撞产生的矛盾，但她们都勇敢地选择遵循内心。我相信有越来越多的女性像她们一样，自立于人世，有着清晰的主体性，努力实现着自我价值。

问：你在小说里也写到内心矛盾，顾盼踟蹰的女性。比如《老姚驾到》中的瞿燕，《微尘》中的小元，在遭遇生活疑难时并不像苏玉贤那样果敢，她们有些犹豫，有些自我怀疑。你觉得什么是成就女性主体意识的主要因素？

答：女性有一份独立的生存能力，有可自洽的精神空间，经济独立，这些构成了女性的主体意识。其中精神独立很重要，思想上去掉从属与依赖意识——有些受过教育也有一技之长的女性，思想上却有着软弱的依附性。

问：你个人理解的好小说标准是什么？或说，你希望成为哪种作家？

答：我个人喜欢多义的，开放性的小说，不是那种晦涩不明的，需费老大劲去读的"多义"。是那种在简明下藏有丰富回味的小说，贴近人的处境与经验，表述也是流畅优美的——这个优美不是各种比喻、形容词叠加的"文艺"，是一种纯正、准确的表达。

文学固然需要新概念、新形式，同时亦要"有血有肉"。我更愿关注那些普遍的世情，希望成为有能力"小中见大"的作家，这条路对我来说还很长。

问：你这样的表达让我再次想起陈离老师的评价，他说你是"生活的'在场者'"，作品让人觉得"有心""有情"，作为读者的我也深深被你作品中的普遍关怀感动。最后请你介绍一下下一步的创作计划？

答：刚改定一部近十万字的教育题材的小说《小鱼升学记》，交给人民文学出版社旗下的上海九久图书公司。接下来，可能修改一部七万字左右的少女成长小说以及几个中短篇，散文随笔也会写一些。

访谈感言：

陈蔚文，总保持那份谦逊的姿态，对于那些看似很小的生灵或事物，总怀着敬畏之心，却通过文学的创作，展现出一个大大的格局，使自己的创作之路走得更远，更好。是的，大中有小，小中见大。人生的道理就是如此简单而直白。

杨方：诗歌是一门真诚的艺术

访谈对象：杨方，1975 年 12 月出生新疆，写诗歌，也写小说。小说入选《小说选刊》《中篇小说选刊》《中篇小说月报》，《中国年度中篇小说精选》。获《北京文学》双年度优秀作品奖，《诗刊》青年诗人奖，第十届华文青年诗人奖，第二届扬子江诗学奖，浙江优秀青年作品奖，首都师范大学 2013—2014 年驻校诗人。长篇历史小说《江南烟华录》被改编成电影《大明监察御史》。

访谈人：陈亮，山东诗人，《诗探索》主编。

问：你是从哪一年开始诗歌写作的？最早激发你写诗的灵感是什么？

答：真正开始写诗，应该是工作之后。坐在摆满文件柜的机关办公室，日复一日的八小时，让我感到恐惧。我怕自己变成一个只会做机械运动的人。为了抵抗这种机械运动，我在办公室养绿植，养蜗牛，在 A4 纸上写诗。上大学的时候我到过西藏，九十年代的西藏，火车还没有开通，飞拉萨的航班只有成都上海这样的城市才有，八廓街只能看见极少的游客，大昭寺前大多是朝拜的人。我带着做梦般的表情在拉萨游荡，身后跟着一群经常被我喂食的流浪狗，最多的时候有十几只，浩浩荡荡的。高原对我来说是一个别处，诗歌对我来说也是一个别处。坐在堆满财务报表和各种文件的办公室里，我的心在别处飘荡。我写了一组和西藏有关的诗，其中有一首诗的题目是《天葬台》，这些诗发表在《满族文学》上。

现在回头看那些文字，我不知道能不能算是诗歌。李娜唱的《青藏高原》，开头一句"亚拉索"，歌声仿佛从天而降，那种降，是垂直的。我写的那些诗，也是垂直的，从天而降。我一直以为是高原生出了它们，而不是我写出了它们。它们和高原一样，没有修饰，原真，朴素，粗糙。这些诗歌我没有舍得丢掉，收集在诗集《像白云一样生活》中。诗集的题目，就是因高原而来。我记得那时候自己常常坐在布达拉宫前，一整个下午地抬头看云。它们哪也不去，静止般低悬着，就在我的头顶，它们像是从我脑子里逃逸出去的魂魄。傍晚的时候，每一朵云上都会打坐着一个镶着金边的菩萨。高原的云是悲悯的，在我的记忆里留下了深刻的记忆。不能不说，高原的地理因素锻造了高原诗歌的气质，雪山，云朵，峡谷，寺庙，桑烟，河流，它们形成了高原特有的地理气息。在这种气息下生长出来的高原诗歌，注定带着原始文字信仰的力量。

我庆幸自己最初的诗歌来自高原。就像一条河流源自高原，才有了后来的滔滔滚滚和东流到海。

问：请选择 2—3 位对你的诗歌创作最有影响的古今中外诗人或艺术家好吗？

答：小的时候我见过一只阿尔巴尼亚山羊，山羊个头高大，头上不长角，鼓着些疙里疙瘩的包，像是有很多稀奇古怪的想法没有长出来。这只山羊脾气古怪，见什么都顶，经常把苹果树顶得噼里啪啦往下掉果子，见了人，也追着顶，阿尔巴尼亚山羊浑身散发着浓郁的动物骚臭，迎着风向，老远就能闻到。小时候我不知道阿尔巴尼亚是个什么样的国家，为什么会长出这样的山羊来。后来我读到阿尔巴尼亚作家伊斯梅尔·卡达莱的书，不由想到那只山羊，他们是何其的相像。伊斯梅尔·卡达莱的脑袋里一定有许多怪东西，他有一种写起比喻来举重若轻的天赋。我读了他在中国能买到的所有的书。我有一种错觉，这位早期写诗歌，后期写小说的阿尔巴尼亚作家，在我还没有读到他的作品的时候，就已经先从一只他们国家的山羊身上领略到了他的气势。那个位于欧洲东部的山地小国家，对我充满了吸引力。这种吸引力，在写作上，可能会产生一定的影响。

对我诗歌创作有直接影响的诗人是屈原。我个人认为，屈原是一个可以被称作"巫"的人。他有通灵术。通灵对一个诗人很重要。中国第一部诗歌总集是《诗经》，第一部由个人创作的诗集是《楚辞》。《楚辞》是中国浪漫主义诗歌的源头。屈原开创了一种新的文学形式。《诗经》大多是四言句式，比较讲究文法规则。而屈原的作品形式则相对比较自由，长短句式穿插使用。比如说出游，《诗经》会说："淇水悠悠，桧楫松舟，驾言出游，以写我忧。"句式上方方整整，很严谨。屈原的作品则是："悲时俗之迫厄兮，愿轻举而远游；往者余弗及兮，来者吾不闻。"

外国诗人里面，兰波是对我产生影响的一个重要诗人。他和屈原一样，对天地万物，有一种通灵。他的"生活在别处"，一直是我想要做到的。

还有一个诗人是保罗·策兰。我从他的诗里读到伤痛的力量。

问：能说说你的代表作吗？

答：曾经有人问我，《过黄河》是否算是我的代表作。我思考了很久，回答：其实我最喜欢的诗不是《过黄河》。我觉得哪一首诗都不能代表我。每个阶段的写作都不一样。而且一个写诗的人，总是觉得自己最好的那首诗还没有出现。这就跟挑麦穗一样，总觉得最大的那个在后头。回顾自己所写的诗，我只能找出几首我自己比较喜欢的：《塔尔寺门前一棵树》（2007 年）、《苹果树》（2007 年）、《我看见我还站在那里》（2010 年）、《燕山之顶》（2011年）、《我还没有回到我的故乡》（2012 年）、《亲爱的博尔塔拉，亲爱的陌生人》（2012 年）、《在伤口上建立一个故乡》（2013 年）、《寻鹿记》（2013年）、《天台晓望》（2020 年）。

问：你写诗一挥而就，还是反复修改，还是有其他写作方式。

答：我写诗歌，很少会铺开稿纸，坐在桌前，正儿八经地写。我经常在一些书的空页上写诗，字迹潦草，犹如一些速记的符号或宇宙密码，过后自己要费很大的劲才能解读出来。比如写《我还没有回到我的故乡》，是坐在一辆长途客车上，七八个小时的车程，离故乡越来越近，熟悉的、亲切的事物，越来越让我不安。我已经嗅到了它们的气息。我没法像其他的乘客一样闭着眼睛睡觉。即便是闭着眼睛，也有一种眼眶湿润的感觉。会突然的想哭，和眼泪一起涌现的句子，我用铅笔潦草地记录在旅途中带的书页空白处。它们断断续续，零零碎碎，并不完整。我有时候会觉得它们是自己掉出来的，车子摇晃，颠簸，使得它们从我的脑袋里掉了出来，我所做的只是把它们捡起来，收集在书页里，不让它们弄丢。可能会过了很长时间，我才会再翻开书，把它们整理一番，让它们看上去像一首诗。我整理的时候，往往会诧异它们是怎么冒出来的。

也有写得比较费劲的诗，反复修改，怎么都觉得不对，不好，不满意。这样的诗写出来自己也不会喜欢。写的过程甚至会怀疑自己写诗的魔法已经尽失，变成了一个麻瓜。就像崂山道士的徒弟，有时候能穿墙而过，有时候不能。不能的时候就只有凿墙。修改诗好比凿墙，我不喜欢凿墙，我喜欢那种念着咒语就能穿墙而过的诗。

问：你如何看待生活、职业与你诗歌写作的关系？

答：我的文字中经常出现一个叫斯德克老汉的人，他在我的小说里出现，也在诗歌里出现。这个人骑毛驴去苹果园唱木卡姆，别人问他靠什么生活，他答：我什么不靠也能生活。一个诗人，就应该有斯德克老汉的这种生活心态。做什么职业不要紧，要紧的是态度。生活，工作和诗歌并不是冲突的。这个骑毛驴唱木卡姆的老汉是真实的人物，在伊犁河边的苹果园里经常可以看见他或他们。他们平时要为生活辛苦的劳动，鞋子上沾满尘土，脸上布满疲惫和皱纹，但这并不妨碍他们坐在苹果园里忘情地唱木卡姆。

生活和诗歌写作的关系可能就是这样子。

我十几年前辞去了工作，我辞去工作不是因为写诗，我只是想像斯德克老汉们一样去生活。写诗不会是我生活的全部，但它可以是苹果园里的木卡姆。

前几天看到一个科学调查，说房间越乱，待在里面的人越有创造力，越敢想东西。我把这个发给一个朋友看，朋友有文采，有敏捷的思维，但他写不了诗歌，因为他总是喜欢把一切收拾得井井有条。他感叹，难怪自己只适合写公文。

我的房间很乱，书堆满了床和沙发。一旦把这些书整理到书架上，我就会找不到它们。反而是随意一扔，要看的时候一找就能找到。我觉得一个写诗的人，生活应该是随意的。

问：你关注诗歌评论文章吗？你写诗歌评点、评论和研究文章吗？

答：我不怎么关注诗歌评论文章。我对所有的评论文章都不怎么关注。我也不喜欢写诗歌评点文章。我觉得，诗歌评论和诗歌写作是两个概念的东西，首先思维就完全不一样，诗歌评论可以是线条式的，诗歌写作，不可能是线条式。诗歌是雨后长出来的东西，类似蘑菇之类。干旱的时候它是不会出现的。诗歌评论则是可以种植的。

问：你如何评价现在的中国诗坛？

答：我不怎么关心中国诗坛。每个人写诗的状态不一样，对待诗歌的方式也不一样。我不去做评价。我愿意相信，每个写诗的人，都是这个世上最单纯的孩子。

问：请写出你认为最重要的三个诗歌写作要素。

答：感动，热爱，思考。

奈保尔在小说《B华兹华斯》里的诗人可以看蚂蚁看上好几天，可以卖不出去诗歌但对世界毫不抱怨，他让院子里随意长满荒草，并对它们充满深情。这个小说里的诗人是这样说的：你是个诗人的话，所有的事情就都能让你哭出来。看到牵牛花那样一朵小花都会哭出来。

诗歌是一门真诚的艺术。一个不会感动的人，他的思维一定和大理石一样僵硬。

访谈感言：

杨方的诗，透视着生活的历程，陶冶情操，韵味十足，从诗中感受悲伤、快乐、挣扎、思考，不仅给我们带来美的感受，更蕴藏着不可估量的作用。那份真诚与真情，跳跃不张扬，疯狂不慌张。就这样一路真心、真爱、真梦、真热、真狂下去吧！

夏玲：实现文学工作者的自我价值

访谈对象：夏玲，笔名紫伊281，中国作家协会会员，浙江省网络作家协会理事，鲁院第十五批网络作家培训班学员，金华市作家协会主席团成员，金东区作家协会副主席，金华市第九批拔尖人才，腾讯阅文旗下云起书院大神作家，擅长甜宠风格，美食题材，坚持用作品弘扬中华传统文化。代表作有《雨梦传奇》《古代试婚》《神医难述》《追光》《萌妻食神》《锦堂春宴》《晏晏于归》等，多部作品出版并售出影视版权，其中小说《萌妻食神》的全IP开发获得巨大成功，《萌妻食神》网剧以36亿点播量收官，《萌妻食神》动画第一季第二季都取得了非常好的成绩。

访谈人：王晓武，金东区作家协会副主席兼秘书长。

问：你是什么时候开始从事网络文学创作？是什么契机让你选择了网络文学？

答：我是从 2007 年开始从事网络文学创作的，以前就特别爱看小说，武侠的言情的古典的科幻的，什么题材都爱看，逛书店远比逛街的次数来得多，但没想过自己写小说，觉得作家很神圣，离自己很遥远。后来出现了文学网站，我就在各大文学网站流连，逐渐萌生了自己写的念头，于是在红袖添香网站注册了作家号蓝色之舞，抱着试一试的心态，开始连载我的第一部长篇小说《雨梦传奇》。那时的文学网站还不是付费模式，大家在网上连载，纯粹出于对文学的热爱或者有表达的意愿。我最初的目标也只是"有人看就好"，有人看，有人追更好，说明你写的故事至少有人喜欢、认可。从第一天的 46 个读者，到上千上万，几十万，每天都能收到很多读者的留言，反响热烈，连载过半，有出版社找上门来要求出版，最后由花山文艺出版，可以说我的第一次尝试取得了一定程度上的成功。所以，要问是什么契机让我选择了网络文学，首先是源于对文学的热爱；其次是网络文学这种形式和文学网站这样开放性的平台给了我书写故事的勇气和契机；再是《雨梦传奇》的成功给了我继续创作的信心。

问：你是一名中学教师，请问你的创作是否与职业经历有关？你的创作灵感和素材主要来源与哪里？

答：我的本职工作是一名音乐教师，早期我曾创作过一部与我的职业经历有关的小说《宫乱》，女主角是一名琴师，小说里有很多关于古琴古曲的描写。但我创作的更多的题材是与职业无关的，比如医学、美食、服装、演艺、军事等等，对什么感兴趣就写什么，尝试多种可能性。

现实生活是文学艺术的源泉，不管是写古言还是现言，你的阅读积累，生活经验，多多少少都会在作品中体现。但有些领域是自己完全没有经验的，就只能靠查找资料，上网找，到图书馆找，各种考古。所以创作的过程也是学习的过程，而创作的灵感就是在不断学习，体会的过程中产生的。

问：创作的所有作品中，哪个情节或是角色是最得意或最感动的？为什么？

答：我自己觉得最让人感动的一个角色是《萌妻食神》里的二当家，一个反派小配角，在大家看来他就是个恶人，但他内心也有柔软的地方，也有渴望的美好，他喜欢女主角叶佳瑶，大家都以为他只是垂涎女主的美色，然而，在山寨被攻破，女主角遇险的时候，他张开了双臂用他的生命保护了女主角。一般来说，光环都是落在男女主角的头上，而一个大恶人在他生命的最后绽放了他的一点点的人性光辉，反倒特别让人动容。我自己写的时候没觉得，但回过头去看，特别感动。

问：你坚持写作的动力是什么？

答：坚持的动力应该就是喜欢吧！有时候卡文会很痛苦，想过写完这本再也不写了，但第二天依然会打开电脑，打开文档，写完一本又迫不及待地构思下一本。写作对我而言，是痛并快乐着的事情，但快乐更多。

既然我选择了网络文学，既然我热爱它，我就一定要想办法写出自己满意，读者满意的作品。因为我相信，只要我每次进步一点，就会离梦想更近一步。一书成神的毕竟是少数，大多数作者都是从小扑街成长起来的。十五年，我完成了十八部长篇小说，转战多个文学网站，寻找最适合自己的平台，最适合自己的题材。作品从只有几个读者，到几万读者，几十万读者，百万读者甚至更多，到出版，影视，动漫全面开花，从籍籍无名到中国作家协会会员。付出是有回报的，天道酬勤，贵在坚持。

问：有令你印象深刻，或者对你影响比较大的读者吗？和读者之间有什么印象深刻的故事？

答：这样的读者有很多，无法一一表述，有几个读者是从我第一本书《雨梦传奇》就开始支持我，现在处成了朋友，也有的读者在我的影响下开始写作，我这人比较慢热，而且可以自由支配的时间较少，每天能完成更新任务已经很不容易，实在没时间去跟读者做更多的交流，但我会看她们的每一条留言，我把我想表达的东西放在文中，而她们读懂了，这种感觉特别美妙。

印象最深刻的读者应该是写《萌妻食神》时的一批读者，她们时不时会来告诉我，她们按照我小说里的描写，做出了人生的第一个月饼，第一道菜，从爱吃美食渐渐地喜欢上做美食，让我很有成就感。

问：请谈谈你对网络文学的理解。

答：网络文学从出现到今天已经走过二十个年头，最初的网络文学没有付费订阅，鲜少有出版，更别提影视版权，动漫游戏，但依然有那么多作者一头扎了进去，他们满怀热情，孜孜不倦，书写着一个又一个精彩的故事，创作出一部又一部优秀的作品，推动着网络文学的发展，改变着人们的阅读习惯，改变了人们对网络文学的看法，时至今日，终于迎来了网络文学的繁盛时期，网络文学成了中国社会主义文学充满活力的重要组成部分。

这几年"精品化"这个词高频次地出现在了网络文学领域。怎么把自己擅长的题材写得更好，怎么才能让我们的作品既有故事性也有文学性，如何应对 5G 时代的到来和短视频内容的冲击，等等问题，都是当下整个行业在探索的。

我觉得首先我们的思想观念要变，从自己想写什么，转变为这个时代需要我们写什么，我们的作品只是博大众一乐看过就遗忘？还是要有精神气，有力量，能像一颗钉子扎进读者的内心，引起共鸣，得到启发？

其次我们要不断地提升自我，扎实我们的文学之根。中华优秀传统文化是中华民族文化的根脉。网络作家要不断汲取优秀的传统文化，提升文学素养，丰富精神内涵。网络文学创作不能只是闭门造车，我们要深入生活，扎根人民，善于发现现实生活中的真善美，让我们的创作之源成为源头活水，积极开拓与创新，用我们的文学作品去表达人性的美好，了解生命的真谛，唤起人们对生活的信念和希望。网络文学要让读者"有梦可做"，比如幻想、仙侠、言情等题材，也要让读者了解他们身处的这个伟大时代，带来更多时代气息、生活气息。

问：能不能谈谈你下一本小说的创作计划。

答：当下有两个创作计划，一本是古代悬疑题材小说，悬疑题材是我一直想触碰，但又望而却步的，怕自己驾驭不了，但不尝试一下，会觉得很遗憾，现在这本古代悬疑已经有十多万字，感觉还不错。另一个计划是想写一写我们金华的非遗题材，挖掘金华的传统文化，为传承和发扬这些文化做点微薄的贡献。

访谈感言：

因为热爱，所以坚持。夏玲老师作为一名业余的网络作家，在日常工作之余，每年推出上百万字的优秀网络作品，拥有数以百万计的追更读者，缘于她一直秉承对文学的梦想，不忘初心，摒弃浮躁，努力学习，不懈努力，把中华民族的真善美，通过文字传递出去，实现一位文学工作者的自我价值。

冷盈袖：热爱是必须的，它会让你发出光芒

访谈对象：冷盈袖，又名骨与朵，浙江武义人，偶尔写诗。

访谈人：侯存丰，巴金文学院签约作家。

问：据我所知，你应该是在 2005 年前后开始习诗的，在近 20 年的时间里，诗歌在你的生活中是一个怎样的存在，或者说诗歌与你的生活两者之间有着怎样的关系？

答：理想的生活一定要有草木山水/还要找一个人/一件事/热爱是必须的，它会让你发出光芒。

这是我在《热爱是必须的》里的诗句。

我想，一个人一生中一定要找到一件事做，一件能令自己心怀热爱的事，我们的灵魂只有依附其上，才能发出光芒。这样的热爱，会让一个人回到事情本身，回到自我本身，从而全身心地专注于事情与自我。在这样的时刻，其个人形象会在意识里得以更为清晰、准确地凸显。

这是一种自我审视，但发生的概率并不高。

所以，我们并不怎么认识自己，在很多时候。

这样的经历，我不知道你有没有。

现实中，我们其实是碎片化的，这些碎片也许散落在并不遥远的地方，但确确实实已经无法呈现一个明晰统一的整体。

导致的结果就是——在大多时候，我们都是面目模糊的。

于我，重塑与审视都是在诗歌里完成的。

当我沉入诗歌，那些散落的，碎片的自己才能得以重新收拢，最终聚成一个点，牢牢固定住。一首诗完成一次固定。固定的过程就是重塑和审视自我的过程。我喜欢并享受这个过程。自我、生命、他人、世界、自然在一次又一次的重塑与审视中得以界定和确定。

这是一个不断深入的过程，是无限接近本质的挖掘。对于我来说，需要在这样经常性的重塑和审视中尽最大的可能看清楚自己，需要在一次一次地重塑与长久的审视中找到那个在深处隐匿的自己。重塑与审视的过程也是锤炼诗歌与灵魂的过程。

人，生而孤独，当我们享受并热爱这份孤独，孤独是有光的，灵魂是有光的。

每一首诗都根植于现实生活，不过它的树冠在生活之上的更高更远更广处，独立、自由、美好、广袤……这些属性，是属于诗歌的，也是属于灵魂的。有人说诗歌是无用的，我想，他要告诉我们的是诗歌在物质生活里的局限性。我可以肯定的是，在精神的世界里，它无疑具有无限的可能性。

只要还有诗歌，还有热爱，我就可以接受世俗意义上的失败，事实上，我一直在经历这样的失败，一次，又一次的失败。但，因为诗歌，我拥有了理想中的自由与独立，甚而获得了翅膀。

因为诗歌，我寻得了精神上的救赎、慰藉与平衡，可以说我在用诗歌建造单单属于我自己的理想国。这是我的幸运，也是诗歌给予我的全部意义。

问：阅读对于一个写作者来说是至关重要的。作为一名写作者，同时也是教师，我期待你能以这样的双重身份来谈谈阅读好吗？

答：克雷洛夫有一则寓言，讲的是有一个人把一只木桶借给朋友用，朋友是酒商，就用木桶装酒，两天一直浸着酒。三天后木桶如期归还，主人发现无论他用这只桶装水，还是其他什么食物，都会有股酒味。于是他又是蒸洗又是晾晒吹风，整治了近一年，酒味始终去不掉，最后只好将木桶丢弃。我在这里提到这个故事，是想说明童年时代书籍的选择很重要，务必慎重对待。就像那只木桶一样，最初阅读的书籍，都将会成为我们生命的底色。

以我自己为例，在年幼的时候，我看得最多的是金庸、古龙的武侠小说，自然而然的，骑快马，喝烈酒，仗剑走天涯就成了我年少时期的最高理想。事实上，即使到今天，这，依然是我渴望的生活。习诗后，我曾写过一组《侠客行》，算是对年少时热爱的武侠小说的一次致敬。

如果说豪爽，不羁，桀骜，是武侠小说赋予我的属性，那么恬淡，闲适，悠然，则是自然赋予我的属性。我的老家在一个小山村，小时候的我每天都在山野间"裹着云朵奔跑，采撷鸟鸣，收集落叶"（《清泉记》），这样恍惚而自在的生活，我用"怀揣着清泉和芬芳"来形容。直到今天，"离开人群，到植物中间生活"，这样真切的声音始终在我内心深处回旋。《在别处生活》中我曾描述过这样的生活：

"听一日的鸟声/见最少的人/清泉细长/酿整瓮的酒/透过枝叶看月亮"。

《在空谷》同样具有这样的倾向：

"不能融于人群/就融于孤独/孤独的人/是圆满的。高悬的明月如此/静谧的湖泊如此。短暂的涟漪/也拥有自足之美，而且再没有其他比这更美/当我与山谷交谈，山谷回应以鸟鸣，风声/对植物的喜欢一向远胜于动物。它们干净从容，比美更美"。

我可以很肯定地说，在自然里获得的教诲是我一生中最重要的教诲之一。以我自己的经验来说，我觉得在年少时期阅读自然远比阅读书籍来得更重要。人作为自然之子，首先应该在自然界里完成最初的教育：落日，青山，飞鸟，归禽，孤云，缺月，幽径，芭蕉，残荷，枯藤，流水，小桥，蝉鸣，松涛，稻香，无一不是需要我们屏息凝视的锦绣文章。

问：诗歌是声音。每个诗人都渴望能发出属于自己个人的具有辨识度的声音。你希望你的诗歌拥有怎样的声音？

答：我偏爱古旧的东西。觉得越古的东西，越温和，柔韧，沉静，独立，对人的影响是一种不知不觉的浸润，像墨把纸晕染，身体把玉温了一样，让人觉得安心，静好。譬如，我就常常到城里的那座古木桥坐坐，木头上的红漆有些斑驳脱落，灯笼，匾额，对联，桥下流水轻淌，有人走过就"咚咚"地响，像鼓敲。就那样坐着，不一定要想什么，只是坐着，便觉得妥帖，可以高兴好一会儿。

我曾经有一把广告伞，虽只是广告伞，可是因为上面有"霸王""追风"的字样，一切就曼妙与不一般起来。不过这样的韵味只有我们中国人方能体会。美国有一家报纸便将京剧《霸王别姬》翻译成"再见了，我的小老婆"，如此一来，属于我们自己中国的最神秘的不可言传的民族的东西全部被丢弃了，哪还有啥丝毫的美感可言呢？

最近看到的一本书里提到的瓷枕。我不大能够想象，在如此坚硬的枕上古人如何安眠。可是瓷枕上的诗我喜欢："久夏天难暮，纱橱正午时，忘忧堪昼寝，一枕最幽宜。"一枕最幽宜啊，读着就觉满齿清幽与微凉，合该有泉，有石，有青苔，有柳荫才是。在这样的枕上做的梦也应该是别有意趣的罢。还有一首也很喜欢："为向东坡传语，人在玉堂深处。别后有谁来？雪压小桥无路。归去，归去，江上一犁春雨。"据说这首词是写在金代的一面八角形瓷枕上。"雪压小桥无路。归去，归去，江上一犁春雨。"多么清淡自然美好。一犁春雨更是形容得妙极，然而其中之妙恐怕中国人之外应再无知音罢。我真是说不出的羡慕古人，瓷枕上要留诗作画，鞋子上要绣花，连糊窗屉或作帐子的罗都有个好名字：软烟罗。因为可以慢下来，他们才有闲情在生活的这些细枝末节里细细描摹，细细体味啊。朱栏玉砌，雕梁画栋，他们可实实在在地把生活当作艺术来享受的。

那天去爬山，看到一些人正用青瓦、青砖、木头搭建房子，心里不由惆怅。我们总是在破坏，并且总是在被破坏之后才意识到其存在的必要性与价值，着急着要还原，可是能做到吗？那些被破坏的声音与气息，我们还可以把它们拢合，接上吗？那么突兀的簇新没有丝毫的底气，不免要叫人心虚的，当然有去挽救的心思，总比什么都不做要强一些罢。屋子旁边是一座板栗园，叶子已经落光，枝干伸展在空中，心里想着如果能再添几点寒鸦就更好了。只是放眼望去，是立交桥，林立的高楼和路灯，平坦笔直的公路上汽车飞驰而过。古道，西风，瘦马是再也无迹可寻了。

张爱玲说："我将来想要一间中国风格的房，雪白的粉墙，金漆桌椅，大红椅垫，桌上放着豆绿糯米瓷的茶碗，堆得高高的一盆糕团，每一只上面点着个胭脂点。"其实我也想要，这里面就很有我们自己中国的空气与脉息。

只是这样的空气与脉息在哪里呢？它有着怎么样动人的音色呢？是在关关雎鸠苍苍蒹葭里？是在留得残荷听到的雨声里？是在种了芭蕉，又怨芭蕉的怨嗔里？是在青箬笠，绿蓑衣，斜风细雨不须归的洒脱里？是在采菊东篱下，悠然见南山的情致里？是在千磨万击还坚劲，任尔东西南北风的风骨里？是在知否，知否，应是绿肥红瘦的问答里？是在渡过寒塘的鹤影里，还是在蜡梅横斜的疏影里？在这里面一直隐匿着怎么样神秘的民族之音呵，是我们至今还无法辨识，无法把其放大的呢！我想这就是我想要的，是我的诗歌里需要传承再现的，属于民族的神秘之音，是我们自己的，独立的，中国的，汉语的声音，每一个中国人，都应该能感觉到它的亲切与妥帖的声音，是我需要寻找并坚持的，并且不仅仅是我。

问：因为时间关系，其他问题我就略过了，最后一个问题，你对自己的未来有什么期待？

答：我是个理想主义者，同时也是个乐观的悲观主义者，或者也可以说是悲观的乐观主义者。"我们一路奋战，不是为了改变世界，而是为了不被世界改变。"这是电影《熔炉》里的台词。我想，每个人都有过抵抗，对现实世界的抵抗。在我这里，写作就是抵抗的方式。我在抵抗里坚持自己，留住自己——最开始的那个自己，最美、最纯粹的那个自己。我希望，可以在今后的作品里更加完整、完美地呈现这些。

访谈感言：

冷盈袖是一个安静的诗人，她在自己的世界里坚持着她的热爱，发出属于她自己的光芒，就像那漫天的星星。她闲正、冲和，安静地迈步在汉语之美的原野中，她要抵达一个地方，就能抵达一个地方，对此我深认不疑。

项建新：一条从龙门山跳出的鱼

　　访谈对象：项建新，1976 年出生于浙江兰溪梅江。当代作家、诗人、现代诵读艺术理论家，第五届全国诗歌报刊网络联盟轮值主席，"新白诗派"发起人，"为你诵读""全民 K 诗""朗读者""校园诵读""方音诵读"等诵读平台联合体创始人兼总编辑。诗作见《诗刊》《诗选刊》《星星》《绿风》《诗林》《诗潮》《散文诗》《人民日报》《中国文化报》等上百家刊物及选本。有诗作入选大学教材。著有散文集《在路上》《炊烟记忆》，诗歌集《重返村庄》《新·写实主义》《白鹭怀乡》，财经文集《IT 赌命》《经济黑洞》《城市的远见》等；编著有《现代诵读艺术（1~10 级）》《经典诵体诗精选（1~4 卷）》《现代诵读艺术考评备考篇目》《经典绕口令 100 首》《心灵鸡汤精选 100 篇》《听见灵魂的模样》等多部，荣膺"1994 全国十佳文学少年""2020 中华文学最具影响力人物""2021'大家'文学成就奖"等称号。

　　访谈人：金晓，《金华日报》记者，浙江省作家协会会员。

问：你作为一个已经拥有 2.6 亿注册用户的大型互联网平台的掌舵人，"为你诵读""全民 K 诗""朗读者""校园诵读""方音诵读"等诵读 APP 创始人兼总编辑，同时又是中国作家协会诗歌委员会全国诗歌报刊网络联盟现任轮值主席、中国诗歌诵读艺术节组委会主任，你对诗歌创作有哪些推动性的实践？

答：我一直致力于积极推进诗歌与声音的融合，选出更具有诗学审美水准、具备传播性的适合诵读的诗歌作品，同时积极地沟通引领诗歌类报刊网络，去编发更多适合诵读的诗歌作品。我还亲自担任主编出版一年一卷的《经典诵体诗精选》，通过提供具体的优秀诗文引领诗人按正确的标准写作和诵读的优秀诗歌。

同时还组织了中国诗歌诵读艺术节大型诗歌采风活动，以 2021 年组织的"横店行"采风为例，活动中诗歌采风与诵读晚会相结合，以"探共富卓越成就，访共富领军人物"为主题，用诗歌的语言来讲好"横店通过影视文化产业模式成为'共同富裕'典范"这一个中国故事，充分彰显了诗歌和诵读的完美融合，以及诗歌艺术和诵读艺术参与社会建设的有用性。

问：现代"诵体诗"就是基于现存的新诗文体之上的，充分体现出适合诵读需要、有利于听众接受的诗歌作品。这几年，你不仅成功地创建了"诵读"新媒体，还对"诵体诗"进行了探索性实践，能说说你的文学主张和取得的文学成果吗？

答：2018 年出版了诗集《重返村庄》和散文集《炊烟记忆》，2020 年出版了诗集《新·写实主义》，2022 年出版了诗集《白鹭怀乡》，这几部著作就有向着"诵体诗"文本迈进的鲜明轨迹。诗文普遍呈现了质朴自然、明晰简练的风格，以及沉郁、悠远的格调，明显具有"诵体诗"的特色。

问：进入新时期，写诗的人越来越多，尤其网络和自媒体大行其道以来，网络诗歌空前繁荣，纷纭拥挤的群体创造活力无疑推动了新诗的发展，但也导致了整个局面的乱象丛生。"为你诵读""全民 k 诗"等诵读平台的创建，可说是从一个新的领域开辟了净化、提升诗歌写作品质的渠道。许多写诗的人在"诵读"的活动中得到了诗歌阅读和写作的训练，从"声音"的角度促进了诗歌文化和诗歌自觉意识的发展，现实是这样的吗？

答：的确，我在担任"为你诵读"总编辑这几年，一直坚持推出"诵体诗"，不断地推动"诵体诗"与"有声语言艺术"的重修于好，同时也构建和完善了"现代诵读艺术"的艺术理论体系。"为你诵读"在引发"诵读热"的同时，推动了"诗歌创作热"和"诗歌阅读热"，大众对诗歌的喜爱又带动了对广泛文学的喜爱。如此一来，就进一步推动文学良性地回归，成为百姓生活的一部分，让文学和老百姓之间的距离大大缩短了。

问："诵体诗"虽然以"诵"为主，但作为"底本"的文字形态来说，应有严格的要求，能诵读，又必须是高质量的诗，要通过诗歌文本的高度去达成"现代诵读艺术"的高度。除此，还有其他具体的要求吗？

答：有。我在《论现代诵读艺术》一文中，对"诵体诗"有比较详尽的阐释："何谓'诵体诗'，就是适合诵读的现代优秀诗歌。'诵体诗'要求以彰显文字内在的韵律感来体现诵体诗的音乐美，不会为了追求适合诵读而降低对诗歌艺术的要求。因此，'诵体诗'的写作要摒弃语言晦涩的倾向，防止抒情散文化、格言化等倾向，防止片面的追求押韵等歌词化倾向，防止片面使用排比、追求呼应。"今天所倡导的"诵体诗"，是现代"诵体诗"，与可吟可唱的古诗不同，与新诗中的朗诵诗相比，也有很大的差异。

问：你所推动的现代"诵体诗"建设，可以说是中国诗歌发展的"一脉清流"，对于新诗的发展具有一定的开拓意义，对于诗歌文体走向成熟是一次有力的推动，你能具体说说吗？

答：好的。

"诵体诗"走向"现代"，声音的力量就必然使诗歌的形体有所变化。声音具有直观性，由口腔发音，而后诉诸听觉，与视觉相比，听觉无疑是一种加速度。声音的理解和接受区间距离更短，没有更多的回旋余地，没有反复思索的空间。于是，遣词造句等语言形态就要在"声音"面前发生变化。

首先是去掉对于意义的遮蔽，让晦涩、言不及义的言说方式变得明晰简洁、质朴平实；其次是语言形式的化繁为简，也是"深深的话/我们要浅浅地说"，卸掉多余的装饰，走向口语，走向平民，走向生活本色。不在诵读中追求过度的押韵，排除故意烘托气氛的排比，在修辞的捆绑中放松，使诗歌具有天然、生活的本真之色。

问：你是非常注重诗歌的传播与接受。诗集《新·写实主义》的副标题是："爱过的人都能听得见"，这是否与你以诵读传播文化的事业有关？

答：是的。我在诗歌中是努力降低接受障碍的，既要让读者一目了然，又要保持诗歌的诗性和意境。我的诗，语言明白晓畅，意象简明清晰，诗意容易捕捉。然而我更愿意说诗意"似乎"容易抵达，因为诗意的厚薄多寡，诗味的浓淡深浅，常常在于接受自身的素质。我力求以清晰的叙述方式来构建诗意情境，我笔下的"灵魂"言说没有任何神秘感，是"写实"的笔法，是真切地表现了内心思考的状态。

问：诗人是真、善、美的热爱者，这三者不仅互相平等，并且"各自身上不仅充满着自己的力量而且洋溢着另外两者的力量"。什么是"另外二者的力量"？

答：以我的诗集《新·写实主义》的宇宙篇为例，就显示了诗性根基就在于真的也是善的和美的，因此这些诗歌充满理趣美和智慧美。如《光》这首诗（房顶/塌了/光/照了进来）短短九个字，智性、思趣、灵动皆备，坍塌之后的希望，挫败之后的不屈，一切都在于心中要有光，观看要有角度。

问：你是诗人，是作家，是儒商；少年时从事文学，青年时从事新闻，中年时从事商业。然而，你却忘不了故乡，忘不了生养自己的父母和在世、不在世的亲人、乡亲。你的诗专注于从时间和地理上来说已经遥远的故乡，而不是眼前的城市和城市生活经历。这似乎是奇怪的，不可理解的？

答：我是一个从农村出来的诗人，就要感受从农村走向城市的人群的真实内心，他们的心和诗歌徘徊在现代和传统的路上，甚至，更偏向于对于传统题材、写法的接受和喜欢。"挂在腮边/我积攒一生的眼泪/始终没有坠落/哭不出的沉痛/总与乡愁有关"。其实故乡是回不去的，无论是地理意义上的，还是情感世界中的，早已随时间而流走。我之所以会投入心血、精力，孜孜创作，就是想通过诗的文字留住曾经，将失去的找回来。

写故乡，就是向传统致敬。中国现代诗发展到今天，一百来年的时间不长不短，中国诗歌的传统是重情，对于传统现在还是继承不够，需要我们反思。

问：你的亲情诗是"怀乡"情结的重头戏，在情感抒写的角度方面，在意境意象营造的细节方面，都朴素而精巧，都能很自然地走向生命和感悟的深度。在创作诵读诗时，你还运用了哪些艺术手法？

答：在艺术手法上，我注重抒情，喜欢白描，也喜欢用比喻，还注重诗歌的画面感和诗句的跳跃、流畅，有音乐感，既适合诵读，又可以细读。

问：何谓是你倡导的"新·写实主义"？

答：我倡导的"新·写实主义"，其本质是联系"诵读"事业，让人"听"得明白。在文学史上，胡适倡导白话，但诗人们写来写去，时而浅近时而深远，读者也难免深一脚浅一脚地恍兮惚兮。"新·写实主义"走的是平实坦易之路，且要实现诗的深度价值。根据多年的诗歌创作实践，我对自己的写作路数进行了这样的概括：白描+转折、延伸、打破，有意识地使自己的诗作形成婉转、流荡的艺术态势，在变化中力求达成一种高度。

问："这只白鹭/想必是从喧闹都市而来/它一定是循着故乡的气息/飞过千山万水回到这条溪流的/我看到它对着水面映照自己的身姿/我确信，它的那种孤独/只有故乡/才能真正理解它"。《白鹭》这首诗是你的代表作吗？

答："白鹭"这首诗，收在诗集《白鹭怀乡》中。"白鹭"这只超然的鸟，可以说是我对生命和性情追求的自喻。白鹭，白描，白话，都与诵体诗的"新·写实主义"有些承续和关联，"白"者，乃"清水出芙蓉，天然去雕饰"也。我的诗，取象"白鹭"，崇尚白描手法，说的是平实自然的白话，无造作，不化妆，素颜出镜，质本洁来还洁去，就像白鹭飞翔，自带本色。

白描之法是艺术表现的精妙之思，简而不陋，"白"而不浅。无论在绘画还是在文学的表达中，白描历来都是见精神、见风骨的不可缺少的常见手法。在诗歌创作中，我首选白描作为艺术表达的主打，是对于这些年所追求的时代语体性、大众普适性和社会公用性的一种适应。

当然，诗歌创作不能仅仅是"白描"，还要有"转折、延伸、打破"的深度情境营造，在白描基础上形成一定曲折度、闪耀着诗性亮点的创造态势。

问：你的诗所使用的大多是大众生活语言，很少使用形容词，也不故作高深，不在诗歌的形式上精雕细刻，而是随时随性随情，几乎每一首诗都是从遇见的小事写起，像一个漫不经心的剑客，随手一挥，就把伪装撕下来，让真相毕露，我可以这样解读吗？

答：完全正确。浅澈的审美核心就是去魅化。去掉诗歌写作的神圣、神秘，甚至妩媚和深奥的魅力，在当下还包括去掉诗歌写作中的神学、玄学和修辞学。回归诗歌的真实、自由、朴素、简单。但是浅澈也不是一览无余，而是清澈通透，像溪水从石板上流过，它流淌的速度，微微又清亮的波纹本身就是一种美感，那水纹和微浪就是一种叙述的口吻，轻轻的、随性的。

问：你写诗逾30年，常常说："人的存在是需要有根的，我的故乡在诗歌里。"你所追求的"写实"之"新"，就是一条诗的精神还乡之路吗？

答：是的。从自己的心性出发，诗就在前方或远处。诗歌写作，要对话宇宙，关心社会，关心人从哪里来，不能只为自娱自乐，那呈现不了诗歌应有的价值。因为在诗的世界里，生命体验不仅包括对个人作为个体生命的体验，也包括对宇宙本体生命的追问体验。我以为，"大不同的视角，很高级的表述，白描式的行文，意料外的点题，很奇巧的隐喻，最终让隐喻引发折射，这样的诗歌是可以映射社会现实的，洞穿历史未来的。在这样的认知下，就可以自由地与宇宙、自然、人类、自我，开展对话。"

访谈感言：

这一条从龙门山跳出的鱼，就是兰溪籍诗人项建新。

看项建新的诗，会从迷茫中捕捉到一丝虽然微弱但实实在在的光。这是一种朴素情怀散布在人世的品质之光，是一种漂泊游子传递给故土的心意之光，是一种为人之子回馈给爹娘的深情之光，更是一种秉持少年初心，一路披风沥雨，依旧未改的，骨子里那份纯粹诚恳的人性之光。

李
英
昌
：
诗
歌
就
是
命
运

访谈对象：李英昌，浙江省作家协会会员、金华市作家协会副秘书长、婺城区作家协会主席。诗作散见于《诗刊》《诗歌月刊》等报刊，出版有诗集《占星家与鹿》、散文集《芦墟笔记》，主编《风雅婺城》等书刊。

访谈人：范卓峥。

问：你是什么时候开始写诗的？

答：我的父母都出生在 20 世纪 40 年代的普通农民家庭。祖父和外公都非常能干，所以家境不错，我的父母都读完了高中。20 世纪五六十年代，高中生已经算是知识分子了。虽然他们早年经历都非常坎坷，但是后半辈子都算是有了一份稳定的工作，能够供养我们兄弟四人接受高等教育。"知识改变命运"这句话在他们身上得到了印证。所以，他们对于文化有着发自内心的敬畏。多年后，我和妻子出版第一本诗集。他们把我俩的诗集当成礼物，送给亲朋好友。虽然这么多年来，我已经让他们操碎了心。

父辈的潜移默化，让我从小就对文学有着特别的热爱。读小学时，喜欢仿照古诗的样式，写几句打油诗。那时我写过一首《劝父戒烟》的小诗。父亲看后，非常高兴，大大地表扬了我一番。我们年轻时学习写诗，大都是因为虚荣。大学期间，我对经济学的专业课不感兴趣，把大块的时间都花在读书上，但一直没有参加学校的"冰凌儿"文学社。文学社的几个骨干我都比较熟悉，比较而言，我对文学与诗歌的痴迷远不及他们。大学毕业后，我回到故乡小县城工作，封闭的环境让人感到窒息。文学与诗歌才成为我呼吸的空气。

20 世纪末，互联网刚兴起，中文论坛如火如荼。在小城里找不到知音的诗人们，开始呼朋唤友走进论坛。其中亦凡诗歌论坛和网易诗歌论坛曾是我的主要根据地。一位叫惘忆的网友推荐我去了亦凡公益图书馆创办的亦凡中文论坛。由此我结识了亦凡论坛里的狗蛋（陈彬铨）、清朝遗老、辛心、笑言天涯等文朋诗友。后来亦凡中文论坛上不了，我又去了网易诗歌论坛。那时论坛的版主是诗奴（游刃）和蛮（倪湛舸），后来我还接替他们当了一段时间的版主。可以说诗歌论坛是我诗歌创作的启蒙老师。在论坛里，我接触到了优秀的诗人，开阔了视野，也隐约看清了自己的方向。

问：你什么时候开始专注于诗歌创作的？

答：少年不识愁滋味，爱上层楼。爱上层楼，为赋新词强说愁。而今识尽愁滋味，欲说还休。欲说还休，却道天凉好个秋。辛弃疾的这几句词说尽了我的心路历程。回头看年轻时的作品，总觉得里面柔弱的东西太多，浮华的东西太多，缺少撼动人心的力量。大家的创作情况都不相同。有的人早熟，一出手就是传世佳作。我无疑是个晚熟品种。1999 年底，我辞去工作，离开故乡的小县城，开始在异乡漂流。最开始，我去的是广州。在那里，我第一次识得"愁滋味"。从此之后，"愁滋味"在我的诗中就越来越浓。诗歌慢慢地深入了我的骨髓，成了我的命运。

2000年，我第一次在广州日报上公开发表诗作《占星家与鹿》。我一直很偏爱这首诗，我的第一本诗集也以此为名。那时我在广州一家广告公司上班。广州的节奏非常快，尤其是广告业。我们经常加班到凌晨，在地板上睡一会儿，然后又继续干。巨大的精神压力，让很多广告从业者猝死。这种工作状态，让人非常疲惫，根本没有时间思考和写作。直到有一天难得放假，我竟发现自己无处可去。我只能回到公司，坐在自己的工位上发呆。我铺开纸，写自己被命运摆布，如迷路的鹿，一边追寻一边逃避。诗写好后，我把它投给广州日报纯文学副刊"珠江·作品"。第二天，我收到编辑李倩的回信。她说在我的诗里看到了"久违的光亮"。直到今天，我依然记着她的鼓励。哪怕在最低沉的日子里，我的诗里都留着一道光。

生活不仅有诗和远方，还有更多的苟且。我离开了广州，辗转来到浙江金华。在这座以"包容"著称的城市里，我安营扎寨，停止漂泊。我找了一份稳定的工作，组建了家庭，有了孩子。我在现实中结识了一批优秀的诗人，有苏梦人、远村、章锦水、飞沙、南蛮玉、许中华、杨方、伊有喜、张乎、陈星光、蒋伟文、冰水、朱德康、陈美云、李东山等。尤其是许中华，我们有几年是焦不离孟，孟不离焦，朝夕相处。每个诗友都是一面镜子，让我们看到自己的样子，看到生活的不容易。2004年，我第一次在《诗刊》上发表组诗《如陶瓷般端坐》，出版了诗集《占星家与鹿》。人大代表、政协委员、作家协会主席、报纸副总编，我不停地扮演着各种不同的角色。但我一直都把自己当成一个诗人，诗歌就是我包扎伤口的绷带。

问：谈谈你的诗歌理想好吗？

答：诗歌，最初是一种感觉，最后成为一个世界。这么多年来，工作和生活都没有改变我内心的寂寥。我一直迷惑于自己和这个世界的关系。三年前，父亲去世了。我用了几年时间，才从那种悲伤中缓过来。以前，我总觉得自己喜欢独处是一种病症，现在才发现，繁华世界可能是一种假象，我们只是沉迷于此而不能自拔。所以说到诗歌理想，我觉得真正的诗歌是自我圆满的，有理想有目的有抱负的诗歌，很大概率不是好的诗歌。正如《金刚经》中所说的"一切有为法，如梦幻泡影，如露亦如电，应作如是观。"渐渐地，我和诗歌圈越离越远了，很少参加诗歌活动，也基本不去投稿。有诗写成，就发到自己的朋友圈，与早就相忘于江湖的诗友们互通声息。

既然诗歌是"无为"的，那么我们为什么写诗。和其他的文学作品相比，诗歌最大的特点是它的跳跃性，它的冲破一切局限的革命性。就我自己的写作经验来说，一首让我自己满意的诗歌，总会让我有一种在奔跑中猛地飞起来的感觉。为什么有飞的感觉，就是因为此时的诗歌已经展开双翅，带着我们摆脱了日常生活的万有引力。飞，只是我们进入诗意状态的最初感觉。一花一世界，一叶一菩提。如果我们飞得足够高，就能够进入另一个世界，一个用诗歌语言构筑的世界。正当我在这条路上越走越远时，我发现自己慢慢地能够理解一些自己以前无法理解的诗人和诗作，譬如史蒂文斯，譬如庞德、策兰。

几年前，我开始细读美国垮掉派诗人斯奈德的诗歌。他的大量作品被公认是"生态诗歌"，这些诗充满了原始的生命力，为破碎的世界提供了拯救的可能。也就是在那段时间，诗刊原编辑孙文涛先生到金华来看我们。孙先生用了二十多年时间完成"大地访诗人"的重任，采访了数十位民间诗人。他最为关注的就是中国生态诗歌的发展。虽然只相处了短短的几天，他身上悲悯的气息让我至今难忘。在我看来，"生态诗歌"为我提供一座连接"诗歌世界"和"现实世界"的桥梁，让生命能量可以在这两个世界之间流转。

访谈感言：

诗歌已经成为李英昌生命中的一部分，他用诗歌语言构筑了一个"诗歌世界"，去连接"现实世界"，让生命能量在两个世界流转，这成为他诗歌创作的要义。

周寿伟：柔情江湖的独行侠

访谈对象：周寿伟，笔名沙凡雨（平凡渺小如一粒小沙子），生于浙江一偏远小山村西舒村，中国作家协会会员，作家、诗人，湖海书院院长，智库学会会长，中胜控股有限公司董事长，海亚控股有限公司董事长，浙江省公共政策研究院特聘研究员，浙江大学公共政策研究院特聘研究员，浙江师范大学客座教授，金华市人民政府特聘为浙中生态廊道专家顾问。曾多次受邀随同习近平总书记和李克强总理出访美国、法国、英国、希腊、比利时等众多国家和地区。出版有散文集《思奔于柔情江湖》，诗集《江湖·无界》《在地球的那一边》中英文。在北大、清华、北上广等数十个大学和图书馆，以及广州上海深圳等各大城市国际机场的 VIP 要客室和中国南方航空公司，几乎所有南航明珠酒店的客房都能看到他的作品。

访谈人：童剑，星星诗刊副主编。

问：你的第一本散文集《思奔于柔情江湖》是 2013 年出版的。不到一个月，就受到全国数百家媒体的关注和推荐，同时荣登过当当网畅销排行榜周月榜冠军，北京图书馆报、长春日报、赣南日报、上海旅游时报等数百家媒体都对《思奔于柔情江湖》做了详细报道。反响非常热烈，你怎么看？

答：首先，非常感谢大家对我的关注和支持，散文集《思奔于柔情江湖》记录了我那些年行走在路上的一些点滴和感动，其实当年我更喜欢用诗歌表达我的感动，只是当时我还不太愿意将更私人化的诗歌公开示人。我大多数所谓的旅行，其实都是我日夜工作中一个人的独自行走而已。每次走在路上，都会不禁想起自己来时走过的路，通过文字我们会把过去、现在和未来串联起来。媒体认为我的散文集用一张张胶片凝固风景，以略带怀旧及文艺的文字和尽量充满画面感的笔调记录下旅途的感动。

问：我记得 2018 年 10 月，中国作家协会在绵阳举办了一个"全国青年作家研修班"，你是青年作家代表，那是我们第一次相识。2019 年你出版了诗集《在地球的那一边》（中英文版），再次向你表示祝贺。时间过得真快，你能谈谈你这几年的创作吗？

答：是的，时间过得真快。记得当时你还是我们的联系老师。有时候我在思考，我能不能再次实现一点突破。

于是我开始尝试创作儿童文学。现在，作品已完成，并由在新西兰任教的羽西老师翻译成了英文。我想取名《在地球的那一边》，和我的诗集同书名，并在合适的时间出版。

问：为什么书名又是《在地球的那一边》？据说你准备打造一个文化品牌叫作"在地球的那一边"，是这样吗？

答：是的，当我行走在世界各地时，每看到一些误会中国的镜头时，内心总是在思考，怎么样才能让世界更加了解中国，所以多年前开始就一直在努力想打造一个具有中国文化元素的连锁项目，取名为"在地球的那一边"，首家位置已经确定选在一个碧波荡漾美得让人心疼的地方——湖海塘畔，如果第一家成功了，我们就会努力地争取走向全球，当未来有一天，世界各地都能出现"在地球的那一边"时，就会让世界更加了解中国，也可以在地球的那一边展示更多的中国文化。

问：你热爱文学，热爱行走，当然也是工作的一种方式。当你走过的路长了，品过苦乐多了，是否也就越来越体会到了无界的意义？

答：是的。在诗文中，我不想将眼中的风景仅仅进行单纯的文字呈现，也不想用华丽的辞藻堆砌出一段段词句，我更想传递的是一种思想感悟，那就是对世界文明的宣扬和对人性的执着坚守。

当时我自己很看好《江湖·无界》，但读者评价认为逊色于散文集《思奔于柔情江湖》。原因可能是在散文集中配了许多图片。现在是一个读图的时代，图片成了人们快速传达生命体验的一种途径。当读者在翻阅散文集时，往往把美图先看个遍，再回过头来细品文字。诗集也配了一些照片，但最好是先读诗、再读图。静心品味诗的意境后，方能更好地读懂配图背后的意义。因为读诗是需要完全静下心来的，对读者的耐心是一种考验，或许这就是诗集反响逊于散文集的原因吧。

问：《在地球的那一边》出版后，我曾写过一篇读后感《远游的诗思》。之后我看到也有很多的诗评家对该诗集有过各种点评，你都看过这些评论文章吗？

答：非常感谢你对我诗集的点评，让我对写诗有了更多的敬畏之心。

我的确没想到，《在地球的那一边》出版后，有那么多的诗评家发表了评论文章。我认真读过包括你那篇之外的许多文章，这些评论文章从不同视角提出各自见解：曹纪祖的《人类之诗，文化之诗》认为，思想的解放，观念的开放，视野的开阔，表达的自由，语言的自然，是诗集留给他的总体印象。李英的《对生命者爱的诗意表达》认为，对生命者爱的诗意表达，对生命意义的追问，对人类命运的讴歌是诗集的主题和诗意的升华。干海兵的《在诗意的跋涉中寻找灵魂的栖所》认为，我在诗歌的书写中遵从内心真诚表达，但思想深度、艺术高度还有较大提升空间，如果能把部分诗作中浅抒情式的表达调整一下，也许阅读效果会更好。潘江涛的《站在故乡望天涯》认为看书看皮，看报看题。捧读诗集，顿感书名很"坏"，就连李敬泽都有"惝恍迷离之感"。不过，李先生"文学批评家"的名头毕竟非虚，旋即从"惝恍迷离"中醒来。刘小波的《通过诗意抵达现实和精神层面的故乡》认为，诗集是颇具行者色彩的诗歌笔记，抒发了我浓郁的乡愁，表达了一种独到的历史观，也在建构属于我个体的生命哲思，通过诗歌与诗意，我作为漂泊的游子得以抵达现实和精神层面的故乡。黄丹的《历史总会开出艺术的花朵》认为，诗集中的作品通过撷取不同的意象，穿插相应的历史片段与人物，使得诗歌更加生动、更有韵味、更具思想闪烁的光芒，能让读者感受到我的情绪和灵感的迸发。

这些评论或发表在报刊上，或发表在网络上，也许还有一些文章我没能读到，但从各位诗评家对拙作的点评中已让我受益匪浅，在此，我向各位诗评家表示感谢！

问：作为一名作家、诗人，你的创作能在散文、诗歌和儿童文学之间转换，也算是多才多艺。你的人生经历我想一样也很不简单，你还能记得第一次发表作品是什么时候？

答：我出生在浙江省武义县柳城镇的西舒村，那是一个大山深处的小村，以前要翻山越岭几十里才能看到有汽车的公路。从小学课本中，我知道了大山外面的世界，唐诗宋词让我对文学特别热爱。我读高中时学校创办了畚箕诗社和《巽水》诗报，在创刊号上就有我的一首诗《山村的夏夜》，不知道这算不算我发表的处女作，哈哈！严格意义上说这不能算吧。

对了，记得中学时有一次老师布置了一篇作文，内容与幻想 21 世纪有关，我用了一周的时间来幻想新世纪。现在我还记得当时班主任焉子和老师手举一叠稿子走进教室对全班同学说："我刚刚看到我们班一位同学的作文，这篇作文我粗粗估计有十几万字，我们的作业要求字数只是 1000 字左右。所以不管内容水平写得如何，这位同学的想象力可想而知，认真精神也值得肯定。他就是我们班的周寿伟同学。"很可惜，这篇文章我没有保存下来。

问：看来你的人生经历还是蛮丰富的，也很佩服你对文学的坚持。我记得塞弗尔特说过："生活往往就是这样。匆匆忙忙，匆忙中失去了自己，为的只是不停地向前，不停地自我延伸。"我希望你今后还能常常漫步在地球的那一边，在工作闲暇之余的漫步中，有更多的诗和散文，记录下你的奇思妙想和心灵感悟。

答：生活上柴米油盐，工作中忙碌奔波，是我们大部分人的生存常态。我记得怀特说过："每个人在他的人生发轫之初，总有一段时光，没有什么可留恋，只有抑制不住的梦想；没有什么可凭仗，只有他的好身体；没有地方可去，只想到处流浪。"以后，我依然会用心记录下发生的有趣的故事，留下一段段美好的回忆，与大家一起共同体验大千世界的奇妙。

访谈感言：

文学是从生命体验出发并创造范式的一种努力，其结果是致力于改变读者的生命体验。书是人类进步的阶梯，行是生命体验的实践，古人就常把"读万卷书，行万里路"作为一种境界、一种追求。从周寿伟的创作来看，无论散文还是诗歌，都是他以家乡武义西舒村为原点的一次次向外行走，计划出版的儿童文学，应该也是他在旅行途中的所见所闻和奇思妙想。让我们期待周寿伟继续慢慢沉淀自己的经历，并将这些沉淀转化为他观察世界的一扇扇窗户。最后我想说的是，周寿伟身上始终布满和散发着追求民族、社会和人类的进步与思考。

红朵：诗歌照亮梦想

访谈对象：红朵，本名贾冠妃，1977 年生，浙江金华金东区人。从小热爱阅读与写作，自 2012 年加入金东区作家协会后写作热情喷薄而出，一发不可收拾。此后，有多篇散文获奖。2016 年开始接触诗歌，创作了大量诗歌，发表在《诗刊》《星星》《诗潮》《诗选刊》《江南诗》《浙江诗人》《中国新诗》《零度》《几江》《钱塘江晚报》等各级报纸杂志及《扬子江诗刊》（微刊）、《中国诗歌》《诗歌周刊》等各微信平台，先后加入中国诗歌学会、浙江省作家协会，获评"诗人文摘"2021 年度诗人，出版诗歌合集《中国诗人印象》（第一季），诗歌先后入选《2022 华语诗坛排行榜》等选集。

采访人：宋根长，金东区文学艺术界联合会微信公众号编辑。

问：红朵老师，我们先从你的笔名说起，请问你为什么会想到用"红朵"这个笔名？

答：其实当初注册微信时，并没有想那么多。"红"可以说是对青春的纪念吧，虽然过得极其寡淡，乏善可陈，但回忆起来就像加了滤镜。"朵"则是觉得这个字可爱，有女孩的婉约之感。年龄一直在往上走，可内心还是住着一个孤单唯美的小女孩。

问：就像你说的，你的笔名寓意着青春美好。你写诗又是因为什么而触发的呢？

答：这个说来话长。读初中时，那是 20 世纪 90 年代初，校园里开始流行汪国真的诗，有些很励志，特别适合心怀梦想又在现实中苦苦挣扎的中学生。我还记得这么一句："没有比人更高的山峰，没有比脚更长的道路。"我曾经靠着这些诗句给自己打气鼓劲。上了中师以后，那时全国都掀起了文学创作的热忱，作家和诗人不亚于如今的当红明星。那个时候，我们从学校图书阅览室里接触到了散发着油墨香的《星星》《诗刊》。同学们组成文学小组，研读这些诗文，老师也热情鼓励。记得那时我也动手写过一些，但很青涩。我想，大概诗歌的种子就是这样在心里埋下的吧。后来忙于工作，渐渐地离文学越来越远，内心不无惆怅。当我生下了我的小棉袄，便给她起名"诗齐"，想把这种希望寄托在她身上，仅此而已。

2016 年 1 月 8 日，我始终忘不了那个日子。我们作家协会经常会有茶话会，我并不曾放在心上。可是那一天，来了一位北京朋友，他就是时任中国诗歌学会的副秘书长杨东彪老师。他的到来为我打开了诗歌神秘的大门。那时，他具体讲什么我已忘记，但他的话突然就激励了我，让我突然觉得诗歌并非遥不可及，不可触摸。那天晚上，我在清冷的路灯下旋转，向世界宣布：诗歌，我来了！从那以后，我像《红楼梦》中的香菱学诗那样着了迷，脑子里只有诗歌。当然，那时，所谓诗歌不过只是稚嫩的分行罢了。不过，无知者无畏，我愣是厚着脸皮写了七年，当然也有得到鼓励与赏识的时刻。在文学之路上，金华二中的伊有喜老师给我帮助不少，为我指点迷津，他的诗歌观念无形中也影响着我日后的创作。一个人独行不如一群人同行，我们金华的诗歌圈氛围极好，都是纯粹的诗人。当然，我们金东区举办的"艾青诗歌节"也为诗歌创作提供了肥沃的土壤，我们金东区成立了"大地诗社"，诗歌爱好者越来越多，而且有几位诗友先后取得了不俗的成绩，可喜可贺。

问：谈谈你对现代诗歌的看法好吗？

答：诗歌是文学的一种载体，被誉为文学皇冠上的明珠。古往今来，诗人层出不穷。我国是诗的国度，从两千多年前的《诗经》到唐诗宋词，再到五四运动以后兴起的白话诗，到八九十年代风靡一时的朦胧诗，诗歌一直伴随着我们民族而不断演化精进，并且仍将持续下去。但不可否认的是，一是诗歌的入门很低，在中国诗歌网注册，谁都可以发表分行诗，而一些所谓诗人则为此沾沾自喜，自以为真正戴上了诗歌的花环。写作者众，泥沙俱下，伴随着微信应运而生的诸多诗群，可谓山头林立，呕哑嘈杂，却缺少真正的标杆。诗歌的繁荣与民族文化的振兴，与民众普遍追求精神上的富足有关，因此也不能不说是一个好现象。只是我们在阅读诗歌时，还是要不断提高阅读能力，善于去粗取精，去伪存真，善于汲取真正的优质诗歌的营养。另外，写诗的人数众多，但诗歌还是小众的，需要阅读者有一定的文学素养，与八九十年代的朦胧诗不同，现代的诗歌以意象的营造为主，更委婉深致。

问：诗歌圈确实很火热，每年都有不少诗赛，请问你对这些诗赛有何看法？

答：相较于唐朝诗人的成名之路，现代诗人要成名似乎更容易，目前有《诗刊》等六大国刊，也有省市级文联主办的报刊。不过，能够上刊的大都是居于诗歌金字塔顶端的诗人，他们的举手投足都能影响着诗坛的走向。得益于早年的论坛，现在的博客及微信，网络的普及使诗歌电子文本发表不再是难事。能够上刊，看到自己的诗歌变成铅字，这是任何诗人都梦寐以求的事。现时，很多诗人热衷于参加各级赛事或是采风活动，通过这些活动结交志同道合的诗友，同时也印证自己的诗歌实力，未尝不是一件好事。采风活动往往是由当地政府举办的，诗人的到来可以增添当地品牌文化形象，有些古镇就在墙上展示了诗人们的佳作，游客一走去，不知不觉便被这些优美的诗歌所吸引，驻足，可以说互利互惠，一举多得。不过，我不知道为什么，一看到诗赛就主动避开，也许不愿把诗歌看成功利性的东西吧。当然，也参加过一些诗赛，比如诗歌入选 2021 年中国诗歌学会举办的"我爱这土地"征文大赛，只能算是小小的肯定吧。

问：谈谈你自己的诗歌创作经历好吗？

答：有人说，诗歌是自我修行的方式。在写诗之前，我过得浑浑噩噩，与这个世界格格不入，经常呈现出一种剑拔弩张的状态。在写诗以后，我与自己的灵魂对话，整个人都柔和了下来，而且因为诗歌消减了存在的"无意义感"。我在2016年初接触诗歌，开始进入各诗群。也曾经参与组稿，一批优秀的诗友便是在那时结识的。他们当中有后来在《诗刊》领衔头条的牧羊诗人李松山，有拍电影的魔头贝贝，有痴迷蝴蝶的李元胜，也有汪剑钊教授等等。会写诗的人思想都不会太差，因为常常内省，心底会有一片柔软的水草。第一首诗发表在中国诗歌学会的官网上，那时可以说"鸣声初啼"，现在看也不觉得很稚嫩，倒是有一些惊艳的句子。我记得有一天放学时，有一位素不相识的家长突然夸赞我的诗写得好，原来他就是从这个平台上看到的。刚开始的一两年，可谓"初生牛犊不怕虎"，我会参加包括中国诗歌报在内的各种同题，三天两头就有组诗发表在公号上。很傻的是，在中国诗歌网上注册以后，诗歌通过编辑的审核，我以为就很厉害了。现在想来，真是汗颜。

这几年里，结识了不少优秀的公号编辑，有"六瓣花语""鹤轩的世界""新诗简"等，认识一大批优秀诗人，我们互相交流，彼此促进，并不因为是平台而有所轻看。后来，我的诗也陆续得以发表，第一次上《诗刊》，第一次上《星星》，两次上《诗潮》……渐渐地有了许多第一次。一个诗人故步自封是可耻的，因此，我既阅读了大量的国内外优秀诗作，也不断打磨着自己的诗艺，尽力使自己的诗"句句都有诗意"，呈现出哲思的深度。今天，刚收到一首诗入选中国诗歌网"每日精选"的好消息，我想这大概是对我潜心于诗学的肯定。在现今数字化时代，优秀平台与刊物是两列并行不悖的铁轨，承载着诗歌飞驰。我们不能厚此薄彼。

问：红朵老师，听说你每年都写了不少诗，能谈一谈其中一首诗的创作经历吗？

答：我确实写了很多，但大部分已经忘记了。诗歌一旦生成，余下来就是读者的事。有的诗歌生命力鲜活，像枝条发芽；有的迅速枯萎，也淹没于浩瀚的诗歌文本中。当然，若干年后，还能留存下来的我们便称之为经典，但不能否认刚开始出炉的那刻，它也曾打动过你，那一刹的触动就像清风吹开涟漪。

我的诗歌，大都来源于这些刹那的灵感。有时走在江边，看到月亮，会想出"好大一个银币"；有时看到"芦苇"，会想着一群人要涉江而行。我的许多诗歌，都来自这滋养我的土地。可以说，没有金东，便没有我的诗。当然，我们不止吟诵风花雪月，也关注当下现实，防疫诗歌也写了不少，有发在《钱江晚报》上。还有，我也积极参加我们作家协会举办的活动，为当地文化增辉添彩。谈及诗歌，其实不光靠勤奋，还需要有悟性和灵气，不是分行就可以。但是我觉得自己还是缺少一些灵气，没有灵感的时候就会很苦恼。不过，好多诗人都有这样的过程。

问：谈谈你读过的书及最喜欢的诗人。

答：我喜欢的诗人有不少，比如诗坛兄弟张二棍和张常美、胡弦、宗小白、阿蘅、崔岩、阿剑、伊有喜夫妇等。我读的书很杂，包括国内外诗人的诗集、小说，最喜欢历史故事。最近在读哲学书，好像万事万物最后都可以归结为哲学的三问。

问：非常感谢红朵老师今天接受我的采访，也让我窥见了诗坛的一角。祝愿你在文学创作的道路上一路深耕，开出满园春色朵朵红花！

答：谢谢！因为诗歌丰厚了生命，挖掘到了不一样的自我，感谢诗歌，感恩遇见！

访谈感言：

红朵一直把诗歌当作自我修行的方式，以草，以木，以飞鸟，以奔马，以云朵，大都来源于刹那的灵感，来自这片滋养她的土地，同时诗歌也丰厚了她的生命。

钟
旭
妙
：
不
负
世
间
美
好

　　访谈对象：钟旭妙，女，浙江浦江人，毕业于浙江师范大学中文系，文学学士，系浙江省作家协会会员，浙江省散文学会会员，浦江县作家协会副主席，国家二级心理咨询师，著有散文集《最美的贝壳》，主编和参与编著书籍十余本，在国内各级报刊发表文学作品 20 余万字，在各级比赛中多次获奖。现任中共浦江县委宣传部副部长、浦江县社科联主席。

　　访谈人：朱杰超，浦江县融媒体中心记者。

问：据我了解，你文学起步较早，你是从哪一年开始写作的？在这过程中哪几件事令你记忆深刻或者说催生了你写作的动力？

答：我的启蒙较早，这要感谢我的父母。他们很重视我的教育。三岁背唐诗，七岁始写书信，十四岁发表文章，这三个时间在他们不断地讲述中，我记得很清晰。他们说我从小就是一个对语言和文字及其敏感，且颇有天赋的孩子，识字很早，看书"一目十行"，背书也很快。遗憾的是他们没有更多的时间亲自带我，六岁起我便在外婆家生活了近十年。

如果一定要说个时间，那是七岁。我平生的第一件作品，是一封写给父亲的信。那是一个盛夏的午后，母亲因为右手受伤无法动笔，便由她口述，我代笔。信不长，我在写清母亲嘱咐事情的同时，尽情抒发了对父亲的无比思念和对寄养在外婆家的强烈不满。父亲收到信后颇为激动，特意给我写了封回信，满满的爱意和鼓励，希望我不断写下去，说不定长大了能当个作家。父亲还寄给我五本连环画和《比比谁的力量大》一书。那次写信给我播下了一颗文学的种子，后来我才明白，所谓天赋不过是儿时父母的强化转化为一份持久的兴趣和热爱。

问：看来写作与你的家庭和成长环境密不可分，坚持写作不容易，现在你写得多吗？你更倾向于哪种类型的写作？写作给你带来了什么？你如何看待地域对自己的影响？

答：文学创作于我只是一种纯粹的业余爱好，它不是工作，也不是一种谋生的手段。相对于其他作家我写的不算多，但这种爱好和习惯，同读书一样是深入骨髓的。如果很长时间不写，人会很难过的，就像虫爬一样，总会挠你几下。事实上如果停了很久，总会有朋友督促："怎么不写了？我们喜欢看你的文章。"这样我便又有了写作的动力。近两年，因为工作之故，文章多起来了，主要发表在《金华日报》《学习强国》等平台。

我的工作性质决定了须时常写公文，这增强了文字的理性和严谨。十几年前的状态今天依然如此：右手写公文，左手写散文。我个人更倾向于散文创作，女性情感和家庭育儿等方面。

家乡对我的影响挺大的。我很喜欢这个比喻："故乡之于作家，就好比无法断脐的灵魂子宫，永远割不断彼此的关联。"我之所以对家乡感情那么深情，因为年少时我与她有过近十年的分离。在儿时，官岩山、浦阳江、石子街、至德堂、医疗站经常入梦，那段记忆在远离的时空里封存完好，回头看就像放电影一幕一幕，清晰呈现。《乡情》《清白传家》《钟村：浦阳江畔的璀璨明珠》等等都是家乡情结的产物；《花桥，可有栀子花满桥》《寻迹"江南第一家"》《仙华古道岁月稠》《心想处，九母岛罗家源》等等都有明显的地域印记。

问：你 2009 年出版的散文集《最美的贝壳》给很多读者带来了强烈的阅读感受。夏烈老师对你的作品曾作这样的评价："她把女性的情感和智慧投入到一事一物，一草一木中，并颇有天赋地让她的散文具备了一种属于时间的，或者说回忆和联想式的气味，她的存在延续了浙江女性散文作家的传统。"你如何看待这个评价？现在你还继续保持着这个传统吗？

答：《最美的贝壳》这本书是我的第一本散文集，它收录了我 1998 至 2008 十年间发表的散文和评论，出这本书是可以说既是一时兴起，也是多年愿望的达成。当年那个小女孩的梦想实现了，父亲信中所说的"希望你不断写下去，说不定长大了能当个作家"成为现实。这本书得到了很多读者的喜爱和好评，这是我所没料到的。我的散文创作不讲技巧，更多是真实情感的率性表达，前面我也讲到不写无感之文。我笔下的一事一物，一草一木都来自身边，可感可及，这也许是引起读者共鸣，令他们喜欢的原因。我的散文回忆性的居多，如《初次触网》《飘逝的歌声》《那些下雪的日子》《夜静读书时》《闲时长忆是中山》《因为有你，从未走远》《诗意元宵，浪漫谁来成全》等等。当时的情感，往往要沉淀很久我才能抒发出来，就像一瓶酒经历了岁月的存放，开启时才愈加芳香。

现在我的散文创作，依然保持着这个传统和习惯，真诚简洁朴素，始终坚守那份独特的和美与真挚，叙写生活中令人感动的点滴小事、捕捉身边的所见所闻、书写故乡故人故事还有目光所及的美丽和风情。

问：听说你打算出版一本新书，能否透露一下书名、内容以及写作过程？

答：我是准备出第二本散文集，题目初拟为《世间因你更美好》。第一本散文集是成全了一个小女孩的梦想，告诉自己只要坚持，梦想终会实现。第二本散文集，延续了第一本散文集的风格，其实它更是一份礼物，是对父亲及逝去岁月的永远怀念、新生的纪念和对未来无限美好的展望。它也是我近十年来发表过的文章的一个回顾和梳理。

问：在写作中，有没有遇到阻力？你今后还会继续写下去吗？今后在写作上有何目标和计划？

答：阻力应该是没有，一直以来我的家人、朋友、单位的领导同事都很支持我，鼓励我多写，如后来获得廉政征文一等奖的《清白传家》和诗歌《浦阳江作证》就是应时应命之作，反响很好。我的工作一直都比较忙，偏偏我又是一个追求完美的人，工作家庭生活爱好都想兼顾好，这其实是挺考验人的。如果没有许多领导前辈朋友的支持厚爱和鼓励，我可能坚持不到今天。对此，我一直心怀感恩。

我是一个比较幸运的人，无论是求学时代还是走上工作岗位，总有贵人相助，指点迷津，让我坚守初心，继续前行。2010年我加入了省作家协会，是当时浦江县最年轻的省级会员。

如果说以前是纯粹的爱好，那现在多了份责任。以后我还是会继续写下去，更多会倾向于家庭教育和地方文史。浦江文史专家张文德老先生在世时，他曾撰文点评我的文章《回家，一起过年》，并打我电话，后又当面嘱咐我要多写写浦江的文史，让更多的人认识浦江、了解浦江。在那个温暖的午后，我和文友在老人的书房里，感受到了一种历史的厚重和时代的责任。殷殷重托，难负其重，但我还是答应尽力而为。写作需要积累，阅读的积累、素材的积累、生活的积累。与以前相比，生活阅历不断丰富，但读书时间急剧减少，一本《朝花夕拾》以前可以反复咀嚼10遍，现在鲜有时间读书。当我开始转向文史，转向紧扣时代主题创作时，我发现原有的积累还是远远不够的。虽然去年由我主导编审的宣讲作品《种子》获得了省特等奖，让我对主题创作有了一定的信心，感受了一波工作和爱好完美结合的小激动，但还是要翻篇归零，重新出发。以后，我可能也会尝试写一部长篇小说，从一个家族的视角来展现某一地域某一个时代的变迁。

从三尺讲台到一线基层再到机关，兜兜转转，停停写写，初心未变。一切都是最好的安排。我想我会一直写下去，慢慢来，不急于求成，终会水到渠成，不负世间美好。

访谈感言：

钟旭妙的散文真诚简洁朴素，始终坚守那份独特的美与真诚，就像一瓶酒经历了岁月的积淀和芳香，这正是她文学创作的可贵之处。

巩春林：脑海中的砂石，笔墨下的珍珠

访谈对象：巩春林，国家二级心理咨询师，浙江省作家协会会员，入选浙江省第七批新荷计划人才库。获冰心儿童文学奖，"读友杯"全国少儿文学创作大赛优秀作品奖，首届中国校园文学大赛二等奖。其作品先后在《儿童文学》《读友》《意林》等报纸杂志上发表了30余万字。出版有10万字作品集《一加二等于三》。

访谈人：凉凉。

问：你新近出版了长篇小说《大兵小将》，这是一部展现新时代少年成长力量和新时代军人风采的小说。当前的儿童文学创作较少涉及军旅体裁，为什么会想到创作这样一部作品呢？

答：因为我自己就是一名军嫂，我丈夫的军旅生涯长达十三年，部队生活在我心中也有非常深的烙印。军人的家属很苦，恋爱时只能在一封封跨过千山万水的信中互相了解，结婚后要独自承担属于两个家庭的生活重任。

很多刻骨铭心的记忆只有军人家庭才会有。比如我生孩子的时候，丈夫因为执行任务无法回来。生产三天后才风尘仆仆地往回赶，家门都没踏进去就先来了病房，还没有好好照顾我们娘俩，他自己却因实在劳累过度发烧倒下了。

当年我先生投身军旅时，乘坐的绿皮火车逐渐远去，婆婆想到离家上千里的小儿子，哭晕在路上，回家后就大病一场，卧床三个月，几乎把一生的眼泪流尽了。后来有一次，一支部队经过村庄。看着那些年轻的晒得黝黑的脸庞，婆婆一路跟着给他们递水送饭送菜，直到他们离开村庄很远，才拖着脚步回家。一回到家就躺倒了。嘴里只说："我的儿子也要走这么长的路呢，脚都起血泡了。怎么就不歇歇呢！"于是又大病一场，一个月才好。

这些回忆很深刻，是每一位军属终生难忘的。这些回忆又很普通，只是祖国二百万个军人家庭中不值一提的一个。我先生把最好的全部的青春都给了部队，而我也因此与部队有了深刻的羁绊。我用我八年刻骨铭心的青春和保存了二十年的变得更加醇厚的记忆，开始书写这部关于军人和他的孩子、关于军旅生涯和家国情怀、关于少年和国家未来的小说。

问：这篇小说采用的是双线叙事结构，一条围绕主人公栗正展开：他烦恼与倔强并存，快乐与叛逆同在的学生生活。另一条围绕栗正的父亲栗国民展开，别出心裁地以军人的视角，将他们眼中的部队生活与烟火人间娓娓道来。这在儿童文学中是比较少见的，为什么会采用这样的结构呢？

答：其实是没有办法的无奈之举（笑），因为两条线的地图在绝大部分篇幅中都完全不同，所发生的故事也不一样，为了不让叙事太过散乱，阅读体验太过零碎，只好这么选择。

问：你太谦虚了，安排得非常巧妙。两条线形成了很好地呼应对比和对照，一面橄榄色的内敛深沉，一面金色太阳般的鲜活闪亮。让全文更精炼简约，并有一种结构上的建筑美。

问：《大兵小将》中，父子发生过多次冲突，展现了两代人的矛盾。而在其中，我们会明显感到，作为父亲的栗国民不总是对的那一方，这是刻意安排的吗？

答：是的。栗国民是一位老式军人的形象。有非常固执刻板的一面。当兵的人，部队在他们生命里的痕迹是很强烈的。小说中李大个一人守着一个军营的高度自律，震撼又感人的老兵退伍告别仪式都是真实发生过的。军队中那种高度自律和奉献精神服务精神在他们离开部队的时候，依然被保留。他们的信条简单到近乎理想主义："我是一个兵，我要当一个好兵。""我是一个兵，我要为人民服务。"因此当他们在现实中生活时，会表现出一种不合时宜的天真。

问：你是怎么开始自己的写作之路的？

答：我朋友一直督促我写点什么，但或许是机缘未到吧，没有真正落笔。直到我记得很清楚的，那是 37 岁生日后的第二天，突然感到一丝惶恐，人生匆匆水过无痕，再有一轮我就到知天命的年纪了，我就要这样波澜不惊，没有痕迹地进入到人生下半段吗？怀着这样的心情，机缘巧合下，朋友拉我进入一个名为"为孩子写作的教师"群，群主是陈金铭。群内主要交流如何写作。有一次，群主布置任务，让大家一周上传一篇自己写的作品。

我回想起自己童年的生活，写了一系列的儿童散文上传到群里，当时根本没有想到会有什么回应。直到一两个月后，我都快忘记这件事了，正和家人在内蒙古旅游，突然看到李金铭在群里发了几千字的长评论，称赞评价我所写散文。如此用心的认可和反馈，让我非常感动和受宠若惊。李金铭是我写作路上一位非常重要的引路人。

问：你的职业是一位老师，又从事儿童文学创作，这对你平时积累素材有什么帮助吗？

答：应该说，人生中的每一段经历，每一段记忆，都会是平时积累的素材。但是这种生活中的素材不能直接使用，需要在心里积累沉淀。就好像你在沙滩上捡到一颗沙子，它在你的皮肤上留下强烈的触感，但这还远不能触及心底，不足以转变为文字。孙犁说初学者写作是"用牛车往外送姑娘"，在牛车变成花轿之前，还需要找到那个姑娘，需要明白姑娘最适宜亮相的角度。写作是一件要强求又不得强求的事，需要大量阅读的积累，需要不间断地训练，需要守得住冷板凳的寂寞，需要人生阅历的沉淀。即便是具备一切以后，还需要一点玄之又玄的灵感，以及表达内心冲动的欲望。

当你有了外在的积累和内在的冲动，重新审视过往的人生，审视刻骨铭心或萍水相逢的人或事，审视心中还未成型的模糊的故事，会从粗野的砂砾慢慢蜕变成珍珠，从粗野变得晶莹。

不过，随着年岁的增长和写作技能的纯熟，孵化事件的能力会逐渐提升，蜕变成珍珠的时间和过程会越来越短，素材灵感变成文字的进程会越来越快。

问：写作给你带来哪些改变？

答：最大的改变就是感觉自己的人生状态被改变了，越来越会和自己相处。写作其实是一个自疗的过程。

因为我是语文老师和班主任，总是一地鸡毛，忙着教学工作打小怪兽。当忙乱成为生活的主要节奏，突然停下来时，反而会觉得内心空空荡荡，无所适从。写作时的沉浸与专注，让我开始享受一个人的氛围。独自在办公室写作的时候，热闹和喧嚣像潮水一般散去，那间小小的，陈设简约的屋子成为我的独立王国。盆栽随着季节的开落，雨天淅淅沥沥的奏响，走廊有人经过的脚步，都成为吉他拨响的和弦，指尖一挑，跃出优美的音符，是为自己奏响的曲调。

问：你怎么看待儿童文学的创作和鉴赏问题？

答：这是一个很大的问题。就我个人而言的话，不要小看儿童的鉴赏力，一代更比一代强，很多孩子很擅长阅读，对作品要求其实很高。创作的时候，决不能一味幼稚，一味清浅。

真正优秀的儿童文学应该有一个标准：孩子看了很好看，大人看了很想看；小的时候看了喜欢，长大以后看依然喜欢。它的生命线不仅是横向的一代又一代的孩子，也该是纵向的，每一代孩子的不同成长阶段。

问：你下一步将创作一个关于启智儿童的故事，为什么会想接触这样一个几乎无人问津的题材？

答：之前和同事去继续教育中心参加培训时，常会路过启智学校。一次，我看见那里的孩子上厕所的情景。和老鹰捉小鸡的游戏一样，老师在一边领着，六七个孩子一个搭着一个的肩膀，排队齐走。

言语难以表达当时的震撼，就在阳光照到又照不到，大家知道又仅仅是知道的地方，有这样一群普通又不普通的孩子，缄默地生长着。

我觉得这个群体，需要被更多的人了解知晓。

问：为了这个关于启智儿童的故事，你多次前往启智学校取材，可以聊聊你的感受吗？

答：躲在家里的空中楼阁中是写不出有生命力的作品的。在启智学校的经历，让我想起古人说的"禹思天下有溺者，犹己溺之也；稷思天下有饥者，犹己饥之也"。但是大禹可以治水救灾，后稷能够谷物稼穑，站在启智学校的我们只能做一个无力的旁观者，其过程不可谓不痛苦。我不希望读者阅读它的时候感到不适或焦虑，也不希望将这个话题重重拿起轻轻放下，所以做了很多创作上的准备。

这本书并不想，也没有能力直接帮助这些孩子成长，只是希望哪怕有万分之一的可能，可以让我们去了解、接纳这个群体。儿童文学总是试图表现一些高尚的德行与美好的品格，为孩子的人生观和价值观立某些标杆。

而孩子长大后，依然能从孙悟空的英勇无畏中获得勇气，从诸葛亮的鞠躬尽瘁中获得力量。我们希望，这本书的读者长大以后，或许还会记得这个故事，记得这些不被关注的人，随着科技和医学不断发展，终有能为他们做些什么的一天。

这或许，就是儿童文学能够传递的力量。

访谈感言：

优秀的儿童文学应当拥有打动人心的力量，这种力量可以伴随人的一生。比如郑渊洁在《金拇指》中讽刺辛辣的预言，沈石溪《狼王梦》中白茫茫大地真干净的古典式悲剧，任大星《三个铜板豆腐》里的民生疾苦与脉脉温情。巩春林老师的《大兵小将》显然就具备这种震撼人心的力量，同时是这个时代最稀缺的力量——对自我的坚守与对所爱的执着专注。

巩春林老师是一位像大海一样的女性，温柔、广博、有力。这些特质毫无保留地展现在了她的作品中。很高兴能在成年以后读到这样优秀的儿童文学作品，很欣慰现在的孩子可以读到这样有分量的小说。

胡树彬：爱上你，是一个美丽的错误

访谈对象： 胡树彬，贵州纳雍人，苗族，1977 年 5 月生，2004 年 2 月来永康工作和生活，先后在泰龙、三锋等公司工作，2006 年 7 月入职哈尔斯，先后任宣传干事、企业文化部经理、总经办主任、党群办主任、报刊主编等职，《哈尔斯报》《哈尔斯》杂志执行主编。1996 年开始发表文学作品，来永后在全国数十家报刊发表散文、小说、诗歌（诗词）、电影文学剧本等文学作品 100 余万字，2017 年 8 月 16 日加入中国作家协会，2017 年 9 月被推选为金华市作家协会小说创作委员会主任，2018 年 8 月 11 日被推选为永康市作家协会副主席，入选浙江省第三批"新荷计划"青年作家人才库。主要作品有诗集《守护情缘》，小说集《遥远的小村》《小楼寒》《放翅》等。

访谈人： 蒋能，80 后，贵州纳雍人，贵州省作家协会会员，贵州省诗人协会秘书长，诗歌民刊《壹首诗》主编。

问：2000年，我16岁，在昆寨中学读书，一度迷恋写诗，曾油印个人诗集《芨芨草》。那年10月，你携诗集《守护情缘》到来，我们面对面交流。你是我写作生涯中"第一个从纸上走下来的诗人"，你曾成为我的偶像，我深深地着迷于你的诗歌。你走后，我还写了一首惜别之诗："你来的季节/我的天空正飘着细雨/张开生命的花伞/我们共同遮蔽/你沉重的蹬音远走了/心海上/我又喷薄了/莫名的相思"（《你来的季节》）。

在我的记忆里，《守护情缘》是一部关于土地、爱情、教育的诗集，你的诗歌具有音乐节奏之美，读来让人愉悦，令人感动。请你介绍一下这部诗集，以及这部诗集的写作背景或过程好吗？

答：2000年，23岁的我对诗歌有着宗教式的虔诚，除了诗歌，已经没有让我能够如此着迷的追求，几乎把写诗和读诗当成了精神生活的全部。也就是那一年的春天，我将之前所写并发表于一些并不出名也不重要的报刊上的诗作，结集付印。因为是用生命写作，因为在诗行中倾注了全部的心血和感情，完全避免了苍白的语言和矫情的成分。

1977年到1999年，我离开教坛，在党校读书，期间又身患沉疴，有半年多时间是在病床上度过。也就是那段时间，我完全把生命寄予文学与诗歌，当成活下去的理由和抵抗病魔的精神支柱，于是写出大型组诗《写给阿丽》。一百多首情诗，全部写给一名想象中的女孩，表达了我对人生、事业以及爱情的向往和追求。

我书写的对象，除了想象中的"阿丽"，还有生我养我的高天厚土、曾经从事了多年的教育工作以及每一位帮助过我、有恩于我的认识或不认识的好人。正因为如此，在如今看来已经不能称之为"诗"的那些作品，才有那么一点点亲切感与生命力。或许，这就是所谓的"情怀"吧。

因此，我提倡写作必须要有情怀。后来我"移情别恋"，改写小说，又把这种"情怀"种到了小说身上，很多作品都是流着眼泪写完，看的人也因此而动容。

问：2000—2010十年间，我们各奔东西，再无联系。2005年，我在广东省江门市，看到《散文诗》发表你的诗歌《回首阳关》，我才知道你去了浙江，而且还在坚持写诗。十年印象，仅此一诗。这十年里，你处于一种什么样的生活或写作状态？

答：2001年，我因身体原因，赋闲漂泊，浪在广东，面临两个选择（也是我一生中最大的选择）：一是重返单位，二是继续漂泊。我父亲请了多名领导、长辈和有名望的熟人给我打电话，劝我回去工作，出于多方考虑，最后我选择继续漂泊。因为我知道，如果继续待在老家纳雍，出于地理环境、人文环境以及多方面的制约，我在写作上很难再有拓展的空间，我必须要在外面闯荡，开阔眼界、扩大视野、吸收营养、增补阅历和知识。

但漂泊生涯是异常艰辛的，养家、糊口、立足等等，需要耗费大量的精力和时间。所以从 2001 年到 2007 年的 7 年间，我写得很少，而且写出来的文字离诗歌越来越远，发表在浙江当地的一些小刊小报，偶尔也上过《中国安全生产报》《浙江日报》《钱江晚报》《辽宁青年》等，同时也在《当代诗词》《长白山诗词》《东坡赤壁诗词》等诗词刊物发表诗词作品，这几乎可以忽略不计。

问：为什么？好在网络时代的到来，人们的交流更加便捷。2011 年，我们得以在网络上再次遇见，那时，你已经完成了由诗歌到小说写作的转变。

想象是诗意腾飞的翅膀。诗歌需要想象，小说需要持续的想象，甚至长达数月、数年的想象。你说："小说创作是非常辛苦的，不但需要才情和阅历，还要耗费大把的时间与青春。"

你从诗歌写作到小说写作，究竟经历了怎样的思想变化？

答：我心底始终有一个梦想，那就是在那些厚厚的杂志上，发表几页、十几页、甚至几十页的文章，一次拿几百块、几千块、甚至上万块的稿费。

但是，文学的世界以小说为王，光靠写诗很难实现这个梦想，再说诗歌的体裁，很难让我将心底更多的想法淋漓尽致地表达出来。后来，随着时间推移，阅历逐渐增多，生活逐渐稳定，自身的知识储备也达到了一定程度，便开始有了学写小说的冲动和想法。

2007 年，我开始学习小说创作，从小小说开始，慢慢向中短篇迈进，然后向纳雍小小说名家马孝军要了几个投稿地址，边写边投。2008 年开始有了收获，《打工族》《百花园》《金山》《江门文艺》《精短小说》《小小说月刊》等刊物发表过我的习作，更加令我惊喜的是，中篇小说《免于起诉》，登上了《贵州作家》。一本大十六开的杂志，我占了将近 20 个页码，多年前的"梦想"终于得以实现，同时证明我还是能写小说的，于是坚定信心，朝着这个方向发展。

现在回过头去看，当年令我如痴似狂的诗歌（包括旧体诗和散文诗），让我在小说语言上打下了良好的基础；当然我的小说创作，更加得益于自身复杂的生活经历与黔西北老家的风土人情。当年写诗，每晚可以写一两首，一个星期可以发表三四首，但小说不一样，特别是迈入中短篇后，白天要上班，晚上要加班，此外还要做家务，还要应酬人际交往，还要处理杂七杂八的各种事务，唯一留给我的时间只有深夜和黎明，每晚写千把字，然后慢慢磨，两三个月才能完成一篇。但不管怎么样，从 2010 年到 2016 年的六七年间，我几乎保持每年 10 万字左右的发稿量，而且基本都是省级以上的公开刊物。

可以说，一直以来我都是用生命在写作。我很讨厌"玩文学"的态度与做法，因为我不是在"玩"，而是认真地、执着地、始终如一地写着，始终把文学当成自己毕生的事业与梦想。

的确，写诗需要才华，写小说同样需要才华。诗歌的才华可以在瞬间爆发或闪光，一秒钟的灵感就可以成就一首诗的诞生。但小说不行，一篇小说，从最初的主题酝酿到正式下笔，往往会花费几周甚至几年的时间，等到不得不写、不写不行并坐下来进入写作状态，尽管头脑里已经有了大体思路，但故事的发展往往是随着情感的波动、人物的性格和思想等一步步推演的，往往今天不知明天写什么、怎么写，写着写着也会突发奇想，或者产生神来之笔，渐渐偏离了原来的构思，成为另外一篇小说。

所以诗歌的想象是短暂的，小说的想象是持久的，一波连着一波，一环紧扣一环，层层推进，日积月累。而且在细节描述、逻辑推理、知识储备等等方面，都有讲究和要求，丝毫不能马虎，否则要么会闹出笑话，要么小说根本就不成立。因此于我来说，写小说当然更艰难，更辛苦，但更有乐趣。

问：你是什么时候、什么原因开始文学写作的？你一般在什么状态下写作？主要进行哪些题材的写作？发表、出版了哪些作品？参加过哪些重大文学活动？获得过哪些文学奖项？

答：因为家学渊源，我自小就喜欢文学。我父亲十来岁时凭一篇《花牛祭文》"名满纳雍"，被打入另类，开除学籍（几乎影响了他的一生，包括入伍提干以及后来的政治生活），直到如今都还能听到家乡的某些老人扯着嗓子在唱："呜呼！小花牛，自从你加入合作社，瘦得皮子包骨头。"

在老家工作时，因为闲余时间较多，身上经常带着笔记本，随时想写随时写。如今生活环境与写作对象都发生了巨大变化，这种诗意人生永远失去了，只能在深夜甚至黎明时分写写。

目前已发表长篇小说《乌蒙奇女》(《铁血乌蒙》缩减版) 和中短篇小说60 余篇 100 多万字，已经出版的书籍，除了早年的诗集《守护情缘》，还有小说集《遥远的小村》《小楼寒》《放翅》，其中《小楼寒》由公安部群众出版社公费出版，《放翅》由金华市作家协会编辑、金华市文联资助出版。今年准备出版另一部花了整整五年时间创作的长篇小说《地龙滚荆》。

如果说只有省级以上的文学活动才叫文学活动或省级以上的文学奖才叫文学奖的话，那我真是少得可怜，几乎可以忽略不计。三次进入鲁迅文学院学习，第一次（2014 年）为期半个月，由金华市作家协会推荐；第二次（2015 年）和第三次（2021 年）为期一个月，均由浙江省作家协会推荐。再有就是加入中国作家协会和入选浙江省青年作家人才库。借此机会我要感谢永康、金华以及浙江省的文联与作家协会，对我这样的外来务工人员并未区别对待，这种胸襟和气度，充分展示了文化大省的底蕴和自信。

访谈感言：

胡树彬一直以来都是用生命在写作，认真、执着，始终如一，尤其是在小说创作中取得了斐然成绩，更是体现了一位作家的担当与责任。

刘会然：始于爱好，终于坚韧

访谈对象：刘会然，生于江西省吉水县，现居浙江省义乌市。中国作家协会会员。浙江省作家协会第二批"新荷计划"青年作家人才库作家。

有小说、散文等散见《人民日报》《北京文学》《芒种》《星火》《雨花》《朔方》《芳草》《山东文学》等刊物。有作品被《小说选刊》等选载。有作品入选《新中国六十年文学大系》《中国当代小小说大系》等百余种权威丛书。多篇文章入选教材和中学生课外读物及中高考阅读题。有作品拍摄成电影。

获全国梁斌小说奖、首届《中国校园文学》奖，全国年度小小说一等奖等。著有散文集《回眸 背后灯火璀璨》，小说集《父亲的斑马线》《秧村往事》《少年与花》等 13 部。

访谈人：傅亭如。

问：很荣幸有机会为刘老师做访谈。你是怎样走上小说创作这条道路的，有什么特殊的机缘吗？

答：我也非常高兴，和亭如来谈谈写作的话题。通常，我是把 2004 年发表的短小说《陨落的天使》，作为我业余创作小说的起点。如果要追溯的话，在高中时，我就喜欢捣弄文字，在县城文联办的《文峰文学报》上发表过一首诗歌，这也是我最初最早的铅字文。读大学时，断断续续，在省市级报刊上，发表过少量短文。那时，写作仅仅是爱好的一种。2004 年《陨落的天使》发表后，也是我参加工作后，发表的第一篇文学作品，后来竟然被数十家报刊和丛书选载。这种感觉蛮好。我就想，近十年的写作火苗还没有熄灭，那就让它熊熊燃烧一辈子吧。

问：那算起来，你的业余创作生涯已经快 20 年啦。在你这么多的作品里，你自己印象最深、最满意的是哪篇（部），可否介绍一下它的创作背景？

答：的确，这么多年写下来，发表的作品，大大小小有数百篇。但要说自己最满意的，肯定没有，否则就不会折腾自己再往下写，希望写出让自己刻骨让读者铭心的作品。但如果非得拎出一篇，那就让《矮墩和他的理发店》出列吧。这部作品是"枣花镇童年伙伴"系列中的第一篇。写这部作品时，我有意识系统地挖掘我童年的素材。故事背景，就发生在我出生和成长的那个叫"尚贤"的圩镇。里面的人物，也有我初中同学的影子。更重要的是，我在创造这部小说时，是用最轻松的笔调写沉重的往事。我运用了我和最好的朋友交流时，才会使用的语言和节奏。创作时，自己时不时会笑出声来。这也是创作其他作品时从来没有过的体验。当然，这部作品不是一篇诙谐幽默的调侃文。它和后面几部组成的"枣花镇童年伙伴"系列，在斑驳的时代风云中，关乎那些童年伙伴沉重的前途与命运。

问：创作领域里，相比诗歌、散文，是否小说是更有难度的写作？你觉得，小说最独特的魅力是什么？

答：关于创作诗歌、散文、小说，我认为没有高下之别，难易之分。没有谁更重要，谁更难写。传统的诗歌、散文、小说、戏剧划分，我认为是"一体四肢"。四者就宛如左手（诗歌）和右手（散文）、左脚（小说）和右脚（戏剧），四肢连体，打断骨头连着肉。就好比，打篮球的擅长用手，踢足球的擅长用脚。任何一种比赛想获得成功，都不容易。获得的成功，成色也是一样的。选择那种文体，或许是兴趣或性格使然。其实，诗歌、散文、小说、我都写过。因为我是最早发表诗歌，再发表散文，再发表小说的。我时常戏谑：写不好诗歌，才去写散文，写不好散文，才去写小说，再写不好小说，只好去写戏剧了。目前，我主要是写小说。写小说最独特的魅力，往"大"说，是创造一个自己想创造的世界，或毁灭一个自己想毁灭的世界。往"小"说，是因为在生活中说谎，我会脸红，怕人家指着鼻子骂，在小说里说谎，我理直气壮，还能卖点"谎言"，换点钱买米。当然，我写小说，最主要还是想为或好或坏的情绪（通常是坏情绪），找一条从里到外的通道。

问：嗯，是的，小说确实有它独一无二的魅力。国外有研究把小说作品分为两种，一种是情节至上的，一种是人物至上的。刘老师，能结合你的创作实践谈谈体会吗？

答：小说是以塑造人物为核心的文体。人物第一位，是肯定的。只不过，有些情节过于曲折离奇，让读者记住了事件，淡化了人物。有些人物个性显赫峥嵘，让读者记住了人物，淡化了情节。其实，情节和人物是如影随形，不可割裂的。情节需要人物推动才能前进。人物的行为过程就是情节。我觉得，运用烟火气的情节，刻画个性化的人物，始终是小说的核心。

问：是的，你说的我特别认同。在小说里，人物必须要讨人喜欢，否则就是死路一条。但成功的人物塑造真的非常不容易。我自己在创作的时候，常常会受到人物扁平化的困扰。你过去在作品里呈现了非常多像冬子蠢婆这样鲜活的人物，你是如何进行塑造的？

答：在小说中，创造鲜活的、呼之欲出的人物，的确是小说家的着力点。我创作时最主要的方法还是还原加想象吧。就比如你提到的《布满蔷薇的土路》中冬子蠢婆。她肯定有人物原型。小时候，我们村里就有这样一个人。她用讨来的饭喂给我堂妹吃，也真实发生过。我力争去还原她的点点滴滴，还原那个时代的村庄现状和氛围，然后用合理的想象去改造她、充实她，让她具有小说的形象与内涵。小说创作，有时就是做些捕风捉影的事。我理解的塑造是：有一缕微风的痕迹，就要有能力，去还原去想象成一场大风暴。

问：你的这番话，让我受益良多。不过在人物对话描写方面，你还可以更具体地展开讲讲吗，让自己笔下的人物说出符合自己性格的对话？这也是很多像我这样小说初写者的创作短板。

答：好的。说实话，没有几个作家敢说自己能处理好人物的对话。小说中，人物对话，也是我创作中的难点和痛点，因为它包含了人物的文化心理结构。生活中的语言，因为它有语言场，而且这个语言场，有时会跨越时空，有时会传承数代，有时会因果相依，所以都能符合人物的特征。小说中，最难的是用最经济的笔墨，写出有代入感的语言场。我在处理小说人物对话时，我主要是考虑如何设置语言场。语言场设置好了，人物对话就比较贴切稳妥。就好像舞台搭好了，乐器响起来了，上场的人物就容易进入角色，找到感觉。

问：小说很大一部分都是源自故乡的生活，也正因如此，读者们才会感同身受。那你是一位教师，这个身份对你的小说创作来说有什么助益吗？

答：老师这份职业，对创作最大的好处，可能就是作息时间相对固定吧。时间的固定，对我创作习惯的养成和创作心态的涵养，是最好的回馈吧。这也是我有从政、从商、从媒（媒体）等机会，但为了赓续写作，最后还是固守从教的缘由。

问：最后一个问题，作为桃李满天下、作品也同样硕果累累的教师，你对青少年文学创作有什么个人建议吗？

答：惭愧，你过奖了。文字创作是一项艰辛的文字苦旅。我认为，任何一种兴趣，都始于爱好，终于坚韧。半途而废的兴趣，比比皆是。如果有青少年朋友希望写点东西，仅仅作为兴趣，当然好，会产生愉悦。但写到一定的阶段，责任感和使命感就会不期而遇，难言轻松与愉悦。就现在的我而言，创作的愉悦好比白云拂眼，苦闷是黑云压城。所以，我的建议是：要么点到为止，要么改弦易辙，要么负重前行。

访谈感言：

内心世界的构建，童年经历的挖掘，经典人物的塑造……刘老师凭借自身深厚的文学积淀和丰富的人文素养，扎根于文学沃土，二十年如一日，用深情的笔力描绘，以文字的力量诉说，呈现了教科书式的小说创作。访谈里，他更是至情至诚、一路交心，带给我们的是思想层面上的触动、升华，如醍醐灌顶，收获满满。毫无疑问，这场近距离的聆听是指引像我这样写作爱好者穿越小说创作迷途的璀璨明灯。

汤汤：不止拥抱温暖，更期待坚韧和力量

访谈对象：汤汤，童话作家，陈伯吹国际儿童文学奖获得者，其"奇幻童年故事本"系列、"幻野故事簿"系列等作品在业内获得了广泛好评，代表作《水妖喀喀莎》《绿珍珠》等作品被翻译成英语、法语、日语等在海外发行。其与插画师大面包（张敩）合作的绘本作品《太阳和蜉蝣》由浙江少年儿童出版社出版，儿童文学学者朱自强盛赞该作"是给年幼儿童的生命哲学教育书"，他说："我为中国的原创绘本出现这样艺术独特、思想厚重的作品而欣喜不已。"

访谈人：澎湃新闻。

问：先来聊聊这本新书吧，故事是围绕小蜉蝣和太阳之间的对话来展开的，我们知道，蜉蝣在中国传统文学的语境里自《庄子》而下都是作为朝生暮死、令人唏嘘的短暂生命的形象出现的，但在这个作品中，小蜉蝣从一开始就以"快乐""高兴"的姿态现身，"我们都有一天生命，我们多么幸运"，正是这种对生命的欣悦姿态令太阳开始认真地与她对话。你是怎么想到构架这样一个故事的？想传达的生命理念又是什么？

答：那是一个夏夜的晚上，走在江边，灯下飞着无数虫子，先前没有去注意它们是什么虫子，反正都是虫子，没想那天有一只落到了我的胳膊上，绿色的翅膀，纤细的身体往后翘，形成惹人爱怜的弧形，细如发丝的腿勾住我的肌肤，这是我第一次如此近距离地和蜉蝣相识，它的美让我心动。后来有一次去博洛尼亚参加书展，飞机上看到日落，突然想到了蜉蝣，如果让太阳和蜉蝣相遇，一个这么微小，一个这么庞大，一个这么短暂，一个仿佛永恒，他们之间会说些什么，会有什么故事？小小的蜉蝣只有一天，大大的太阳能活很久，小小的蜉蝣只能看到一个小小的世界，大大的太阳能看到很大很大的世界。这两个生命，谁更值得，谁更绚烂，谁更伟大？这些想法激荡和澎湃着我的心，回来的飞机上，我就写下了这个故事。蜉蝣是只有一天的生命，可这一天，她过得多充实啊，她认识了蜘蛛、蜻蜓、狗尾巴草、蒲公英，她知道了蝌蚪会变成青蛙，鸭蛋会孵出可爱的小鸭子，花蕾会开出美丽的花朵，她知道了一天之外还有很多天，水洼之外还有很大的世界，甚至有了飞向太阳的梦想。在她活着的每一分钟里，她好奇，她快乐，哪怕知道自己的生命短暂得不可思议，甚至连明天都不会有，在瞬间的难过和失落之后，她立刻捡拾回乐观和勇气，她说"我有整整一天生命啊"，是啊，有活过的机会，哪怕只有一天，都值得感激。

我们人类比起蜉蝣，生命长度是其三万倍，比起太阳，其实一样短得要命，而太阳比起更无限的事物，说不定也只是蜉蝣一只。所有的事物都有终点，因为有终点，而显得更加珍贵。生命的意义也许就是经历过，体验过，好好活过就是吧，如果在这基础上还能活得快乐和有意思，为世间留下一点点美好的痕迹，意义不是就加倍了吗？

故事中的太阳活了足够久，所以对世界已经没有新鲜感，甚至有些麻木了，在他的眼里，蜉蝣这样微小的只有一天的生命不足挂齿，甚至都懒得和她说话。但到了尾声，他变了，是什么让他变了，是蜉蝣向死而生的洒脱和快乐激起了他的热情和温柔。小小蜉蝣刷新了大大太阳的生命观和价值观，让他得以重新认识和打量世间万物：世间太多微小而珍贵的生命。小小的蜉蝣所处的时间只有一天，所处的空间只是一个水洼，但她对一天之外、对水洼之外的世界却有热切的好奇和探索的欲望。我们人不也是这样吗，在有限的生命状态里探索着无穷和无限。

问：除了这部新作，回顾你之前的作品，基本是以成系列的童话故事为主，你最早是因为什么契机开始童话故事创作的呢？为什么会选择这样一种同一主人公、同一背景的系列故事的模式？

答：我开始创作童话是一个偶然，18 年前我是一个小学语文老师，因为曾经写过几篇豆腐干一样的小散文，所以我们县里一位热心儿童文学的老师建议我不妨写写儿童文学作品。我很坦率地回答他我不感兴趣，当时我对儿童文学十分无知，觉得它太小儿科了。2003 年 8 月，蒋风教授的儿童文学讲习班在我们小小的武义县城举办了。因为天热，又是暑假，我早就做好逃课的准备了。但是，校长要求我们每个语文老师都必须参加，还要点名。所以只好硬着头皮，百般不情愿地去听课。人生有许多偶然，总是酝酿着各种可能性，就是因为那几天的课，我对儿童文学产生了好奇和兴趣，眼前好像忽地开了扇窗子。原来儿童文学不是我先前以为的小儿科、幼稚和哄哄小孩子的故事，经典的儿童文学作品，那种文字的温暖、思想的深邃、情感的渗透力、故事的张力，是能直抵心灵的。课结束的那一天，我几乎抑制不住内心的冲动，写了一篇听课感想《也许是一个新的开端》，打算以后在课余时间写写童话，然后把它们念给我的学生听听。就是这么朴素而平实的想法，我开始了儿童文学创作。绝对没有想过自己将来要成为一个童话作家，后来发生的一切都不在计划中。

问：你提到过"奇幻童年故事本"系列中的南霞村和主人公女孩土豆跟你长期生活的浙江武义以及你小时候的经历颇有映照关系，能跟我们具体谈谈吗？

答：我在乡村长大，小时候生活的村子并不特别美丽，因为在城郊，所以也不清幽。但村子里的田野，山坡，小溪，竹林，茶园，菜地，池塘，庄稼地，晒谷坪，还有那些神秘破败的老屋子，已经足够我玩耍了。记忆里，我的整个童年好像都是在玩，田野里玩，竹林里玩，池塘里玩，采野果，捉溪鱼，找野菜，抓虫子，爬上树，在田埂间跑，在山坡上跑，在村子里跑，只有肚子饿的时候才会想到回家。这自由的天地间嬉戏的童年，使我幼年的心灵充满阳光雨露和草木气息，一直温暖芬芳到现在。

童年对每个人都很重要，对作家尤其，我的许多童话灵感都来自童年，一捧溪水、一颗石头、一株草、一朵花、一块泥巴、一只虫子、一个伙伴、一串鸟叫，当时只道是寻常，如今都是我写作童话的一颗颗种子。写"奇幻童年故事本"之前，心里总有一个光着脚的女孩在田野里跑啊跑，终于有一天，女孩土豆跑到了纸上。为什么要叫她土豆呢，因为土豆是我极喜欢吃的，因为土豆很平常，因为一个女孩叫土豆很好玩。这个系列的故事中有雪精，有树精，有水妖，有天上的神仙，我为什么这么喜欢写精灵呢，还是来源于童年的记忆吧。记得小时候我最喜欢在肩膀上披一块妈妈的丝巾，丝巾在风里撑开，我在风里飞奔，想象自己飞起来了，飞到屋顶，飞到树上，飞到天空，飞成一个仙女。那是童年里最爱的一个人的游戏，就算遇上不开心的事情，只要当仙女一回，就快乐了。那时候脑子里成天到晚装着各种稀奇古怪的幻想，使得幼年时每一个日子都新鲜透亮。

问：与"奇幻童年故事本"系列相比，"幻野故事簿"系列感觉探讨的问题更深、更有象征意味，比如《空空空》里写的那种丧失自我的爱最终的可怕畸变，《眼泪鱼》写羽人群体在暴政高压之下内部的分裂和倾轧，会让人想到诸如《爱丽丝漫游奇境记》《绿野仙踪》《纳尼亚传奇》等经典作品中的一些东西。能不能谈谈你在"幻野"系列中的创作"野心"以及哪些经典作品对你影响比较深？

答：其实说不上什么创作野心啦，我只是觉得童话可以也应该写得更有力量些，更深邃一些。以前有人戏称我是以"鬼童话"一夜成名的，我写鬼精灵，其实是书写着人性、人情、人世间，以及生命的孤独和悲喜。"鬼精灵"系列童话之后，我探索了其他的一些题材，不过，我的落脚点总是在"亲情""友情"和"爱"上，等写到"幻野故事簿"，我开始有意识地拓宽主题，探讨真相与谎言、自我身份认同与迷失，以及对个体和人类命运的思考等，希望将笔触伸得远些。希望它带着孩子们去冒险、游历，去理解一部分生命和世界吧。

问：目前有新的创作在进行中吗？对自己后续的创作方向和风格等等有新的目标吗？

答：有啊，有一部长篇小说《十一个宝藏》写完了初稿，这是我第一次写长篇现实题材的小说，先放放，暂时还舍不得去修改。目前正在修改的是一部童话《七岁井》，这也是一个关于谎言和真相，勇气和自由的故事。至于创作方向和风格，我抱着顺其自然的态度，故事是作者激情和思想的体现嘛，伴随着对生命和世界的认识越来越多，作品无论是风格还是题材，都会变化的吧。一路写来，我追寻的是有温度、有力量的童话境界，我知道自己写得没有足够好，作品里还常常会有逻辑不严密的地方，会有臃肿、叙述不利落的地方，会有平淡、不够吸引人或者生硬、让人不舒服的地方，但我会更痴心地去写，去追寻迷人的故事境界，拓宽童话的疆域和追求更多的可能性。

访谈感言：

汤汤一路写来，追求的是有温度、有力量的童话境界，相信她会在童话的疆域有更广阔的拓展，有更丰硕的成果，我们期待着。

叶月飞：文学路上每一寸时光都有惊喜

访谈对象：叶月飞，绣湖小学教师，义乌市政协委员，浙江省名师工作室领衔人、浙江省"叶月飞班主任工作室"领衔人、中国散文学会会员，浙江省作家协会会员，金华市作家协会会员，义乌市古今文学研究院副院长。迄今在《华文作家》《小学语文教师》《浙江教育科学》《江西日报》等报纸杂志发表作品。已出版散文《寻梦》《蕴梦》专著。

访谈人：张琳琳，金华市优秀班主任，义乌市古今文学研究院副秘书长。

问：你觉得阅读和写作是什么关系？阅读对你的写作有什么帮助？你是什么时候开始写作的？发表的第一篇文章是哪一篇？当时的心情如何？

答：阅读和写作的关系就如休息和登山。休息是为了养足精神，登到山顶。阅读可以增加知识，促使人思考，"书中自有黄金屋，书中自有颜如玉"，就说明了阅读的重要性，充分阅读可以促进写作水平。

我热爱阅读是受家庭氛围的影响，我的祖父毕业于金一中，是当年远近闻名的"才子"。小时候，我时常目睹祖父翻阅书籍报刊、记录生活札记的样子。我的父母亲无论到哪里，也总是会想到要带几本书回家。于是，我慢慢地就爱上阅读，常常一头扎进书籍的海洋中无法自拔。小学五年级，我庆幸地碰到了让我铭记终生的余老师。他借给我许许多多的图书，读《一千零一夜》《海的女儿》《童年》……情到深处或潸然泪下或喜笑颜开，读书的体验、感悟激起了我对生活独特的体验、感悟，促使我有了表达的欲望。

真正开始写作是在义乌师范上学的时候，学校办了校刊，我就经常写，文章经常能在校刊上发表。班主任斯德斌老师鼓励我去《枣林文艺报》《义乌日报》投稿。我倍受鼓舞，三易其稿，把夜深人静突发灵感的诗歌《父亲》认真地誊抄并装上信封寄了出去。没想到两周后，我收到了一份散发着油墨香味的《枣林》，情不自禁地寻找，赫然发现了自己的大名。所以诗歌《父亲》是我在正规刊物上发表的第一篇文章，是我的处女作。说到心情，现在回想起来，喜悦之情依旧溢于言表。时间仿佛停止了，就像在荒漠中的人找到生命之源般的振奋，心中的喜悦渗透到每个细胞，开心极了！

问：你走上文学创作大路并坚持下来，受谁的影响比较大？

答：说到走上文学创作大路并坚持下来，我要特别感谢徐敢老师，我的"忘年交"。我与他相识于1996年，他当时是《枣林》的编辑，而我是学校《草花》文学社的社员，他对于我的每一次习作，总是认真阅读，并且精心修改，让"豆腐块"变成了铅字。他的勤奋、执着、热情、乐观，都深深地影响着我，激励着我。我不会忘记，那年夏天的中午，太阳炙烤着大地，徐老师冒着酷暑前来，送给我一本《枣林》，他还对我之前送给他的"国庆征文"《一生的珍藏》做了点评，有肯定、有指出问题和修改的方法。句句在理，让我豁然开朗。正是他一如既往的鼓励，让我能够在这物欲横流杂念丛生的经济浪潮中，在充满艰辛心浮气躁中坚持下来——始终对文学一往情深。从《寻梦》到《蕴梦》，两部散文集的出版，徐敢老师都付出不少的心血，感激之情无法言表。唯有道一声：徐老师，你辛苦了！

问：一个人的创作灵感来自极度的快乐和兴奋或者极度的失落与悲伤，

那么你的创作灵感来自哪里？

答：我的创作的灵感来自我的所有的经历：童年生活、求学、工作等，每段时光都有独特的体验。忘不了无忧无虑的童年生活；忘不了陪着我长大的群山环抱的小山村；忘不了故乡的一年四季；忘不了白天跟着大人走进田间地头劳动的情景；忘不了夜晚靠在妈妈的怀里，数着星星，听着故事的回忆。虽然美好的童年时光已远去，但童年时的记忆时时在眼前出现，让人回味无穷，成为我人生的一笔巨大财富，是我创作的源泉之一。

问：很多读者因为读你的散文，而喜欢上了写作，你觉得你的散文最大的特点是什么？你是怎么写出来的？

答：散文是情感的归依、心灵的寄托。我的散文最大的特点是文风清新明丽，感情真挚细腻，大都以"爱"为基调，写出对幸福的发现，对幸福的剖析，对幸福的感受，对幸福的诠释……

散文创作最大的成功在于：能使读者感动。这就需要作者真诚、善良地表达心声，淋漓尽致地表达真实，引起读者的共鸣。我理解的散文，是日常时光和纷繁的人事背后，是时光的沙漏里淘出来的金子；是相见的山河、星月、世态将一切的喜悦、酸辛、揪心牵肠的情绪转化为可表达的文字。平日里，我以自己的视角去理解幸福，去阐释人生的丰富多彩，我尝试着更深入地了解自己，解读社会并用文字来展示我的内心感受。于是就有了《风景无限在黄昏》《朋友》《雨中情思》《对乞讨者"心有余悸"》等篇什。

问：平时，你最喜欢阅读哪位散文家的作品？它带给你怎样的感受？

答：我平时阅读的比较广泛，其中最喜欢的当属杨绛先生。她独树一帜，创造了一种特色极其鲜明的散文风格：白描中见功夫，简淡中含深情。她的散文像清茶，芳香沁人，越品越有味儿。每次读《我们仨》，心底总会涌起莫名的情愫，思念的忧伤、落寂和无可奈何。先生的语言朴实无华，说出了很多言简意赅的道理，让人读完后，好像醒悟了人生一样。就像先生所说的，我和谁都不争，和谁争都不屑。简朴的生活、高贵的灵魂是人生的至高境界。

访谈感言：

叶月飞老师热爱教育事业、深爱每个孩子；热爱文学、热衷散文创作的精神深深地打动了我，触动了我内心最柔软的地方，体会到做老师的真正快乐。叶老师是最富有的人：脸上永远有美丽的微笑，心中永远有灿烂的阳光，眼里永远有亮丽的风景……听她的故事、读她的散文，如品尝一杯幽香的茶又或是一杯香醇的甜酒，永远给人眼前一亮，惊艳又舒适。

阿基米花：写有趣的故事，只为孩子们会心一笑

访谈对象：阿基米花，原名叶建强，浙江磐安人，现居杭州。浙江省作家协会会员、机械工程师。有儿童散文、童话故事、小说、绘本、科普作品刊发于《少年文艺（江苏）》《十月少年文学》《中国校园文学》《东方少年》《故事大王》《文学少年》《小星星》《科幻世界（少年版）》《科学启蒙》等少儿刊物。其中《骑马田》《膨胀国》《溜出地球》三篇被选入各类儿童文学年选书籍，散文《偷蜡烛》被全国各地上百张七年级期中语文试卷引用为阅读理解试题，童话《酸不溜丢国》曾获2020年《少年文艺（江苏）》年度佳作奖。

访谈人：吴警兵，浙江磐安人。著有诗集《磨刀石》等三部。

问：在正式开始之前，我们先来聊聊你的笔名吧，很古怪，也很有趣，我想背后一定会有一些故事，对吗？

答：哈哈，对的。这是绕不开的一个话题，确实如你所想，有点小故事。事实上，所有儿童刊物编辑对我的第一印象，都集中在这个笔名上。这个笔名源于我女儿的一句话，大概是她小学三年级的时候。在一个周六的傍晚，我正在家里烧晚饭，我一下厨就意味着要犒劳我女儿了，我在炸鸡米花。刚炸好时，女儿就从外面玩耍回家，我才把门开了一条缝，她就在门外诗兴大发，把双手在胸前一摊，面带微笑翘着鼻子闭着眼睛陶醉地用悠长的语调感叹道："啊！鸡米花！真香！"她闻到了从门缝里飘出去的鸡米花香味。我说："啊！好诗！"

我当时比较关注小孩的语感，而她比较关注鸡米花，所以我就索性用"啊！鸡米花！"这句话当作笔名了。

这个笔名曾经给《少年文艺（江苏）》的主编带来小小的困惑，当时他们杂志公众号推送一篇我的创作谈，主编审核时发现文中一处表述与作者性别"不符"，因为主编根据名字以为我是女性作者，还特意打电话给我，就为确认我的性别问题。《少年文艺》真是一份很严谨的杂志。

问：哈哈，明白了。好，现在我们正式开始。据我所知，你是一位机械工程师，也就是大家所说的典型的理工男，这和儿童文学或者说文学领域跨度有点大，我想了解一下是由什么样的契机促成的？

答：文学领域这个词实在不敢当，我只是随性写写，我觉得连儿童文学作家都称不上。我不认为这是跨界，我只是把我工作或者专业领域内的一些事情通过比较有趣的方式表达出来，就是一种文字表达而已。

不管怎样，我始终认为是女儿激发了我写童话故事的冲动。

问：据我了解，有不少儿童文学作家都是从给自己的孩子讲故事、写故事起步的，这种现象似乎也是顺理成章的。文字功底是一种日积月累的能力，请问你小时候的阅读经历，以及对你现在创作有何影响？

答：我从小没读过童话故事，虽然书看得不多，但我故事听得非常多。我父亲特别擅长讲故事，平时就在家里讲。到了夏天，父亲就在晒稻谷的簟晾上一边乘凉一边"讲大话"，就是讲故事。左邻右舍甚至更远的小孩都来听，所有小孩都可以"点播"故事。我父亲讲神话、传说、历史、三国、水浒、七侠五义、打虎英雄、薛仁贵东征、沙家浜、红灯记、智取威虎山……

什么都会讲。我们总希望每一个故事都讲不完，就算父亲真的讲完了，我们还是要问："后来呢?"父亲就会很不耐烦地回一句："明天再讲!"

这也是我喜欢把童话叫作童话故事的原因，我喜欢"后来呢"这样的追问，这应该就是我们小时候的好奇心了。

至于对现在创作的影响，我想主要表现在我会把每个故事讲得彻底，因为我已经把"后来呢?"这个问题也消灭了，但这并不影响小读者去问"为什么会这样呢?"这个问题。

问：神话、传说、寓言、民间故事确实也是我们传统文化中的儿童文学。接下来，请你分享一下创作初期的经验，或许对刚接触儿童文学的新手会有帮助。

答：经验不好说，不过经历确实还是有些奇妙。我就说说最早发表的几个故事的经历吧。

第一篇通过审核的文章《胆小鬼》，发表在 2019 年 7/8 期《少年文艺（江苏）》上。写的是小时候奶奶给我叫魂的事情，这是一个非常封建迷信的话题。

第二篇《走到密西西比河的小乌龟》是最早发表的童话。我女儿在塑料缸里养了一只巴西红耳龟，那家伙很凶猛，极具攻击性。动不动就竖起来，趴在透明的塑料缸壁上，用两个前肢发出唰唰唰抓狂的噪音。我就奇怪了，乌龟是想让我讲个故事给它听呢，还是它想明目张胆地在我眼皮底下越狱呢？于是，我就写了这个故事，投给《东方少年》的公共邮箱。我想编辑是从一大堆邮件中看到了这个故事的。

第三篇《田鼠先生的旅行》是这三篇中我自己最喜欢的，发表在《中国校园文学》少年号上，"阿基米花"的笔名第一次出现。当时是负责编辑学生作文的编辑，问我有没有小学生的童话故事。我说，真正小学生写的童话没有，不过我自己写了一个像小学生写的童话故事。于是我就发给那位编辑，他很热心，认为故事不错，就交给了相关负责的另外一位编辑手上。这位编辑是位年轻诗人，对语言的组织、表达非常精准到位。接着，又发表了《辫子青蛙的创可贴》《快递两只鸭》等故事，开始有出版社、杂志社的编辑联系我、鼓励我。也有许多朋友联系我，跟我说这几个杂志发表算是起点比较高的。说到这里，我又得嘲笑一下我的那篇猪大肠故事了。这里我可以补充一下之前关于文字功底的问题。

应该说，我没什么文字功底，一开始写，我不会分段，不会用标点符号、经常有错别字。有一次，我对照了发表的故事和我的原文，发现3000字不到的故事至少有100多处地方需要修改。我都替这位《东方少年》的编辑着急，怎么还有这样的作者！在此一并感谢所有编辑老师。

问：你主要写童话故事吗？还是也有别的题材，比如小说、散文。顺便也可以聊一聊创作的素材问题，比如，如何保证自己的创作有源源不断的灵感和素材，以及如何利用各式各样的素材。

答：嗯，我的写作题材实际上是非常狭窄的。主要分为两大块，一个是童话故事，一个是童年回忆散文。小说偶尔也会写，只有在素材本身很令人震撼的情况下，我才会写，不然的话，我认为自己写不出很好的小说。对于小说，我没有像童话故事或儿童散文那样充满自信，因为我实在没有这样的勇气去虚构，去欺骗小读者。

关于写作素材，我想我是足够足够的。首先，我写得少；其次，我有40多年的素材储备，在写童话故事之前我从未写过什么东西。所以，现在我只需要把那些印象深刻、有趣的事挑着写出来就可以，这是散文类的素材。至于童话故事，那就更多了。只要别人没想到、没写过的都可以是我的素材，这是在大脑里想象形成的素材，它是没有极限没有边际的。这也是我始终坚持每一个故事绝不重复的主要原因，也是我拒绝写模式化、标准化专栏、约稿的原因。那样很容易将作者塑造成一部写作机器，当机器开始写童话故事，上帝就要发笑，小孩就会遭殃。

有时候我会拿金华方言来创作童话故事，比如有一篇《萝卜鸡》就是这样的故事。萝卜鸡是孵小鸡的老母鸡的意思，我就根据这个意思，写一个萝卜如何变成一只老母鸡。有时候会根据小孩子的一句话来写故事，比如像《额头上煎鸡蛋》《回收旧老爸》。

有些儿童文学作者喜欢夸我的故事，哪篇哪篇说起来如数家珍。其实，我非常讨厌他们去看我的故事，我是写给小孩子们看的。

我写的所有故事包括散文，只是为了在孩子们的童年有个"阿基米花"陪他们自然而然地开怀大笑。

问：刚才你提到的一些篇目，应该都是短篇故事吧？你有没有创作长篇故事的打算？

答：哈哈，一说到打算我就打哆嗦。我这人比较懒惰，一看到书上印着那么多字，我的眼珠子就转不动，脑子就会发晕，我可能真的有点晕书症，看了不到 10 页就想睡觉。所以，让我自己写长篇那么多个字，我是很难受的，想想都是一个痛苦、漫长的过程。写短篇就不一样了，两个小时写完，我就能体会到那种成就感和快乐感。如果天天写，我就能保持天天快乐，哈哈。相对来讲，我更愿意写短篇故事和散文。

去年在《磐安文艺》和《少年文艺》两驾马车驱动下，我开始着手写一个中长篇童话故事，目前正在痛苦而有条不紊地进行中。

访谈感言：

文如其人，人如其名，阿基米花的故事就和他的笔名、他本人一样灵动、调皮、风趣、幽默，他的故事读起来确实不会使小孩变老，说不定还能让成年人更年轻。一个好玩的人，一个有趣的灵魂，才能写出好玩的故事，他就属于这样的人。今天的访谈，让我们认识了一位耿直细腻的奶爸作者阿基米花，一位风趣幽默的儿童文学新锐作家。祝他的长篇童话故事创作顺利！也祝他的短篇故事越写越丰富！

陈巧莉：我愿以写作与孩子们一路同行

　　访谈对象：陈巧莉，中国寓言文学研究会理事、中国散文学会会员，金华市作家协会主席团成员、金华市青年作家协会副主席，武义县作家协会副主席兼秘书长。

　　访谈人：潘晨，武义县融媒体中心记者。

问：是怎样的机缘让你开始了文学创作，且最后选择了儿童文学？

答：写作于我，开始是个偶然，因为偶然间闯进了文学论坛，于是内心的某种情结被点燃；但写作于我又是必然，对于这种表达的渴望在童年和少年时代就已经深埋我心中。

从最初听到著名的儿童文学作家冰波老师的讲座开始，从参加了蒋风老师的儿童文学讲习班开始，也从著名的作家朋友谢宗玉的建议中开始，我感受到了儿童文学的魅力，也从中体会到：儿童文学是这个世界上最纯净、最崇高、最被需要的精神乌托邦。在急剧变化的移动互联网时代，儿童文学承担着更多"精神发现"和"童年经验"的保存、开发和生长的可能性，是对成人化俗世生活的一种治愈和化解。

我很庆幸选择了儿童文学。成长的路上总有风雨荆棘，我有一千一万个愿意以写作的方式与孩子们同行。感恩所有的热爱和坚持，感恩所有的相遇和相知。文字也好，故事也好，读者也好，文朋师友也好，所有的相遇和相知都是幸运的，也是值得的。

问：你刚才说到儿童文学承担着更多的"精神发现"和"童年经验"，那么在你看来，童年和出生地对你的写作有着怎样的现实意义？

答：首先，儿童文学与童年有着天然的联系，而出生地就滋养着我的"童年"。我是谁？每当我询问自己时，我就会情不自禁地想起我的童年时代。

我的童年是在城郊的一个村庄里度过的。那时，我的父亲在县城的交管局工作，母亲则坚持留守在村子里。她非常能干，因而也非常忙碌，谷稻、秧田、松树、猪仔、鱼塘、瓜果、茉莉、蚕……她总是没日没夜地忙不完。我和小弟自然成了她不可缺少的帮手，小小的我们跟着母亲也总有干不完的农活。父亲在周末的时候回家，便也一头扎在农活里出不来。这样过分的忙碌带来的一个结果就是父母的脾气容易急躁，我和小弟就免不了挨骂和挨打。从前，我一直认为我并不喜欢我的童年，直到有一天我拿起笔记录，我才发现那个让我一度想要遗弃的乡村童年原来可以让现在的我变得那么"富有"。

我的散文集《姐弟坡》记录的大多都是我与小弟在儿时那个小村庄里发生的事。我常常会想，为什么很多人只是把自己的出生地或成长地看作是纯粹地理学意义上的一个地方，而到了作家笔下就不同了。其中的区别就在于，在作家心里始终有一个支持自己写作的精神根据地。比如，鲁迅笔下的中药铺，周作人笔下的乌篷船，沈从文笔下的水，莫言笔下的高粱，贾平凹笔下的苞谷或红苕，又比如，谢宗玉笔下的那些生长在瑶村的草木，傅非笔下的饶北河。那个小村庄或许我已经无法返回，但我可以将它作为我写作的根据地。写作让我回望童年，让我对儿童视角和童年经验有了更多的思考，让我懂得欣赏，学会接纳，理解了生命的多样性和超越性，通过儿童之梯对未来有了更清晰的眺望。

问：你怎样看待自己作品的产生？你创作的灵感来源是什么，想向大家传达些什么？

答：我觉得文学作品的产生首先离不开作者内心的选择。对我来说，无论是散文、童话、小说，抑或是寓言，作品中的每一个角色都与一个和自己有关的。

我的创作灵感源自我的生活。在书中，我让一段坡、一座桥、一条河、一座山都有属于它们自己的名字，借着对它们的书写，展现在乡间生活的孩子与土地为伴的酸甜与苦涩，以及他们对亲情的认知与渴盼。

除了散文，我也写童话，写寓言，写科幻，甚至我也在坚持为少儿写作文指导和点评，希望给他们以鼓励。随着我年岁的增长，随着我对自己孩子成长的陪伴，我越发意识到写作所要承担的社会责任，开始更关注身边的人和事。小说《满山的春天》我将笔触伸延到了留守儿童僻静之地；童话《老柳树精的长发头》和《哑小蛇》是我要给予智障和聋哑孩子家庭的关心和慰藉；寓言《两片叶子》《大鱼和小鱼》则把爱的绿荫投向了心理阴影重重的孩子……通过修辞化的精神重塑和符号化的老宅新建，我希望自己能为孩子们开拓一个成长的宅基地。

我写的故事是自己的，但其中的经验一定是要分享给孩子们的。我在散文集《姐弟坡》中，写难以忘怀的往事，写生机盎然的情趣，写丝丝缕缕的亲情，写揪心揪肺的孤寂，写念念不忘的缺乏，写清清澈澈的迷惘……通过童年知识和少年经验的回勾，架一座桥梁，赋予消逝的时间以另一种光辉，一种对于自己今天的生活的精神意义。而这也是书写带给我的生命礼物，是传递给少年儿童的一种精神赋能。

问：在你创作的众多作品中，你觉得塑造得最成功的人物是哪个？从 HR 到儿童文学作家，这两个角色又分别给予了你怎样的人生体会？

答：其实不存在塑造得最成功的人物这一说。要说自己最喜欢的，那应该还是在前面有提到的散文集《姐弟坡》中的一对"姐弟"吧。这对"姐弟"既是我和自己的小弟,也是许许多多从农村走出来的孩子的缩影。书中大多是我和小弟儿时在村庄里的小事儿。写作带给我的最真实的感受就好比是"存银行"。照片会黄,记忆会老,但是有文字帮助的记忆不会老。

我固执地认为,写儿童文学的人总能回归更多的自然和真性情。而我从事的 HR 的工作也正与之契合。我所在的企业是中国包装行业百强企业、国家高新企业,同时也是一个非常有社会担当的企业。事实上,我很珍惜这份工作,在自然和真性情外,HR 的工作也需有很强的责任感。

问:能谈谈你近期在重点创作的作品吗?作为创作多面手的你,对于自己的文学创作事业又是如何规划的呢?你希望从读者那里获得一些什么样的反馈呢?

答:近期我刚完成了一部以杭甬运河(浙东运河)为背景的小说——《跑船人的孩子》,将作为"希望童年原创儿童文学"在这个暑假档出版。小说以第一人称为视角,讲述了 8 岁男孩谢笑篱因为父母离异而变得敏感内敛,之后通过暑假跟着爷爷奶奶在西兴古镇的生活和跟着爸爸哥哥一起跑船的经历,让他逐渐打开了心扉,结交了新朋友,收获了友谊,也通过跑船深化了亲情,让心里美好的种子开始发芽。

武义虽小,却是一个有着悠悠历史故事的小城,地方戏曲、民俗文化、乡土建筑、历代名人、民间文学……这些都将是我接下来要好好学习和了解的。写作本就是一件有社会责任感的事情,特别是儿童文学作品所承担的责任更大。作为一个本土的儿童文学作家,我有责任和义务以儿童能接受和欣赏的写作方式,让它们得以呈现。我希望我的文字能让所有人感受到温暖、坚韧和力量。

访谈感言:

任何一种艺术表现都是因读者而存在的,不能打动读者的作品就算不得好作品。陈巧莉的作品既能找到生活的真,又能抓住艺术的美,通过简单生动的故事,带给读者"深入我心"的共鸣感。这是我通过与她对话给我最深刻的体会,也是儿童文学写作的魅力所在。

古兰月：写作是件痛并快乐的事，我的生命早已融入其中

访谈对象：古兰月，本名胡毅萍。中国作家协会会员、中国网络作家村签约作家、金华市网络作家协会主席。

著有网络文学作品《青木微雪时》《木莲花开》《风微凉，你微笑》《冲吧，丹娘》《踏月归来》等，出版长篇小说《龙井》《守艺》《惊鸿翩翩》《南方姑娘》、畅销散文集《你不慌，世界不荒》等10余部。作品入选中国作家协会重点扶持项目，先后获得浙江省"五个一工程奖"、冰心散文奖、首届两岸青年网络文学奖等荣誉称号。

访谈人：楼林军。

问：据我所了解，你是从 2006 年开始写作的，之前从事的是别的行业。我想知道，当初你是怎样走向全职写作这条文学道路的？

答：我从小就爱看书。14 岁那年，堂姐从厦门给我寄来一本书——美国作家玛格丽特·米切尔的《飘》，从此，我一发不可收地爱上了这本书，重读的次数不下 10 遍。14 岁初读时，我懵懵懂懂地关注着爱情；17 岁再读时，我会把自己想象成斯嘉丽，代入作品之中；20 岁再读，我思考的是战争对人生的影响和人性的考验……现在回想起这一段经历，也许就是这本书打开了我对文学的认知。

后来，由于种种原因，我在文坛外兜过一个不小的圈子，开过服装店、做过机关单位文员。但无论做什么，文学梦总在我的脑海里撞击着，一直挥之不去，而之前的一些人生经历也成了我以后笔下的素材。从 2006 年开始，我尝试着写散文，然后向报纸投稿。没想被编辑夸"文笔清秀，且有真情实感"，我的散文被采用的概率很高。有段时间，有几家报纸副刊版每周都会刊登我的散文。这引起了家乡作家协会领导的关注，并邀请我加入市作家协会。

2014 年，一家出版社看中了我的文章，承诺出版。于是，散文集《你不慌，世界不荒》面世了，还成了畅销书，加印了 2 次，大大增强我对写作的信心，这可以算是我走上文学创作之路的标志吧。此后，我每年出版一本书，长篇小说《南方姑娘》《在遗忘的时光遇见你》等陆续登场。

问：这些年来，你都在不断挑战自己，写网络小说风生水起，当编剧也是有所斩获。你怎么看你自己的"变"？

答：尝试过诗歌、散文之后，我从 2017 年开始涉足网络文学，写了一本 16 万字的言情小说《青木微雪时》，获得了"两岸青年网络文学大赛"大奖，应该说对于刚涉足网络的"新手"来说起点还是蛮高了，这也给了我很大的信心。2018 年入驻中国网络作家村后，又创作了《杭州女子日记》《木莲花开》《冲吧！丹娘》和《踏月归来》等网络小说，网络文学创作的开放性、互动性和包容性，让我变得更快乐，也更有力量了。

去年，根据我的小说《龙井》改编的电影正式上映，我也是这部电影的编剧之一。

问：谈到网络文学，你创作了这么多网络文学作品，又是金华网络作家协会的主席。能说说你对网络文学的看法吗？

答：穿梭网文世界后我才发现，其实并没有大家看起来那么自由，虽不需朝九晚五，但总觉时间不够用；网文需要每天更新，常有焦虑；因为没有"旱涝保收"，又没有安全感；经常熬夜写作，生活不规律……尽管这样，能将自己的所思所想畅快地写下来并能让人追着阅读、获得他们的点赞，依然是很开心的事情。

网络文学直面的不是虚无的网络，而是千千万万个真实的个体；网络文学也并非像之前人们印象中的那样不登大雅之堂，而是一种不同的创作方式，在很多方面仍与传统文学一脉相承。网络文学创作者可以运用自己丰富的想象力天马行空，但绝不意味着可以胡编乱造。我自己的感受是，从事网络文学创作，要扎根现实生活、甘于忍受寂寞，同时要立足弘扬正气，倾注真情实感。

问：你刚才提到了网络文学创作要扎根现实生活、立足弘扬正气，倾注真情实感。我在读你的作品过程发现，你在刻画世间百态、抒发个人情感的同时，特别注重这些方面。是这样吗？

答：你说的没错。奉献好作品、传递正能量是我创作的初心。无论纯文学创作还是网络文学创作，我都会特别注重从现实生活和社会变革中选择典型人物、事件进行创作，感恩生活，感知社会，使作品始终贴近时代、贴近生活、贴近百姓。我的网络连载长篇小说《风微凉，你微笑》《杭州女子日记》《踏月归来》等就属于这类作品。我想，立足主旋律，传播人世间的"真、善、美"，传递正能量，给读者以信心和鼓舞，这应该是我们作家所肩负的、义不容辞的责任和使命，我之所创作《木莲花开》《冲吧！丹娘》这样的红色主题作品，也是想表明自己这样的一种创作态度，因此，对我来说，无论是现实题材还是红色题材，意义都是一样的。

问：的确，正如你所说，作为一名作家，端正的态度很重要。说到你所创作的作品，不得不提到文化传承。这也是你的作品所要追求的吗？

答：我创作的小说有两本是国家级非物质文化遗产题材的，一本是与金华火腿的相关《守艺》，另一本就是与西湖龙井茶的《龙井》，除此，还有一本讲述杭州优秀传统文化的历史散文《一城湖山竞风流》。

问：现在暂时放下作品，谈谈你。提起"古兰月"，许多人可能都会说，这是一个恬静、淡雅的美女作家，是文学青年的偶像。你喜欢自己身上的这类标签吗？

答：我不喜欢别人给我贴标签，不喜欢人们用"美女作家"之类的来称呼我,我最不在乎的就是外在东西。我现还谈不上很有成就,也没有丝毫偶像感觉。说句实话,我并没有奢望自己能写出什么鸿篇巨制的惊世之作,成为那种非常伟大的作家,无非是把自己看到的,想到的,悟到的,融合到文字中,表现在故事里,来获得和人们交流分享的那份精神上的愉悦,让这个社会多些爱。有一点可以肯定是,文学创作,我一直在路上。我希望大家能更多地关注我的作品,而不是我本人。我想得最多是怎么样用我的作品去打动人、去传递爱与温暖、去讴歌时代。

问: 你太谦虚了。我觉得,如果非要给你贴上标签,是否可以贴在你的作品上,那就是"现实题材"和"主旋律",对这一点,你同意吗?

答: 我前面说过,我最在乎是我的作品,我的作品绝不能是无病呻吟或只是风花雪月。在《踏月归来》中,有一个真实的故事,当海外侨胞将筹集到的捐赠物资运往斯德哥尔摩机场准备统一运回国内时,当地警察对我国 10 天建成一所医院提出疑问,海外侨胞理直气壮的回答,体现的不仅是他们的骄傲和自信,同样也是我的真情流露,我相信读者们读到这里也一样会感同身受。《杭州女子日记》这部作品写的是新时代杭州市井众生、职场人物万象,融合了杭州城市建设真实发展历程,女主角奋斗史为什么能感动人?还是因为"她"是现实中活生生存在的,"她"就来自我们的身边,"她"所经历的一切与我们身上也或多或少发生过。

说到主旋律,其实一直回荡在我们现实生活中,它在博大精深的中国故事中汲取养分,时时刻刻在主导着人间的"真、善、美",我们怎么能视而不见?还是拿以新冠疫情为背景的网络小说《踏月归来》为例,无论是对海外游子踊跃捐款捐物助力战疫的描写,还是对国内坚守抗疫一线平凡小人物的刻画,甚至侨联干部在机场迎接归国同胞的那番肺腑之言,都毫无例外地取材于现实生活。他们身上体现出的"生命至上,举国同心,舍生忘死,尊重科学,命运与共"的抗疫精神就是我们当前的主旋律之一。

问: 你说得很对,"现实题材"和"主旋律"是我们每一个创作者必须关注的。接下来,你有没有这方面的创作规划?

答: 目前,我准备写一部关于农村题材乡村振兴的网络小说,背景就是共同富裕,我相信,我小说中的小人物比如支教的乡村教师,比如网红女主播等等,他们都是在通往共同富裕路上不可或缺的人才。接下去,这一类现实题材的作品,反应当下人民群众生活的,新时代变化的精品,都是我将要一生去努力去创作的一个目标。

访谈感言:

唯有热爱方能长久。从古兰月身上我们读出了爱与执着、更读出使命感和责任感。没有人能随随便便成功,古兰月也一样,在她光鲜背后必定也有几多艰辛,只是她不愿与人倾诉。因为她说过,她早已将创作融入了生命,虽然时常有痛,但她很快乐!而她的这一份快乐,源于给人间传递了爱与温暖。

陈美云：诗歌筑梦，且待芳华

访谈对象：陈美云，笔名酸酸甜，浙江金华人。浙江省作家协会会员，出版诗集《花生荚里的隔离间》。诗歌发表于《草堂》《诗探索》《少年诗刊》《诗歌风赏》《浙江诗人》《星河》《江南》《海峡诗人》《三角帆》《几江》《金华日报》等各级报纸杂志。入选第七批"浙江省新荷计划"人才库，参加首届浙江省青年诗人研修班，入围第九届"中国红高粱诗歌奖"。

采访人：郑妙咏，金华市作家协会会员。

问：你好，美云，我们算是很早就认识的，但是真正聊到文学和诗歌，今天还是第一次。我是一路上关注你诗歌创作成长的诗友，今天想问你几个俗套的问题，你是什么时候开始喜欢诗歌？又是什么原因开始写诗歌的？比如我，我是复习班的时候想念我青梅竹马的女同学，写了人生第一首诗歌，给她后又非常纠结不安和痛苦，现在说说你好吗？

答：郑老师，你好，非常感谢你对我的一路关注。对诗歌的喜欢，我想借用汤显祖在《牡丹亭》里的一句话："情不知所起，一往情深。"

最早接触到新诗，还是在高中时候，那时候的试卷里有一道选择题是新诗鉴赏，是我最期待的题目，也就是说我做过多少试卷，就读过多少首新诗。通过做题，我对新诗和诗人有了零碎的初步印象。

高中时候的我，是封闭的，也是压抑的。而文字可以帮我疏解积压的郁结，当然那时候的文字还很稚嫩。记得当时我经常随手把一些诗句写在草稿纸上，又慢慢将它撕成小碎片，然后扔到垃圾桶里，仿佛连带着把我的坏情绪也扔了。

不过，很欣慰也有点意思的是，在2001年，我结束高中生涯，考上大学离开金华之前，投了一次稿，在《金华日报》上发表了第一首诗歌《距离》。然后隔了四年，回到金华，在《金华日报》上发表了第二首诗歌《狗尾巴草》。在进入诗歌圈子以前，我只是一个诗歌爱好者，偷偷喜欢，偶尔写几句，和诗歌保持着一种若即若离的状态，在诗歌的门槛外，流连又离开，离开又回来，反反复复。

问：这些年来，你对诗歌创作非常努力，并且出版了自己的诗集，取得很大的成绩，你看我，写诗时间都和你年龄差不多了，但是一本诗集都没有出版。所以，特别想知道你是怎么从一名诗歌爱好者，突然转变成为一名诗歌创作者的？

答：郑老师，你谦虚了。诗集出版与否并不能完全代表诗歌的写作水平，我只是恰好运气好了一点，遇上了天界老师，跟着诗友的脚步，便顺利出版了。

其实结识南蛮玉、李英昌诗歌伉俪那会，我还是爱好者，认真拜读他们的诗歌之后，刷新了我对诗歌的认知。再后来，2016年7月浦江的蓉儿老师带我进梧桐诗社的微信群，开始了初步同题写诗。隔一个月，梧桐诗社的王永诗友领我到了乌鸦训练营。如果说梧桐诗社是我诗歌创作的起点，那么乌鸦训练营则是我迅速成长的殿堂。

在乌鸦训练营，我遇到了很多优秀又倾囊而教的老师，比如阿固、沈秋寒、白鸭、彭一田、东伦、淳本、楚青子、魔头贝贝等老师，也遇到了很多优秀的诗友，比如乌鸦丁、梁梓、孔二春、非可、莫浪、雪蝴蝶等，在他们的指点和帮助下，我开始真正推开了诗歌的大门。在感到震撼的同时，也意识到了自己的渺小。

在训练营毕业后，在老师和诗友们的帮携下，辗转各诗歌微信群，或临屏写诗，或按规定写诗，忙得不亦乐乎。后来在乌鸦丁诗兄的引荐下，来到了浙江诗人群，并获得了《浙江诗人》主编天界老师的指点和提携，他对新一代诗歌写作者的培养花费了很多精力，特意组建了浙诗·星空诗群，定期给我们出题写诗并指导，而且还主办了首届浙江省青年诗人研修班，邀请了周所同、龚学敏、梁晓明、周小波、蒋立波、王家铭等著名诗人老师给我们上课。

或许有些诗人喜欢一个人孜孜不倦在诗写道路上孤独前行，但我不行，我喜欢和诗友们一起交流，一起写诗。在交流过程中不仅能相互促进诗写，还能结下深厚的师生情和友情。

问：一位成熟的诗人，一般都有自己的诗歌风格，让读者一看到，就知道这是你的诗歌，在这个方面，我感觉你还欠缺，当然，许多成熟诗人都是欠缺的，你在这方面，最大的困惑是什么？以后想怎么努力？

答：为了区别于其他诗人，我们往往特别想形成独属自己的诗歌风格。但不知何故，我内心又不甘于形成一种特定的诗歌风格，担心一旦形成，就很难突破，或者说会桎梏自己下一步的突破。所以，在这个问题上，我曾经是摇摆的。

但很明确的一点是，我希望自己永远在进步，这也是我特别喜欢小满这个节气的原因吧，小满——将满未满，永远蕴含希望。

至少，现在我希望自己的诗歌风格是多变的，不拘泥于某种单一风格。为此，我也尝试着写不同风格的诗。特别是在一些诗群里，比如挥别群以及一些诗赛群的匿名同题写作中，有意识地写不同风格的诗，让诗友们猜不到，让他们惊讶，这也是很开心的一件事。

只是要突破适合自己的思维方式、写诗技巧和用词特点，是有点痛苦的。改变从打破开始，而打破除了要自省外，还需要学习他山之石。

问："他山之石，可以攻玉。"那么你要学习的他山之石具体是什么？

答：他山之石很多，每个阶段想要获取的养分不一样，那么他山之石就不一样。

启蒙阶段，他山之石是各种风格的优秀诗歌，所以那时候我特别喜欢看诗歌选集类的诗集，至今我依然很喜欢并珍藏的是，谈恋爱时汤先生送我的《北大诗选》。

当"阅尽千帆"，"众里寻她千百度"后，自然会考虑到底哪种风格是自己中意的，然后从中取出自己喜欢的"一瓢"来"深饮"。要深饮这"一瓢"，当然就要去看这种风格写作的诗人个人诗集。我曾经非常迷恋过的个人诗集有：阿固的《纸生活》、南蛮玉的《水的手语》、呆呆的《纸上人烟》、代薇的《落花乱》等。阅读这些诗集对我的诗歌写作是有影响的，阿固的深情、南蛮玉的想象力、呆呆的语言、代薇的冷静，极大而感性地丰富了我对诗歌写作的理解。

而现在，有感于身边诗友罗帆对外国诗歌的精读和感悟，我准备去阅读她推荐给我的"20世纪世界诗歌译丛"这套外国诗集丛书，试着去感知西方诗歌的魅力。

问：你前期的许多诗歌跳跃性很大，诗句和诗句之间，段落和段落之间，甚至意义上也是。但是近期的诗歌反而感觉没有那么强烈了，句子甚至有点散化，当然节奏，语速，旋律仍保持原有的特色，我想问的是，你是不是有意识的改变？

答：诗和诗人总是要有变化的，不然，千篇一律，即使读者不厌烦，我自己也要厌烦。改变的原因是多方面的，有自己意识上的不愿重复，还有老师的指引，天界老师曾罗列过古今中外必看的清单，铁链老师也提醒我去看哲学类的书籍，龚纯老师则对我指出："进入命运的诗歌写作，将承担更多，诗歌本身将承担更多。"

诗歌创作之路是漫长的，唯有阅读与练笔相结合，思考与实践相转化，才有可能打开诗歌创作的上升空间。

问：诗歌和你的生活、工作有什么关系？对你的生活和工作有什么影响吗？

答：我现在无法想象没有诗歌的生活是怎么样的，因为这似乎已经融进了我的生活，是我生活的一部分。只要一打开微信，就有诗歌入眼，虽然我不一定每天都有时间看，但闲暇休息时，还是会点开来看看，看看熟悉的诗友写得怎么样。

诗歌和我的工作，两者在某种程度上来说是相互促进的。语文教学工作，特别是高三的语文复习，每天都保证了一定的阅读量，除了每份试卷上的文本阅读，还会去搜找一些文本素材，虽然都是碎片化阅读，但无形中会受到启发，促进我的诗歌写作。比如古诗词的鉴赏，指导学生如何理解诗词的内容时，对这些诗词意象潜移默化的吸收，对古诗词表达技巧的借鉴，让我的诗歌质感有一种古典美。正如娜仁琪琪格老师评价我的诗歌时提到的："陈美云诗歌的第二层质感便是古典美，她的意象，她的用词，本身就带有这种特质，比如写棋、写落花、写月满西楼、写十里春风，她的语言也是轻巧的、浅淡的，对于情感也有这种控制，不铺陈渲染，只求恰到好处，其余留白，让读者自去体会，如同中国画一般，情感空间也就因此阔大了起来。如何把古典的诗美与现代生活结合起来是一个值得思考的问题，陈美云的诗歌为我们提供了一种参考的可能。"而诗歌写作让我对自己的语文教学更自信，同时也吸引了不少学生对语文的喜爱。

诗歌充盈了我的人生，诗歌之于我，是一颗糖。我很庆幸遇上了诗歌，并且恰巧，没有擦肩错过。

访谈感言：

"念念不忘，必有回响。"李叔同这句话，是对酸酸甜的诗歌创作之路最好的诠释。不管她如何尝试诗歌各种形式和内容，具体都是自己灵魂对过往、当下和往后的思考和探索。因为热爱，所以忘乎所以，不计酸甜苦辣，一切孤独和诗歌艺术提升的痛苦都是自己愿意的。人生漫长，写诗有如苦行者，喜马拉雅永远在前方，而我们一直在路上。愿她笔耕不辍，走出一片独属于自己的繁华风景。

余闲：幻想与现实，是文学创作的两翼

访谈对象：余闲，名柳伟平，1981 年生于浙江省兰溪市。浙江省作家协会会员，作品有《你在为谁读书》《小米多诗词王国漫游记》《童小萌诗词奇遇记》《三十六只蜂箱》等，另有学术专著《吴兴华诗艺研究》《天人之境》，作品曾获何建明中国创意写作理论一等奖、浙江省优秀文学作品奖、湖北省出版政府奖、湖北省五个一工程奖、浙江省哲社科优秀成果奖、上海好童书奖、儿童最爱百部童书等荣誉称号。

访谈人：林隐君，兰溪市作家协会秘书长。

问：可以谈谈你第一本书的写作和出版情况吗？

答：我的第一本书是《你在为谁读书》，在我读研时出版，后来这个系列一共写了七本，历时十二载。在读研期间，我与尚阳老师合作完成了此书的第一部。当时，他的孩子正处青春期，父子之间不易交流。从他们身上，我有了一个想法，将这些青春故事写成小说。主人公杨略本是个富家子，养尊处优，生活缺乏动力。忽有一天，收到一封寄信人不详的来信，此后神秘来信每个月都准时而至，让他深感震撼，并按照信中的"招式"修炼，最后成为品学兼优的好学生。

问：那么六本续集又是怎么写出来的呢？

答：我研究生毕业之后，进入高校工作，发现学生大都很茫然。好不容易进入大学，但并不热爱自己的专业，究其原因，就是高中时没有进行生涯规划，不知道自己喜欢什么。这让我深有共鸣，因为我也曾有过从生物系跨专业考研至现当代文学，并走上写作道路的艰难经历。有没有可能让青少年少走这样的弯路呢？于是我潜心于心理学、教育学、脑科学、生涯规划学，依然采用小说形式，写成《青少年人生规划》，于 2010 年出版。让我快慰的是，此书出版后，许多学校非常重视，并在学校里开展生涯规划课。随着图书出版，我去各地做讲座，有学生问："我虽然有方向，可我懒，三天打鱼两天晒网，怎么办？"是啊，有方向，但自控力不足，就像一辆安装了导航仪的汽车，却没有发动机，自然难以启程。于是，我继续研究，精心设计了一系列科学可行的自控力训练课程，写成了《自控力成就杰出青少年》。此后，看到社会上常有青少年因遭遇挫折，难以排解，而采取极端行为，于是写作《青少年抗挫力修炼》。在书中，杨略穿越古今，与孔子、苏轼、亚当．斯密、曾国藩、梭罗、凡·高、萨特等世界伟人坐而论道，畅谈古今，妙解人生，从而知道如何对抗挫折，让内心变得更为坚强；针对校园中弥漫的负面情绪，我写作《青少年情绪管理》，从积极心理学角度，提出学生应该如何管理情绪，培养快乐竞争力；针对校园生活困惑和人际关系障碍，我写作《青少年沟通力养成》，认为沟通的基础是爱，要提升沟通能力，其关键是培养同理心，让内心充满尊重和爱，宽容地对待整个世界。如果达到了这种境界，再加上一些沟通的技巧，就能化解各种矛盾和冲突，达到人际的和谐。此后，当我看到许多学生对学习缺乏自信，或者表面很努力实则学习效率低下，就深入研究学习方法，写成了《青少年高效学习力》。此时，主人公杨略已从一个被父亲帮助的孩子，成为帮助别人的兄长。在书中，女生熊豆很叛逆，进了高中，就不爱学习。杨略为了激发她的读书热情，就以她为原型，拍摄一个从学渣逆袭成学霸的微电影。熊豆通过镜头看到自己的颓废状态，十分震惊，想振作，却又不知如何去学。杨略就循序渐进，传授她高效学习方法，包括由易及难法、及时反馈法、思维导图法，并且希望熊豆运用游戏化思维，获得学习进步的乐趣。通过这些方法，熊豆努力研习，终于成为高效学习的尖子生。

问：从介绍可以看出，这套书是你在与青少年互动之中写成的，将中国青少年的迷茫、困惑、难题、梦想，都融入其中，对吗？

答：的确是这样。所以我还曾说，这套书不是我写出来的，它就像一棵树，我埋下种子后，它就渐渐抽枝展叶，终于亭亭如盖了。它就生长在中国校园的土壤里。

问：你还写作了两套儿童诗词小说，又有怎样的创作动机呢？

答：现在教材中古诗词越来越多。可是，好多家长都很发愁：我家的娃不肯背啊。孩子们也不服气，哼，能怪我吗？古诗那么难懂，怎么背得下来啊？！怎么样诗词变得好懂，变得有趣，从而让孩子们爱上古诗词呢？

春日的一天，我开车带女儿出游，后座上还有个一年级的小男生，正在即兴编故事，讲了几句就说："神奇的故事发生了。"于是精灵啊，魔法啊，仙女啊，就从那张小嘴里飞了出来。那时，阳光穿透高大的梧桐树，射进车子里，斑斑驳驳，闪闪烁烁。我一时仿佛置身幻境。是啊，孩子们是多么喜欢神奇故事啊。

问：所以你就开始用幻想小说来普及古诗词了，对吗？

答：对，我围绕着诗词写一些神奇的故事，于是就有了两套书。第一套是《小米多诗词王国漫游记》，目前出了六本，相当于六本诗人传记。主人公米多和王大威一脚踏进了诗词王国，遇见了名垂千古的大诗人，也卷入了重重危机。他们必须追随李白，从他的诗中找到密码，解开五芒星封印；要与杜甫结伴，经历人生的磨难；要从苏轼的诗词中找出创作心法，重启诗词王国；要保护辛弃疾，并与反派作殊死斗争；他们还和陆游困在一天循环中，要一一弥补陆游人生中的遗憾，才能走出时间迷宫；当他们发现王维困于噩梦，又要勇斗恶念所化的毒龙，并悟透佛法大意，唤醒王维的善念……

第二套是《童小萌诗词奇遇记》，则按照诗歌主题分类来写，计划写七本。主人公就是童小萌，她在十岁生日时，得到一件礼物——一个玉坠，带她和宋小鱼进入了诗词世界。在那里，童小萌遇见了李白，并获悉一个大秘密：赤焰魔正在苏醒，作为诗神后人，童小萌必须集齐七件灵器，才能唤醒诗神，拯救世界。这些灵器都藏在七种题材的诗词当中：童趣诗里藏着女娲石，山水诗里藏着息壤土，田园诗里有伏羲琴的琴弦，节气诗里有神农鼎……他们的诗词奇旅开始了，一路上遇到了骆宾王、王维、杜甫、韩愈、杨万里等著名诗人，亲临他们写诗的现场。我写啊写，沉醉在奇幻故事和诗词意境之中，写完了一本又一本。

问：除了这些幻想小说之外，你也写作现实主义小说，比如《三十六只蜂箱》就获得文学界的很多荣誉，你能谈谈这套书的写作历程吗？

答：想为山区孩子写一本小说，这个念头由来已久。我曾多次去贵州山区支教，那里风景极美，但孩子们的生活艰难。有几个孩子没有父母，由奶奶抚养；有几个孩子父母在外务工，独自留守在家；有些孩子很活泼，但无心学习；有些孩子有特长，但得不到培养。这让我内心沉重：这些孩子的出路在哪里？假如留下务农，农田有多少收入？假如外出打工，会不会成为"无根族"，在城市无法立足，又不愿回乡？读书是好的出路，但他们的教育条件，又能送他们走多远？而乡村又该如何发展呢？我找不到答案，所以小说迟迟没有动笔。直到 2019 年 9 月，时任长江少儿社儿童文学室主任的胡同印给我看了一则报道，让我深受感动，同时眼前一亮。报道是关于四川昭觉县瓦伍村（也是一个悬崖村）孤儿三兄妹的。父母过世时，哥哥俄拉日 17 岁，弟弟俄石机 11 岁，妹妹俄吉几才 9 岁。哥哥为了照顾弟弟妹妹，放弃了学业，靠着父亲留下的 36 只蜂箱，辛苦地养活了一家人。如今，在"精准扶贫"政策的扶持中，村里修建钢梯，并且开始易地搬迁，使他们的生活发生了巨变。这当中，或许有我想要的答案。

问：听说你还去悬崖村实地考察了，是吗？

答：是啊，我先是搜集资料，包括相关的国家政策、悬崖村的情况，以及彝族的独特文化。不过我深知"纸上得来终觉浅，绝知此事要躬行"，为了写得更为真切，我必须身临其境，用脚步去丈量土地，用身心去感受真实的乡村。

问：一路上看到了什么呢？

答：我看到许多偏远的村子正在进行易地搬迁，新房和旧屋只隔了三里地，依然可以种地，所以村民颇为满意。我们又去看了新村，清一色的白墙黑瓦，三个房间加一个小院，屋檐漆成红色，在阳光下十分醒目。我找到了报道中的孤儿三兄妹，并带着哥哥俄拉日进了城，去了他们易地搬迁安置点——位于县城的菩提村。那里有整齐的楼房，刷成金黄色，在阳光下十分耀眼。小区当中有广场，众多彝族姑娘穿着盛装拍照，孩子们则在一旁的篮球场上奔跑。俄拉日三兄妹也分到了一套房，很快就可以入住了。

问：除了房子之外，他们的收入情况呢？

答：到悬崖村，还遇到几个网红。他们靠着拍摄悬崖村的钢梯与民俗，发在抖音和快手上，拥有二三十万粉丝。靠着这些粉丝，他可以将山货卖出去，收入倒也不菲。同时，我们看到几名游客下山来，说是山顶可以留宿，价格不贵，五十元一晚，另外还提供饮食。看来，悬崖村不再孤绝在外，而是汇入时代巨流之中了。的确，祖国的广大乡村，正在发生着巨变。而我，就想用自己的文字，记录巨变。

访谈感言：

余闲最近刚获得创意写作的博士学位，博士论文是《创意写作视域下英国奇幻小说研究》。接下来，他会一面做理论研究，一面做文学原创，继续写作奇幻小说，用于普及光辉灿烂的中国文化，一边深入国家肌理，写作现实主义儿童小说。

长河熠：生活是现实题材创作永恒的土壤

访谈对象：长河熠，原名王基诺，中国戏剧文学学会会员，浙江省作家协会会员，浙江省青文联文学创作委员会理事，浙江省网络作家协会会员，浙江省作家协会'新荷'人才，浙江省作家协会'新雨'人才，金华市网络作家协会副秘书长，金华市青年作家协会副主席，咪咕文学'浮生世界'厂牌签约作家，代表作《大国雄飞》《铁骨忠魂》《山河万重》《马兰赞歌》《压堂》等近六百多万字，多部作品获得省级以上奖项。

访谈人：楼林军。

问：长河老师，今天的访谈，我想首先提一个读者们很感兴趣的话题，那就是你是如何走上创作之路的？可以谈谈你的创作故事吗？

答：好的，说到我最早的创作应该要追溯到三四年级的时候。我出生在东北的知识分子家庭，父母都是教师，在同一所大学工作。父亲是教企业管理的，母亲在图书馆工作。或许是因为这样，他们在我的学习方面非常关注。大概从两三岁开始就教我认字，先是简单的识字卡片，后来渐渐发展到当时比较热门的《365夜》《民间教子故事》和《一千零一夜》等儿童图书。也正是在他们不断的指点下，我逐渐对文学产生了比较浓厚的兴趣。可能是由于有一定的基础，所以上小学后，我在写作文方面比其他同学也就显得更有天分。从小学到中学，作文基本上每次都会被老师当作范文在班级里读。

我记得很清楚，第一次在报纸上发表文章是在我小学四年级的时候。那次老师留了一篇作文叫《一次难忘的活动》，正好前一天我父亲带我去看了四川自贡灯展。那也是我第一次看彩灯灯展，所以特别兴奋，就把这件事情写到作文里了。可能老师觉得写得不错，所以就把这件文章推到了我们当地的《长春晚报》副刊，经过编辑审核，第二天就发表了。直到今天我还清楚地记得，当时我拿到了六块钱的稿费。那天放学我连蹦带跳回了家，这之后很长时间见人就说这件事情。（笑）也是从那时开始，我对写作的兴趣越发浓了，以至于现在将这件事当成了我终生的职业。

我高考的时候填报志愿，最开始我妈想让我学文秘，毕竟在我们东北老家，女孩子学文秘或是英语都是不错的选择。可我不知道哪里来的勇气非要学影视编剧。我们家原本就是民主家庭，只要选择不错，爸妈基本上都会按照我的意思办。虽然我家以前从没有学艺术的，可我爸还是决定支持我，我妈眼见得拗不过我便也只能答应了。

就这样我在重庆待了整整七年，从大学一年级念到硕士毕业。在这个过程中，我在幻剑书盟先后发表了长篇小说《爱在东亚》和《邂逅》。那两本书都是纯爱题材，虽然只是写了简单的校园恋情，但受众群也还可以。

但后来由于学业忙，再加上我又在业余时间兼职在重庆电视台做编导，所以小说创作就暂停了。后来毕业去北京的天津卫视做编导，参与策划制作了《爱情保卫战》，并以编剧的身份在影视公司创作影视剧本。

再后来又去了大学做文学教师，直到兜兜转转绕了一大圈，才从事了如今的小说创作，相继推出了"大国系列三部曲"《大国雄飞》《山河万重》和

《马兰赞歌》及以抗日战争时期的国宝南迁为背景，讲述一个青年人从普通大学生到中共地下党的成长历程的《压堂》等作品。

问：长河老师，我刚才注意到你是东北人，后来又先后去重庆读书、北京工作，那又是怎么到金华的呢？

答：（笑）你这个问题提得很好，如果用一个词来概括，那就是"机缘巧合"。起初我并不是以作家的身份来金华的，而是教师。

问：教师？

答：对，那时我还在北方教书，某天接到了横店影视职业学院打来的电话，说是想请我去做编导教师。我是学编剧的，和影视界其他人一样对横店有着与众不同的崇拜，于是就这样来了。对于我来说，金华和重庆一样都是我的第二故乡，是我创作的源泉，我对这块土地有着非常深的感情，这从我创作的很多作品中也都能够体现出来。

问：哦，是这样，你看我可不可以这么认为，你现在是"一手抓小说、一手抓剧本"呢？

答：对，可以理解，不过我还有另一手，那就是报告文学。

问：报告文学？

答：是的，事实上在我写小说和剧本的同时，也一直努力致力于报告文学的相关写作。我本身是搞现实题材创作的，而报告文学的前期采访恰恰是要深入到生活中去，对于我来说是非常难得的搜集素材的机会，毕竟生活才是现实题材创作永恒的土壤。

问：嗯，听你这么说，的确是个非常好的方式。对了，长河老师，你刚才说你本身是学影视编剧的？那么，你认为影视剧本和小说创作之间有什么区别？你又是如何在两者之间进行身份转化的？

答：你这个问题提得很好，我想很多朋友对此都非常感兴趣。其实，究其本质，无论是影视剧本还是小说创作是一样的，因为同属于文学创作。但是由于影视剧本是给导演进行拍摄的，所以也就要求编剧要以镜像的语言进行思考，不仅只能是语言和行为，同时也要非常直白，比照小说，不仅少了心理和环境方面的描写，同时也没有多的比喻、拟人等修辞手法的运用。如果用一句话来形容的话，那就是"短平快"。

其实，我和许多有过类似经历的人一样，从影视编剧到小说作家之间的转化曾有过相当长的一段时间的，这主要是因为已经习惯了影视思维所导致的。刚开始的两本书，对话写得很多，意境却给人营造得非常少，这也就直接导致了部分读者的流失。后来，我总结了失败的经验，又经过不断的摸索，这才让小说成绩逐渐好了起来。当然，现在，随着工作的不断深入，我也能够更加游刃有余的进行处理。

问：看来失败确实是成功之母，暂时的失败不可能，只要总结好了，便可以继续轻装上路，取得更大的成绩。那是什么机缘促使你从影视转为小说的呢？

答：其实每一个行业的背后都藏着不为他人所知的秘密，影视编剧亦是如此。和小说作者相比，这个行业更累，但同时也更加被动。最开始我之所以从事小说创作，是因为想要化被动为主动，后来则是因为要给自己的影视作品提供可供拍摄的 IP，实际上，我去年创作的《山河万重》今年已经孵化成了电影，马上就要开机了，之前的几本书也一样。

问：对了，长河老师，我发现了一个很有意思的现象。那就是今年年初在举办 2021 年咪咕年会的时候，你是以现实题材作家的身份参加的，并获得了 2021 年度咪咕"浮生世界"年度作者。事实上，你所创作的方向也是现实题材，这在以新媒体为主流的网络文学方面可以说是有些小众的，无论点击还是阅读量都没有"兵王""修仙"等题材好，能不能谈谈，在流量为王的网文圈里，你为什么会偏爱并选择这个题材进行创作？

答：你提的这个问题很好，的确在网文方面，现实题材作品相对新媒体作品要小众一些，点击率和阅读量也没有兵王、修仙高。其实我除了之前说的那两本纯爱题材的书，这次回到网文圈首先推出的是一部玄幻修仙，后来又接着写了一本纯爱科幻，直到第三本书时才切入现实题材中来。现实题材虽然小众，但是国家所提倡、深受政府扶持的，同时也最能够体现出一个作家对人生和现实的思考。我之所以选择这个题材，首先可能和我以前所接受的相对传统的思想及从事的写作类型有关，在开始网文创作前，我一直从事报告文学创作，直到现在，也坚持在报刊上发表这个体裁的文章。我总觉得作为一个写作的人，应该给社会和读者们留下点有意义的东西，而不仅仅只是为了片面达到某种想法。这就像我的笔名长河熠，是希望能够在历史的漫漫长河中做一个聚焦那些普通人故事的搜集者和记录者，不至于让这些故事随着时间的流逝被遗忘。

问：你是如何和咪咕结缘的？能不能简单谈谈《山河万重》和《马兰赞歌》这两本书？

答：我这个人好像特别钟情编辑（笑），给我当过编辑的人要不就是在网站高升，要不就是做了图书策划人或是其他更专业的工作。我今年能够和咪咕合作，是因为在其他作家的介绍下认识了我现在的编辑浮藤先生。经过一段时间的相处和磨合，我发现他是一个在创作方面极具心得，市场洞察力敏锐的优秀作家，并且在作品的指导和校正方面也很有耐心。当然，现在我们也已经成了非常好的朋友，常常发微信讨论作品的相关问题。特别是在咪咕开设了'浮生世界'厂牌后，我便下定决心今后跟浮藤一起走下去，希望能够合力推出更多优秀的作品。

至于《山河万重》和《马兰赞歌》这两本书都是去年创作完成的，前者讲述的是《共产党宣言》中译本的历史由来，后者则以两弹一星之父邓稼先先生的人生经历为主线，通过弘扬两弹一星精神，高度阐释了中国力量。正如我之前所说的，这两部作品都是经过相当长的一段时间筹备才相继推出。荣幸的是，这两本书先后获得了省级奖项。因此，我觉得咪咕是我的福地，我会好好珍惜的。

问：新的一年，你在创作方面有哪些想法？或是想要创作的作品？

答：《压堂》是我去年年底写的书，大概有三十五万字，这是一本讲述抗日战争时期中共地下党员在日伪所在地新京与日本高级指挥官斗智斗勇、进行国宝南迁的故事。现在这本书的创作已经临近尾声，这个月就能全部完成。由于很长时间没有休息，所以我准备等写完后先给自己放一段时间的假，然后再推出以陈延年、陈乔年兄弟为主线的革命历史题材小说《碧血华年》和通过一家三代人不同生活的经历讲述中国近六十年时代变迁的现实题材小说《北原深处》，这两本书都是我对即将召开的二十大的献礼作品，当然也希望能够得到越来越多的读者的喜爱。

访谈感言：

通过与长河熠对谈，可以看出她是一位对自己有着明确认知和要求的作家。在创作的过程中，她会广泛涉猎自己所需要的知识，也会精心打磨作品的每一处细节。祝愿她在今后能够创作出越来越精彩、深受大众喜闻乐见的优秀现实题材作品，给读者的内心带来更多的震撼与感动。

黄晓艳：像水滴一样的童话抚慰人们的心灵

访谈对象：黄晓艳，浙江湖州人，现居金华，浙江省作家协会会员。入选浙江省第七批新荷计划人才库，曾获"金华市十佳儿童文学新锐青年作家"称号。2014 年—2015 年，两次获徐志摩微诗歌奖；2018 年，短篇童话《快递员的故事》获首届"小十月儿童文学奖"童话组佳作奖；短篇童话集《鲸鱼之城》获 2019 年金华市政府文化项目扶持，入选"来了，小花城"儿童文学书系第二辑，获浙江省作家协会 2018—2020 年度优秀文学作品奖；2020 年，短篇童话《怪兽》获首届"儿童时代·文学新势力"佳作奖。

访谈人：来科。

问：可否谈谈你是如何走上童话创作的道路的？

答：起初是对民间故事感兴趣。儿时经常听大人讲故事，夏天在小弄堂里、河边堤坝阴凉处乘凉，消磨时光的时候，大人会讲一些他们小时候就经常听的故事，比如：老虎爱吃外婆晒的霉干菜，吃完了霉干菜要吃外婆，受过外婆恩惠的小动物们都来帮忙赶走老虎的故事。我们知道许多民间故事和童话故事一样都建构在幻想和"万物有灵"的框架上，它们也关乎我们内心的欲望和渴望，其中隐含了民众最朴素和纯洁的价值观，比如惩恶扬善、扶助弱小等等。所以幼时听到的这些故事，就在我幼小的心里播下了想象的种子。后来就不满足于只听身边的人讲述这些口传故事，识字以后就开始阅读，这时候就知道"童话故事"的存在。长大以后开始有意识地搜集我们的前辈民俗学家们已经搜集整理成文本的民间故事书册，搜集和阅读这些先民留下的"宝藏"是一件很享受的事。

个人童话故事的创作也在这个过程中慢慢生发，年少时就已经开始尝试将自己幻想的故事写下来，那时候大部分故事带着年龄的特点，比较幼稚和耽于幻想，文字表达也不成熟，虽然在同学、朋友间传阅并得到一些赞扬，让我深受鼓舞，但我知道那时候的作品达不到发表的水平。直到《快递员的故事》获奖并发表，我知道自己准备好了，可以踏上文学创作这条道路了。

问：你的《快递员的故事》获得首届"小十月文学奖"佳作奖，可否谈谈你的体会？

答：儿童文学评论家崔昕平给《快递员的故事》写的授奖词是这样的："从凡常生活中捕捉遐想的蝴蝶，以文化思考创作文学的童话，是《快递员的故事》最为动人之处。当人类已越来越远离阅读时，往来于人类与动物雇主之间的神秘快递，让门庭冷落的书店焕发生机。想象出其不意，隐喻如在身边。"《快递员的故事》中出现过的快递员再次出现在《遗失之夜》里，故事里的快递员"只有十三四岁孩子那么高，骑一辆老式自行车，戴着灰蓝色鸭舌帽，神情认真严肃"。他的原型就是时常在书店出没的一个很有趣的快递员，个子一米六左右，说话慢条斯理，看上去像一只小浣熊。现实中的快递员，隔三岔五送来网购书籍，童话故事里的快递员，则成了连接现实与幻想世界的信使。《遗失之夜》也可看作《快递员的故事》之续篇，若说体会，那就是我们所遗忘或者遗失的，比如一个顶针、一粒纽扣、一把坏了齿的木梳、一个丢了盖的茶壶，其中都有美好的记忆。

问：读过你的童话集《鲸鱼之城》的人，都被其中非凡的想象所感染，可否请你谈谈《鲸鱼之城》的创作？

答：《鲸鱼之城》是"来了·小花城"原创儿童文学书系第二辑的一种。这是一部由诸多童话或寓言甚或是具有玄幻色彩的少儿微型小说汇集而成的儿童文学作品集，其最大的特点就是想象力超凡，其次是物象灵动，最后是寓意深长。具体来说，书中充满了现实与想象交错的人、物、事、魂，人如小矮人、两兄弟、大魔王等，物如南方的藕、窗边的树等，事如这里需要一个梦、吞吃了泡泡糖等，然而人、物、事共有一个魂，那就是日常生活赋予我们的灵感。来自日常生活的灵感是珠子，来自梦幻空间的想象是丝线。灵感的珠子可以是一座鲸鱼之城，可以是一只招财猫，可以是一家精灵们的店，可以是一只花碗，可以是风来了，可以是坚果和无花果，可以是爆炸老婆婆，也可以是肚子里的鸟。贯穿这些珠子的便是想象的丝线，于是，这就成了一本灵感之书，也是一本梦幻之书。有读者曾说《鲸鱼之城》里的童话是像水滴一样的童话，由日常生活灵感汇集而成，一部极具新颖的日常生活灵感指南，这是贴近我们日新月异现代生活的城市童话，也是抚慰我们奔波忙碌疲惫生活的心灵童话，这也让我感到惶恐，生怕自己有所辜负。

问：近年来你在儿童文学的创作上还取得了什么成绩？

答：《鲸鱼之城》很幸运地获得了浙江省优秀文学作品奖（2018—2020），这是对我童话创作的一种肯定。此外还有一些征文类活动的小奖和作品的发表，算不上什么大的成绩，但记录了我的一些儿童文学创作和成长的轨迹。

问：你对未来自己的创作有什么期许？

答：坎贝尔在《千面英雄》中提到，每个个体都是自己的英雄，而英雄总能从平常的生活中感受到伟大历险的召唤，在那里得到神奇的力量，取得决定性的胜利，并带着这种神奇力量从历险中归来。儿童文学即是这种召唤，所以我未来的创作仍然将从日常生活中汲取灵感，从日常的平凡生活中感受到这种伟大的召唤，坚定而勇敢地出发，并找到属于自己的神奇力量，像屠龙英雄齐格弗里德杀死恶龙找到莱茵黄金那样，找到自己的精神宝藏，并带着这份可贵的精神财富再次回归到生活中。

访谈感言：

儿童，是天真清纯的，因而儿童文学的创作者比儿童更天真和清纯，黄晓艳老师就是如此。从孩子的天性入手，体现中华美德的精髓，正是她写作的源泉，也是深受儿童喜欢的原因。

黄选：斜杠青年是怎样炼成的

访谈对象：黄选，80后，义乌人，毕业于西北工业大学计算机系，中国诗歌学会会员、中国散文学会会员、浙江省作家协会会员。现任《古今文学研究》杂志执行主编。2019年获共青团中央、中国作家协会主办的第二届"志愿文学奖"。有作品发表于《人民日报·大地副刊》《中国报告文学》《文学报》《税收文学》《散文百家》《鸭绿江》《钱江晚报·晚潮副刊》《潇湘晨报》等刊。

访谈人：汪炜，浙江省作家协会会员、90后新生代文学评论家。

问：据我所知，你是一位比较成功的商人，是什么原因让你走上了写作道路的呢？

答：千万不要说"成功"二字，在义乌这个"小商品之都"，最多的就是商人跟老板，我只是义乌这座"大商城"里最普通的一个小老板罢了。我从不指望赚什么大钱，工厂、店面能正常运转经营，工人们能按部就班每日到岗，并且每个月能通过他们的辛勤劳动拿到满意的薪水，这对我而言就已经算是很大的成功了。

至于我的文学道路，我想把它大致分为三个阶段：一是学生时代的朦胧探索阶段，二是毕业从商后的自娱自乐阶段，三是在前辈恩师的指点提携下大致确定了创作方向阶段。

回想起来现在还会让人莞尔，学生时代最让人难忘的事是作为枪手给同班男生们代写情书。你想想，一个个情窦初开十五六岁的半大小伙子，感情既单纯又炽热，而要获取那位心上人的青睐，这又要让我消耗掉多少脑细胞？当然，假如能获得佳人一笑甚至回信，学校食堂免费的鸡腿大餐是妥妥有了。

2005 年大学毕业后，原本想进入事业单位工作的我，看着父母已悄然爬上额头的岁月的刀痕，被秋霜染白的头发，心下怆然，决定接过父母手中的接力棒，正式做个商人。不过在业余时间，我还是会常常诌几首小诗，写几篇心情文字自娱自乐。那时候网络上各种论坛、BBS 非常流行，而我们义乌本土有个稠州论坛，其中有一个文学版块叫"荷塘月色"，那里就是我这些上不了台面的文字的发表园地。在那个虚拟的网络世界里，我遇上了许许多多有着相同文学情怀与梦想的网友，我们吟诗唱和、畅谈人生，得到了真真实实的满足与快乐。后来我成了那个文学版块的版主，抽出了很大一部分业余时间来阅读论坛里的网友们所贴上来的各种文字，每一篇我都会精心点评耐心回复。为了引来人气调动气氛，我自己也几乎每天都会发表一篇文章，同时组织各种线上征文活动。在这段当文学版版主时间，我的文学情怀从不曾有一点点消逝，甚至与日俱增。

白天混迹于工厂商铺锱铢必较，晚上流连于网络论坛风花雪月，这样极具反差的日子持续了几年，因为结婚，因为孩子的出生，也因为产业规模有所扩大，逐渐感觉力不从心，我最终辞去了这个版主职务，开始专心打理生意，专注于家庭，当然在忽有所感的时候还是会写几篇小诗发在朋友圈里聊以自慰。直到 2018 年，一个很偶然的机会，我在网上看到了一篇征文启事，是义乌市宣传部与义乌作家协会主办的"文学之星"征文大赛，参赛者限定在35周岁以下，可以说是专为义乌的青年文学爱好者举办的赛事。于是我就试着把一篇自己的旧作发了过去，通过了初选，在一个初冬的清晨，我在绣湖之畔参加了现场复赛，最终获得了"文学之星"奖。这给了我很大的鼓舞，原来我的文字并不是孤芳自赏。

在这里，我要感谢两位指导我提携我的前辈老师。一个是义乌市古今文学研究院理事长徐敢老师，一个是金华市作家协会主席李英老师。

我与徐敢老师的相识始于2019年的一届"善爱杯"诗歌大赛。当时就是徐老师亲自打电话给我，告知我的一篇诗作获奖了，那是我首次与徐老师相识，而后添加了微信，平时经常向徐老师讨教一些文学创作上的困惑与技巧。当时我以一位做跨境电商的同学为原型，写了一篇报告文学作品——《金乌飞来扶桑花开》。我把文章的初稿发了给徐老师，希望能得到徐老师的一点意见和指点，没想到的是徐老师如此古道热肠，对我这个仅仅在微信上聊过几句素昧平生的晚辈非常热情，提出跟我一起去见一见文章中的主人公，而后我们三人在主人公的办公室里聊了一下午，同时徐老师给我提出了很多的修改意见，而后我又几易其稿，在徐老师的倾力帮助下，我这篇文章才得以诞生。后来这篇文章获得了共青团中央与中国作家协会主办的"志愿文学"奖。

当我写出了几篇有一定影响的报告文学稿之后，徐敢老师又把我引荐给了金华作家协会主席李英老师。徐老师说，李主席是写报告文学的大家，如果能从李主席身上学得一鳞半爪，那对我的报告文学创作是有莫大的帮助的。李英老师是个很平易近人的人，对文学后辈也非常关爱，常常会不定时打电话过来，循循善诱、谆谆教诲，把他的经验心得或好的案例点子分享给我，令我受益良多。2020年，我有幸跟着李英老师去了临安跟千岛湖，亲眼看见、亲耳聆听一个报告文学大家是如何采写人物、如何规划大纲、如何组织文字的，那两次跟着李英老师学习经历，是我写作道路上巨大的财富。

最终，我找到了我的创作方向，那就是报告文学。

"明师之恩诚为过于天地多矣。"在此，我要诚挚地感谢我的两位恩师。

问：你有多少藏书？喜欢读什么书？

答：大概有六七千册吧，家里有两大面墙打成了书柜，绝大部分是父亲购买于20世纪八九十年代的书籍，也有一些民国时期的藏书，一小部分就是近几年来进入写作圈后文友们赠送的书籍。值得一提的是书柜里的那五六百本连环画，巴掌大小，也被称作小人书。我想很多80后的朋友应该都不会陌生。这成了幼时的我最大的精神文化食粮。对此，我真的很感谢我的父亲，在那个物质和精神都非常匮乏的年代，为我创造这么好的阅读环境，这些书籍也陪伴我度过了一整个幸福快乐充实满足的童年。

至于喜欢读的书，这也是分阶段的。一个阶段有一个阶段喜欢读的书与该看的书，这跟你的年龄阅历见识与自我思想的构建有极大的关系。童年时的我特别喜欢看故事书，除了看完了那几百本主要讲述中国古典故事的连环画外，还看了大量的国外童话故事如《伊索寓言》《古希腊神话故事》《天方夜谭》《格林童话》《安徒生童话》等等，当时我也很喜欢看郑渊洁的《童话大王》以及《少年文艺》这两本少年刊物。

到了读中学的时候，我开始看一些中外名著，因为有很多是小时候看连环画时便接触过，所以读起来有一种亲切感。记得当时物理成绩不错，当上了物理课代表，所以对科幻文学又开始感兴趣，开始订阅《科幻世界》这本杂志，如今赫赫有名的《三体》作者刘慈欣当时就常在这本杂志上发表小说。另外还有阿西莫夫的科幻小说我也很喜欢。

如今，看的书就比较杂了，因为在学生时代完成了一定量的阅读积累，所以现在看的书就比较随心所欲，宗教、历史、哲学、社会学、美学、宇宙学、饮食甚至建筑业、机械工程方面的书，都会翻一翻。我认为作家必须是个杂家，他必须对这个世界保持强烈的好奇心和探索心，才能在自己的作品里创造出独属于他的世界和人物。

问：商人比较繁忙，喜欢在什么时间写作？写作的内容会涉及做生意的内容吗？

答：我觉得做生意办企业带给我最大的好处就是经济上的财政自由，以及一定程度上的身心自由。所以这两点对我的写作而言还是有较大裨益的。白天固然忙，操持生意、接送孩子、家庭生活以及一些文学活动等，所以我的写作时间一般安排在孩子睡着后大概晚上9点到12点这段时间，当然有时候灵感来了一发而不可收也会写到凌晨两三点，不过为了身体健康考虑，现在尽量控制在12点左右必须搁笔休息了。

我记得徐敬老师有跟我谈到过：写自己熟悉的人，熟悉的事，是最好写也是最能写好的，因为那里有很多你自然而然抒发出来的情感与感悟。很多时候，我在写文章时，也经常会把自己代入进去，如果当时的情景下是我，我会作何抉择，又会如何前行下去呢？所以我的第一篇获得一定成功的报告文学作品《金乌飞来扶桑花开》就是写我所熟知的电商内容，2020 年暴发疫情之初，我写了有关于直播电商故事的《环形灯下的村庄》，之后又写了一些诸如外商在义乌奋斗的故事系列，包括发表在《人民日报》大地副刊上的关于义乌市场来料加工内容的《水磨古镇的故事》，也都是跟我所熟知的商业故事有关。当然，作为一名文字工作者，我也不希望仅仅局限于某一种类型的文体或者内容当中去，我会多多深入生活，尝试更多种的可能。

问：你的语言风格是如何形成的，读来有一种浩大的气势，而且富有生活质感，以及感情色彩。

答：首先，我认为一个人的语言风格和自身所在的生活环境以及阅读喜好有关。每个人表现情感的方式不同，文化风格不同，以及语汇的情感意义有差别，都会对一个人的语言风格产生影响，所以我觉得最终形成某一种语言风格的主要因素就是个人的审美意识。

我在写报告文学前，主要写诗歌与散文，多少会有一些细腻丰富的情感在里面，这成了我语言风格上的一个基调。当然，我现在还是一个在文学创作道路上不断摸索的小学生，还在不断地学习与求索当中，我所喜爱并推崇的作家的创作风格对自己的影响也会比较大。人们通常在开始写作时会有一个或多个模仿的对象，会不经意间受到模仿对象的影响，比如拉丁美洲的魔幻现实主义文学，其代表作《百年孤独》，就给予了莫言不小的影响，使莫言的作品中带有浓厚的魔幻主义色彩。所以我在写报告文学的时候，也曾阅读了大量在报告文学领域中著名作家的代表作品，当然也包括李英老师的著作。他们的语言风格都给予了我很大的影响与借鉴意义。

问：在你的文章中总有一些我们平时想不到的妙点子和表达，你都是怎样想到的呢？

答：首先是大量的阅读，然后是尽可能多的深入生活丰富自己的阅历，以及多次通读并修改自己的作品，有时候你今天写的到明天再回过头看，又会有冒出一个很好的点子。最后就是找一个第一读者，了解你懂你与你心意相通的人，很明显这个人就是我的妻子，我一般会把写好的初稿给我妻子先看，听听她的意见，很多时候，她的一句话就让我又重新找到了新的创作灵感。

问：看来在你的写作事业上还有一个贤内助，那么写作和工作生活有冲突吗？如果有，如何协调？

答：没有冲突，对我而言，工作就是工作，写作就是写作，我会协调好。如果真的出现时间上无法统筹的情况，我的重要性排序依次是：生活——工作——写作。生活都出现了问题与矛盾，其他任何事情都无从谈起，而工作是一个男人对整个家庭而言最重要的责任与担当，我无法做到拿起写字的笔就放下搬砖的手。当然，也许过了若干年，当身上的担子轻了一些的时候，走专业写作的道路未尝不是一件乐事。

问：近期的写作愿望是什么？

答：作为一名业余的写作者，当然是希望能写出一部自己满意、老师满意、社会层面满意的真正有分量的作品。近期的计划是写一本关于义乌新农村建设的报告文学集。在写作的道路上，我会一往无前，因为写作，是陪伴我终生的一个我所永远热爱的事业。

访谈感言：

记录本身不是艺术，但有技巧、有布局、有构思的记录就是艺术，很显然，斜杠青年黄选已经熟练掌握了这门艺术。对于黄选而言，工作就是写作，写作就是工作，没有阻碍也没有苦大仇深，没有绊脚石也没有拦路虎。由是观之，写好文学并不一定需要经历深重的灾难和生活的折磨，参差多态的幸福本源也能把一个人推向文学巅峰，他的文学经历正如和他的文字风格一样，一切都是顺其自然和水到渠成。

许梦熊：一首诗应该有它自己的瓦数

访谈对象：许梦熊，1984 年生，浙江台州人，现居金华，浙江省作家协会会员，入选浙江省第六批新荷人才库。曾获北京文艺网·国际华文诗歌奖（2013）、"运河南端·水韵拱宸"全球主题诗歌大赛银奖（2014）、浙江省作家协会 2015—2017 年度优秀文学作品奖、首届"浙东唐诗之路"全国诗画大赛一等奖（2021）。

访谈人：张杰。

问：你对诗如何理解，为何写诗？请谈谈你的生活。

答：一个诗人谈论自己的诗不知有多困难，这就跟一个旱鸭子潜水一样，他对水的恐惧使他看不到自己是打水里来的。我避免谈论自己，乃至自己的诗，这让我想到不久以前的自我审查报告，那些闪烁的念头很美好，我没有捕捉的意愿，当它们团聚在一首完成的诗里，我也没有释放的意愿。毕竟我能够谈论的轨迹，并非其他人目击的轨迹。

何况我是一个诗歌的结巴，我的嘴上总停留着"可是……"，促使我创作的那点动力，大概就是现实的压力。你看，是现实这只水泵拼命地把那些词语泵出我的下意识，成为一首明显的诗，它的瓦数也许低，但肯定有它自己的光亮。因为，我创作的时候，给萤火虫和探照灯都留有余地，它们能够借助的只有自己的光，而不是我这个冒牌的造物主，我时不时地感觉到自己的拙劣，因为我置身的世界几乎是仿真的。

我怀疑，我写的和我说的一样多，它们几乎是并行不悖的。有时，我觉得敲打键盘的动作，让我更像个鼓手，我听着那些摩斯密码一样的声响，寻找神秘的节奏，在这种节奏里，词语和士兵一样能够走出阵型，让人惊奇；和我儿时玩弄的拼板一样，每一小块的板要是回到预定的位置，就能呈现一张人脸，或者一只动物，我要成就的也是拼出词语中的"象"，它总能够勾引一些人缓慢地玩转自己手上的拼板，让一首诗诞生。当然，我也试着读自己的诗，"看的自己"往往并不明白"写的自己"。我担心这就是"请原谅我的不清晰，这是我的职业病"，我比影子更隐晦难明，因为我是明白的。

至于我的生活乏善可陈，它和任何一个普通青年的生活一样必须和这个世界虚与委蛇，我的虚伪是这个虚伪世界的一部分，毕竟我也构成了它。马尔库塞说，单向度的人将始终在两种矛盾的假设之间摇摆不定：一是对可以预见的未来来说，发达工业社会遏制质变；一是存在着能够打破这种遏制并推翻这一社会的力量和趋势。两种趋势一起存在着，甚至一种趋势就存在于另一种趋势中。第一种趋势是主要的，并且任何可能存在的推翻这一趋势的先决条件都正被用来阻止它。或许，一个偶然的事件可以改变这种情况，但除非是对做什么和不做什么的认识扭转了原来的意识和人的行为，否则即使是一场大动乱也不会带来这种变化。

问：《飓风农场》这组诗有31首，总体和每首诗有种现实与历史结合的到位感，内容饱满充满戏剧化，兼顾家族与社会变迁，个人史意味浓厚，细节处理也激荡有致，不拘泥，思路跳脱，开阔，也赋予了诸多浙江元素诸多新意义，并有诸多深刻的反思。《飓风农场》这组诗应是你的代表作之一。诗里诗外，对这组诗你还有什么想表达的吗？

答：对我亲爱的朋友来说，《飓风农场》自然是我的代表作，它成了我身上的一块骨头。对我自己来说，它并不是我的代表作，而是时代的代表作，只是借我之手得到呈现。

问：《飓风农场》第四首开头有"当苏式建筑的楼梯露出红色骨架/黑暗贯穿我童年的两端"，现在，回顾童年，对童年你还有哪些见解？

答：我的父母从大雁山上移到近海的农场，三十年已然过去，从西岸到南岸，最终在东岸建好房子，半辈子在土地里劳作，伤筋动骨，直到退休的年纪，依然不得清闲，劳作愈苦，则天年愈差，也不知道什么样的命运纠缠着我们一家，唯一让他感到宽慰的只是我信口开河地说，"我有一个梦想"，而这个梦想正在靠近。如同抛物线一般，无限接近透明的蓝，却成了生命的底色。

在我感到无能为力的时候，我经常回顾自己的童年，仿佛我必须重新走向它，才能得到一种往前走的力量，不然，我会被一种无形的恐惧束缚在那个点上，再也不敢往前走。回顾自己的童年，几乎也能够看到自己想要塑造的晚年，于是，晚年变成对童年的一个写照，凭借创作，我的童年和晚年也将成为一种更大的虚构。

问：《飓风农场》第九首，"我们刮掉自己的记忆如同鱼鳞/……/我的白昼过去，夜晚越来越长，/人们宁愿老死一个地方/而不是远离这座行将就木的农场。"这个农场是否就是一个强烈的浙江元素，在浙江，它的宿命意味是否有改变的可能？

答：它当然也可以是别的地方的一个农场，只要它靠近我们欲望的大海。改变又能从何谈起，我在悼念一个友人的文章中引用了米沃什的话，"我们如同盲人一样随意地前行，四面八方都是各种诱惑。在这个时代，甚至连理性本身都会招致诱惑。生活在这样一个混乱的时代里，要辨清现实和幻想不是那么容易。这种混乱几年前才出现在欧亚大陆西部的某个小半岛上，接着便飞速席卷了整个星球，存在于只有人类生命的空间里，在一种独特的信仰里——对科学技术的崇拜。曾经在欧洲的一些国家，要抵抗那些复杂多样的诱惑显得尤其艰难。那些诱惑来自堕落后退的思想，他们希望就如同征服大自然一般统治全人类。这最终导致了革命和战争的爆发，数百万人断送了性命，他们或者从肉体上，或者从精神上被消灭了"，以致诺曼·马内阿谈到那个食量惊人的胖子，使自己显得更胖的家伙，他说："当他们来火焚我的时候，我要烧很多，得用更多的时间来烧。"

问：你对你的诗集《倒影碑》和《王象之书》有什么自我评价？

答：它们如同冰山的两个岬角，只是部分地显现了我作为一个诗人的辽阔，然而并不能代表这座全新的诗歌大陆究竟意味着什么。

问：你的阅读有哪些？你想过一种怎样的生活？对未来有哪些设想？

答：我只能说我读得比别人想象的多，然而阅读量并不能带来真正的改变，阅读的精髓在于那些真正能够启发你的著作，最近我读王小盾先生的《中国早期思想与符号研究》就有恍然大悟的感觉，崔延强译注的塞克斯都《皮浪学说概要》几乎让我成了一个十足的怀疑派，所以，我想过的无非是一种心灵宁静的生活，对未来，我既不竭力规避什么，也不刻意追求什么，阿帕勒斯画不出一匹马嘴角的泡沫，可是随手扔向它的一块海绵却帮助他制造了非凡的泡沫。

访谈感言：

诗歌是两种元素的相斥或相融，一种是阴沉，一种是热烈。许梦熊老师的诗就跟冰激凌蛋糕一样，里面裹着榴梿和芒果，上面点缀着草莓，它是鲜美可口的。

王春燕：在生活的湿布上捏取诗意的汁水

访谈对象：王春燕，曾用笔名小妖、如如。1986 年 2 月出生。浙江省作家协会会员、浙江省散文学会会员。著有散文集《一季稻香》。现为某中学语文教师。

访谈人：豪迅，浙江金华人，中国诗歌学会会员，金华市作家协会会员，金华市科普作家协会会员。

问：王春燕，你好！或者我可以称呼你"如如"。你的真名跟你的笔名似乎是截然不同的两种风格，一个是透着乡土的淳朴与纯真，一个是沾着文艺的优雅与清脆。是吗？

答：我倒是觉得，这两个名字中和起来，恰好能诠释我写作时的状态。一方面我沉浸于生活，享受烟火的淳朴，一方面又在生活的湿布上捏取诗意的汁水，感受点滴的精致与从容。

问：你这个比喻倒是很有意思。为什么是"在生活的湿布上捏取诗意的汁水"，而不是其他的比喻，比如"在生活的花园中摘取花朵"或是"在烟火中寻找远方"之类有着美好意念的事物？

答：这让我想起张爱玲的一句话："生活是一袭华美的袍，上面爬满了虱子。"而大多数人的生活，也许只是平白无奇的旧衣裳，同样爬满了虱子。多的是家长里短，鸡毛蒜皮，失意抓狂。也许牢骚与欢笑在正反面，也许因为习惯使然，美好的一瞬总是不能发觉。而所谓美感，是需要情怀去发现的。在别人匆匆一瞥的路上，我发现草尖的一颗露珠；在别人狼吞虎咽的饭菜中，我吃出人间的温暖；在别人习以为常的风俗习惯中，我探究了文化的意义……真正的情怀，不必太执着于远方，只要心怀美好，无论生活这块布沾的是什么水，我们总能从指尖捏出诗意来。发现生活的情趣、美感、意义，传递能量和哲思——这就是我创作的初衷。

问：那我有点好奇了，你是从什么时候开始思考生活，探察生活之美的呢？

答：说起我写作的渊源，其实挺早。我从读初中开始就觉得老师布置的作文无法完全表达我的想法，我总是能在日常小事里有自己的感悟。于是准备了一个小本子，课余时间写随笔，写同学的言行，写老师的思想言论，写自己的心理路程，一直写到大学毕业。工作之后，我开始在网络上写博客。最开始在"敏思文学网站"写，写各种生活琐碎，从一个新手成为"博客之星"，后来网站因为资金问题倒闭，我又转战到"网易博客"继续写。其实那几年博客上写的都是琐碎的生活，并没有多少感悟，充其量只是"练笔型"写作，但却在我心里埋下了写作的种子，为以后的写作道路做了铺垫。我是一名中学语文教师，平时经常陪着学生写作文，学生写什么题目我也写什么题目，在教育界叫作"下水作文"。有一次在一个老教师的推荐下，在永康日报发表了一篇"下水作文"，叫《角色转换之间》，从此打开了我发表作品的大门。我开始在永康日报发表作品，初步尝到了发表作品的甜头。我正式迈入作家协会门槛的应该是 2016 年。那一年我去新疆自由行，一路的眼里，映满了山水草原，沙漠戈壁，牛羊马儿，婉转与空旷，柔美与粗犷……忍不住写了两篇游记，后来发表在了永康文联的杂志《方岩》上，然后正式走入永康文艺界的视野，加入了永康作家协会。之后我便一发不可收拾地创作，在《金华日报》《处州晚报》《浙中新报》《江南》《浙江散文》《浙江作家》等刊物上发表作品。后来我把写过的作品整理了十万余字，出版了散文集《一季稻香》，后经过金华作家协会推荐，加入了浙江省作家协会。期间，也曾经有老师劝我少写，说"一个老师，好好写论文，获几个奖，才是正道。"但是我是一个喜欢淋漓尽致的人。写作让我坦荡地表达自己，我拒绝不了自己对文字的喜欢。所以我一如既往地写着，这一路走来，与写作之间，虽没有跌宕起伏的故事，却实实在在地印刻了对生活的热爱，以及自己的执着。

问：我读你的作品，确实发现了你对生活的那种欢脱又夹杂着思考的热爱。比如《二月菜》《芥末泡虾》《小葱》《土烧》《永康面》这些关于吃的散文，字句间都有沉浸烟火中的愉悦，愉悦之余又有烟火之外的思考和感悟，读起来既接地气又有新意。你平时有没有特别关注此类作品？这些作品的内核对你的写作有渗透或者影响吗？

答：有的。我比较爱读汪曾祺的散文。有两篇散文印象特别深，一篇是《端午的鸭蛋》，一篇是《昆明的雨》。对《端午的鸭蛋》产生兴趣还是因为多年前的一堂公开课，听到学生读"平常食用，一般都是敲破'空头'用筷子挖着吃。筷子头一扎下去，吱——红油就冒出来了"，那个"吱——"读得我忍不住咽口水。再细读文章，鸭蛋之味、乡俗之味、文化之味在字句间不露声色地道来。从那时开始，我对汪曾祺的散文产生了浓厚的兴趣。开始一本接一本地阅读他的散文集，如《人间草木》《做饭》《独酌》《人间知味》《食事》等，发觉即便是普通的吃食，也能写出无穷乐趣，绘出温暖与美感。于是我开始在创作中关注"吃"。在平常生活中研究美食、品尝美味免不了做足功课，百般用心。久而久之，便也收获了一些知识和感悟，把它们写入了文章。《昆明的雨》虽然是写雨，我脑子里却都是牛肝菌、青头菌、鸡枞、鸡油菌、干巴菌，还有卖杨梅的苗族女孩子的声音"卖杨梅，声音娇娇的"，文章的语言没有多少修饰，香甜却丝丝沁入我的味蕾，只觉得雨是一场美事。

汪曾祺曾经说："我希望把散文写得平淡一点、自然一点、家常一点。"《昆明的雨》便是如此简单而美。

问：听你一说，我倒是认为你作品语言随性，但你阅读却不随性，对自己偏爱的作品，你会精读细品，用心咂摸。而你在生活中，对万事万物，也会细细咂摸。比如你那些关于年俗的作品，你并没有堆砌式的讲述年俗的知识，而是用自己的视角去观察、去体验在年俗之下，老百姓的举动和憧憬，显得非常的真实。还有对自然的感悟中，有着许多细致入理的描写和丝丝织入的情思，这样的文风，除了是女性作家的原因之外，我觉得还有你独特的细腻在里面，你认为呢？

答：也许吧。观察自然景观对于我来说，总是有一种说不明的乐趣。我喜欢看家门口的树一点点长高；看地里的菜棵棵壮硕；看路边的野花突然多了一种颜色；看昆虫躲在叶子下找乐子。冬天看地里的菜结了霜，便担心它们被冻蔫；夏天看树叶翻着白面，便担心被晒干；早晨出门，觉得路边的草在目送我；晚上归家路过田野，偶尔会想，我是不是吵醒了睡觉的植物们……所以我在《霜冷》中写："原本一片碧绿的菜地像蒙上了一层白纱；走在小路上，菜地里的青菜叶细细密密黏着白末子，微微地卷着边儿，边缘上凝结成的颗粒状冰霜，并没有晶莹剔透的冰冷感，而是透着一种严肃，仿佛是对冬天的一种宣示。"在《三月雨》中写："今年的雨，却有着别样成熟的风情，似一只温润的手，拂过山川、河流、田野、菜园、乡村、城市、大街、小巷……暖湿湿的，就拂到了人们的心坎儿上。"在《草木知夏》中写："自然是一位哲学家，彼生此长有其节奏，一荣一枯有其笔法。展现美或是泼以灾皆有其深意，岂是我们可以随意评判的？春生，夏长，秋收，冬藏，此天道之大经也。自然的书本里藏着时间的秘密，草木知，我们不知。"当我觉得我是自然的一分子，我便没有了孤独的时刻，也学着去读懂自然赋予人类的无声的作品。这可以说是一种细腻，也可以说是一种心的融入。

问：那么你对自己的作品类型有无偏爱呢？

答：类型上我没有明显的偏爱。在单一的作品上，我还是有一些偏爱的，无关作品质量，单纯是因为体验和情感。比如说《小女子》，写的是我外婆，我会自己一遍接一遍地阅读它，每读一次，温馨的画面以及外婆的爱浮现心头，它成了我的一个情结。喜欢《一季稻香》是因为这样深刻的割稻体验，以后都不太可能再有了；喜欢《成都的辣》实在是因为辣到了我的灵魂里；

喜欢《独酌》是因为它写出了真实又放肆的自我。对作品的爱其实是作家对自己的反复认知和揣摩，随着时间和境遇的改变，对作品的爱也会随之改变，每一次的爱都有一个万里挑一的理由。

问：你怎么评价自己的作品呢？

答：那我就用一句话来总结自己在作品中投射的生活态度吧：拈杯酒，种炊烟，专心看人间，无论世事多变化，人间于我总值得。

访谈感言：

文学创作是要学会"伏低"和"共鸣"的，在自然面前伏低，在回忆面前伏低，在世俗中伏低，进而把自己的心放进去，放到自然中去，放到人物中去，放到故事中去，以获得更深切的情感认知。伏低以便观察，共鸣以察灵魂。这便是访谈王春燕老师给我最深的感受。

陈晓辉：我愿成为照亮你的光

访谈对象：陈晓辉，中国作家协会会员、中国修辞学会读写教学研究会常务理事，光明日报出版社签约作家，《光明少年》成长导师，《读者》《语文报》签约作家，浙江海洋大学中文系客座教授。曾获冰心儿童图书奖。

访谈人：《教育家》杂志。

问：有生命力的作品尊重感性体验，真实且打动人心。近年来，你主张带孩子们写出有"灵性"的作文。引导孩子去发现每种生命的美的过程，你认为最难的是什么？

答：我觉得最难的有三点：第一，捕捉生活琐碎与细节之美的能力；第二，培养美学的思维方式，草木情深，万物有美；第三，将美的发现、思索和体验，淋漓尽致表达出来。不论哪个环节"卡壳"或稍微欠缺，美的呈现便会被阻挠。

问：融入美育价值的写作对青少年人格的培养、情感丰盈的作用何在？

答：这个作用非常大且影响青少年一生。

现在的青少年处在繁重的学业压力之下，抗挫折能力差，如果孩子们自身不能给予自己价值感、获得感，反而把这种价值感嫁接在老师和父母的评价上或同学间的成绩比对上，那么价值感有多大，随之而来的失落感就会有多强。因为外界的嫁接点可能是随时变化的——老师会批评，父母会唠叨，成绩会不好，同学关系也会发生变化……

所以，只有一个真正内心丰盈、对美有认知和感受能力的少年，才能从正在经历的挫折里、琐碎的生活细节里、他人的言语与行为里，觉察出美、觉察出生命的力量、觉察出人性的温暖和尊重，从而鼓励和激励自己，变得更温暖、独立、自信、乐观。

这种情感力量并不是靠教师、父母一遍又一遍的叮嘱就能产生的，而是需要孩子们不断地用心感受、接受熏陶、写作表达，经过一段时间的累积，让美的思索和体验能力慢慢积淀下来。当遇到生活与学习上的挫折，尝试用美的思维方式，改变自己对困难的认知，提升自我解决问题的能力，那么，美的情感力量就真正形成了。

教育是自我成长，更是彼此欣赏。

问：心理健康是一个完整和谐生命的必需品。通过写作，你与很多孩子拥有了更多的心灵对话。在接触到的孩子里面，他们主要存在哪些困扰？

答：厌学、逃学是最多的。孩子们也期待自己能够被表扬和肯定，可是付出多次努力后，成绩依然上不去，学习压力大，加之父母的不理解、唠叨甚至是责骂，他们开始变得敏感脆弱，开始在意他人的言语，开始因为一点点质疑而患得患失，开始走向自我封闭，甚至有抑郁的心理倾向。而有些孩子则是开始反抗现实，故作独特，叛逆，抽烟、打架、早恋等等，找不到精神上的引领，不论何种问题，都是源自内心力量的缺失。

这个时候，孩子其实还是希望有人能帮助他的。他们渴望在一片无垠的黑暗里，找到一束希望的光，希望有一双有力量的手，将他们拉向光明。

问：父母是孩子一生中最重要且不可代替的教育者。近来，以典型的专制型或权威型的教养方式为代表的"鸡娃"现象受到广泛关注，你面对父母"鸡娃"以及普遍存在的学业焦虑、在亲子沟通问题上有哪些思考？有何建议？

答：父母应该把精神寄托放在自己身上，活出自己的喜悦和芬芳，这样孩子感受到父母温暖美好的磁场后，自身的学习也会变得轻松愉快。不然，孩子除了自己学好功课，潜意识里还要替父母完成精神寄托，压力很大，几次考试不理想就想逃避了。

孩子是艺术品，而不是工艺品。分数是孩子成长中的重要符号但不是唯一。孩子未来的成长潜力和父母的认知培养有直接关系。分数培养、能力培养、情商品质培养、文学艺术培养、气度格局培养等都是一种方式。有了自己的深度认知适配的教育资源，教育孩子便不再是一件焦虑的事，而是一个彼此欣赏的过程。

问：对孩子的心理和行为何以精准把握？对你的创作带来怎样的影响？

答：大学毕业后我全身心投入写作，每天保持 5000—8000 字左右的创作，然后投稿，坚持了三个月，结果一篇文章也没能发表，一分稿费也没有拿到。亲身经历的至暗时刻让我与正在面对学业压力的青少年拥有很多共鸣，听过他们的故事，感受他们的心路历程，我觉得自己更懂孩子了。

写作的人是敏锐和细腻的，他能捕捉到山野自然间的温暖——每一朵花、每一株草都有自己的生命属性与气质，它们也能给自己以心灵的力量。所以，面对孩子，我也能迅速捕捉到他们的面部表情、肢体动作及情绪变化等，不断根据孩子的情绪改变沟通与交流方式。

这对我的创作也是有积极意义的。因为我的使命感会更强烈，希望能够通过温暖的作品，呈现向善向上的力量，帮助更多的青少年唤醒心灵，作品也就有了现实的意义。

问：如何认识写作与孩子成长之间的关系？在未来的创作与教育生涯里，有何愿景及期待？

答：写作和素描很像，我们要写好一篇文章，其实在这之前要观察体验、布局谋篇。写作能力强的孩子其情感体验与审美表达能力肯定好，而这种能力的养成对孩子成长过程中遇见的挫折、打击等具有消解作用。

　　而我一直倡导培养孩子的审美思维与哲学思辨能力，凡事从哲学与美学角度考虑问题，这样的孩子品德优良，能够直面问题并积极主动地解决问题，对孩子的成长有所助益。

　　从创作角度出发，我希望自己可以回归山野自然，回归清淡简单，踏踏实实、朴朴素素过日子，修一颗自由而丰盈的心灵；从教育角度出发，我希望能够以自己的点滴力量传递灵性的作文美学价值，温润心灵，自愈愈人。

　　访谈感言：

　　他是青春美文作家，生活中的他自信乐观，温暖明媚；他也是倡导"灵性作文"的老师，用文字治愈了很多孤独的孩子。从青春文学起步，陈晓辉在字里行间展现着身边的风景、细微的生活、平凡的生命，陪伴孩子们将手中的笔时时指向内心。

　　心美，一切皆美。

况月灵：我创作的初衷是希望可以治愈人心

访谈对象：况月灵，原名季倩倩，浙江省作家协会会员，浙江省网络作家协会会员，浙江省作家协会新荷人才，金华市网络作家协会副秘书长。出版作品《伊舞界影》《玄月之霸道爱人》《爱上坏男孩》《梦幻橘子水》，网络代表作《我只是个引怪的》《99%错穿梦境》。

访谈人：楼林军。

问：况老师好，很高兴你能接受今天的专访。据我所知，况老师的作品似乎都带有天马行空的幻想色彩，能谈谈是什么原因令你如此偏爱这类题材吗？

答：这或许和我的成长经历有关吧，我出生在一个重男轻女的传统家庭，父母对身为女儿的我管教极其严格，认为女孩子应该有在家从父、出嫁从夫的觉悟。不需要德才兼备，但必须要会做家务。因此我的童年除了上学，就是做家务。有时候因为作业做晚了家务没做完，还会被苛责，说我身为女孩子连家务都做不好，还有什么用？他们的态度让我一度非常自卑，认为自己就是个一无是处的孩子。直到小学三年级时，我的作文被语文老师当堂表扬，才令我意识到自己或许并不是毫无优点。那篇作文的题目是《我的周末》，我写的是全家去游乐园的游玩经历，事实上我并没有去过游乐园，一切都是我虚构的，为了自圆其说，我特地在最后加上了自己从睡梦中醒来，发现游乐园之行只是一场美梦。正是因为这个"黄粱一梦"的设定让我的作文从一众"流水账"中脱颖而出，成了语文老师赞不绝口的优秀作品。语文老师的认可，让我一发不可收拾地爱上了写作，都说生活是创作的灵感来源，我最初也尝试过将自己的亲身经历付诸笔下，记得那时我写好后还满怀期待地拿去给父母看，希望他们能和老师一样肯定我的写作才能，可惜他们看后不但没有半句夸奖，还严厉地训斥了我一顿，理由是他们觉得我写的内容是在抹黑自己的哥哥，也就是他们的宝贝儿子。只因为我把刚刚上初中的哥哥偷偷抽烟，并且让我替他买烟的事写到了作文中。父母的不信任和哥哥事后的报复，让我不敢再把自己的真实经历写出来。也正是因为这个原因，我开始了幻想题材的创作，用天马行空的设定，来诉说自己埋藏在心底深处那些想说又不敢说的秘密，久而久之，也就形成了自己的创作风格。

问：都说苦难造就人才，坎坷的童年不但没有让你放弃写作，还因此找到了自己的创作风格。我记得你出版第一部小说《伊舞界影》的时候还是个高中生吧？可以聊聊当时的创作感受吗？

答：出版《伊舞界影》的时候我18岁，想法还很幼稚，文笔也很稚嫩，但不可否认，它是我创作道路上的一颗定心丸。《伊舞界影》是我出版的第一部作品，却不是我写的第一本书，从小学到高中，我一直都没有停止过写作，一开始是写短篇故事投给杂志，赚一些零花钱，字数最多也就一万来字，而且都是手写稿。真正开始创作长篇连载，是在父母给哥哥买了电脑之后，那时候只有哥哥不在家的时候我才可以碰电脑，因此写作速度极慢，一周只能更新一两章，而且写的题材是同类作品，因此没有选择签约，纯粹为爱发电。直到哥哥去外地上大学，父母给他备了笔记本，我顺利得到了家中这台电脑的使用权，才正式开始了连载创作，《伊舞界影》就是那年暑假写的。那时候对长篇小说的把控能力不是很强，没有写很长，签约后没多久就完结了，全书不到十五万字，甚至都没上架，自然也就没有订阅量和稿费。不过当时的我只想创作自己喜欢的故事，倾听读者们的评价，无论是正面夸赞的还是负面的批评，都是我写作道路上进步的养料，赚不赚钱对我来说，并不重要。至于这本书的出版，可以说是机缘巧合，那时网站和出版商合作要推荐适合出版的作品，我的字数正好符合，编辑就联系了我询问我的意见，我自然是一万个答应，要知道出版小说是我从小就定下的目标，我为此努力多年，没想到高中就实现了，因此我高兴了许久。

问：这么年轻就出版了小说，对你的生活有什么影响吗？

答：影响挺大的。正面影响是我的家人终于认可了我的写作能力，答应让我继续写作。不过也有负面影响，就是家人觉得我可以写作赚钱，就希望我别去读大学了。高中毕业他们会给我找一份工作，一边上班一边写作，减轻家里的负担。但是我没有同意，因为我深知文学创作是一个不断累积的过程，需要不断学习新知识，才能写出更好的作品。那是我人生中第一次违逆父母的安排，坚持去上了大学。也是那一次的抉择让我明白，小小的一次成功是无法改变命运的，只有不断努力，才有机会通过知识改变人生。大学我是在杭州念的，第一次离家的我对外面的一切都充满了好奇，我试着接触更多的人，学习更多的知识，以前只能从书本和电视中了解的大学生活，终于有机会亲身体验，而那几年的经历让我的作品不再浮于表面，多了几分真实与深度。

问：知识改变人生，我也非常赞同这个说法。据我了解，况老师现在是全职写作，可你的作品却不是走流量路线的，这是为什么呢？

答：因为这么多年以来，我还是只想写自己喜欢的题材。鱼与熊掌不可兼得，既然我选择了坚持自己的风格，就没有办法和流量作品相比。当然，我也希望有朝一日自己的作品能成为主流类型，不过在这个目标实现之前，我不会为了追求流量而随大流。

问：你说你只想写自己喜欢的题材，可我记得你今年的计划中有一项是创作一部现实题材的小说，可以谈谈是什么原因吗？

答：我一直以来不写现实题材的作品并不是因为我不喜欢，相反我非常喜欢这类题材，只是我认为自己的火候还不够，写不出有深度且富有教育意义的现实作品，所以才一直没有动笔。幻想类题材可以用天马行空的虚构设定来弱化现实生活中的艰难与不幸，让每一个善良的人，最终都能收获幸福。可现实生活并不会那么理想化，一个人想要实现自己的理想，过程不可能一帆风顺，挫折或许可以让那个人更加坚定自己追梦的脚步，也有可能摧毁他的信念，如何把握这个度至关重要，多一分少一分都会显得虚假，现实题材的关键就是让读者在阅读时能够带入，从而感受到它的"真实"。今年我有这个计划，主要是想要验收一下这么多年创作所累积的经验是否已经能够驾驭这类作品。

问：你可以透露一下这部作品主要讲述的是一个怎样的故事吗？

答：其实这部作品的大纲很多年前就有了雏形，只是一直没有时间静下心来细细打磨。主线剧情是讲述一个出生在重男轻女家庭的男孩用自己的阳光与善良救赎了自己的亲姐姐和一个同类家庭出生的女孩的故事。被传统陋习伤害的灵魂，被爱与包容所治愈。由于我自己就是出生在这样的家庭，所以很明白女主心底渴望的到底是什么。我创作这部作品，也是希望全天下的父母能够意识到，"偏心"对孩子影响有多大，也愿所有非独生子女家庭的孩子，能够积极阳光且健康地成长。

问：今天的采访已经到了尾声，在此我由衷地祝你能达成所愿，用你的作品治愈人心，也希望往后你能创作出更多弘扬正能量的优秀作品。

答：谢谢！

访谈感言：

在追梦的道路上，有些人遇到挫折半途而废，有些人则咬牙坚持。从况月灵的访谈中，可以感受原生家庭的影响让她的创作之路十分坎坷，值得庆幸的是，她并没有放弃。那些经历过苦难的人，才更懂得幸福的珍贵。用作品治愈人心，是她创作的初衷，也是她坚持的动力。

范泽木：把文字当成知己，让自己平静下来

访谈对象：范泽木，1988 年生，浙江磐安人。浙江省作家协会会员，省"新荷计划"第八批人才库入库成员，金华市青年作家协会副主席，金华市首届"十佳儿童文学新锐青年作家"。已出版长篇少儿小说《我不是坏小孩》，散文集《似水年华与泥土芬芳》《总有一天，你会对时光微笑》《我愿流浪在小镇》《穿肠而过的温暖》。

访谈人：羊冬飞，女，磐安县作家协会会员。

问： 请问你是怎么与文字结缘的？

答： 大学的时候从图书馆借来一本青春散文集，被独特的文字所吸引。那是我第一次感受到文字的魅力，不同的文字组合竟然可以产生如此神奇的反应，是我此前所不知晓的。从那时开始，我喜欢上了文字。阅读之余，也想试着写一写。说来惭愧，写作之初根本成不了文，是片段式的。写好了会给周边的同学看，像学生让老师点评作业时那样怀着期待。现在看来，那真是一段幸运的岁月，我的兴趣恰如蜗牛的触角，小心翼翼，充满试探，但好在同学们都没有把这触角吓回去。

问： 你刚才说刚开始的写作是片段式的，那什么时候才写出成篇的文章呢？

答： 这个过程大约经历了大半年时间。这期间我看了一些书，但看的书特别杂，属于东一榔头西一棒槌，所以写的东西也是四不像，往往写着写着就继续不下去了。如果那时候看的书系统一些，成文的速度会更快。大半年后，我把主要的精力放在看青春杂志上。那时候，路边有许多报刊亭，报刊亭的醒目位置都是时下流行的青春杂志，我统统买了回来。然后写出了第一篇青春文。

问： 所以你的写作其实是从写青春文开始的？这当中肯定发生过很多难忘的事。

答： 那时有一种做贼的感觉。因为不自信的缘故，所以写作几乎是偷偷摸摸进行的。在网吧的时候，我开着游戏的界面，其实是在写东西。为什么要开游戏的界面呢？因为大部分的人都在玩游戏，我不玩游戏好像有点格格不入。但我又玩不好游戏，所以对游戏兴趣不大，往往开着游戏，其实是在写东西。看到有认识的人走过来，我就迅速把文档界面切换到游戏界面，等他走开了，又切回文档界面。有时候是在宿舍里写，等同学睡觉的时候，借用他们的电脑。那个时候，心理压力就小多了。因为大家都睡觉了，周围特别安静，加上没有人走来走去，所以总算写出了几篇成型的文章。

问： 从写作到发表，这个过程顺利吗？

答： 应该说很不顺利。当时我瞄准了一本叫《80后》的杂志，但发过去的稿子都石沉大海。有一年寒假，我写完一篇文章，自认为还不错，恨不得大年初一就去网吧里打出来发过去。现在才发现，其实那几天杂志社是休息的，发过去也没用，但当时不知道。好不容易熬过大年初三，我迫不及待地奔向网吧，把稿子打出来发到编辑部的邮箱里。等过了元宵开学，放下行李就跑到网吧看邮箱。果然收到了一封回信，心里很激动。打开内容一看，大意是感谢支持，新年快乐，文章未过初审。看到最后几个字的时候，顿时觉得眼前一阵灰暗。然后打开文学网站看了几篇文章，马上又变得斗志昂扬。大学毕业后，在网上找到一个故事培训群。现在想来不可思议，培训居然是免费的，而培训我们的老师都是当时故事界的一把好手，他们都精心地备了课。我一节课不落地听。在培训即将结束时，几位老师决定在一家故事类报刊上做一期学员作品专辑。于是，我发表了第一篇文章。我发表的第一篇文章是一个故事，《故事会》那种故事。

问：你出第一本书《似水年华与泥土芬芳》是在 2012 年，此后的 2014 年又出版了《总有一天，你会对时光微笑》以及《我愿流浪在小镇》，这三本都是散文集，可你刚才说你发表的第一篇文章是故事，后来怎么又写起散文来了呢？

答：我在定位上花了太多的精力，蹉跎了不少时间。从刚开始的青春文到故事，再到散文，兜兜转转将近两三年。当时写作的氛围挺好，网上有不少的写作群。有一次加入一个副刊群，看着大家把自己发表的文章贴在群里，顿时发现，这种文章比较适合我，因为我不擅长构思故事。我一边学着写"豆腐块"，一边收集投稿地址，写了就投，没多久就发表了一篇，此后就不断有文章发表，所以写作的兴趣也越来越浓。这种短文比较讨喜，容易被文摘类杂志转载，有一篇文章被转载了几十次，后来还选入了语文试卷。可想而知，写作的动力越来越强。当时有许多编辑在论坛里约稿，在群里约稿，大家互通有无，于是有了第一本书——《似水年华与泥土芬芳》。

问：你在 2018 年出版了儿童小说《我不是坏小孩》，这次转变是出于怎样的机缘？

答：当时散文的写作已经进入了同质化比较严重的状态，就是写来写去觉得没东西写了。这一方面是我用尽了自己的生活经验，另一方面是阅读量不够，所以几乎到了山穷水尽的地步。我是一个不太喜欢重复的人，所以当时面临着一个抉择，是在"豆腐块"上面原地踏步，还是开疆拓土。痛定思痛之后，我决定写儿童文学。这其实也是一件比较折磨人的事情，因为周围的文友每天都传来喜讯，而我在这新领域一头雾水。有时候想，不如继续写散文，但过了一会儿又否定了这种想法，人总得往前看嘛。好在熬了一段时间，就看见了一丝光明。

问：你是如何平衡散文和儿童小说写作的呢？

答：散文和儿童小说只是看待事物的角度的区别。散文中也许蕴含着小说的气象，小说中也暗含着散文的灵性。不同的情境，不同的心情，会有不同的切入点，对我来说，在没小说前，看待事物的角度是单一的，但写小说之后，看待事物的角度就多元了。

问：从写作之初到现在，已经有十多年了，心态上有没有什么改变？

答：刚开始确实有点浮躁，现在慢慢变得平和。把文字当成工具，心态难免会浮躁。把文字当成知己，心态就会平和一些。

访谈感言：

从写青春文，到故事，再到散文，尔后是儿童小说，范泽木"开疆拓土"，颇有气象，把文字当知己，生活便充满青春！

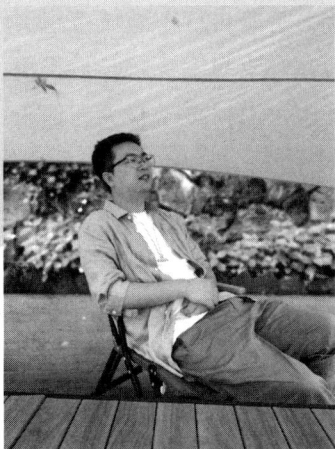

朱德康：城市以南，以诗为伴

访谈对象： 朱德康，1989 年出生，金华婺城人。中国诗歌学会校园教育委员会副主任，浙江省作家协会会员，浙江省第七批新荷计划作家人才。作品发表于《诗刊》《诗选刊》《人民日报》《光明日报》等刊物，出版《城市以南》《星星来到人间》等，曾获中国风雅颂诗歌奖，中国（海宁）徐志摩诗歌节优秀作品奖，中国骆宾王青年文艺奖。

访谈人： 范泽沐，青年作家，自由撰稿人。

问：能谈谈你如何和诗歌结下这份缘的？

答：我刚读大学时很不适应城市生活，经常沉默寡言。但接触到朦胧诗后，便疯狂地喜欢上读诗、写诗，骑着自行车满城市跑，一家图书馆读完了又跑到另一家，然后自己偷偷地在寝室里写，暗暗地投稿，写着写着就有作品开始陆陆续续发表，这给了我这位山村孩子很大的信心，从此走向了文学道路。

我最初的标签是小学语文老师，后在政府机关上班，后来又要求回到了学校工作，而不管身在何处、做什么工作，他总能与诗为伴。

我的作品主要描写大山里自己的童年、大山的亲人，父亲母亲还有大山里的伙伴，以及一个山村青年在这座城市奋斗的一些思考。

问：从你的诗中可以感受到浓浓的乡愁，这些灵感来自哪里？

答：金华的南山，那是我生长的地方。虽然身在城市，却念兹在兹挥之不去，一抬头便能遥望。它是人人向往的美地南山，更是我心中的乡愁所依。在我的文字里，总能依稀可见一个着白衣的翩翩少年，踩着清澈的溪水向我们走来！

我从小就是在这个山里面长大的，对大山的情怀还是蛮重的。小时候，我经常登到山顶眺望金华城。到这个城市工作之后，我也经常站在家里六楼的屋顶，眺望我南山的老家。

曾经与故乡的零距离，当下却与故乡拉开了距离，让我与故乡形成了彼此遥望的物理空间。这种遥望并非徒劳，而是深层次靠近与介入。这是诗意的遥望，且拥有诗意的美感。

童年的乡土生活给予我无尽的山水浸润、无穷的民风民俗的熏染。童年的乡土生活既是我当下源源不断的诗性来源，也构成了我诗歌的美学底色。

于是，我便这样抒写乡愁："大山总把柔情/一声不吭地化进山林、黑土和崖壁……/是一脸的刚毅/其实，山泉是他静静流出的泪/等着那些在他乡的孩子归来/欢喜地把泉水担回家"（《城市以南》）。

问：能谈谈你的诗观吗？

答：诗是沟通的语言，我们要将生活的激情、细腻的感受藏于字里行间，在五味杂陈的生活中书写真情，在烟火日常的影像里发现诗意。用诗的眼睛，从寻常影像中发现美；以敏感的触觉，从平淡生活中砸出真味。

著名诗人、中国诗歌学会驻会副会长刘向东为我诗集《城市以南》作序时写道，德康生活在两个世界之间，其中一个是真实的、有形的历史世界，是"城市以南"的万事万物，而构成另一个世界的是梦境、想象和幻象，所以诗歌中一直存在着"魔力"要素与"现实"要素，存在着"神奇与美丽"的部分和"真理与意义"的部分。

我觉得刘向东会长很懂我，写诗无关功利，但求本心，好诗从来都能让人心头清凉灵魂安宁。"入心的诗句，从来都能让人心头清凉，灵魂安宁。"我与诗友交流时常这么说，我写诗就是想让忙碌的灵魂能在诗意中栖居。愿我们每个人都能怀有一颗无邪诗心，不断擦拭生活的明镜，拂掉跌落在心上的尘埃。

访谈感言：

德康的诗是清澈的，完全不造作不矫情，文字很朴实。他所有的青涩、世故、埋怨，所有对这个世界的态度，全都在这诗集里面了，他毫不掩饰，毫不掩饰就非常非常清澈。他的写作是很纯粹的，在这个时代可能比较少见，德康的诗让我们觉得这个世界还是美好的。我很希望这个世界这个社会，在焦虑的时候，可以逃离到这个城市以南的地方去，坐在那里就是看看书看看诗歌，这是一种近乎奢侈的空气，我们平时不太呼吸得到的。

王羕蓉：我埋在泥土里，等待成为自己的英雄

访谈对象： 王羕蓉，笔名沧海·镜。意林小淑女杂志签约作者，义乌市作家协会秘书长，金华网络作家协会副主席，中国作家协会会员。代表作有《七寻记》系列（已出版 7 部）、《封印之书·九尾狐》《封印之书·独角兽》《清河公主洙宛传》系列（已出版 4 部）、《世界第一的女王陛下》系列（已出版 4 部）《天工开物·徒》《魔法纪年阵》《世界第一的假面殿下》《龙鱼千国纪》等 30 多部小说，其作品累计销量逾百万册。其中《清河公主洙宛传》系列已拍成网络影视剧《我才不要当盟主》，于 2021 年在横店杀青。

访谈人： 梅海东。

问：你是从什么时候喜欢上写作的呢？能说说你的文学梦缘起吗？

答：我大概是从初中开始，才喜欢上写作的。

一次偶然的机会，同学看见了我写在本子上的故事，那个年代不像现在网络那么发达，大部分小说都必须买杂志买书看，学生都没有太多钱，看到我写的故事也觉得有趣，便夸我写得好，还每天催我"更新"故事内容。就这样，我一发不可收拾，一下写了十几万字。上了高中，父母担心耽误学业禁止我再写东西，但那个时候我已经收不住笔。每天下课，大家都在玩，只有我在写。下课写，自习课写，整个高中我写了满满一床头柜的笔记。

高中毕业之后，有两个多月的休息时间。那时我积压的所有力量几乎冲破了我的脑袋，我有太多太多的东西想要写下来，太多太多的故事想要呈现给所有人看。整个暑假，我每天写上万字稿子，也是在那个时候，我开始在网络上连载了。后来机缘巧合，我的一篇网络小说获得全国校园小说大赛总冠军，拿到了3万奖金，并且签约出版。当时签约我的就是现在我所签约的杂志公司。之后写作，我便一直延续到了现在。

问：你的笔名有什么寓意吗？

答：其实我会取这个笔名也是有一段缘由的。因为本身性格就喜欢大气的名字，一开始是想要叫沧海的，后来怕与别的作者重名，就想着后面加上一个什么字，那时候老爸要剃胡须，让我帮他递一下镜子，就干脆在后面加了一个镜，成了沧海·镜。

问：为了让我们更好地理解你的作品，能不能给我们介绍一下你的生活经历或者文学创作经历。

答：我可以说一件我小时候遇到的，也是导致我后来踏上写作之路的一个事儿。

小学的时候我作文特别差，父亲批评我是流水账，六年级时有一位语文老师，我印象很深是当时我写了一篇作文，被看作是全班最差的作文，当着同学的面读了出来。在读完那篇作文的时候，老师对我说："你以后一定写不出好东西来。"

这件事对我打击非常大，也让我有很长一段时间都不想写任何东西，后来是母亲给我买了书，告诉我如果想写好作文，首先要多读多看，她引导我把以前我不喜欢看的书当作故事去看它，还买了许多或许在当时许多家长不会买的漫画、小说故事给我。

我也因此在后来慢慢爱上了看书，爱上了阅读，并且尝试自己写，在后来受到了鼓舞之后，坚持到了现在。

问：如何保证你的创作量呢？曾经遇到过卡文的现象吗？

答：卡文是肯定有过的啦，创作量则是需要自己给自己规定起来。现在我就是除工作以外，每天规定至少写3000字，长期坚持就可以啦。就跟每天要求自己吃饭一样，养成习惯就好了。

问：有读者认为在你的作品里"潜移默化地灌输正确的观点，慢慢地构建读者们的世界观和价值观"。你怎么看待这样的观点？

答：是的。我创作的作品其实更偏向青少年这个成长的年龄段阅读，这个年龄段正是价值观建设的时期。他们会遇到很多开心或不开心的事，我希望自己的经历和故事中角色的勇气能够带给他们力量，慢慢成长成自己喜欢的模样。

问：《山海经》不一定真实，但是其中的记载是严肃认真的，曾被人成为怪诞小读本，这让人不禁联想到魔幻小说，你在创作《七寻记》时的创作灵感来源于哪里呢？其中的故事情节又是如何架构的呢？

答：《七寻记》是古物单元制结构小说，我自己其实本身就是古董爱好者，家里有一些藏品，个人又非常喜欢历史文学，经常想象一件古物背后会有什么样的故事，便创作了这个系列作品。

问：在《七寻记》已出版的7部作品的创作历程中，你在作品中想表达和突出的主题会有变化吗？你创作的动力又是什么呢？

答：我觉得作者就是一个织梦人，许多我们无法经历和感受的事，能够让读者在作品中感受，我在作品中像表达和突出的主题一般不会变，但也有许多小的想要传递的感悟在里面穿插。

我创作的动力，其实最大的应该就是我自己本身爱好写作，因为爱好，才能坚持。

问：在创作书中人物时，有没有在脑海里设想过，把书中人物和现实的一些偶像明星相对应？如果有，举例说说，以往创作的其他小说也可以谈谈。

答：一般不太会和现实中的偶像明星相对应，因为怕写着写着就会带偏，写成了某个偶像明星的性格。但是在写完的时候，会想象一下，这个人物角色哪个明星来演会比较好玩，哈哈哈哈。

问：你是如何塑造人物？通常素材来自哪？

答：很多人觉得我是网络作家，所写的东西也是天马行空的，素材会很难寻找。其实网络作家和其他作家都是一样的，写作的素材、灵感，更多的都是来源于自己的生活。有时候路边的一朵花，有时候坐在店门口的一个老人，有时候天空飞过的一只小鸟儿，都可以成为小说里的主角。

灵感来源于生活，生活就在我们身边。无论是什么样的故事，无论是什么样的文字，细细分析下来，都与我们的生活密不可分。

问：很多读者也有自己创作的想法，能给她们提一些建议吗？你觉得创作小说应该具备哪些条件或者技能？

答：我觉得创作最重要的除了必备的知识和文笔以外，最重要的是坚持。世界上什么事情都有可能实现完成，甚至做得更好，在通往这条路的途中，最最重要的就是坚持下去。

问：写作这么长时间以来，觉得给你最大的成就感是什么？

答：我觉得最大的成就就是将一个平凡的我，变成了我自己想要成为的样子。在小的时候，我的写作水平并不好。这也让我变得胆小，害羞。那些站在台上耀眼的人，那些成绩永远在排行榜首位的同学，那些永远自信无所畏惧的勇者，在我眼里就是"英雄"。但是平凡如你我，在这茫茫人海中，那时的我觉得，不是所有人都能够有绽放光芒的。

我想要成为我心中想要成为的人。

虽然到了今天，我并没有成为那些特别光芒闪耀的人，但现在的我已经拥有了自信，拥有了站在台上与人侃侃而谈的勇气，拥有了在签售台上与读者交流诉说的能量。当年我心中的"幻想胶囊"给不了我的，是写作赋予了我。

访谈感言：

沧海·镜，青春文学畅销作家、少女魔幻系小说家，网站主编，为促进网络文学发展，主动参与作家协会，同时兼顾工作和写作，是不折不扣的励志女神。她写作时始终如一、才思丰盈，工作时兢兢业业、才思敏捷，个性开朗俏皮，自称"宅女"，喜欢和粉丝在线上打成一片，时不时爆点儿幽默趣闻，是无数小粉丝最爱的"镜子姐姐"。

徐衍：生活最伟大

访谈对象：徐衍，出生于 1989 年 7 月，南开大学 2011 级中国现当代文学硕士，中国作家协会会员，鲁迅文学院第三十四届青年作家高研班学员，小说见《人民文学》《收获》《十月》《花城》《西湖》《上海文学》《青年文学》《小说选刊》《中华文学选刊》《小说月报》等，获第八届"西湖·中国新锐文学奖"、第五届"人民文学·紫金之星"短篇小说佳作奖、浙江省 2015—2017 年度优秀文学作品奖等；第十一届和第十二届全国新概念作文大赛一等奖；2015 年入选浙江省作家协会第三批"新荷计划青年作家"；2020 年入选首批浙江省宣传思想文化青年英才；2021 年 7 月由长江文艺出版社出版首部中短篇小说集《仙》。

访谈人：罗昕，澎湃新闻资深记者。

问：从你的书里，你常写到小县城里的这几类人：中老年女性、残障人士、下岗工人、"和别人不一样"的文学青年。为什么对这几类人特别关注？是有意识的吗？

答：这些人群倒是没有刻意去关注，因为和我的距离不算远，或目睹或道听途说，就沉淀成了意识或潜意识，比如买断工龄的棉纺厂职工，并非东北老工业基地的"特产"，还有福利工厂的残疾人、被收养的孤残儿童，因缘际会我都有所接触，都有所感触，就写了。但反过来不能说我成长、生活的环境有多么破败衰朽，相反这也是当代县城的一种活力的注脚，能容纳繁荣昌盛，也包容边缘。

问：这些小说的灵感都源于你的生活？

答：小说素材源于生活本身，生活最伟大嘛，而这生活也包括阅读、观影。我反感"体验生活"一说，因为体验生活本身也是一种生活。《苹果刑》里的孤残儿童是我在 2016 年底的一次活动中第一次接触，感触很大，联想了很多，就虚构了这么个故事，里面一些生活起居的细节就源于那次接触和观察；《红墙绿水黄琉璃》是我去黄鹤楼玩的时候，天气比较炎热，导游的解说近乎聒噪了，但仍一遍一遍……突然觉得导游的工作宛如西西弗斯推石头一般绝望，由此再联想了其他一些工种，比如小学老师，五年一轮回等等，有了人物，后有了结构；《肉林执》写到的细节和环境氛围有一个积累的过程，有关八十年代，听长辈说过不少，比如当年怎么搞"严打"，但是主要故事线是一个比较现代性的议题，是我自己想的；《试水》就源于一个梦境，坐在船头三百六十度旋转，不停转，直到梦醒。

问：你也有属于自己的文学地理空间——"婺城"，它在你的小说里经常出现。"婺"是浙江金华的简称，而金华是你的家乡。对你而言，"婺城"意味着什么？

答：小说里的"婺城"不单指金华，实际包含我在武义、义乌、金华等浙中地区成长生活的经验，叙述需要，一并纳入"婺城"名下，意味着一个相对熟悉的场域，一个现成的小说操练场，自然而然可以把我想试验、探讨的人物关系、社会问题都放入其中，而不必像处理古代题材那样先要做一些基本常识的功课，避免出现历史硬伤。

问：就在"婺城"这个地方，上演了无数次"进与出""留与走"。这些流动背后，是否潜藏着你对自己家乡的观察与思考？你对家乡会有"熟悉的陌生人感"吗?

答：对于家乡的观察与思考确实在异乡比较容易发生，我本科在兰州，硕士在天津，从北方回看南方肯定比在南方看南方有意思，"熟悉的陌生人感"首先是我要好的大学同学大部分都在浙江省外，这是个头疼的问题，其次北方七年生活也习得了一些未曾料到的经验技能，但我又是一个热爱浙江的人，说故土难离是夸张了，但也说不上来为什么眷恋比较深，是乡愁？是食物口味？总之毕业择业只找了浙江的工作……所以只能承担这个后果和代价。

问："县城改造、拆迁与变化"也经常出现于你的小说里，比如《仙》收录的《肉林执》《乌鸦工厂》《红墙绿水黄琉璃》，还有你刚发表的《漆马》。它和你的生命经验是有紧密关联的吗？

答：2014年确实经历了一次拆迁，那种动荡的感觉，与补偿方案无关，相反这次拆迁总体而言对我家还是赚的，但是拆迁前小区里听风就是雨的那个氛围持续了蛮久，人心惶惶，然后搬家也确实是个大工程，挺辛苦的，最后搬进新房前有半年的临时过渡，那个感觉也比较奇特，就是成了家乡的寄居者，因是临时寄居，感觉那段生活也是比较敷衍的，因为随时要再挪动、搬走。

问：你觉得当代县城生活最大的特点是什么？在写当代县城生活的作品里，你比较欣赏哪些？

答：我成长于武义县，觉得县城生活最大的特点在于熟人社会，有人情味，也有无形的道德重负。比较喜欢苏童，余华，觉得他们写得好，能唤起我的共鸣。早年看他们作品真会想到自己的童年，比如苏童的"少年血"系列，还有里面的生活细节，虽然写的是江苏，但和我很近很近。哦，还有路内的《少年巴比伦》《花街往事》，让我又哭又笑，是真的笑出声哭出泪的那种，绝无仅有的阅读体验，我自认是一个比较理性的读者。

问：对于那些你不曾经历的年代，你在写作中会如何面对？

答：写不曾经历的历史年代，当然会有些心虚气短。当你意识到你写的东西已有前人写出经典，肯定会有影响的焦虑。但关键还是看如何介入吧，如果有新的史料，新的思潮，新的角度，那未必没有价值，所以还是要勤思考、多做功课，而那年代的亲历者也未必就能突破社会化与政治意识形态、道德话语与社会分工等等限制和规训，总而言之无论在何种时代，要触碰自己真正的经验是挺有难度的。最后举一个写不曾经历的年代而获得成功的例子，莫迪亚诺和他的《暗店街》。

问：不少人评价你的书写老道，如果不看介绍，可能都猜不到是 1989 年生的。

答：前面说到，当下个人经验是否真的是我们个人的经验？它受制于社会化与政治意识形态、道德话语与社会分工等等限制和规训，要接受、触碰自己真正的经验是挺有难度的。写小说对于我正是剥离和辨析自身真实经验的一个过程。当然，能够剥离和辨析几层也另说，就像我们天天点外卖，但是这些经验未必会进入写作，加上写小说还容易自我重复。总之，父辈历史书写在某种程度上是讨巧的。有人说我像苏童，确实苏童在我尝试写作之初对我影响很大，这也是我想说的另一面，貌似沉稳老道的书写，我现在觉得没什么大不了的，当然包括我自己也吃了这方面的一些红利，收获了一些"难能可贵"的赞誉。我现在认为这样的写作是相对容易的，甚至是轻易的，毕竟有太多模板，太多现成的经典可以因循。

而我欣赏周嘉宁的地方在于，似乎不需要太多经典的拐杖，就将那些还没有成为历史的当下时刻，在它们成为历史之前，先把它们写出来，使其成为历史的一部分。同时呢，平视历史时代中的"小我"又不耽溺于"小"，不是传统意义上的青春写作，反倒是扭转了一种写作惯性，建立了一种新的、开阔的青春书写。

问：在前不久和艾伟老师的一次对谈中，你特意向他请教了文学写作中如何"求新求变"的问题。这个问题是现阶段特别困扰你的一个问题吗？

答：写作久了必然要面对自我重复的陷阱，但这个问题不算困扰我，毕竟手头的书，我这辈子再努力用功也不可能看完了。以前一想到这个就焦虑，现在却是心安，意味着我有退路，浩瀚的退路，如何寻求写作新的增长点、突破口，阅读、观影都可以，或者干脆不写，放下作家的自我暗示，安心做一阵子大生活家，也可以。我目前最大困扰是大块完整的阅读、写作时间比较少，不缺构思和素材，缺行动力。

问：你会怎么看待青年作家的"发表时效"？之前听不少青年作家说过，出版物还是蛮难及时反应她们当下的写作状态的。

答：对，相比网络发表，纸媒肯定滞后太多太多了。定稿时的狂喜和自信，往往被发稿前这段时间冲淡、冷却。好在小说不是新闻，好的小说常看常新。这次重新修订《仙》里的小说，隔了这样一个时间差，让我清楚看见自己的疏漏、短板、不尽人意以及当时刊发它们的编辑的满满的爱和鼓励，所以《仙》的出版也是一剂后悔药，弥补了一些遗憾。

问：现在正在写一个长篇？

答：确实在搞一个比较长的东西。我在2011年出版过一个长篇小说，以前是真的瞎写，想到哪写到哪，不算多么自觉的写作，导致后来再没写过长篇，也涉及时间、精力分配的问题。现在时机稍微成熟了一点。

问：你曾形容中短篇小说是一种"藏拙的艺术"，那么写长篇是什么感觉？

答：我个人以为，小说都是藏拙的艺术，长篇也不例外，只不过为了藏拙要做的功课和努力要更多一些。小说终究有一个范围，有边界，而生活无涯，生活最伟大。

问：在平日里还喜欢做什么？

答：八月初办了张卡，时隔多年重回健身房，游泳或跑步。然后依然是看看电影翻翻书，逛逛 B 站，吃一吃娱乐圈的瓜。偶尔撸狗。

访谈感言：

文学属于青年。每个时代，都有自己的文学记录者。虽然我们不再用"80后""90后"这些代际标签去定义和描述那些年轻人，但他们依然在写作，在自己的一片天地，叙述着这个时代。"青年说"，试图完整记录这些青年写作者，文学的未来属于他们。

东家少爷：热爱是创作的动力

访谈对象：东家少爷，原名徐艳，中国网络作家村入驻作家，浙江省作家协会会员，浙江省网络作家协会会员，浙江省"新雨计划"人才库成员，金华市网络作家协会副秘书长，主要作品《霍先生你太太掉了》《报告王爷，王妃又被抢了》《报告，闪婚吧》。

访谈人：楼林军。

问：东家少爷你好，很高兴对你做这次专访。听说你是一个理科生，大学读的也是工科专业，你是在什么时候发现了自己的写作天赋？又是什么契机让你走上了网络文学这条道路？

答：我觉得你有句话说得很对，兴趣是最好的老师，可以激发一个人的无限潜能。说到天赋，其实从小学开始，我的数学成绩就一直比语文成绩好，数理化学起来相对轻松一点，所以后面选的是理工科专业。上初中的时候，表姐借了一本小说给我看，从此一发不可收拾，彻底沉浸在了小说的世界里。当时每天放学，我都会在校门口的书店里看小说，基本上两天就能看完一本，可以说是嗜书如命。上高中后，在不影响学业的情况下，我的大量课余时间都用在了看书上面，对着畅销小说的榜单从上往下，一本接一本地看，不管那本小说合不合胃口，都会坚持把书看完，就这样扫了一个又一个的榜单。在极大的兴趣和热情驱使下，我的语文成绩得到了很大的提升，但是当时写的作文以议论文为主，没有尝试过小说形式，所以虽然看的小说很多，却没有这方面的写作经验。

在高三那年，我开始接触网络小说，尤其是穿越题材和玄幻题材，其丰富的想象力像是对我打开了一扇新世界的大门，让我更加沉迷。那个时候还没有智能手机，我只能把小说下载到 mp3 或者 mp4 上看，直到上大学买了电脑，才开始大量阅读网文。看文多了以后，口味渐渐变得挑剔，因为当时网络文学才刚刚兴起，写网文的人并没有很多，大部分流行的文我都看过，所以慢慢就书荒了。一时半会找不到合自己胃口的书，那就自己写呗！脑子里冒出这样的想法后，我就开始动笔写了第一本小说。大概是之前看了大量小说的缘故，厚积而薄发，在网站上发表的第一部作品就签约上架了，之后一本比一本写得顺畅，成绩也越来越好，每部作品都有明显的进步，我也开始爱上了这种创作的感觉，再难停笔。

问：你是什么时候决定全职写作的？创作时是怎样一个心路历程？

答：其实我也没有想到自己会成为一个全职作家，一开始写小说，完全是兴趣使然，直到大学毕业，我都只是把写文当成一种兴趣或者是习惯，并没有想过以此谋生。但因为很喜欢写文，所以一直没有停笔，哪怕是在参加入职军训的时候，都尽量挤出时间保证每天的连载更新。那时候在房地产企业工作了一年，每天上班八个小时，下班后还要兼职写作，经常从晚上 7 点写到 11 点，基本上没有娱乐的时间，也没有所谓的双休日，甚至公司发的电影票都只能送人，自己完全没有时间看。这样的日子一长，就觉得有点疲累，再加上对本职工作并不是很喜欢，每个月的稿费也远远超过了工资，索性就辞职专心写作了。

最开始，我写的文都是按自己的口味，想怎么写就怎么写，也不用去考虑读者喜不喜欢，所以写起来比较开心，也比较放飞自我、随心所欲。后来全职写作，自然而然有了生存压力，在考虑收入的情况下，不得不放弃自己偏爱的小众类型，转而偏向市场化的大众文。这样的转变，无疑有些艰难，不但要打破自己一贯的写作手法和风格，还要去研究那些自己以前不怎么接触的火文类型，所以只能在兴趣和市场之间寻找一个自己能够接受和适应的平衡点。好在付出终究会有回报，我的转型还是比较成功的，转型后作品的成绩和收入都得到了大幅度的提升，自己也逐渐找到了新的风格和类型。

问：我了解了一下，发现你的古风小说《报告王爷，王妃又被抢了》是轻松搞笑的风格，而现代小说《霍先生你太太掉了》更多是虐恋情深，你是怎么在两者之间进行转变和切换的？

答：不同风格的小说，往往会有不同的写作手法，但也会有很多共同之处。比如，要写好一个小说，着重点在于故事框架、情节设定、节奏把握以及人物塑造，只要能处理好这几个方面，不管是什么风格和类型的小说，都可以写得精彩。至于风格之间的切换，确实也要下一些功夫，去重点琢磨不同类型的写作特点。比如写《报告王爷，王妃又被抢了》的时候，我就经常会留意网络上或者现实中一些搞笑的桥段，把它们都记在本子上，虽然这些段子不一定会用到文里，但收集多了，脑子里就会有些举一反三的想法，到写文的时候自然而然就会生出灵感，让笔下的情节或者人物变得有趣搞笑。《霍先生你太太掉了》又是另一种写法，除了要考虑一些虐恋情节的设定外，为了能够让文字和故事感染读者，在下笔之前往往需要酝酿情绪，这样写出来的文字才会更有感觉、也更能打动读者。所以，自己的情绪也很容易受到影响，写轻松小白文的时候通常比较愉悦，写到搞笑的桥段自己能先笑半天，而写虐文的时候，时不时就会把自己写哭，一边流泪一边打字。两种风格之间的切换，会需要一定时间的适应，但只要能够熟练掌握两者各自的写作特点和手法，也就不难完成转变了。

问：作为文学创作者，你会在作品中注重正能量的传播吗？

答：这个是一定的。虽然网络文学在很大程度上，会更倾向于作品的娱乐性，但作品是面向社会大众的，所以肯定会有一个向上的引导。在我看来，只要故事的主角是个正直良善的人，就能给读者一个很好的引导，如果文里的人物随着故事的发展有所成长，就能更好地激励读者、引发思考。目前而言，在我的作品里面，不管配角如何设定，主角一定是个正面的形象。当然，以后也许会尝试一些不同的设定，主角也不一定是完全正面的角色，但在情节设置上，也会给出一些相应的"惩罚"，最终呈现给读者的完整故事，必然是一个正面的导向。在以后的作品中，我也会把自己在现实生活中看到的或者经历的一些事情写进去，给读者一些启发或者是思考，让大家可以更好地保护自己，尤其是那些年纪比较小的读者，我希望我的小说能帮助他们形成端正的三观，在他们成长的道路上，在精神上给予他们一些勇气和力量。

问： 可以说一说你创作的灵感来源于哪里吗？

答： 灵感主要来自平时看的小说、电影、电视剧和动漫，还有一些公众号、论坛、微博，也有一些是自己生活中遇到或者听说的事，反正看到什么脑子里都会有一些想法，感觉已经变成了一种职业习惯。尤其看电视剧的时候，经常下意识会去研究这个剧的情节设定、人物塑造，还有节奏的把握，以前分析这部剧为什么会火、好在哪些方面，是哪些点让观众追剧追得停不下来。最多的灵感来源，主要还是看小说。我看文的时候有个习惯，经常会思考，这个剧情如果换成我来写，会是什么样？如果剧情不这样发展，又会怎么样？如果我反着写，那会不会比较有意思？就会产生很多的奇思异想，而越是精彩的作品，越能激发出更多的灵感。

问： 除了网络小说，你有没有进行过现实题材的创作？在未来，你是否有这方面的想法和计划？

答： 网络文学刚兴起的那几年，与传统文学存在比较明显的差异，不过近年来，网络文学之中也不乏现实题材的创作，现实题材的兴起无疑促进了网络文学和传统文学的有效结合，同时也给了网络作家更大的创作空间。我其实一直都比较喜欢看现实题材的电视剧，像《鸡毛飞上天》《山海情》《扫黑风暴》这些高质量的现实类电视剧，我都追得津津有味。虽然目前为止，我还是以传统的网文题材为主进行创作，但也在积极地接触和学习现实题材，以后肯定会有一部分创作是往现实题材的方向，尤其随着年龄和社会阅历的增长，对人生和社会的感悟会越来越深，在得到足够的沉淀和积累之后，相信写出来的东西也会更加深刻。

问：你最近有没有新的作品？对将来有哪些规划？

答：最近正在构思一个新的题材，可以说是一个全新的尝试。以前的作品，主要以男女主的情感为主，弱化了其他的一些情节，现在就想写一个以女主角成长为主的作品，男女主之间的爱情作为辅助而不是主要内容。因为我觉得，情感可以分为很多种，除了爱情之外，亲情、友情等这些感情也一样可以很感人，如果只写爱情的话，就容易陷入单调和重复的局面，所以想要尝试一下不同的写法。但因为之前没有写过这种类型，所以这段时间一直在扩大自己的阅读量，而且我想写个跟别人不太一样的、比较有自己个人特点的文，所以在风格方面也需要有一个明确的定位，大概要准备充足以后才会开始写作。以后的话，除了对现实题材的尝试，在网文传统题材上，应该会着重于自己的长处，选定一到两个自己感兴趣或者擅长的题材，不断地摸索和打磨，从而精益求精，努力打造出精品。

问：看得出来，你是一个擅于思考和总结，很有计划的作家，对这个行业有着很深的热爱，祝你在写作的道路上能够顺顺利利，创作出更好、更优秀的作品！

答：谢谢！

访谈感言：

诚如东家少爷所说，写作是一个孤独而漫长的过程，但正是因为心有热爱，才能数十年如一日，笔耕不辍，坚持不懈。而所有的付出，终将得到回报，所有的热爱，也不会被辜负。只要保持对创作的热情，灵感就永远不会枯竭。

汪胜：写作是我生活的一部分

访谈对象：汪胜，金华市婺城区作家协会副主席，浙江师范大学中国现代文学与传统文化研究基地特聘作家、研究员。入选浙江省"新荷计划"人才库，金华市首批宣传思想文化青年英才，金华市321人才，金华市婺城区拔尖人才。在《名人传记》《作家通讯》《中华读书报》《北京日报》《散文选刊》等报刊发表作品多篇。著有《走在光荣的荆棘路上：蒋风传》《光荣荆棘路上的跋涉者》等。

访谈人：汪诗涵，台州学院大学生。

问：作为一名新闻工作者，你也在从事文学创作，你是怎么和文学结缘的，又是如何投身文学创作的？

答：我从小就喜欢语文这门课，小学三年级，我的一篇作文《放风筝》被老师作为范文，这事儿对我影响很大，可以说直接激发了我的写作热情。从那时起，我开始徜徉在文学作品的海洋里了，看到好的句子或心有所感，我就在本子上写读书笔记，而且坚持每周写。读中学时，我开始在《中学生学习报》发表作文，当时第一笔稿费是 15 元，到邮局领到钱时，我是非常开心的。2006 年的时候，我参加了鲁迅文学院中国少年作家班的函授学习，之后被考核录取为北京大学青年作家班学员，我在少年班和青年班总共学习了 5 年，这 5 年是我获益颇丰的五年，在专业作家的悉心指导下，我的写作变得自信，也在《中国少年作家》《青年作家》发表了许多作品。大学期间，我学的是语文教育专业，我最喜欢的是现当代文学和写作学这两门课，通过大量的阅读和积累，我掌握了创作的理论知识，写作也开始变得成熟起来。2011 年 7 月，刚刚大学毕业的我没有进入教育系统，而是成了一名县报记者。因为工作的缘故，我开始尝试报告文学写作，当时报社的总编李英刚好是从事报告文学写作的，他推荐我加入市作家协会，并指引我结合工作实际往报告文学方向发展，就这样，我有了比较明确的创作方向。平日里，我一边采访一边积累创作素材，2015 年，我创作的《留守儿童的世界杯》在《北京日报》发表，此后，创作的作品先后在《中国报告文学》《北京日报》《散文选刊》等发表，并出版了《迟到的相遇》《花蕾绽放的季节》等专著。

问：据我了解，你后来又转向了传记文学写作，可以介绍一下《走在光荣的荆棘路上：蒋风传》的创作历程吗？

答：我是在一次偶然的采访中认识蒋风老师的，并幸运地成了他的非学历儿童文学研究生。2011 年，蒋风老师荣获国际格林奖后，郑州大学出版社找到他，商议出版《幼儿文学》和《幼儿文学作品选》，两本书出版后，受到社会各界的广泛好评。为了扩大影响，郑州大学出版社想找一位儿童文学作家写一本适合少年儿童看的《蒋风的故事》之类的传记，出版社先找到的是儿童文学作家毛芦芦，希望她承担这一写作任务，但是毛芦芦工作繁忙，短期内没有时间采访写作。出版社一时找不到合适人选，蒋风老师便推荐并鼓励我可以试着写一写，这让我既欣喜又忐忑。当时，我是初生牛犊不怕虎，我并没有考虑个人能否胜任这项工作，但我告诉自己应该要有信心，觉得这是一件好事，不管是否成功，都要试一试。写作《走在光荣的荆棘路上：蒋风传》是一项艰辛浩繁的工作。从 2015 年秋天开始，我一直在收集资料，我的单位离蒋风老师的家不远，也因此，我的采访十分便利，采访过程中，我经常想到什么问什么，并一次次地上门。让我欣喜的是，蒋风老师从来都是包容我，鼓励我。他将浙江师范大学档案馆采访他的提纲和影像资料给我，并将他的生平年表给我，不仅如此，他还经常把自己日常阅读中看到的资料和有价值的书都给我备在身边。一次，我上门看望他，他说："前些天，我从报纸上看到一篇文章觉得很好，就剪下来给你留着了，我想对你写作有用，你拿去看看。"在蒋风老师的悉心指导和关怀下，我的写作很顺利，一年的时间就基本完成了写作任务。2016 年底，我将完整的书稿打印送蒋风老师审定时，他给予肯定，并利用外出疗养的时间仔细看完了书稿，同时，对书稿中部分不符合史实的内容做了删减修改，他对我鼓励有加，没有直接批评不足，而是提供了详实的史料让我参考。蒋风老师让我明白，如何在写作中注重史实，如何用简单的语言叙述有趣的故事。2017 年，我用了整年的时间细心修改书稿，一边修改一边大胆向外投稿，幸运的是，我得到了《文艺报》《作家通讯》《中华读书报》《名人传记》《散文选刊》等报刊编辑的厚爱，陆陆续续在这些刊物上发表了书稿的许多章节，这对我的鼓励是巨大的。然而，《走在光荣的荆棘路上：蒋风传》最后脱稿时，我发现并不符合郑州大学出版社最初确定的写给孩子们看的要求，但确实花了我两年的心血，出版《走在光荣的荆棘路上：蒋风传》是一件好事，所以，我没有将书稿给郑州大学出版社，而是找到了浙江工商大学出版社，得到了他们的赞誉，出版社最终决定出版该书。应该说，这是一次大胆的写作，也正是这次大胆，让我得到了很好的写作锻炼。这本书出版后，得到了很好的评价，中国作家协会副主席、著名报告文学作家何建明专门对该书做了推荐："90 后的汪胜，在他如此年轻的时候，就写出了《蒋风传》这样如此厚重的作品，真可谓可贺可喜。蒋风先生在儿童文学领域所作的贡献向我们展现了一种强大的力量，这是公认的。现在，汪胜把蒋风先生创造这种贡献的过程与精神世界，通过传记形式再传递给社会，无疑是对一位卓越的儿童文学作家最好的礼赞。我们要感谢年轻的汪胜，自然也期待他创作出更多更优秀的作品。"

问：创作《走在光荣的荆棘路上：蒋风传》之后，你又创作出版了《光荣荆棘路上的跋涉者》，这部作品还被评为浙版好书，能说说是基于怎样的想法创作这本书的？

答：大学时，我学的语文教育专业有儿童文学这门课，但与语文教育专业的其他课程相比，儿童文学显然没有引起我的重视。参加工作后，为了不使自己的专业荒废，我去了青少年宫教孩子们写作。在与孩子们的接触中，我渐渐明白了儿童文学这门学科的重要性。每周末，我在教孩子们写作的同时，都会给孩子们讲讲儿童文学作家的成长故事。孩子们期待的眼神和认真听讲的状态深深触动了我，我发现，儿童文学作家的人生经历会让孩子们收获颇深，而通过阅读儿童文学作家的作品，能够让孩子们爱上阅读。于是，我在心中埋下一颗种子，希望在忙碌的工作之余，创作一本儿童文学传记供孩子们阅读。如今，市场上童书大热，相反，有关儿童文学现实主义题材的优秀作品却很匮乏，对中国儿童文学先驱进行全面系统地梳理、创作，我认为是很有意义的一件事。幸运的是，写作过程中，我得到了蒋风老师的倾力指导，在两年多的时间里，终于创作完成，其中大部分内容都在《名人传记》和《中华读书报》发表。创作这本书，也是基于一个晚辈对儿童文学先驱们的敬重之心。

问：你的文学创作一直在进行，通过写作你有什么感悟？

答：写作是我生活的一部分，生活也是我写作的源泉。从事文学写作，需要一种老实的态度。所谓"老实"，我的注解是生活的想象力、活力、创造力以及坚持。深入生活、扎根人民，从基层一线获取创作素材是关键。这些年，我一直在积累素材，比如我正在写作的《我们村里的年轻人》，我已经关注跟踪采访六年，这样的坚持能够让自己的写作有所提高，也正是这样的坚持会让自己找到短板和不足，并加以改正和提高。当然，写作最重要的还是要坚持。要坚持自己创作的初心，专注地做好自己的事业。时代在不断更迭，唯有坚持初心，才能在大格局大背景下成就自己的一方小天地。

访谈感言：

汪胜是一位奋斗在一线的新闻工作者，每日的工作给他提供了一个任由文字驰骋的舞台，因而他是一位真正的文学幸运儿，但他的成就并非幸运二字能简单理解，而是来自他长年累月默默地勤奋耕耘。

周玥：文学使庸常的生活充满诗意

访谈对象：周玥，女，1991 年生，浙江金华人，中国诗歌学会会员，浙江省作家协会会员，浙江省青联理事、文学创作委员会秘书长，金华市婺城区作家协会副秘书长、理事，2017 年入选浙江省作家协会第五批"新荷计划青年作家"人才库，现为金华市文联《金华文艺》文学刊物编辑，作品散见于《当代人》《当代小说》《小小说选刊》《小小说月刊》《山海经》《民间故事选刊》等，著有长篇小说《蝴蝶刀》，作品曾被收入 2020 年中国微型小说年选。2016 年—2021 年连续 6 年被评为金华市优秀办刊人。获浙江省儿童文学创作委员会主办的第一届"婺州杯"全国儿童文学大奖赛二等奖；《山海经》杂志社、《天池小小说》杂志社等主办的"海半仙同山烧"杯全国微篇文学大赛银奖；首届"中国青年作家杯"征文大赛小说组二等奖；"语文报杯"全国中学生作文大赛省级一等奖、三等奖；浙江省作家协会、浙江省交通作家协会主办的第三届浙江交通文学艺术"梅花奖"比赛优秀奖；2017 浙江文学内刊百家联盟精短小说大赛优秀奖等。

采访人：朱浙萍，浙江日报记者。

问：除了作者，你也是编辑，编辑思维是否会对文学创作有所影响？二者是怎样的关系？你是如何驾驭作家和编辑的双重身份的？

答：我首先是一名编辑，其次再是作者。这是我的工作属性所决定的。因为我不是职业作家，我的本职工作是金华市文联《金华文艺》的文学刊物编辑。做编辑工作时，我就像一名园艺师，拿着自己手中的剪刀和标尺，来修剪园林里的花木盆栽。长势不正的剔除，不健康的病树剔除，再给留下的盆栽修剪乱枝和残叶，做出符合"文学审美"的造型。当然，每个编辑手中的标尺不一样，最终呈现的模样自然不同，但他们一定都有自己的原则和底线。

我是在从事编辑工作的第三年，才真正开始文学创作的。编辑的工作经验不仅让我的写作迅速成长，也让我在文学创作起步时少走了许多弯路。因为我熟知编辑的标尺，知道编辑喜欢什么，不喜欢什么。同时，我习惯用编辑审视的眼光来丈量作品，对自己的创作要求也会更高，相较于其他作者，我的投稿命中率就会高一些。

如果每个创作者都站在编辑和读者的角度来审视自己的作品，那么在选材、创作时就会更加谨慎。所以，对于现在处于创作中期的我，编辑身份会让我在题材选择上变得有些畏首畏尾。正因为我看得清了，知道整个文学行业的局面和其中利弊，清楚哪些是难啃的，难发表的，哪些是流行的竞争率大的，哪些是小众的市场小的，落笔时就会犹豫，很难下定决心，没有创作初期那么大胆了。

但我不管作为作者，还是编辑，都是要给读者呈现出更有阅读价值的作品，这是不变的核心。我希望，无论是我编辑的刊物还是我写的小说，读者合上书之后，都会在他们的心底留下些什么，日久不逝，伴随他们的一生。

问：当你是一个编辑的时候，你对作品关注的是什么？当你是一个作者的时候，你关注的又是什么？你对好小说有怎样的评判标准？

答：打开一篇文章，它吸引我的，打动我的一定是新的，新的语言，新的细节，新的生命气息。之后就是看它的文学性，是不是文学的表达，是不是哲学的、历史的、风俗的，小说写作需要这些方面的积淀，但写的时候要揉在故事里像什么都不知道。文学是心灵的表达，世界越来越同质，不雷同的是心灵，每一个人的心灵都是不一样的。小说归根到底是讲故事，如何用自己的表达讲好故事，基本上就是标准了。如果个人的生命体验和历史经验对接，有跨越时空的深层次思考，一个人的生命与周遭的生命相契的时刻，就是一个神奇的文学时刻。

问：都说写作者是孤独的，你平时写作和生活状态是怎么样的？你创作的灵感和素材来自哪里？

答：莫言说："一个作家最好的状态就是独来独往。只有独往独来，才有可能冷眼旁观。只有冷眼旁观，才有可能洞察世态人情。只有洞察世态人情，才有可能创造出好的小说或者别的艺术作品。"作家是一个特别需要独处的群体，繁忙的世俗生活是没有时间静下来思考体悟、感知内心的，那就无法写出深刻的东西。但这并不意味着就要远离热闹，与世隔绝。生活其实也是创作的一部分，我的许多灵感和素材都来自生活。就像习近平总书记对文艺工作者提的要求一样，到生活中去，到人民中去。一个好的写作者应该要多经历和体验，这是一个积蓄能量的过程，很重要。

文学使庸常的生活充满诗意。我很享受现在的工作和生活状态，我的生活、工作、追求、朋友圈，所有的一切，都和文学艺术相关，并且是我十分热爱的。当然，它并不是完美的，我只能用心去做，尽可能地接近我心中的理想状态。

问：你的新书什么时候出版？讲的是一个怎样的谍战故事？文学创作以来，你是否会遇到创作瓶颈？又是如何克服的呢？

答：近期，我的长篇谍战传奇小说《蝴蝶刀》即将出版。是一个关于女间谍的不一样的故事。我在这里就不过多的透露剧情了，届时，希望大家能多多支持我的作品。

很惭愧地说，自从我酣畅淋漓地写完这本20多万字的小说，我就一直处于灵感枯竭的状态。我觉得，一个好的故事是养出来的，就像酿酒一样。如果在没有做足准备时硬写，写出来的作品也是生涩的不好的，并且也一定会伤到写作者自己的元气。我不会放弃写作，只是把自己的步子放慢下来，不急于创作和发表。最近我都在阅读和学习，同时断断续续地创作一些小小说和散文，为我的下一个故事慢慢地"发酵"做准备。

问：近年来，网络文学势头凶猛，许多优质的IP成功影视化，大受读者和资本的青睐。在这样的文学大环境下，你为什么会选择写谍战题材的传统文学？

答：网络文学和传统文学在我看来就像汉堡和米饭，我们能在大街小巷看到许多汉堡的广告和店铺，觉得它很畅销，但并不代表大米就没人吃，只不过是人们对大米习以为常而已。纵观中国文学史，传统文学已有五千年历史，而网络文学是从1998年才兴起的。传统文学是深深根植于华夏儿女血液中的，它的地位无可替代。许多学者说，近代之后再无文学经典，并将其归咎于浮躁的社会和写作者追求流量和资本，但很大程度上是读者本身浮躁了，忙碌的现代人根本无法静下心来读书，更别提将有限的时间用在阅读好的作品上。

从事文学创作以来，我一直坚持走传统文学的道路，这与我受到海飞老师的文学启蒙有关。我至今仍记得他早期作品《青衣花旦》《看你往哪儿跑》《没有方向的河流》等，文字流淌着一种淡淡的忧伤，当时我就被这样的文字深深地吸引了，我第一次发现原来小说可以用这样诗意的语言来表达，这令我大为震撼。后来，我又追看了他的《麻雀》《惊蛰》《唐山海》《苏州河》等，包括同名小说改编的谍战剧，让我对谍战有了颠覆性的认识，从此喜欢上了谍战。

说实话，我从小最讨厌看的就是抗战片，每当我的父亲一遍遍不厌其烦地看电视里的抗战片，我总是躲得远远的。我想，许多90后都和我一样。于是，我就想写一个自己的谍战，用年轻人喜欢的方式来讲述，让更多的缺失爱国主义教育的90后、00后都能喜欢上谍战，记住这段不可磨灭的历史。写作者需要有社会责任感和时代使命感，我不希望以后的孩子缺失记忆。

问：谍战题材对作家历史掌握度、故事构架、情节设定、逻辑关系的专业性和准确性要求会更高一些，对于青年文学创作者来说不太好驾驭。你认为，你的优势在哪里？

答：谍战小说的悬疑推理故事对逻辑要求高，要在尊重历史、保持文学性的基础上展现传奇、浪漫，要描述人物成长的脉络主线，要勾勒时代洪流下人性的真实抉择，同时，满足读者的好奇心，其实并不容易。相比在换汤不换药的剧情上下功夫，作为年轻写作者，我在遵循历史的前提下，更愿意在语言表达和创作思路上下功夫，探究对"人性的复杂性"更深层次的表达，形成自己鲜明的个人风格。

我在创作小说的时候，一直会有画面浮现在脑海，无形中就养成了我小说创作的电视剧思维。如果你读过我的小说，就会发现我的叙述方式：一是缓缓道来的从容感和大量的留白，小说无留白，是不美的；二是强烈的镜头画面感，特别是在人物经历事件前后的环境烘托描写上。我觉得这样的表达形式更能让读者代入主人公的身份，体会主人公的心境和感受，与他同悲同喜，达到共情。作者所写故事的传达，到读者接受的内容往往有损耗，换句话说，作者想表达的东西读者不能百分之百地解读，这是再正常不过的事了。所以，我只能尽可能详细和全面地还原故事人物的原貌，拉近作者和读者之间的距离，或许这样能帮助读者更好地体会故事内核和作者的思想。

我觉得，完成"人性的复杂性"是文学创作中特别重要的一项任务。人性是文学永恒的主题，古今中外为后世所奉为经典的文学作品，都离不开人性。《堂吉诃德》在荒谬中展现了人性的光辉，《红楼梦》是封建社会的哀歌，展现了真正的人性美和悲剧美，《活着》是残酷叙事中的人性礼赞。伟大的文学作品无非写在纸上的欢笑与泪水，藏在字里行间的悲欢离合，一言以蔽之曰人性，或是人生。

访谈感言：

2017年，在立春后一个细雨如丝的早晨，周玥向《浙江作家》投去她的第一篇小说，自此，开始了文学创作生涯。直到现在，每当她创作枯竭感到疲惫时，回想起杂志主编海飞当时对她的肯定和鼓励，都会让她再次燃起斗志。也许正是因为受到海飞的文学启蒙的影响，周玥在经历诗歌、散文、小小说的创作后，又写下了一个关于烽火年代无名英雄的长篇小说《蝴蝶刀》。

"我觉得自己除了写字，身无长物。"谈起自己与文学的缘分，周玥说自己与文学仿佛是冥冥中的命中注定。小学时，周玥因一篇《我的梦想是成为作家》的优秀作文在讲台上朗诵，而对写作产生了兴趣。之后，在学生时代她两次获全国语文报杯征文比赛的省级一等奖和二等奖。对文字的热爱让她在大学选择了新闻学，毕业后，进入钱江晚报投身记者行业。后来，她又进入文联从事文艺工作，心底的文学梦便再也按捺不住了。

作为90后年轻女作家，她天然拥有敏感的情感触角，并十分关注身边的"青年女性群像"。在她的作品中，有许多如童话般浪漫的情节。这种浪漫既有90后喜爱阅读的小说的纯情，又有女生特有的浪漫心思。她用巧妙、流动的细节，独特、诗意的语言，针脚绵密地编织小说人物性格和命运，已经自觉形成了自己的文学风格。"每当被读者发现一个隐匿的细节，我都会像小孩子捉迷藏被发现时那般开心。"周玥如同在造迷宫的工匠，她把小说作为迷宫的实验厂，乐此不疲地在里面构建精巧的细节，等待细心的读者去解锁，看出她很享受的这个过程。

周玥的作品既浪漫又写实，既温柔又有力，让你情不自禁地就陷入了她所描绘的世界。

如今，面对传统文学的没落和网络文学的兴盛，她始终没有忘记最初邂逅文学时所体验到的感动，坚持做一个纯文学写作者。

吕端伊：最年轻的省作家协会会员

访谈对象：吕端伊，就读于浙江省东阳市吴宁一中，浙江省作家协会会员，浙江省少年文学新星，东阳市北溟少儿诗社社长。出版有诗集《鲸鱼带我回家》。

访谈人：孙媛媛，《金华日报》人文一部副主任。

问：你是从几岁开始喜欢儿童诗的呀？这段奇妙旅程的开始，发生过什么让你难忘的事吗？

答：听说在我还是婴儿的时候，就在妈妈的臂弯里、徜徉在月光下听诗词。几岁开始喜欢儿童诗不知道啊，或许是五个月、一周岁。"床前明月光，疑是地上霜""鹅鹅鹅，曲项向天歌"这些肯定是我最早接触的中国古代儿童诗。还有叶圣陶先生的童谣，你小时候肯定也会，"萤火虫，点灯笼，飞到西，飞到东。飞到河边上，小鱼在做梦。飞到树林里，小鸟睡正浓。"可是几岁开始喜欢儿童诗，就像问我几岁喜欢上看月亮，我答不上来。小学一年级的时候，天天读诗，还在"为你诵读"这个 APP 上录诗，会录一些自己写的诗，很多是当场写的诗当场就录上去。难忘的事很多，幼儿园毕业时的夏天写第一首诗时妈妈的意外，写影子是路灯的孩子带给大人的震惊，随同叔叔阿姨伯伯爷爷们参加诗会，上台时大家给我的掌声像海水一样温柔又澎湃，感觉很有力量。

问：你觉得阅读过的哪些书对你写诗的启发最大？你有没有喜欢的诗人？他的诗作哪些地方让你最欣赏呢？

答：我看的书有点杂，博物杂志是必看的，读古诗文，然后也看中外儿童诗集，比如《一个孩子的诗歌花园》《草原上的小骑兵》《向着明亮那方》《阁楼上的光》等等。小时候读金子美铃《向着明亮那方》这册诗集，并录下来，纯粹只是妈妈指定，上初中后再读会觉得她的诗句让人心生柔软，也有一种现代生活没有的宁静。也喜欢圣野、海子、顾城、罗伯特史·蒂文森、谢尔·希尔弗斯、艾米莉·狄金森，喜欢的诗人非常多，谷川俊太郎有首诗我还仿写过，顾城的诗会给我很多灵感。还喜欢博尔赫斯……"那蔚蓝的、闪亮的、轻盈的磁针。这指针把渴望投向大海的尽头，仿佛属于梦中所见的一块手表，或是属于一只微微扑动的沉睡之鸟。"这是他的诗句，是不是很美呢？

问：你觉得自己在日常生活中有哪些好习惯或者小技巧，可以帮助你写诗呢？有什么具体的心得吗？

答：看书、读诗、接触大自然、绘画、运动。我妈妈每次见我画画，马上要求配首诗，绘画是我写诗的一个小妙招，画与诗都需要想象力，这样既能写成一首诗，还能得到一两个小时的画画时间。还有灵感来的时候马上抓住它和它做一回游戏，灵感不是凭空而来，它会藏在日常，藏在书本，藏在你的思考里，要学会观察和思考，还有一点非常重要，有时间玩儿！

问：你在写诗的过程中遇到过哪些难题？最后是怎么解决的？还有什么困惑？

答：难题？或者说说令人头疼的事吧。小时候出去玩，或参加活动，遇到某些大人，他们会说："小才女，来首诗！"玩得正开心的时候，妈妈说："写一首诗！"就挺扫兴的。现在对我来说即时写诗并不难，问题是想要写出好的诗，得让心灵自由。所以不想写的话，我也会说："满足不了你啊。"毕竟"灵感"也有想去远足的时候。没有困惑，一点也没有，如果非要说有的话，唉，为什么我不能养一只猫呢？

问：在你写诗以后，你有哪些具体的收获呢？

答：对语言更加敏感，有编辑说我的散文写得特别有诗意，诗对我在文学创作上（以后或许会创作童话、小说）一定具有不一般的意义与影响。然后打小参加诗会，让我接触到了很多人，打开了更广阔的空间，认识了圣野爷爷、洪铁城爷爷、婴音老师、何超锋老师、祁智老师、汤汤老师等等，还有推荐我参加浙江省作家协会的李英主席和陈国友老师，能够得到大人的肯定与指引也是一种幸福和收获。还有，我写的诗来自生活，诗记录了我的成长历程、喜怒哀乐，回看以前的诗，仿佛又走过了一遍童年，记忆很是清晰，嗯，我从幼儿园写到小学写到初中，一路写一路收获。

问：再一次恭喜你成为浙江省作家协会会员，你觉得省作家协会是个什么样的概念？

答：谢谢。作家，对我们少年来说是一种理想，当理想成为现实会像鸟雀一样欢喜，想要歌唱，也更想写诗。作家协会，里面都是非常厉害的人，我身边很多叔叔伯伯都是省作家协会会员，从此就能名正言顺地参加他们的活动啦，哈哈。我非常想从他们身上学到更多的东西，怎么样进行创作，除了写诗，我现在也写散文，特别想向老师们请教。作家协会群英荟萃，像梁山好汉一百零八将，个个都有一身好功夫，想想就令人兴奋。

问：能介绍下你出版的诗集《鲸鱼带我回家》吗？

答：《鲸鱼带我回家》里共收录了143首诗，诗作基本上是小学期间写的，每一首诗都标注了写作时间。有小朋友看过诗集会来交流，我发现一个很有趣的现象，不同年龄的小朋友喜欢的诗都不相同，8岁小朋友喜欢我二年级时写的诗，12岁小朋友喜欢我去年写的诗，所以我妈妈说我这册书，最大

的 "卖点" 是真实地记录地每个年龄的孩子对世界对大自然的感知和看法，对于少年儿童怎么进行 "儿童诗" 的创作有指导意义。我自己觉得每一首诗都是一次遇见，《鲸鱼带我回家》就是童年的一次次遇见，也是对童年的真实记录。

问：你会建议更多的少年儿童来写诗吗？

答：非常希望有更多的少年儿童一起来写诗。孔子说："小子何莫学夫诗！诗，可以兴，可以观，可以群，可以怨；迩之事父，远之事君，多识于鸟兽草木之名。"什么意思呢？就是说：嗨，何不来学诗呢!？诗可以激发心志，可以提高观察力，可以培养群体观念，可以学得讽刺方法。近则可以用其中的道理来侍奉父母；远可以用来侍奉君主，还可以多认识鸟兽草木的名称。虽然我们现在不用侍奉君主，但可以把这个 "君主" 看成是自己，我们要学会爱自己。当用诗来表达我们的喜怒悲伤，用诗句来和成人沟通，一则情绪得到发泄，一则让大人了解孩子真实的想法减少冲突。诗，是表达情志、沟通世界的媒介，如果大家学会写诗，世界会变得更有善意更有爱，与自然也会越来越和谐，因为一颗体察的心会拥有很多很多的爱，把它传递出去，是一件非常温柔又美妙的事情。

访谈感言：

吕端伊，一个十五岁就加入浙江省作家协会的少年，从事文学创作已经有八年。她从小乐于亲近大自然，探索各种事物，观察细致入微，擅于用诗歌来表达少年儿童的情感。她的诗歌纯净、富有想象又蕴含着儿童的思考，触动人心也发人深省。诗歌，在她的笔下，是童年的记录，是文学的载体，也是与成人沟通的渠道，拥有着很多面的意义。在这样一个快节奏时代，端伊的创作经历给了少年儿童们另一个生活范本，那就是亲近自然，感受生命的喜悦和永恒的爱。

后 记

　　《深度对话金华作家》编撰出版的缘起，首先要谈到徐敢老师。他自喻为一位在文学路上敢为人先的"种树人"，年届八旬仍富有蓬勃青春，耄耋之年仍倾心文学创作、培植后人，他是义乌市文联所属的古今文学研究院创始人、掌门人。数年之前，他主持的院刊《古今文学研究》开辟了《作家访谈》栏目，很有影响，也多次邀请我为访谈对象，被我婉言谢绝了；2020 年他再度约我访谈，我不忍再拒，否则有些愧对他的一片诚意，于是关于我的访谈在《古今文学研究》2020 年夏季刊刊发。

　　徐敢老师是一位特有文学情怀的长者，全身心投入文学事业，多次和我探讨如何做好做大做强《作家访谈》栏目，我觉得这个创意很好。于是，2022 年春天，我们一起商讨决定编撰《深度对话金华作家》一书，由金华市作家协会和义乌市古今文学研究院联合编撰。

　　整个编撰工作其实是一场紧张的"短跑"，从时间上来说，从征集到编撰，再到出版，不到一年时间。让我们感到欣慰的是，访谈征集工作得到广大作家朋友的首肯和支持，访谈名单由各县市区作家协会推荐和自荐相结合，并由有关媒体记者、作家做访谈人。我们还约请了一批作家作为特邀编辑，数次召开编辑工作会议，编撰工作得以顺利推进。

　　《深度对话金华作家》聚焦百名金华作家，通过访谈形式，记录了百名金华作家的创作历程和文学成就，展示了文学婺军风采，反映了金华文坛新成果。

　　受访者最年长的是 20 年代出生作家蒋风老师，有 30 年代、40 年代、50 年代、60 年代、70 年代、80 年代、90 年代出生的作家，年纪最轻的是新世纪 00 年代出生的作家吕端伊。从中可以窥见金华作家薪火相传、后继有人的蓬勃气象。《深度对话金华作家》是文学婺军的集结号，是文学婺军的新答卷，实录一个区域百名作家的心路历程——对文学的热爱、认识，阅读与写作的经验积累，以及文人的风骨和风采，这在全国地市级作家协会中属于首创，希望能给作家朋友带来有益的启迪。

《深度对话金华作家》虽然冠以"深度"，但真正离"深度"还很远。一方面编撰出版时间短，工作中尚有许多不足之处，另一方面由于访谈人水平参差不齐，有的访谈稿还需进一步完善，再则由于容量有限、采访内容太多，无法全部纳入，几乎对每篇访谈都忍痛割爱，做了大篇幅删减，同时还有许多优秀作家没有参与访谈，这些都是不能完全体现"深度"的原因，也是编撰工作中的一些遗憾。愿金华作家薪火相传，希望若干年后能看到访谈续集，再续文坛佳话。

《深度对话金华作家》是集体智慧的结晶，是金华作家辛勤付出的果实，尤其得到社会各界的广泛支持。中国作家协会原副主席吉狄马加在百忙之中为本书亲自撰写序言，给予奖掖鼓励，使本书大为增色；广大作家、记者、编辑积极参与访谈对话；旅京诗人木汀、吴重生既是受访者，也是本书的策划者，对本书的编撰工作提出了很多宝贵意见；徐敢老师和黄选自始至终做了大量编撰出版的具体工作；各县市区作家协会的同志和编辑们更是付出了辛勤的努力；文学热心人楼新献、朱德高等在本书出版工作上给予了大力支持。在此，我代表编委一并表示诚挚的谢意和崇高的敬意。

编撰《深度对话金华作家》是一件很有意义的工作，我将铭记编撰出版过程中的每一次聚会和商讨、相逢和友谊。由于编撰工作时间短，编辑者水平有限，文本中一定还有许多疏漏、谬误，敬请方家批评指正。

李 英

2022 年 8 月 2 日酷暑，于白溪湾